应用型本科高校系列教材

金融学

主　编　殷平生

副主编　王子晗　陈　瑛

西安电子科技大学出版社

内 容 简 介

作者立足于应用型高校的人才培养目标及定位，对目前通行的多本金融学教材进行分析、比较，最终编写出这本适用于地方高校和独立院校教学的教材，对应用型高校的教学工作具有参考价值。

本书主要介绍金融学的基本理论和基础知识，书中引用了大量的实际案例，将金融学理论同其在社会生活领域的实际应用结合起来；同时，结合金融业近年来的发展情况，对互联网金融进行了阐述。本书有助于学生建立金融学基本概念和知识体系，培养学生的金融学思维和理论联系实际的能力，并最终提高学生分析和解决金融问题的实践能力。

本书适用于应用型高校本科金融学专业、国际经济与贸易专业、财政学专业、投资专业、保险学专业、经济统计学专业、工商管理专业、会计学专业、审计学专业、工程管理专业等经济管理类相关专业的学生学习。

图书在版编目(CIP)数据

金融学 / 殷平生主编. —西安：西安电子科技大学出版社，2018.2(2019.3 重印)

ISBN 978-7-5606-4832-3

Ⅰ. ① 金…　Ⅱ. ① 殷…　Ⅲ. ① 金融学—高等学校—教材　Ⅳ. ① F830

中国版本图书馆 CIP 数据核字(2018)第 010575 号

策　　划　毛红兵

责任编辑　刘　霜　毛红兵

出版发行　西安电子科技大学出版社(西安市太白南路 2 号)

电　　话　(029)88242885　88201467　　邮　　编　710071

网　　址　www.xduph.com　　电子邮箱　xdupfxb001@163.com

经　　销　新华书店

印刷单位　北京虎彩文化传播有限公司

版　　次　2018 年 2 月第 1 版　2019 年 3 月第 3 次印刷

开　　本　787 毫米×1092 毫米　1/16　印 张 24

字　　数　566 千字

定　　价　57.00 元

ISBN 978 - 7 - 5606 - 4832 - 3/F

XDUP 5134001-3

序

2015年5月，教育部、国家发展改革委、财政部《关于引导部分地方普通本科高校向应用型转变的指导意见》指出：当前，我国已经建成了世界上最大规模的高等教育体系，为现代化建设作出了巨大贡献。但随着经济发展进入新常态，人才供给与需求关系深刻变化，面对经济结构深刻调整、产业升级加快步伐、社会文化建设不断推进，特别是创新驱动发展战略的实施，高等教育结构性矛盾更加突出，同质化倾向严重，毕业生就业难和就业质量低的问题仍未有效缓解，生产服务一线紧缺的应用型、复合型、创新型人才培养机制尚未完全建立，人才培养结构和质量尚不适应经济结构调整和产业升级的要求。

因此，完善以提高实践能力为引领的人才培养流程，率先应用"卓越计划"的改革成果，建立产教融合、协同育人的人才培养模式，实现专业链与产业链、课程内容与职业标准、教学过程与生产过程对接，建立与产业发展、技术进步相适应的课程体系，与出版社、出版集团合作研发课程教材，建设一批应用型示范课程和教材，已经成了目前发展转型过程中本科高校教育教学改革的当务之急。

长期以来，本科高校虽然区分为学术研究型、教学型、应用型又或者一本、二本、三本等类别，但是在教学安排、材料内容上都遵循统一模式，并无自己的特点，特别是独立学院"寄生"在母体学校内部，其人才培养模式、课程设置、教材选用，甚至教育教学方式都是母体学校的"翻版"，完全没有自己的独立性，导致独立学院的学生几乎千篇一律地承袭着二本或一本的衣钵。不难想象，当教师们拿着同样的教案面对着一本或二本或三本不同层次的学生，在这种情况下又怎么能够培养出不同类型的人才呢？高等学校的同质性问题又该如何破解？

本科高校尤其是地方高校和独立学院创办之初的目的是要扩大高等教育办学资源，运用自己新型的运行机制，开设社会急需的热门专业，培养应用型人才，为扩大高等教育规模、提高高等教育毛入学率添彩增辉。而今，这个目标依然不能动摇，特别是，适应我国新形势下本科院校转型之需要，更应该办出自己的特色和优势，即，既不同于学术研究型、教学型高校，又有别于高职高专类院校的人才培养定位，应用型本科高校应该走自己的特色之路，在人才培养模式、专业设置、教师队伍建设、课程改革等方面有所作为、有所不为。经过贵州省部分地方学院、独立学院院长联席会多次反复讨论研究，我们决定从教材编写着手，探索建立适用于应用型本科院校的教材体系，因此，才有了这套"应用型本科高校系列教材"。

本套教材具有以下特点：

一是协同性。这套教材由地方学院、独立学院院长们牵头，各学院具有副教授职称以上的教师作为主编，企业的专业人士、专业教师共同参编，出版社、图书发行公司参与教材选题的定位。可以说，本套教材真正体现了协同创新的特点。

二是应用性。本套教材编定突破了多年来地方学院、独立学院的教材选用几乎一直同一本或母体学校同专业教材的体系结构完全一致的现象，按照应用型本科高校培养人才模式的要求进行编写，既废除了庞大复杂的概念阐述和晦涩难懂的理论推演，又深入浅出地进行了情境描述和案例剖析，使实际应用贯穿始终。

三是开放性。本套教材以充分调动学生自主学习的兴趣为契机，把生活中、社会上常见的现象、行为、规律和中国传统的文化习惯串联起来，改变了传统教材追求“高、大、全”、面面俱到，或是一副“板着脸训人”的高高在上的编写方式，而采用最真实、最符合新时代青年学生的话语方式去组织文字，以改革开放的心态面对错综复杂的社会和价值观等问题，促进学生进行开放式思考。

四是时代性。这个时代已经是“互联网+”的大数据时代，教材编写适宜短小精悍、活泼生动。因此，本套教材充分体现了“互联网+”的精神，或提出问题，或给出结构，或描述过程，主要目的是让学生通过教材的提示自己去探索社会规律、自然规律、生活经历、历史变迁的活动轨迹，从而提升他们抵抗风险的能力，增强他们适应社会、驾驭机会、迎接挑战的本领。

我们深知，探索、实践、运作一套系列教材的工作是一项旷日持久的浩大工程，且不说本科学院在推进向应用型转变发展过程中日积月累的诸多欠账一时难还，单看当前教育教学面临的种种困难局面，我们都心有余悸。探索科学的道路总是不平坦的，充满着艰辛坎坷，我们无所畏惧，我们勇往直前，我们用心灵和智慧去实现跨越，也只有这样行动起来，才无愧于这个伟大的时代所赋予的历史使命。由于时间仓促，这套系列教材不妥之处在所难免，还期盼同行的专家、学者批评斧正。

“众里寻他千百度，蓦然回首，那人却在，灯火阑珊处。”初衷如此，如果如此，希望如此，是为序言。

应用型本科高校系列教材委员会

2017 年 10 月

前　言

金融学是经济学专业的基础性课程，是金融学专业的核心课程，也是非经济类专业的重要选修课程。认真学习金融学，对于掌握金融知识和了解金融运行的内在规律起着重要的作用，对于学好经济类其他专业课程也具有直接的影响。伴随着经济金融全球化发展步伐的加快，金融在经济生活中的作用越来越重要，无论是从事经济工作、管理工作，还是在行政岗位工作，了解基本的金融理论和知识都是当务之急。

长期以来，我国本科高校可以区分为研究型、教学型、应用型等类别，不同层次的高校具有不同层次的培养目标。但实际情况却是，各类高校在教学安排、教材内容等多方面教学活动上均遵循统一模式，达不到培养不同类型人才的目标，导致学生的培养和学校的定位不匹配。

本书立足于不同类型高校人才培养的目标，结合应用型高校的实际需要，提供适合地方高校和独立院校教学的知识体系与内容。本书主要介绍金融学的基本理论和基础知识，同时还引用了大量实际案例，将基本理论同金融学在实际中的应用结合起来，在帮助学生建立金融学基本概念和知识体系的同时，培养学生的金融学思维能力，以及分析和解决金融问题的实践能力。

本书共 15 章内容，参编人员 10 人，具体编写分工如下：

第一章、第二章：兰洋；第三章、第四章：毕海滨；第五章：谢立达；第六章、第十四章：陈瑛；第七章、第十三章：王子晗；第八章、第十二章：马林；第九章：周文娟；第十章：向云；第十一章：李婷婷；第十五章：殷平生。本书由殷平生主编，王子晗、陈瑛担任副主编。

在编写本书的过程中，我们本着严谨务实的态度，力求使本教材能适合应用型高校教学的需要。书中可能还存在疏漏之处，诚请广大读者朋友多提宝贵意见和建议，使之臻于完善，编者不胜感激！

编　者

2017 年 10 月

目　录

第一章 货 币

货币是金融的本源性要素，研究金融，必须先从货币着手。在人类历史上，货币已有五千多年的历史。可以说，迄今为止，在经济领域中，人们研究时间之久、花费精力之多的问题中，没有任何一个问题超过货币。

众所周知，人们几乎天天、处处在接触和使用货币，现代社会离不开货币，经济运转必须依靠货币。以个人、企业等经营单位、财政和机关团体、银行等金融机构以及对外五个方面为中心的货币收支紧密联结在一起，构成经济生活中现实运动着的货币的集合和总和，通常称为“货币流通”。

学习目标

1. 了解货币的起源、本质与形态，理解货币的概念；
2. 掌握货币的职能，理解各个职能之间的相互关系；
3. 熟悉货币层次及其划分依据，理解层次划分的经济意义。

第一节 货币是什么

一、货币的起源

货币自问世以来，已经有几千年的历史。从历史资料的记载中可以看出，货币的出现是和交换紧密联系在一起的，这是古今中外许多研究货币起源问题的人们的一种共识。然而再深入研究下去，货币究竟是怎样产生的？货币和交换究竟是怎样联系在一起的？虽然无数学者都竭力想揭开货币起源之谜，但由于其各自所处的时代背景与阶级差异，学者们对货币起源的看法产生了分歧，由此产生了许多不同的货币起源说。

（一）中国古代的货币起源说

1. 先王币制说

“先王币制说”认为，货币是圣王先贤为解决民间交换困难而创造出来的。传说周景王二十一年(前 524 年)欲废小钱铸大钱，单穆公劝谏景王：“不可。古有天灾降戾，于是乎量资币，权轻重，以振(赈)救民。”(《国语·周语下》)。意思是说，古时候天灾降临，先王为赈救老百姓，便造出货币以解决百姓交换中的困难。再如《管子·国蓄》中说：“玉起于禺氏，金起于汝汉，……其至之难，故托用于其重，以珠玉为上币，黄金为中币，刀布为下币，三币握之……。先王以守财物，以御民事，而平天下也。”“先王币制说”在先秦时代十分流行，以后的许多思想家都继承了这一观点。

2．司马迁的交换说

司马迁的货币起源观点，即“交换说”，与“先王币制说”是相对立的。司马迁在《史记·平准书》中写道：“维币之行，以通农商。”他认为货币是用来进行产品交换的手段，是为适应商品交换的需要而自然产生的。“工农商交易之路通，而龟贝金钱刀布之币兴焉。所从来久远，自高辛氏之前尚矣，靡(不)得而记云。”即随着农、工、商三业的交换和流通渠道的畅通，货币和货币流通应运而生，随之兴盛。

(二) 西方的货币起源说

在马克思之前，西方关于货币起源的学说大致有三种。

1．创造发明说

“创造发明说”认为，货币是由国家和先哲创造出来的，如早期的古罗马法学家鲍鲁斯(J. Panlus)认为，由于“你所有的物品正是我所愿意要的、我所有的物品正是你所要的”这种情况不能经常出现，导致物物交换存在困难，于是一种由国家赋予永久价值的事物被选择出来，作为统一的尺度来解决这一问题。法国经济学家奥雷司姆也认为，由于物物交换经常发生纠纷和争议，聪明人便发明了货币。因此，货币就是被发明出来的便于交换的工具。

2．便于交换说

“便于交换说”认为，货币是为解决直接物物交换的困难而产生的。如英国经济学家亚当·斯密(Adam Smith)认为，货币是随着商品交换发展逐渐从诸货物中分离出来的，是为解决相对价值太多而不易记忆所引起的直接物物交换的不便而产生的。

3．保存财富说

“保存财富说”认为，货币是为保存财富而产生的。如法国经济学家J.西斯蒙第(J.Sismond)认为，货币本身不是财富，但随着财富的增加，人们要保存财富、交换财富、计算财富的量，便产生了对货币的需要，货币因此而成为保存财富的一种工具。

(三) 马克思的货币起源说

从上述分析中可以看出，关于货币起源的问题，历史上许多学者都做过有益的探索。这些学说在特定的历史背景下虽然有一定的合理性，但是大多数只停留在对现象的解释上，局限性较大。只有马克思在批判和继承资产阶级古典政治经济学货币理论的基础上，运用历史的和逻辑的方法，以劳动价值理论为基础，从商品价值表现和实现的角度阐明了“货币之谜”。

马克思认为，货币(Money)是商品生产和商品交换发展到一定历史阶段的必然产物，是商品经济内在矛盾发展的必然结果，是价值形式发展的必然产物。

马克思认为仅仅从交换是否便利的角度来考察货币的产生是表面和肤浅的，它没有揭示出商品的内在矛盾。马克思从分析商品产生和商品交换入手，通过研究价值形式的发展来揭示货币的起源，这种商品价值形式的发展过程经历了以下四个阶段。

1．简单的价值形式

简单的或偶然的价值形式即一种商品的价值偶然地通过另一种商品表现出来。它与人类社会最初的商品交换相适应，是价值形式发展过程中的原始阶段。

在原始社会末期，随着生产力的发展，剩余产品开始出现。人类最初的商品交换是在原始部落之间进行的。那时还未出现社会分工，社会生产力水平低下，可用来交换的剩余产品很少，交换带有偶然性。但就是在这种偶然的交换中，商品的价值已有了外在的表现形式，即一种商品的价值偶然地、简单地表现在另一种商品上。例如：

1 只绵羊 = 2 把斧头

在这个简单的等式中，1 只绵羊的价值通过另一种商品“斧头”表现出来了。绵羊处于相对价值形式地位，而斧头是证明绵羊有同自身相等价值的商品，所以斧头处于等价形式地位，成了等价物。简单的价值形态反映的只是产品转化为商品的萌芽状态。由于这种偶然性，商品价值的表现是不完善的、不成熟的，也是不充分的。随着社会生产力的进一步发展，剩余产品开始增多，商品交换也不再是偶然的，这种简单的价值形式已不能适应较多的商品交换的需要，于是出现了扩大的价值形式。

2．扩大的价值形式

扩大的价值形式即一种商品的价值通过多种商品表现出来。

随着社会分工和私有制的产生，用于交换的剩余产品越来越多，于是交换成为一种经常的现象。一种商品不再是偶然地同另一种商品相交换，而是经常地同许多种商品相交换。这时，一种商品的价值也不再是偶然地被另一种商品表现出来，而是经常地被许多与之相交换的商品所表现。有多少种商品与之相交换，就会有相应的多种价值表现形式。例如：

1只绵羊= {
或2把斧头
或1袋小麦
或10斤茶叶
或20斤水稻
……

在扩大的价值形式阶段，一种商品的价值已经不是偶然地表现在另一种商品上，而是经常地表现在一系列的商品上。商品价值的表现比在简单价值形式中的价值表现更加完整和充分。然而，扩大的价值形式仍然是物物直接交换，物物交换的局限性依然存在。物物交换需要交换双方互相需要彼此的产品，而且要有足够的数量，但要找到一个这样的交易者需要花费很大的成本。例如，有羊的人希望换斧头，但有斧头的人不需要羊，却需要米，而有米的人既不需要斧头，也不需要羊，却需要布，这样，交换就无法进行。由于这种矛盾的存在，价值形式得以进一步发展。

3．一般的价值形式

一般价值形式即所有商品的价值通过某一种从商品世界中分离出来充当一般等价物的

商品表现出来。

为了解决直接物物交换的困难，人们在众多参与交换的商品中，发现有某种商品较多地参与交换，并且能够为大多数人所接受。于是，人们先把自己的商品换成这种商品，然后再用这种商品去交换自己所需要的商品，这种商品也就成为了交换的媒介。这样直接的物物交换就发展为利用某种商品充当媒介的间接交换了。一切商品的价值都在某一种商品上得到表现，这种价值表现形式就是一般价值形式。这个表现所有商品价值的媒介就是一般等价物。例如：

或2把斧头
或1袋小麦
或10斤茶叶 } =1只绵羊
或20斤水稻
……

一般价值形式的出现是价值形式发展史上的一次质的飞跃。与扩大的价值形式相比，一般价值形式不再是一种商品的价值经常地表现在一系列商品上，而是许多商品的价值经常地由一种商品来表现，价值的同质性通过一种商品更准确地表现出来。这时一般等价物已不再是普通商品，而是媒介商品交换的特殊商品。

一般价值形式虽然克服了直接物物交换的种种困难，促进了商品交换的发展，但并没完全固定在某一种商品上，从而阻碍了商品交换的进一步发展，因此，有必要向货币价值形式过渡。

4．货币价值形式

货币价值形式即所有商品的价值都固定地通过一种特殊商品来表现，它是价值形式的最高阶段。由于这一变化仅表现为一般等价物被固定于某种特别商品上，而在长期的演变过程中，黄金、白银取得了这个一般等价物的独占权，故货币价值形式与一般价值形式无本质区别。

从马克思对货币起源的理论分析中可以看出，商品的价值表现是怎样从简单的、偶然的价值形式一直发展到货币形式的。马克思继承了人们认为货币与交换联系在一起的思想，利用劳动价值论把这一理论推到了一个新的高度。这个新高度的特点在于：揭示了推动交换发展的本质矛盾，就是从社会分工和私有制揭示劳动作为社会劳动和私人劳动的矛盾统一体，进而揭示价值的实质及其表现形式，然后通过价值形式的发展，导出货币出现的客观必然性。

二、货币的本质

（一）货币充当一般等价物

马克思从分析商品的产生和商品交换的发展着手，研究了价值形式的发展过程，进而又从价值形式的发展过程揭示了货币的起源，由此科学地概括了货币的本质特征，即货币是从商品世界中分离出来、起一般等价物作用的商品。货币出现以后，商品界就分立为对立的两极：商品和货币。一切普通商品都直接代替各种不同的使用价值，而货币则成为价值的直接体现者。

货币充当一般等价物有两个基本特征：

(1) 货币是表现一切商品价值的工具。货币出现以后，商品的价值不再直接地由另一种商品表现出来，而是通过商品和货币的交换表现出来。任何一种商品，只要能够交换到货币，该种商品的价值就能得到表现，生产这种商品的私人劳动就得到了社会承认，属于社会劳动的一部分。所以说，货币是表现、衡量一切商品价值的工具。

(2) 货币具有直接同一切商品相交换的能力。货币虽来自商品，但它与普通商品有明显不同。普通商品以特定的使用价值去满足人们的某种需要，因而它不可能同其他一切商品直接相交换。而作为价值直接体现者和社会财富直接代表的货币，具有直接地同一切商品相交换的能力，因而也成了每个商品生产者所追求的对象。

总之，货币作为一般等价物，是表现、衡量和实现商品价值的工具。货币作为一般等价物的这个特征，是不同社会形态所共有的。不论在哪个社会，如果某物不作为一般等价物，就不能称为货币。

(二) 货币反映特定社会形态的生产关系

对于货币性质的理解，马克思还强调："经济范畴只不过是生产方面社会关系的理论表现，极其抽象。"他又指出："货币代表着一种社会生产关系，却又采取了具有一定属性的自然物的形式。"可见，货币作为一般等价物，是不同社会形态下货币的共性；货币在历史发展的不同阶段体现了不同的生产关系，这是一定社会形态下货币所具有的特性。

在奴隶社会，货币大量掌握在奴隶主手中，作为购买奴隶的工具，反映了奴隶主对奴隶的剥削关系。在封建社会，封建地主以货币地租的形式来剥削农民，货币体现着封建主义残酷剥削农民的关系。在资本主义社会，商品货币关系占统治地位，货币转化为资本，作为资本的一种存在形态，它不但可以用来购买一般商品，而且可以被资本家用来购买某种特殊商品——劳动力。此时，货币成为了资本家占有剩余价值的工具。

在我国社会主义制度下，货币反映着国家、集体和个人三者的新型关系。当然，并不否认，在社会主义的商品货币交换关系中，商品生产的内在矛盾、个别生产单位的劳动与社会劳动的矛盾依然存在，甚至有少数人会利用货币从事经济犯罪活动。

我国理论界在研究货币本质的表述问题时，往往产生分歧，其焦点是：除了都承认货币的本质是一般等价物以外，是否还需要加上一个基于一定生产关系而产生的某种特殊本质，而且这个本质会随着生产关系性质的改变而改变。

如何全面、科学地认识货币的本质，既是一个理论问题，也是一个实践问题。货币作为表现、衡量和实现商品价值的工具的这一特征，是不随社会制度的变化而变化的，这是货币的共性；货币体现不同的生产关系，不仅包括货币作为一般等价物所包含的不同生产者的一般关系，还包括不同社会形态下货币所体现的特殊生产关系。从共性和特性两方面探索货币本质，不仅在方法上是科学的，而且在内容上也是统一的，这已被人类社会历史发展进程所证实。

上述分析说明，不同社会形态下的货币所反映的社会关系是有差异的。由此可以推论，随着各国经济发展的市场化、国际化进程的加快，不同国家的货币，最终都能反映商品生产者和经营者之间的统一关系，即商品的生产、交换和分配关系。总之，货币所反映的社会生产关系应该是与特定社会形态密切联系的。

三、货币的职能

货币的职能是货币本质的具体体现。在任何社会，货币无论是以哪种形式出现，其职能主要有四个：价值尺度、流通手段、支付手段和储藏手段。在这四个职能中，价值尺度和流通手段是最基本的职能，支付手段和储藏手段则是在前两个职能的基础上派生出来的。此外，如果货币越出国界，在国与国之间发挥职能时，它就成为一种国际货币。此时，有人就把它称为“世界货币”的职能。但是，从本质上看，它只是货币基本职能发挥范围的不同，而且，目前也只有少数国家的货币以及国际金融组织创造的某些金融工具才具有这种职能。

（一）价值尺度：以价格形态表现和衡量商品价值

许多事物都可以用一个衡量尺度来衡量，比如，测量物体的重量可以用秤，衡量时间可以用钟表，等等。同样，经济生活中的商品或劳务的价值可以用货币来衡量，这就是货币的价值标准职能。价值标准也称“价值尺度”，是货币作为社会劳动的直接体现，是货币用自己的价值去衡量其他一切商品或劳务所耗费的社会劳动量的大小。

货币之所以能够用来衡量其他一切商品或劳务的价值，是因为货币本身也是一种劳动产品，自身也有价值。商品用货币来计价非常方便，而且易于比较。

货币充当价值标准可以是观念上的，即人们可以用观念上的符号来表示商品的价值。比如，商品出售时，只需贴上表示商品价格的标签，并不需要用相同数量的真实货币来表示。这样，我们就把商品价值的货币表现称为“价格”。

但是，由于各种商品的价值量不同，货币要计量和比较各种商品的价值，本身必须有固定的计量单位作为标准。价格标准，就是人们所规定的货币单位及其等分，这是一种为统一计价方式而做的技术性规定。其过程是，首先确定一个基本的货币单位，然后对这个货币单位进行等分，当等分足够细致时，通过货币单位的累加就可以精确地衡量商品的价值了。在人民币的价格标准中，“元”是基本单位，“角”和“分”是对基本单位的进一步等分，计价方式是十进制的累加。这样，我们就可以用这些基本单位及其等分精确地为商品标价。

（二）流通手段：充当商品交易的媒介

流通手段职能，也就是货币充当交易媒介的职能。现代经济社会所有的市场交易几乎都离不开货币。

经济学家们把在从事商品或劳务交易中所支付的时间和资源称为“交易成本”。货币作为交易媒介，不但可以大量节约交易时间而提高经济效益，而且可以使人们从事自己最擅长的工作而增进社会福利。因此，货币是经济社会中非常重要的东西，它像润滑剂，维系着经济社会的高效率运转，同时，还鼓励和促进了专业化和社会分工。

货币在交易中的媒介作用，表现出的是交换手段，而不是交换目的。人们卖出商品，关心的不是货币本身有无价值或价值大小，而是能否换回自己所需要的同等价值的商品。所以，作为交易媒介的货币，可以是不足值的金属货币，也可以是某种符号。这样，纸币的产生才有了可能。在国家权力的作用下，纸币作为交易媒介成为现实。

(三) 支付手段：货币作为价值的独立形态进行单方面转移

支付手段是货币在延期支付或买卖商品的条件下，用于清偿债务、支付工资或租金等，作为独立的价值形式进行价值单方面转移的职能。

发挥支付手段职能的货币同发挥交易媒介职能的货币一样，都是处于流通过程中的现实的货币。所谓流通中的货币，指的就是这两者的总体。流通中的任一货币，往往是交替地发挥这两个职能。但是，货币在执行支付手段职能时，由于债权债务的联系，总有一部分债务会通过相互抵消的方法结清，从而影响到一定时期内的货币需求。另外，货币作为支付手段是与信用关系的发展交织在一起的。特别是在现代银行制度的条件下，期票、汇票、支票等信用货币大量出现，在大宗商品交易中代替了金属货币流通，减少了流通中的货币需求。

(四) 储藏手段：货币购买力的“暂歇”

由于货币作为一般等价物可以购买任何一种商品，所以，货币就成为社会财富的一般代表。谁有了货币，就意味着谁占有价值或社会财富。货币的这一特征，激发了人们储藏货币的欲望。当货币退出流通领域，处于静止状态时，就执行了价值储藏的职能。

用货币储藏价值，并不是价值储藏的唯一手段，也不一定是最佳的手段。任何资产，不管是货币、股票、地产、珠宝、古董、艺术品等，其实都可以是价值的储藏手段，而且，在很多时候，甚至比货币更加适合于价值储藏，因为它们常常可以带来更大的利息收入。既然这些资产作为价值储藏的手段有时比货币更优，为什么人们还要持有货币呢？

这里涉及经济学中的一个十分重要的概念，即流动性。经济学中的流动性，是指一种资产转化为交易媒介的难易和快慢程度。资产的流动性常常十分重要，因为流动性强的资产能够迅速地转换成交易媒介，用于购买人们所需要的商品。在所有的资产中，货币的流动性最高，被称为是流动性十足的资产，因为它本身就是交易媒介而无需转化。而其他资产在转化为交易媒介时，都会发生摩擦而产生交易成本。比如，如果你储藏价值的形式是房屋而不是货币，当你想把房屋转化为货币时，就必须出售房屋，而在出售房屋时，必然会发生一定的佣金、税金等费用，在急于得到现金的情况下，甚至还会不得不接受一个较低的价格。可见，货币虽然不一定是最优的价值储藏手段，但是人们仍然乐意以货币的形式进行价值储藏。况且，从现代经济学的视角看，货币在一定程度上克服了市场中的许多不确定因素。

(五) 世界货币：货币超越国界发挥一般等价物作用

随着国际贸易的发展，货币超越国界，在世界市场上发挥一般等价物作用时，执行着世界货币职能。

按照马克思对典型金本位制条件下的世界货币的科学论述，货币充当世界货币，就必须脱掉自己原有的“民族服装”，还原成金、银的本来面目。马克思指出：“货币一越出国内流通领域，便失去了在这一领域内获得的价格标准、铸币、辅币和价值符号等地方形式，又恢复原来的贵金属块的形式。”

随着经济全球化、一体化进程的加快，世界货币流通领域出现了很多新的现象。许多国家的货币，如美元、马克、瑞士法郎、日元等，在国际上发挥着作为国际货币的三种效能，即支付手段、购买手段和财富转移的作用。与此同时，黄金仍未退出历史舞台，它仍然是国际最后的支付手段、购买手段和社会财富的保藏和转移形式。因此，关于世界货币含义及其在现代国际间的运动形式，确是一个有待研究和作出科学回答的新问题。

货币的以上五种职能有机地联系在一起，都体现货币作为一般等价物的本质。因为一般等价物具有区别于普通商品的两个基本特点：一是货币能表现一切商品的价值；二是货币具有和一切商品直接交换的能力。正是因为货币能表现一切商品的价值，所以它具有价值尺度的职能；正是因为货币能与一般商品相交换，所以它具有流通手段职能。因此价值尺度和流通手段是货币最初始的两个基本职能。当货币的这两个基本职能进一步发展以后，才会出现储藏手段职能。支付手段职能既与货币的两个基本职能有密切的关系，又以储藏手段职能为前提。世界货币职能是货币前四个职能的继续和延伸。总之，货币的五大职能是货币本质的具体体现，绝非孤立存在，而是有内在联系的，并随着商品流通及其内在矛盾的发展而变化。

专栏 1-1

物物交换与货币媒介的交易：一个经济学教授的困惑

爱伦是一位经济学教授，她只能做好一件事，即把经济学这门课程讲授得令人叹服。在一个物物交换的经济中，如果她想果腹，就必须找到这样一个农场主，他不仅生产爱伦所喜爱的食物，而且想学习经济学。你可以预料到，这个寻找过程十分困难而且颇费时间。爱伦在寻找这个渴望经济学知识的农场主上花的时间，要比她用于教授经济学课程的时间多。她甚至不得不停止授课而亲自栽种。即使如此，她仍然可能饿死。在从事商品和劳务的交易上所花的时间，叫做“交易成本”。在物物交换经济中，交易成本很高，因为人们必须满足“需求的双重巧合”，即必须找到某个人，他拥有自己所需要的商品和劳务，而且恰好需要自己所能够提供的商品和劳务。让我们来看看，如果把货币引入经济学教授爱伦的世界，将会发生什么事情？爱伦可以去教任何愿意付钱听课的人。然后，她可以去找任何农场主(或该农场主在超级市场的代表)，并用她所得到的钱去购买所需的食物。需求的双重巧合问题被避免了，爱伦节约了很多时间，她可用之去从事她所拿手的经济学课程教学。

——(美)弗雷德里克·S·米什金：《货币金融学》，中国人民大学出版社，1998 年，第 48 页。

四、货币形态及其功能的演变

货币随着商品生产和商品交换的发展而发展。随着人们对货币在经济发展中的作用的认识逐渐深化和科学技术的进步，货币的形态也经历了一个从自发演化到人为掌握的不断发展的过程。其可以归纳为这样一条线索：货币是由最早的实物形态，慢慢发展为实物的替代物，然后发展到现代的信用货币。其发展过程为：名实相符—名实不符—临时脱离。依据等值货币向象征性货币发展这一线索，我们将货币形态的类型分为实物货币、代用货币、信用货币和电子货币四种。

(一) 实物货币

在人类历史上，有许多商品做过货币。例如：在古波斯、印度、意大利等地，都有古代欧洲的雅利安民族用牛、羊作为货币的记载；在公元前两千年，日本、东印度群岛、美洲、非洲的一些地方曾用贝做货币；与此同时，中国最早的货币也是贝，很多与财富有关的汉字，其偏旁都是“贝”，如货、财、贸、贱、贷、贫等；埃塞俄比亚人曾用盐做货币；在美洲，人们曾用烟草、可可豆等做货币。这种作为非货币用途的价值与作为货币用途的价值相等的货币称为“实物货币”。初始时的许多实物货币由于笨重、携带运送不便、不能分割、质地不一、易损失等缺点，很难作为理想的交换媒介、价值尺度和储藏手段。于是，人们在长期的交换活动中，逐渐运用具有下述条件和特征的实物充当货币：① 价值高且稳定；② 质地易于分割；③ 易携带和保存。据此条件和特征，最具有普遍接受性的金属货币最为适宜。所以，在近代的货币史中，一国往往把贵金属定为法定货币，大致而论，有用铜、金、银作为本位币的，其中又以金为典型。铜是中国最早的货币金属，并一直流传到20世纪30年代。公元13世纪以来，在西欧，金币逐渐增多，到18～20世纪，在世界主要工业化国家中，币材均有黄金。

(二) 代用货币

代用货币作为实物货币的替代物，其一般形态是纸质的凭证，故亦称“纸币”。中国在10世纪末的北宋年间，已有大量纸币(称“交子”)用于交易并流通。这种纸质的代用货币之所以被人们所普遍接受而在市面上流通，是因为它们都有十足的金、银等贵金属作为保证，可以自由地用纸币向发行机构兑换成实物货币，如金、银等。可兑换的银行券是典型代表。银行券首先出现于欧洲，发行银行券的银行保证随时按面额兑换金币，俗称“纸黄金”。代用货币比实物货币有明显的优点：① 印制纸币的成本较铸造金属币的低；② 避免了金属币在流通中的磨损和有意切割；③ 降低了运送的成本和风险。正因为如此，它在近代货币史上持续了很长时间。当然，代用货币也有缺陷，如易伪造和损坏等。这种货币之所以被历史所遗弃，主要是因为以黄金作为保证和准备，跟不上日益扩大的商品生产和商品交换发展的需要。人们在这一过程中对代用货币进行改良变革，由原来的十足的金属准备方式变为部分准备方式，直至与黄金脱钩，这是从1973年国际货币基金组织正式宣布黄金非货币化开始的。

(三) 信用货币

信用货币是由国家和银行提供信用保证的流通手段。与代用货币不同，它不再代表任何贵金属，所以其本身价值远远低于其货币价值。信用货币是货币形式进一步发展的产物，是金属货币制度崩溃的直接后果。20世纪30年代，全球经济危机引发了经济恐慌和金融混乱，迫使主要资本主义国家先后脱离金本位和银本位，国家所发行的纸币不能再兑换金属货币，信用货币应运而生。当今世界各国几乎都采用这一货币形态。

信用货币通常由一国政府或金融管理当局发行，其发行量要求控制在经济发展的需求之内。从理论上说，信用货币作为一般的交换媒介需要有两个相互关联的条件：① 货币发行的立法保障；② 人们对该货币抱有信心。

信用货币包括以下几种主要形态：

(1) 辅币。辅币多用贱金属制造，各国目前基本由政府独占发行，由专门的铸币厂铸造。其主要功能是担任小额或零星交易中的媒介手段。

(2) 现钞。现钞多数由一国中央银行印制发行，也称“现金”。其主要功能是承当人们日常生活用品的购买手段。

(3) 银行存款。存款是存款人对银行的债权。对银行来说，这种货币又是债务货币。存款除在银行账户的转移支付外，还要借助于支票等支付，也称“可签发支票的存款”。当然，支票与银行存款是有区别的。支票只是一种票据，起着存款人向银行发出支付指示的作用，它本身并不是货币。银行存款，主要是活期存款，才是真正作为交易的支付手段。目前，随着信用的发展和网络银行等的出现，在整个交易中，用银行存款作支付手段的比重几乎占绝大部分。

(四) 电子货币

电子货币是以计算机及其网络为基础，以信息技术为手段，采用电子数据形式实现流通手段和支付手段功能的货币形式。由于科技飞速发展和电子计算机技术的运用，货币的结算和支付方式进入了一个崭新的阶段。人们大量利用计算机网络来进行金融交易和货币支付活动，产生了各种各样的信用卡、储值卡、电子钱包等。与此同时，人们还可借助于网络终端、自动柜员机或电话操作来对货币存储额进行补充。货币由记在纸质凭证上的金额变成了存储在计算机系统中的一组加密数据。

电子货币是信用货币的延伸，是信用货币发展到信息时代高级阶段的产物。电子货币具有安全保密、运用广泛、使用方便快捷等特点，适应了现代经济规模迅速扩展所带来的资金流空前增长的需要，节省了大量的现金流通，加速了货币资金的循环周转。它的使用不仅增加了银行服务功能，而且提高了金融业的服务效率和经济效益。特别是互联网金融的问世，对人们的货币观念和金融业的管理方式、经营理念产生了巨大影响，将使金融体系和金融产业的格局发生一场深刻的革命。

总之，货币形态的演变依据商品经济交易和信用关系的不断扩展，它的外在形式也不断地脱离具体物质形态的束缚，逐步地抽象化和虚拟化。

 **专栏 1-2**

美元纸币：象征和数字

货币是国家强有力的象征。对于新独立的国家来说，发行货币的权利是宣布其独立地位的有效方式。尽管纸币具有设计复杂的特点，要防止人民非法伪造也很困难，但是它们仍然融入了历史象征主义的思想。然而，随着时间的推移，这种象征主义对于货币的普通使用者来说，通常会变得习以为常。

例如，美元纸币就是如此。1 美元的钞票是以三个作为美国的国徽和印鉴的组成部分的拉丁文标识为特征的。首先是 E PLURIBUS UNUM，意思是“合众为一”，指美国是由各州联合组成的；另一个标识是 NOVU SORDO SAECLORUM，意指“时代的新秩序”，用来纪念美国的建立开创了世界历史新纪元的思想；第三个标识是 ANNUIT COEPTIS，意指“是他促成了我们的事业”，它以币眼的形式出现在金字塔的顶端。在钞票右边的是国徽，国徽中央是美国的秃头鹰，持有美国的星条盾，在鹰的爪上有一束箭和一枝橄榄枝，分别象征了战争与和平。鹰面向橄榄枝，表示对和平的向往。在钞票的正面，是美国第一任总统乔治·华盛顿的头像。

美国生产的纸币有多少？1997 年的数字是：46.5 亿美元的面值为 1 美元的纸币；8.96 亿美元的面值为 5 美元的纸币；9.98 亿美元的面值为 10 美元的纸币；18.8 亿美元的面值为 20 美元的纸币；4.06 亿美元的面值为 50 美元的纸币；6.49 亿美元的面值为 100 美元的纸币。根据国民经济的需要，每年由联邦储备委员会负责确定准确的纸币生产量，不同面值的纸币的数目每年都会变化。1996 年 7 月 31 日，405 498 621 203 美元的纸币在全世界流通，其中超过一半是面值为 100 美元的纸币。

纸币可以流通多长时间？纸币的生命期在很大程度上取决于它的面值，小面值纸币的流通速度快于大面值的纸币，因此使用寿命要短。面值为 1 美元的纸币，估计平均寿命为 18 个月，而 20 美元的纸币为 4 年，100 美元为 9 年。

纸币是如何制成的？纸币的成分包括 25%的亚麻和 75%的棉，长短不一的红蓝合成纤维分布在整个纸币上。在第一次世界大战前，这些纤维的成分是蚕丝。

——英国布朗参考书出版集团编：《货币·银行·金融》(经典插图经济学译丛第 1 卷)，中国财经经济出版社，2004 年，第 21 页。

第二节　什么是货币

人们通常将通货膨胀归结为货币问题，各国严重的通货膨胀一般都起因于货币供给的超速增长，大多数国家某些时期出现的经济衰退一般与货币供给的增长率下降趋势有关，有些经济现象，如失业，虽带有许多非货币方面的特征，但事实上与货币供给有密切关系。可见，货币供求理论中的一个最基本的问题就是货币的量的问题，而货币“量”的规定性实际上是解决“什么是货币”及货币的范围问题。

一、马克思关于货币量范围的论述

马克思在其经济学著作中，对货币量的规定性的论述不尽相同，有时将流通中的货币限定为金铸币，有时也扩及纸币和可兑换金属铸币的银行券；在有些地方又认为货币形式具有多样性，除上述金属铸币和银行券外，还应包括汇票、支票以及商业票据等。大致归纳起来，马克思对货币量范围的定义有“狭义”和“广义”之分。

(一) 狭义的货币量

马克思在《资本论》第1卷中明确指出,“在商品世界起一般等价物作用”的“特殊商品”就是货币,并且“有一种商品在历史过程中夺得了这个特殊地位,这就是黄金”。在《资本论》第2卷中,马克思指出:“在考察循环的一般形式时,总的来说,在这整个第2卷中,我们所说货币是指金属货币,不包括象征性的货币、单纯的价值符号(只是某些国家所持有的东西)和尚未阐明的信用货币。”在《资本论》第3卷中,马克思又说:“我们这里所说通货的量,指的是一个国家内一切现有的流通的银行券和包括贵金属条块在内的一切硬币的总和。”这些可以视为马克思对货币量的“狭义”的定义,但即使是这种狭义的定义,马克思还是将其逐渐发展并将范围不断扩大,即从第1卷的“金”到第2卷的“金属货币”(铸币)再到第3卷的“硬币+银行券”。

(二) 广义的货币量

首先,马克思指出货币的形式是可以多种多样的,职能资本家“要预付的资本必须以货币形式预付,并不会由于这个货币本身的形式——不论是金属货币、信用货币、价值符号或其他等等——而消除”。有时还把各种货币称为“货币的不同的文明形式”。

其次,马克思认为,信用货币的形式也是多种多样的,银行券是典型的信用货币,但信用货币绝不只限于银行券,汇票、支票等也是信用货币。信用货币是一种象征性的货币,而“用一种象征性的货币来代表另一种象征性的货币是一种永无止境的过程”。这样,货币所可能采取的形式就具有无限多样性。马克思说:“开出汇票是把商品转化为一种形式的信用货币,而汇票贴现只是把这种信用货币转化为另一种信用货币即银行券。”他还转引富拉顿的话说:“几乎每种信用形式都不时地执行货币的职能,不管这种形式是银行券,是汇票,还是支票,过程本质上都是一样的,结果本质上也是一样的。”有时马克思甚至把商业票据也纳入信用货币之列。在《资本论》第1卷分析货币的支付手段职能时,他就根据英国《银行法特别委员会的报告》,列出伦敦最大的贸易公司之一莫里逊-狄龙公司1856年全年的货币收支表,来说明商业活动所用的现实的货币是多少。这张货币收支表所列的项目,就包括定期支付的票据、见票即付的银行支票、银行券、金、银和铜,以及邮汇等。

二、货币量的层次划分

(一) 货币量层次划分的含义

当代各国流通的都是由现金和存款货币构成的信用货币。其中,现金包括中央银行发行的现钞与金属硬币。在商业银行支付业务十分发达的现代社会,现金在社会的交易额中所占的份额很小,存款货币占主体。

现金和各种存款货币都代表了一定的购买力,但是它们在购买能力上是有区别的。现金和活期存款是可以直接用于交易支付的现实购买力,而其他存款要成为现实购买力,还必须经过提现或转换存款种类的程序，并且中央银行对现金、活期存款和其他存款的控制和影响能力也不同。因此，在进行货币量统计时，既要考虑货币量统计的全面性和准确性，又要兼顾中央银行调控货币量的需要，这就必须对货币量层次进行统计分析。

所谓“货币量层次划分”，即把流通中的货币量，主要按照其流动性的大小进行相合排列，分成若干层次并用符号代表的一种方法。货币量层次划分的目的是把握流通中各类货币的特定性质、运动规律以及它们在整个货币体系中的地位，进而探索货币流通和商品流通在结构上的依存关系和适应程度，以便中央银行制定有效的货币政策。目前在我国，中央银行会定期向社会发布三个层次的货币量统计数据。世界绝大多数国家在统计货币量时，也都会划分为不同的层次分别进行统计分析。

(二) 货币量层次划分的依据

目前，各国中央银行在对货币进行层次划分时，都以“流动性”作为依据和标准。各种资产虽然都有流动性，但金融资产的流动性远远大于实物资产。不同的金融资产流动性强弱也不同。例如，现金就是流动性最强的金融资产，具有直接的现实购买力；定期存款则需要经过提现或者转成活期存款才能成为现实购买力，故流动性较弱。流动性实质上反映了货币发挥交换媒介职能的能力，流动性程度不同的金融资产在流通中周转的便利程度不同，形成的购买力强弱也不同，从而对商品流通和其他各种经济活动的影响程度也不同。因此，按流动性的强弱对不同形式、不同特性的货币划分不同的层次，是科学统计货币数量、客观分析货币流通状况、正确制定实施货币政策和及时有效地进行宏观调控的必要基础。

(三) 国际货币基金组织和主要国家的货币层次划分

1. 国际货币基金组织对货币层次的划分

目前，按国际货币基金组织(International Monetary Fund, IMF)确定的货币统计口径,货币划分为以下三个层次：

(1) 通货(Currency)。通货指流通于银行体系以外的现钞，包括居民、企业等单位持有的现钞，但不包括商业银行的库存现金。大部分国家将这一层次的货币简称为 M_0。由于这部分货币可随时作为交换手段和支付手段，因而流动性最强。

(2) 货币(Money)。货币由通货加上私人部门的活期存款构成。由于活期存款随时可以签发支票或刷卡而成为直接的支付手段，所以它的流动性仅次于现金。大部分国家将这一层次的货币简称为 M_1，又叫狭义货币。

(3) 准货币(Quasi Money)。准货币主要包括银行的定期存款、储蓄存款、外币存款等。准货币本身虽不能直接用来购买，但在经过一定的程序之后就能转化为现实的购买力，故又称之为“亚货币”或“近货币”。大部分国家将这一层次的等币划入广义货币中，一般将准货币简称为 QM。

2. 美国、日本的货币层次划分

(1) 美国货币层次划分的口径变动较为频繁，仅自 1971 年 4 月至 1986 年 3 月，就做了大约 8 次调整。目前，美国对货币层次的划分大致如下：

M_1 = 通货 + 活期存款 + 其他支票存款

$M_2 = M_1$ + 小额定期存款 + 储蓄存款 + 货币市场存款账户 + 货币市场基金份额(非机构所有) + 隔日回购协议 + 隔日欧洲美元 + 合并调整

$M_3 = M_2$ + 大面额定期存款 + 货币市场基金份额(机构所有) + 定期回购协议 + 定期欧洲美元 + 合并调整

$L = M_3$ + 短期财政部证券 + 商业票据 + 储蓄债券 + 银行承兑票据

(2) 日本的货币层次可划分为四个：

M_1 = 现金 + 活期存款

$M_2 = M_1$ + 非活期存款 + 可转让性存款(CD)

$M_3 = M_2$ + 邮局、农协、渔协、信用组织和劳动金库的存款 + 货币信托和贷放信托存款

$L = M_3$ + 回购协议债券、金融债券、国家债券、投资信托和外国债券

3. 我国货币层次的划分

目前，中央银行对货币层次的划分具有权威性，其划分方法是：

M_0 = 流通中现金

$M_1 = M_0$ + 单位活期存款 + 个人持有的信用卡存款

$M_2 = M_1$ + 居民储蓄存款 + 单位定期存款 + 其他存款

$M_3 = M_2$ + 金融债券 + 大额可转让定期存单

4. 各国货币层次划分的特点

从我国及其他国家货币层次划分状况来看，货币层次划分具有五方面特点：

(1) 随着流动性强弱的变化，货币的范围也在变化。流动性越强，所包括的货币的范围越小，如大部分国家流动性最强的货币只有现金。随着流动性的减弱，货币包括的范围在扩大。

(2) 金融制度越发达，金融产品越丰富的国家，货币层次也就越多。经济发达国家的货币层次一般都多于经济欠发达的国家。

(3) 不同国家的各个货币层次所包含的内容不同。这是由于各个国家都有各自独特的金融产品，无论是产品的名称还是产品的功能都有差异，因此即使是两个国家流动性相同的货币层次，实际所包含的具体内容也有很大的差别。

(4) 货币层次的划分不是固定不变的，随着金融产品的创新，经济环境的改变，原有的货币层次可能就无法准确地反映货币的构成状况，需要对货币层次进行重新划分。金融产品创新速度越快，金融体制的变化越大，对货币层次进行修改的必要性也就越大。

(5) 货币层次的划分及计量只能在一定程度上反映货币流通的状况。随着金融创新加速，新的金融产品层出不穷，许多金融工具都不同程度地具有“货币性”。有的能够直接作为货币发挥作用，有的略加转化就能发挥交换手段和支付手段的职能，要想十分清晰地划分货币越来越困难，货币层次及其计量也只能做到相对精确。

重要概念与思考题

本章重要概念

等价交换原则	价格标准	实物货币
简单的或偶然的价值形式	流通手段	代用货币
总和的或扩大的价值形式	货币流通	信用货币
一般价值形式	储藏手段	现钞
货币价值形式	支付手段	电子货币
价值尺度	世界货币	货币量层次划分

思考题

1. 马克思是如何运用科学方法解开货币起源之“谜”的？
2. 如何全面、科学地表述货币“质”的规定性？
3. 论述作为一般等价物的货币的类型。
4. 论述货币的五项基本职能。
5. 如何依据变化了的经济金融形势，科学地认识世界货币职能？
6. 如何理解马克思关于货币量范围的论述？
7. 什么是货币量层次划分？在我国，其划分的标准和内容如何？

第二章 货币制度

货币制度简称“币制”，是一个国家以法律形式确定的该国货币流通的结构、体系与组织形式，以便从不同程度和角度实行对货币的操纵和控制，实现各国政府共同追求的目标——一个有秩序的、稳定的、有利于经济发展的货币制度的存在。货币制度主要包括货币金属、货币单位、货币种类、货币铸造、货币发行和流通程序，以及准备制度等。货币制度的形成经过了一个漫长的历史发展过程。

学习目标

1. 掌握货币制度的构成要素，了解货币制度的演变过程；
2. 了解我国现行的货币制度；
3. 了解国际货币制度的演变及改革。

第一节 货币制度内容及其演变

一、货币制度的形成

在前资本主义社会，世界各国先后出现了铸币流通。所谓“铸币”(coin)，是指由国家的印记证明具有一定形状、重量和成色(即贵金属的含量)并标明面值的金属货币。最初的金属货币是以条块形状流通的，每次交换都必须鉴定成色和权衡重量，然后按交易额的大小来进行分割。这样做会出现许多麻烦。因此，一些在商界有影响的富商大贾便在金属货币上加盖自己的印戳并标明重量和成色，于是这块金属货币就成为以该富商大贾信誉为保证的铸币。这种以个人信誉为保证的铸币在流通过程中受到各方面因素的制约，又逐步演变为由拥有政府权力的国家来铸造货币，以起到稳定价值尺度和统一流通手段的作用。

这一时期的铸币流通有三个特点：

(1) 铸币材料价值较低。这种状况与前资本主义社会商品经济不够发达有关。在中国3000年的封建社会中，铜钱曾经被广泛使用，而银基本上是以块状按其重量流通使用的。直到1910年即清宣统二年颁布币制条约，宣布实行银本位制，银币形态才出现在流通领域。欧洲在封建社会主要是以银作为货币材料，但也使用铜币，或用铜掺和银铸成不同成色的合金币。虽然欧洲在罗马时代已经使用金币，在中国历史上也较早地出现黄金以块状按重量流通使用，但在前资本主义社会，黄金都不是主要的货币材料。

(2) 铸币的铸造分散，流通具有地方性。人类使用金属货币大约有3000年的历史。欧洲在封建社会没有统一的民族国家，各个封建主统治着他所属的独立的城堡，各自有独立的行政、司法、财政等权利，有自己独立的管理机构，并以此分别铸造货币，在各自独立的城邦流通着不同的铸币。比如，在中世纪的德国，仅隶属于各封建主的铸币局就有600多所。中国虽自秦以来就形成了统一的民族国家，但也未形成现代社会那种统一的货币制度，铸币的铸造极其分散，造成名目繁多、形式杂乱、成色重量不一、标准币不同等状况。

(3) 铸币不断变质。在封建割据的条件下，封建诸侯为了扩张自己的权利，掠夺他人的财富，必然不断进行战争，这就需要增加军费支出；同时，统治者为了满足自己穷奢极欲的生活需要以及对内维护自己的统治，也要增加财政支出。由于铸币铸造权属于封建统治者，通过降低铸币成色和重量的方式实行铸币变质，就成为统治者解决财政困难的一种手段。

概括地说，前资本主义社会的货币流通是分散的、紊乱的而不是集中的、定型的、制度化的。这显然与资本主义商品经济发展要求有一个统一的、稳定的货币制度的客观要求不相适应。规范和系统的货币制度是在资本主义经济制度产生之后形成的，为了改变当时货币流通的紊乱状况，各国政府先后以法令或条例的形式对货币流通作出种种规定。其内容包括：① 建立以中央银行为唯一发行机构的统一和集中的货币发行体系，以垄断货币发行；② 就相对稳定的货币单位作出相应的规定，以保证货币制度的稳定；③就贵金属充当币材并能自发调节流通中的货币量作出规定。在资本主义上升时期，西方国家政府为克服货币流通混乱的状况，将已颁布的法令和条例集中起来制度化的过程，也是资本主义货币制度的形成过程。

二、货币制度的构成要素

资本主义国家开始建立的统一的货币制度，一般由四个要素构成。

(一) 货币金属

货币金属，即规定哪一种金属作为货币材料。货币金属是整个货币制度的基础，确定不同的金属做货币材料，就构成不同的货币本位。例如，确定以白银作币材，就是银本位制；确定以黄金作币材，就是金本位制；确定以黄金和白银同时作币材，就是金银复本位制。在资本主义发展初期，新兴资产阶级为了累积财富和扩大生产，需要币值稳定，一般采用一种以贵金属作币材的金属铸币流通制度。

(二) 货币单位

货币单位，即规定货币单位的名称及其所含的货币金属的重量，也称为“价格标准”。例如，英国的货币单位定名为“磅”，根据1816年5月的金币本位法案的规定，1英镑含成色11/12的黄金123.274 47格令(合7.97克)。美国的货币单位定名为“元”，根据1934年1月的法令的规定，其含金量为0.888 671克。中国1914年的“国币条例”中规定，货币单位名称为“圆”，含纯银6钱4分8厘(合23.977克)。当币材的构成要素消失之后，货币单位的确定应是货币制度中的核心构成要素。

(三) 流通中的货币种类

一个国家的通货，通常分为主币(即本位币)和辅币，它们各有不同的铸造、发行和流通程序。此外，纸币作为货币符号，也有其独特的发行和流通程序。

1. 本位币

本位币是一国的基本通货。在金属货币流通的条件下，本位币是指用货币金属按照国家规定的货币单位所铸成的铸币。本位币是一种足值的铸币，并有其独特的铸造、发行和流通程序，其特点如下：

(1) 自由铸造。自由铸造即公民有权把法令规定的金属币材送到国家造币厂铸成金属货币；公民也有权把铸币熔化，还原为金属。

(2) 无限法偿。法律规定，在货币收付中，无论每次支付的金额多大，用本位币支付时，受款人不得拒绝接受，故称为“无限法偿”。在金属货币制度下，本位币通常具有无限法偿的能力；在不兑现的信用通货流通下，中央银行发行的纸制货币具有无限法偿能力。

2. 辅币

辅币是本位币以下的小额货币，供日常零星交易和找零之用。辅币在铸造、发行与流通程序上具有以下特点：一是辅币用较贱的金属铸造；二是辅币是不足值的铸币；三是辅币可以与本位币自由兑换；四是辅币实行限制铸造，即只能由国家来铸造；五是辅币是有限法偿货币，国家对辅币规定了有限的支付能力，即在每一次支付行为中使用辅币的数量受到限制，超过限额的部分，受款人可以拒绝接受。

3. 纸币

在金属货币制度下，流通中的货币除了铸币形式的本位币及辅币外，还有银行券、纸币或不兑现的信用货币。银行券和纸币虽然都是没有内在价值的纸制的货币符号，但因为它们的产生和性质各不相同，所以其发行和流通程序也有所不同。

银行券是一种信用货币，是代替金属货币充当支付手段和流通手段职能的银行证券。在银行办理信贷业务时，既可以支付现金，也可以开出随时能够兑现的银行券。在银行业发展的早期，银行券由商业银行分散发行，19 世纪以后，各国才集中统一由中央银行发行银行券。国家以法律形式规定中央银行发行的银行券为法定支付手段，拒绝接受者被视为违法。1929 年到 1933 年西方国家经济危机后，各国的银行券都不再兑现，从而演变为不兑现的纸币。

纸币是本身没有价值又不能兑现的货币符号。货币在行使流通手段职能时，只是交换的媒介，而不是交换的目的，只需有货币的象征和符号就可以了，这就意味着货币符号可以代替货币进行流通。后来政府根据流通手段的这一特性，有意识地铸造和发行不足值铸币，直至发行本身几乎没有价值的纸币，并通过国家法律强制其流通。可见，纸币产生的前提不是发达的信用制度，而是中央集权的国家政权和统一的国内市场。

在当代社会经济中，银行券和纸币已基本成为同一概念。因为：一是各国银行券已经不再兑现金属货币；二是各国的纸币已经完全通过银行中央经济的调控和商业银行的信贷程序发放出去，两者已经演变为同一事物。

(四) 准备制度

为了稳定货币，各国货币制度中都包含有准备制度的内容。在实行金本位制的条件下，准备制度主要是建立国家的黄金储备，这种黄金储备保存在中央银行或国库。它的用途有三：一是作为国际支付的准备金；二是作为扩大和收缩国内金属流通的准备金；三是作为支付存款和兑现银行券的准备金。当今世界各国均实行不兑现的货币流通制度，金、银已退出货币流通领域，黄金准备的后两个作用已经消失。但黄金作为国际支付准备金的作用依然存在，形式却发生了变化，已不再像金本位制时期那样，按货币含金量用黄金作为最后弥补国际收支逆差的手段，而是当一个国家出现国际收支逆差时，可以在国际市场上抛售黄金，换取自由外汇，以平衡国际收支。

目前，各国中央银行发行的信用货币虽然不能再兑换黄金，但发行准备制度仍然被保留着。各国准备制度不同，但归纳起来，作为发行准备金的有黄金、国家债券、商业票据和外汇等。

二、货币制度的演变

理论上，任何商品都可以被选作货币，然而，只有贵金属具有充当货币的所有优势。因此，从历史的沿革来看，与各个历史阶段的商品经济相适应，先后出现过银本位制、金银复本位制、金本位制三种金属货币制度，最后过渡到现代不兑现的信用货币制度。

(一) 银本位制

银本位制就是以白银作为本位货币的一种金属货币制度。银本位制又分为银两本位和银币本位。银两本位是以白银的重量单位“两”作为价格标准，实行银块流通的货币制度。银币本位则是以一定重量和成色的白银，铸成一定形状的本位币，实行银币流通的货币制度。在银本位制度下，银币可以自由铸造和自由熔化，并具有无限法偿的效力，白银或银币可以自由输出、输入。

银本位制是最早实行的货币制度之一，而且持续的时间也比较长。在纪元前及纪元初期，欧洲许多国家如英国、法国、意大利等，均曾有银币流通。16 世纪到 19 世纪，银本位制在世界许多国家盛行。我国也是最早实行银本位制的国家，但主要是实行银两本位。唐宋时期白银已普遍流通，宋仁宗景佑年间(1034—1037 年)，银锭正式取得货币地位。金、元、明时期确立了银两制度，白银是法定的主币。清宣统二年(1910 年) 4 月，政府颁布了《币制条例》，宣布实行银本位制，实际是银圆和银两并行。1933 年 4 月，国民党政府“废两改圆”，颁布《银本位币铸造条例(草案)》，将银圆的重量减少，成色降低，这种银圆可以自由铸造，无限制使用。这时，银圆才成为正在的本位货币。

19 世纪后期，世界白银产量猛增，使白银的市场价格发生强烈波动，呈长期下跌趋势。白银价格的起伏不稳，不利于国内货币流通、国际收支平衡和经济发展，加之银币体重价低不适合巨额支付，从而导致许多实行银本位制的国家都先后放弃了这种货币制度。在中国，1935 年 11 月 4 日，国民党实行“法币改革”，宣布禁止使用银圆，从银本位制改行金汇兑本位制。

(二) 金银复本位制

金银复本位制是由国家法律规定的以金币和银币同时作为本位币，均可自由铸造，自由输出、输入，同为无限法偿的货币制度。

在16世纪上半叶以前，金、银的总产量并不高，只是在墨西哥和秘鲁等地发现了丰富的银矿之后，白银产量才大增。17世纪在美洲发现了丰富的金矿，黄金的开采量也随之增加。大量黄金从美洲流入欧洲，促成了金银复本位制的实行。金银复本位制是资本主义发展初期最典型的货币制度。

金银复本位制又分为平行本位制和双本位制。平行本位制是金币和银币按其实际价值流通，其兑换比例完全由市场比价决定，国家不规定金币和银币之间的法定比价。由于金币和银币的市场比价经常变动，这就使得用不同货币表示的商品价格也随之经常发生变化。货币作为价值尺度，要求本身价值稳定，本身价值不稳定的货币商品充当价值尺度，会造成交易紊乱。为了克服这一缺点，一些国家以法律形式规定了金、银的比价，即实行双本位制。但是金银的市场比价仍然会变化，当金银市场比价与法定比价发生偏差时，法律上评价过低的金属货币(即实际价值高于法定名义价值的货币，称为“良币”)就会退出流通领域，而法律上评价过高的金属铸币(即实际价值低于法定名义价值的货币，称为“劣币”)则会充斥市场。最后流通界只有一种货币，即劣币。这就是“劣币驱逐良币”或“格雷欣法则”。

实行金银复本位制的国家，在“劣币驱逐良币”规律的作用下，不得不规定良币可自由铸造，劣币禁止自由铸造，以此来维持流通中两种铸币的原来比价，这种制度称为“跛行本位制”。

金银复本位制是一种不稳定的货币制度，随着资本主义经济的进一步发展、交易规模的扩大，这种货币制度越来越不能适应客观要求，于是改行单本位制成为必然。相对于金而言，银的价值量过于低廉，所以市场最终选择价值量更大的金。

(三) 金本位制

金本位制又称“金单本位制”，它是以黄金作为本位货币的一种货币制度。从18世纪末到19世纪初，主要资本主义国家先后从金银复本位制过渡到金本位制，最早实行金本位制的是英国。金本位制的形式有三种。

1．金币本位制

金币本位制是典型的金本位制。在这种制度下，国家法律规定以黄金作为货币金属，即以一定重量和成色的金铸币充当本位币。在金币本位制条件下，金铸币具有无限法偿能力。

金币本位制的主要特点是：

(1) 金币可以自由铸造和自由熔化，而其他铸币包括银铸币和铜镍币则限制铸造，从而保证了黄金在货币制度中处于主导地位。

(2) 价值符号，包括辅币和银行券，可以自由兑换为金币，使各种价值符号能够代表一定数量的黄金进行流通，以避免出现通货膨胀现象。

(3) 黄金可以自由地输出入国境。由于黄金可以在各国之间自由转移，从而保证了世界市场的统一和外汇汇率的相对稳定。

金币本位制是一种相对稳定的货币制度，这种货币制度使得货币的国内价值与国际价值相一致，外汇行市相对稳定，不会发生货币贬值现象，因此对资本主义国家经济发展和对外贸易的扩大起到了积极的促进作用。但是，随着资本主义经济的发展，资本主义国家之间矛盾的加剧，这种货币制度的稳定性日益受到削弱。第一次世界大战期间，各国停止了金币流通、自由兑换和黄金的自由输入输出，战后也难以恢复金币流通，只能改行残缺不全的金本位制——金块本位制和金汇兑本位制。

2. 金块本位制

金块本位制亦称“生金本位制”，是在一国内不准铸造、不准流通金币，只发行代表一定金量的银行券(或纸币)来流通的制度。金块本位制虽然没有金币流通，但在名义上仍为金本位制，并对货币规定了含金量。如法国 1928 年的《货币法》规定，法郎的含金量为 0.065 克纯金，并规定有官价。实行金块本位制的国家，虽然不允许自由铸造金币，但允许黄金自由输出入，或外汇自由交易。银行券是流通界的主要通货，但不能直接兑换金币，只能有限度地兑换金块。如英国在 1925 年规定，银行券每次兑换金块的最低数量为 1700 英镑，法国 1928 年规定至少须 21.5 万法郎才能兑换黄金，从而限制了黄金的兑换范围。

金块本位制实行的条件是保持国际收支平衡和拥有大量用来平衡国际收支的黄金储备。一旦国际收支失衡，大量黄金外流或黄金储备不敷支付时，这种虚弱的黄金本位制就难以维持。1930 年以后，英、法、比利时、荷兰、瑞士等国在世界性经济危机袭击下，先后放弃了这一制度。

3. 金汇兑本位制

金汇兑本位制又称“虚金本位制”，在这种制度下，国家并不铸造金铸币，也不允许公民自由铸造金铸币。流通界没有金币流通，只有银行券在流通，银行券可以兑换外汇，外汇可以兑换黄金。

这种制度在名义上仍为金本位制，这是因为：① 本国货币规定有含金量。② 本国货币与某一实行金币本位制或金块本位制国家的货币保持一定的固定比价，并将黄金、外汇存放在这个国家作为外汇基金，通过市场买卖以维持固定比例。③ 银行券是流通中的主要通货，可以兑换外汇，其外汇可以在挂钩国家兑换黄金。金汇兑本位制实际上是一种附庸性质的货币制度。

早在 19 世纪末叶，帝国主义国家的殖民地就实行过这种货币制度。例如，印度在 1893 年、菲律宾在 1903 年先后实行金汇兑本位制。第一次世界大战结束后，德国、意大利等战败国为整顿币制，把向别国借来的贷款作为外汇基金，把本国货币与英镑、美元等挂钩，保持固定比价，即实行金汇兑本位制。

金汇兑本位制和金块本位制都是一种残缺不全的本位制，实行的时间不长，终于在 1929－1933 年世界性经济危机的冲击下崩溃了。从此，资本主义世界各国与金本位制告别，而实行不兑换的纸币制度。

(四) 不兑现的信用货币制度

不兑现的信用货币制度是以纸币为本位币，且纸币不能兑换黄金的货币制度。这是当今世界各国普遍实行的一种货币制度，中国货币发行也属于不兑现的信用制度。其基本特点是：

(1) 不兑现的信用货币一般是由中央银行发行的，并由国家法律赋予无限承法偿的能力。

(2) 货币不与任何金属保持等价关系，也不能兑换黄金，货币发行一般不以金、银为保证，也不受金、银数量的限制。

(3) 货币通过信用程序投入流通领域，货币流通是通过银行的信用活动进行调节，而不像金属货币制度那样，由铸币自身进行自发的调节。银行信用的扩张，意味着货币流通量增加；银行信用的紧缩，则意味着货币流通量减少。

(4) 这种货币制度是一种管理货币制度。一国中央银行或货币管理当局通过公开市场政策、存款准备金率、贴现政策等手段，调节货币供应量，以保持货币稳定；通过公开买卖黄金、外汇，设置外汇平准基金、管理外汇市场等手段，保持汇率的稳定。

(5) 货币流通的调节构成了国家对宏观经济进行控制的一个重要手段，但流通界究竟能够容纳多少货币量，则取决于货币流通规律。当国家通过信用程序所投放的货币超过了货币需要量，就会引起通货膨胀，这是不兑现的信用货币流通特有的经济现象。

(6) 流通中的货币不仅指现钞，银行存款也是通货。随着银行转账结算制度的发展，存款通货的数量越来越大，现钞流通的数量越来越小。

在不兑现信用货币制度下，货币、信用领域都出现了一系列新现象。例如，货币的实际流通量对商品平均价格的决定作用；银行放款头的投放量对货币流通量的影响；国家对信用银行的调节成为控制宏观经济的重要手段，等等。可以说，当代金融领域的重大课题，几乎都与货币制度由金属货币制度演变为不兑现的信用货币制度有关。

以上关于货币制度的演进及其类型的发展，可概括为如图 2-1 所示。

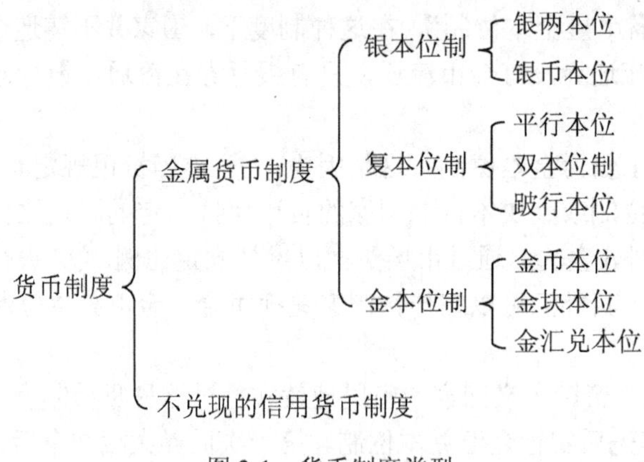

图 2-1 货币制度类型

第二节 中国货币制度

一、新中国的货币制度

新中国的货币制度是人民币制度。1948 年 12 月 1 日中国人民银行正式成立，同时发行人民币。人民币发行以后，中国人民银行迅速收兑了旧经济制度下的法币、金圆券、银元券，同时通过收兑原解放区自行发行的货币统一了货币市场，形成了新中国货币制度。在社会主义制度下，中国货币制度的基本内容包括六个方面：

(1) 人民币是新中国的法定货币。人民币是由中国人民银行发行的信用货币，是中国的无限法偿货币，没有法定含金量，也不能自由兑换黄金。人民币的单位为“元”，元是本位币即主币。辅币的名称为“角”和“分”。人民币的票券、铸币种类由国务院决定。人民币以“¥”为符号，取“元”字拼音“yuan”的首字母“y”的大写加两横而成。

(2) 人民币是新中国唯一的合法通货。国家规定了人民币限额出入国境的制度，金、银和外汇不得在国内商品市场计价结算和流通。人民币实行以市场供求为基础、参考一揽子货币进行调节、有管理的浮动汇率制度，人民币在经常项目下可兑换外汇，在国家统一规定下的国内外汇市场可买卖外汇。

(3) 人民币的发行权集中于中央。人民币发行权掌握在国家手里，国家授权中国人民银行具体掌管货币发行工作。中国人民银行是货币的唯一发行机关，并集中管理货币发行基金。中国人民银行根据经济发展的需要，在由国务院批准的额度内，组织年度的货币发行和货币回笼。

(4) 人民币的发行保证。人民币是信用货币，首先要依据商品生产发展和流通扩大对货币的需要而发行，这种发行有商品物资做基础，是人民币发行的首要保证；其次，人民币的发行还有大量的信用保证，包括政府债券、商业票据、商业银行票据等；再次，黄金、外汇储备也是人民币发行的一种保证。我国建立的黄金和外汇储备，主要用于平衡国际收支，进口所需的大量外汇需要用人民币购买，出口收入的外汇必须向外汇指定银行出售，银行在购买外汇的同时也就发行了人民币。

(5) 人民币实行有管理的货币制度。作为我国市场经济体制构成部分的货币体制，对内须是国家宏观调节和管理下的体制，包括货币发行、货币流通、外汇价格等；对外则采取有管理的浮动汇率制度。

(6) 人民币成为可兑换货币。货币的可兑换性是货币制度的内容之一。所谓“可兑换性”，是指一国货币兑换成其他国家货币的可能性。

二、“一国两制”下的地区性货币制度

我国现行的货币制度较为特殊。由于我国目前实行“一国两制”方针，1997 年、1999 年，香港和澳门相继回归祖国以后，继续维持原有的货币金融体制，从而形成了“一国多币”的特殊货币制度。目前，不同地区有着各自的法定货币：人民币是大陆地区的法定货币，港元是香港地区的法定货币，澳门元是澳门地区的法定货币，新台币是台湾地区的法定货币。各种货币各限于本地区流通，人民币与港元、澳门元之间按以市场供求为基础决定的汇价进行兑换，澳门元与港元直接挂钩，新台币主要与美元挂钩。

(一) 香港的货币制度

1997 年 7 月 1 日，中国政府恢复了对香港行使主权，香港特别行政区成立。中国的货币制度改为实行一个主权国家两种社会制度下的两种货币、两种货币制度并存的货币制度。在内地仍然实行人民币制度，在香港实行独立的港币制度，在货币发行、流通与管理等方

面分别自成体系，人民币和港币分别作为内地和香港的法定货币在两地流通。由于香港仍然实行资本主义制度，因此，按照中国目前的外汇管理规定，港币仍然属于外汇，港币在内地以外币兑换对待，同样，人民币在香港也以外币对待。

香港货币单位为“元”，简称“港元”，用符号“HK$”表示。

《中华人民共和国香港特别行政区基本法》规定，港元为香港的法定货币，发行权属于香港特别行政区政府，中国银行、汇丰银行、渣打银行为港币发行的指定银行，港币发行必须有100%的准备金。由商业银行代为行使货币发行银行的职能，是香港制度的一个突出特点。

香港特别行政区不实行外汇管制，港币可以自由兑换，外汇、黄金、期货、证券市场全面开放。

港元实行与美元联系的汇率制度，即7.8港元兑换1美元。20世纪70年代，港币对外价值一直用英镑表示，发行准备金也是以英镑资产的形式存放于英国。直到1972年，为摆脱英镑地位不断下降给香港经济带来的损失，港币转而与美元相联系。这一制度要求发钞银行按1美元兑7.8港元的固定汇率，向外汇基金提交100%的美元作为发钞准备。而超过这个范围之外的港元汇率则由市场供求决定。

（二）澳门的货币制度

1999年12月20日，中国政府恢复了对澳门行使主权，澳门特别行政区成立。由于澳门仍然实行资本主义制度，因此，按照中国目前的外汇管理的规定，澳门货币仍然属于外汇，澳门货币在内地以外汇对待，同样，人民币在澳门也以外汇对待。

澳门货币单位为澳门元，简称“澳元”，用符号“Pat”表示。澳币可以自由出入境，不受任何限制。

《中华人民共和国澳门特别行政区基本法》规定，澳门元为澳门的法定货币，澳元的发行权属于澳门特别行政区政府，中国大银行、大西洋银行为澳元发行的指定银行。依照澳门的有关法令的规定，发行澳元必须有100%的等值黄金、外汇资产作为准备金缴纳给澳门金融管理局，作为发行澳元的担保和外汇储备。

由于澳门没有外汇管制，各国货币都可以在澳门自由进出，也有多种货币在澳门流通。澳门币是澳门区内记账、标价的货币，在小笔交易和零星使用方面最为流通；但在大额交易和对外交易支付中，一般都以港元结算，港币的使用量大大超过澳门币。澳门币与港币挂钩间接与美元挂钩的政策，保证了澳门币的稳定，有利于澳门经济的发展。

（三）台湾的货币制度

1899年6月29日，“台湾银行券”正式开始发行，到1945年8月止，共流通了46年时间。在这期间，由于日本人控制着台湾银行，因此台湾金融受日本金融变动的影响很大。“台湾银行券”的发行，同样是随日本货币制度的变化而变化，由银券开始，转变为金券，再蜕变为管理货币。

1945年8月15日，日本宣布无条件投降，但直到1946年8月底为止这段时期，台湾所流通的货币实际上仍是日本占据台湾时的货币。“台湾银行券”“日本银行券”仍然流通。1946年5月20日，旧台湾银行宣告结束，新的台湾银行宣告成立。1946年5月22日，台湾银行公告发行小面额台币，称“新台币”，1949 年 6 月 15 日币制改革后，改称这些新台币为“旧台币”。

1949 年 6 月 15 日，台湾省政府公布《台湾省币制改革方案》及《新台币发行办法》，决定实施币制改革。新台币的发行主要有三方面内容：

(1) 台湾省政府指定新台币的发行机关为台湾银行。

(2) 实行与美元联系的汇率制度。

(3) 新台币以黄金、白银、外汇及可以换取外汇的物资作十足准备。

1961 年 7 月 1 日，台湾“中央银行”复业，收回了台湾银行的货币发行权，但仍然委托台湾银行发行新台币。20 世纪 70 年代后，台湾货币发行制度又有了新的变化，主要是大额钞券发行的比重上升。

第三节　国际货币制度与改革

一、国际货币制度的内容

国际货币制度是指各国政府对货币在国际范围内发挥世界货币职能所确定的规则、措施和组织形式，它一般包括三个方面的内容：

(1) 国际储备资产的确定。国际储备资产的确定，即确定国际交往中使用什么样的货币。

(2) 汇率制度的确定。汇率制度的确定，即确定一国货币与其他货币之间的汇率应如何确定和维持。

(3) 国际收支不平衡的调节方式。国际收支不平衡的调节方式，即当出现国际收支不平衡时，各国政府应采取什么方法弥补这一缺口，各国之间的政策措施又如何相互协调。

二、国际货币制度的演变

理想的国际货币制度应该能够促进国际贸易和国际经济活动的发展，主要体现在国际货币秩序的稳定、能够提供足够的国际清偿能力并保持国际储备资产的信心、保证国际收支的失衡能够得到有效的调节。迄今为止，国际货币制度经历了从国际金本位制到“布雷顿森林体系”再到“牙买加体系”的演变。

(一) 国际金本位制

国际金本位制是指黄金充当国际货币，各国货币之间的汇率由它们各自的含金量比例即金平价决定，黄金可以在各国间自由输出输入，在“黄金输送点”的作用下，汇率相对平稳，国际收支具有自动调节的机制。1880—1914 年的 35 年间是国际金本位制的黄金时代。由于 1914 年第一次世界大战爆发，各参战国纷纷禁止黄金输出，停止纸币兑换黄金，国际金本位制受到严重削弱，之后虽改行金块本位制或金汇兑本位制，但因其自身的不稳定性，都未能持久。在 1929—1933 年的经济大危机冲击下，国际金本位制终于瓦解，随后，国际货币制度一片混乱，直至1944年重建新的国际货币制度——“布雷顿森林体系”。

(二) 布雷顿森林体系

“布雷顿森林体系”是第二次世界大战以后实行的以美元为中心的国际货币制度。1944年7月，在美国新罕布什州的布雷顿森林召开了由44国参加的“联合国联盟国家国际货币金融会议”，建立了以美元为中心的国际货币制度。其主要内容是：

(1) 以黄金为基础，以美元作为最主要的国际货币储备货币，实行“双挂钩”的国际货币体系，即以美元与黄金直接挂钩，其他国家的货币与美元挂钩。

美元与黄金挂钩，是指美国政府保证以1934年11月规定的35美元等于1盎司的黄金官价兑付其他国家政府或中央银行持有美元。其他国家货币与美元挂钩，是指根据35美元等于1盎司黄金的价格确立美元含金量，其他国家也以法律形式规定各自货币的含金量，而后通过含金量的比例，确定各国货币与美元的兑换比例。

(2) 实行固定汇率制。各国货币对美元的汇率一般只能在平价上下1%的幅度内浮动，各国政府有义务在外汇市场上进行干预，以维持外汇市场的稳定。国际收支不平衡则采用多种方式调节。这种货币体系实际上是黄金本位制，也是一个变相的国际金汇兑本位制。

“布雷顿森林体系”是国际货币合作的产物。它消除了战前国际金融秩序的混乱状况，在一定时期内稳定了资本主义国家的货币汇率，营造了一个相对稳定的国际金融环境，促进了世界贸易和世界经济的增长。但是，“布雷顿森林体系”自身具有不可克服的矛盾，又被称为“特里芬难题”[①]。这一难题指美元若要满足国际储备的需要，就会造成美国国际收支逆差，必然会影响美元信用，引起美元危机；若要保持美元的国际收支平衡，稳定美元，则又会断绝国际储备的来源，引起国际清偿能力的不足。“布雷顿森林体系”实施的早期，这个矛盾并未完全显现。20世纪60年代以后，美国政治、经济地位逐渐下降，特别是外汇收支逆差大量出现，使黄金储备大量外流，到60年代末出现黄金储备不足抵补短期外债的状况，导致美元危机不断发生，各国在国际金融市场上大量抛售美元，抢购黄金，或用美元向美国挤兑黄金。进入70年代，美元危机更加严重。1971年8月15日，美国公开放弃金本位，各国也随后纷纷宣布放弃固定汇率，实行浮动汇率，不再承担维持美元固定汇率的义务。1974年4月1日起，国际协定正式解除货币与黄金的固定关系，以美元为中心的“布雷顿森林体系”彻底瓦解，取而代之的是“牙买加体系”。

(三) 牙买加体系

“布雷顿森林体系”崩溃后，国际金融形势更加动荡不安，各国都在探寻货币制度改革的新方案。1976年国际货币基金“国际货币制度临时委员会”在牙买加首都金斯顿召开会议，并达成了《牙买加协议》。同年4月，国际货币基金理事会通过了《国际货币基金协定》的第二次修正案，从而形成了国际货币关系的新格局。

《牙买加协议》的主要内容是：

(1) 浮动汇率合法化。会员国可以自由选择任何汇率制度。但会员国的汇率政策应受国际货币基金的监督，并与国际货币基金协商。

---

① 出自美国经济学家罗伯特·特里芬《黄金与美元危机——自由兑换的未来》，北京：商务印书馆，1997年。

(2) 黄金非货币化。废除黄金条款，取消黄金官价，各会员国中央银行可按市价自由进行黄金交易，取消会员国之间以及会员国与国际货币基金之间须用黄金清算债权债务的义务。国际货币基金所持有的黄金应逐步加以处理。

(3) 提高特别提款权的国际储备地位。修改特别提款权的有关条款，以使特别提款权逐步取代黄金和美元而成为国际货币制度的主要储备资产。

(4) 扩大对发展中国家的资金融通。国际货币基金以出售黄金所得收益设立“信托基金”，以优惠条件向最贫穷的发展中国家提供贷款或援助，以解决它们国际收支的困难，扩大国际货币基金信贷部分贷款的额度，放宽“出口波动补偿贷款”的额度。

(5) 增加会员国的基金份额。会员国的基金份额由原来的292亿特别提款权增加到390亿特别提款权。

《牙买加协议》后的国际货币制度实际上是以美元为中心的多元化国际储备和浮动汇率的体系。在这个体系中，黄金的国际作用受到严重削弱，但并没有完全消失；美元在诸多储备货币中仍居主导地位，但它的地位在不断削弱，而原西德马克、日元的地位则不断加强，特别提款权和欧洲货币单位的储备货币地位也在提高。在这个体系中，各国所采用的汇率制度可以自由安排，主要发达国家货币的汇率实行单独浮动和联合浮动，多数发展中国家采取钉住汇率制度，把本国货币钉住美元、法国法郎等单一货币，或钉住特别提款权和欧洲货币单位等合成货币，还有的国家采取其他多种形式的管理浮动汇率制度。在这个体系中，国际收支的不平衡通过多种渠道进行调节。除了汇率机制以外，国际金融市场和国际金融机构也发挥了重大作用。

多元化的储备体系基本上摆脱了“布雷顿森林体系”时期基准货币国家与依附国家相互牵连的弊端，以主要货币对汇率变动为主的多种汇率体系安排能够比较灵活地适应世界经济形势多变的状况，并在一定程度上解决了“特里芬难题”。因此，在一定程度上对世界经济的发展起了促进作用。在这种国际货币制度中，多种国际收支调节机制并行，各种调节机制相互补充，而不是单单依靠哪一种调节手段，从而缓和了“布雷顿森林体系”条件下国际收支调节机制失灵的困难，对世界经济的正常运转和发展起到了一定的积极作用。

但是，在国际储备多元化的条件下，缺乏统一、稳定的货币标准，国际清偿力的增长既没有金本位条件下的自发调节机制，又没有形成国际货币基金对其全面控制。这些不稳定因素易使外汇市场动荡混乱，汇率剧烈波动，加上国际收支调节机制等方面的缺陷，对世界经济、国际贸易、国际投资往往会产生消极的影响。由此，进一步改革国际货币制度，成为了各国普遍关注的问题。

三、国际货币制度的改革

自20世纪60年代美国危机不断爆发以来，有关国际货币制度改革的建议与方案就层出不穷，而改革的方向主要集中在国际货币本位确立和汇率制度选择这两个方面。

(一) 国际货币本位的改革

有关国际货币本位改革的观点有四种：一是“恢复金本位理论”，该观点认为黄金是理想的国际储备资产和本位货币，能够提供一个稳定的、自动的调节机制；二是“恢复美元本位制”，该观点认为美元在国际支付或国际储备中依然占有绝对优势，推行美元本位的基础仍然存在；三是“多种货币本位论”，该观点认为目前多元化的货币本位是世界趋于多中心、多极化形势的必然产物，没有必要进行改革；四是“世界统一货币本位论”，即建立世界性中央银行，发行世界统一货币。

以上四种国际货币本位观点，概括起来，不外乎纯商品本位和纯信用本位两种。其中，纯信用货币本位包括单一主权货币本位、多种主权货币本位和世界统一货币本位。纯商品本位制，如金本位制，能够提供一个相对稳定、自动调节的机制，但其国际清偿力的供应无法适应世界经济发展的需要，金本位制的形成和崩溃的历史演变过程说明，尽管黄金在国际储备中仍占有一席之地，但恢复金本位制已经不可能。单一主权货币本位制对货币主权国的经济和政策依赖性过大，容易出现不稳定状态，且还存在着“特里芬难题”的根本性缺陷。而多元主权货币本位制只能缓解但解决不了这个难题，因此，恢复美元本位制既不现实也不可能，同样，长时间维持多元货币本位也是不明智的。从理论上看，以统一的世界货币作为本位币，既可以解决国际清偿力的适当供应问题，又可以消除“特里芬难题”的内在缺陷，是一种较理想的国际货币本位制度。世界经济一体化以及区域货币一体化的发展也已昭示了世界统一货币本位制的前景。但是它要求各国中央银行服从于一个超国家的国际信用储备机构，就需要密切的国际货币合作，目前看来还不现实。而且用统一世界货币取代现有的其他储备货币，必然危及有关国家的货币主权，因而会遇到相当的阻力。总而言之。当前以美元为中心的多元货币本位制仍将持续相当长的一段时间，而未来的国际货币本位改革及演变的方向是朝世界统一的货币本位还是多元的货币本位发展，令人拭目以待。

（二）国际汇率制度的改革

就汇率制度改革而言，在目前实行理论上的完全固定汇率制度或完全自由浮动汇率制度都是不可能的。但是，从目前发达国家经常联合干预外汇市场，发展中国家多实行钉住汇率制度这一现状来看，稳定汇率，缩小汇率波动幅度，是国际社会的普遍愿望。所以，汇率制度改革的核心实际上是允许汇率波动的幅度。“汇率目标区”理论正好迎合了这种愿望，因而引起国际社会的普遍重视。所谓“汇率目标区”，是指在主要工业国家的货币之间确定汇率波动的幅度，作为目标区，其他国家货币则钉住目标或随之浮动，目标区的确定必须反映基本经济情况或实际汇率。这种汇率体制包含了的浮动汇率的灵活性和固定汇率的稳定性两大优点。

当然，汇率目标区只是过渡性质，汇率改革的最终目标还是在条件成熟时恢复某种形式的固定汇率制。至于其发展的进程，一方面取决于各主要国家之间货币合作的密切程度，另一方面取决于国际储备货币的发展状况。

四、货币国际化问题的演进和改革

（一）何谓国币国际化

一国货币的国际化是指该国本币的国际化，具体指该国的主权货币被普遍用于国际经济贸易和金融活动之中，并成为国际储备货币或世界货币，如美国的美元、英国的英镑、德国的马克、日本的日元和欧元区的欧元等。

作为世界货币的一国货币，一般都具有相互联系、层次交叉和不断递进的三种功能：① 计价功能。这一功能依托于货币的价值尺度职能，即作为商品和劳务及其交易的计价工具。② 投融资的结算功能。这一功能依附于金融市场，因为世界货币作为价值的承担者，广泛用于个人和各种机构作为国际金融市场的投融资支付和结算工具。③由上述两种功能滋生出的世界货币功能具有国际通行的价值储藏功能，它也可作为国家、各种机构和个人的一般价值储藏手段。

关于货币国际化，若进一步分析，还可以从不同角度加以定义：① 就货币“质”的规定性加以分析，它是指作为一般等价物的一国货币越出国境发挥其应有的作用。② 从货币职能的角度分析，因为货币职能是货币本质的具体体现，越出国境即发挥计价(依托货币的价值尺度职能)、结算(依托货币的流通手段和支付手段职能)职能和充当国际储备货币(依托货币的世界货币职能)。由此得出，货币国际化是指走出国门的货币能成为国际贸易和国际投融资的计价结算货币以及国际储备货币。③ 就货币国际化的状态而言，从静态角度看，它表现为一国货币在对外经济交往中越来越多地发挥上述国际货币的三大功能，并得到国际社会普遍承认，因而可在世界范围内自由兑换的一种结果。从动态角度看，一国货币国际化是一个由窄到宽、由浅入深的过程，在这一过程的某一时段，不能自称“国际化”了，因为可能存在“倒退”的危险。可见，货币国际化的这一过程的“一切”是为了“结果”的最终实现，它是一个“过程”，也是一个市场行为。即使“结果”实现了，也可能因为种种情况回归到“结果”前“过程”中的某一时段，甚至在客观上已不发挥国际货币的独特作用。这可从货币发展史上得以证明。例如，英镑一时依靠国际贸易霸权夺得货币国际化地位，随后因经济衰落被美元依托政治经济的强势地位所替代；日元虽依靠放开外汇管制、发挥货币的单一功能等措施而走上国际化道路，但在 20 世纪初开始终究不能把握价值尺度，加上坚持出口导向型经济政策等原因，其不可避免地日益走向衰败。

(二) 主要国家货币国际化的发展路径及其启示

在国际货币形成和发展进程中，英镑、美元、德国马克和日元在不同的历史背景和经济条件下，充当几乎全部或者部分国际货币的职能。它们既有货币国际化的共性，也具有各自的阶段性、个性。

1. 英镑

贸易霸权实现货币国际化。英镑国际化是以贸易霸权为后盾发展起来的，特别与英国作为当时工业革命完成后拥有头号经济强国地位紧密相关。从国际货币化三大基本条件来看，英镑完全满足成为国际货币的需求：一是英国经济规模庞大，贸易份额占比高，成为世界对外直接投资的强国，在当时占据绝对主导地位，拥有绝对优势；二是伦敦作为世界最重要的金融中心，发挥了重要作用；三是英镑币值稳定，从 1560 年到 1914 年，期间虽有温和的通货膨胀和通货紧缩，但英国物价指数几乎保持不变。国际货币体系以黄金为基石，长期物价水平惊人地稳定。凭借其政治经济大国的地位和相当规模的金融市场，以及旨在稳定汇率的金本位制度，英镑逐渐成为全世界普遍接受的国际货币。

2．美元

国家货币独自发展成国际货币。美元依靠自身强大的经济实力以及一系列制度安排，实现货币国际化。自“布雷顿森林体系”确立以来，美元一直充当世界主导货币，在国际贸易、金融活动和外汇干预中被普遍使用，是全球经济交往中使用最广泛的国际货币。也正因为美国雄厚的政治经济强势地位，美元得以取代英镑的国际货币地位。

3．德国马克

区域化货币迈向国际化的典范。第二次世界大战后，在马歇尔计划援助下，联邦德国经济迅速实现复兴。联邦德国 GDP 于 1951—1971 年增长 2.4 倍，年均增长 6.28%，居西方国家之首。20 世纪 80 年代，联邦德国经济累计增长达 57.1%，国民生产总值稳定地保持在世界第三位、欧洲第一位。随着德国经济的强大，马克在国际市场的需求增加，逐渐超越美元、英镑和法郎，成为欧盟的主导货币，成功实现区域货币的国际化。

4．日元

单一功能性货币国际化道路。日元的国际化起因于日本经济大国的地位。第二次世界大战后，日本从西方国家学到了先进的技术和管理经验，同时，由于“布雷顿森林体系”的解体等国际因素，日元在国际贸易中的需求开始增加，学者以及政府部门开始关注日元国际化。日元国际化是日本作为贸易大国不断深化国内金融市场和开放资本账户的渐进式国际化道路。

(三) 现行以美元为主导的国际化货币制度的问题和对策

历史的发展证明，现行的国际货币体系是长期以来美国凭借其政治经济实力采取垄断手段且以美元作为主权货币所形成的，也称为“牙买加体系”，是 1971 年“布雷顿森林体系”崩溃的产物。虽几经改革，起过某些积极作用，但至今仍存在多种根本性和系统性的缺陷，需要世界各国进行不懈的共同努力和不断推进改革创新才能得以解决。但事实证明，因为存在的缺陷很大，所面临的难度必然很大，主要体现在：① 需要对国际货币基金组织的治理结构进行根本性改革；② 改革国际货币基金组织的贷款职能；③ 改革国际货币基金组织的监督职能。

对中国而言，我们应确立改革国际货币体系的中国策略：① 要力争应有的话语权和份额，保证在国际货币体系中的应有地位；② 注重在改革现行国际货币体系中不断推进人民币区域化、国际化。其实，这两方面具有密切联系和相互联动的关系，所以也称为“双轨齐下”，它对推进人民币国际化将产生共同效应。

五、区域性货币制度

区域性货币制度是指由某个区域内的有关国家(地区)通过协调形成一个货币区，由联合组建的一家中央银行来发行与管理区域内的统一货币的制度。利用区域性货币制度，成员国可以在货币区内通过协调的货币、财政和汇率政策来实现经济增长、充分就业、物价稳定和国际收支平衡。

区域性货币制度的理论依据是 20 世纪 60 年代西方经济学家蒙代尔率先提出的“最适

度货币区”理论。他认为，要使浮动汇率更好地发挥作用，必须放弃各国的国家货币制度而实行区域性货币制度。“区域”是指有特定含义的最适度货币区，由一些彼此间商品、劳动力、资本等生产要素可以自由流动的，经济发展水平和通货膨胀率比较接近的，经济政策比较协调的国家(地区)组成的一个独立货币区，在货币区内通过协调货币、财政和汇率政策，达到充分就业、物价稳定和国际收支平衡。

在现实中，区域性货币制度一般与区域内多国经济的相对一致性和货币联盟体制相对应。20 世纪 60 年代后，一些地域相邻的欠发达国家首先建立了货币联盟，并在联盟内成立了由参与国共同组建的中央银行，例如，1962 年建立的西非货币联盟制度、1973 年建立的中非货币联盟制度和 1965 年建立的东加勒比货币联盟制度等。

欧洲货币制度则是区域性货币制度的一个典范。欧洲货币制度从起源到完全实施，经历了一个较长的阶段。1950 年，欧洲经济合作组织建立了“欧洲支付同盟”，启动了欧洲货币联合的进程。1957 年“欧共体”建立之后，正式提出建立欧洲经济和货币联盟，并设计了时间表。1991 年“欧共体”更名为“欧盟”，规定最迟在 1999 年 1 月 1 日之前建立经济货币联盟，统一货币进程加快。1994 年成立了欧洲货币局，1995 年 12 月正式决定欧洲统一货币的名称为“欧元”(EUR)。1998 年 7 月 1 日，欧洲中央银行成立。1999 年 1 月 1 日，欧元正式启动，法国、德国、卢森堡、比利时、荷兰、意大利、西班牙、葡萄牙、芬兰、奥地利、爱尔兰共 11 个国家为首批欧元国，希腊于 2000 年加入欧元区。2002 年 1 月 1 日起，欧元的钞票和硬币开始流通。欧元的钞票由欧洲中央银行统一设计，由各国中央银行负责印刷发行；而欧元硬币的设计和发行由各国完成。2002 年 7 月 1 日，各国原有的货币停止流通，与此同时，欧元正式成为各成员国统一的法定货币。至 2009 年年底，欧元区已经有 16 个成员。欧洲货币制度的建立和欧元的实施，标志着现代货币制度又有了新的内容并进入了一个新的发展阶段，也为世界其他地区货币制度的发展提供了一个示范。然而，欧洲货币制度能否发挥其预期的功能还有待更长期的检验。

六、人民币国际化及其路径

(一) 人民币的国际化及其意义

所谓“人民币国际化”，是指人民币在世界范围内可以自由兑换，成为国际上普遍认可的计价结算、交换媒介及储备货币的过程。简言之，就是人民币走出国门，成为跨境贸易计价结算货币、投融资货币和国际储备货币而发挥其独特的作用。

人民币国际化意义重大：第一，人民币国际化是中国综合国力提升的反映，反过来也有助于中国综合国力的提升。它不仅能够获得铸币税、减少交易成本和汇率风险等种种好处，而且对我国经济、金融、贸易、产业结构调整以及区域经济发展都具有极为重大的作用。当然，不可否认，人民币国际化也可能引发一些风险，比如防范“热钱”的防火墙消失、加大我国货币政策的制定和调控难度等。第二，人民币区域化、国际化是一个长期的、复杂的过程，它既是中国长期利益所在，也是维护国家金融安全的重要举措，必须提升到国家战略高度，决不能等闲视之。第三，人民币国际化是中国的长远利益所在。从现状来看，中国是一个出口大国，外汇储备多，特别是美元储备占比大约为 80%。如果美方采取所谓量化宽松货币政策造成美元贬值，则必然会导致我国遭受难以估量的巨大损失。如果人民币没有国际货币储备地位，中国就很难成为一个名副其实的经济大国，不可能真正拥有国际经济的决策权和市场定价权，会不时遭受美元乃至欧元货币政策的干扰。从经济发展角度分析，中国人口多、资源少，外需依赖性大，如果人民币国际化以及人民币成为国际货币储备，就对中国购买国外资源产品，缓解经济、人口和环境的压力非常有利。

(二) 要重视人民币国际化的路径依赖问题

首先，必须厘清若干认识，提升新的理念。理念是生产力，在人民币国际化问题上，必须更新理念。例如：要明确人民币国际化这一长期、复杂系统工程的战略意义和利益所在；人民币国际化不仅是中国自身，也是世界许多国家的现实需求；人民币国际化与人民币可兑换之间是互动推进的关系，但不一定要强求同步，人民币可兑换只是为货币国际化提供必要条件，而并非充分条件；等等。通过理念的提升，不断注入改革开放条件下积极推进人民币国际化的思想动力，是实现人民币国际化的重要前提。

其次，明确人民币国际化目标须在“化”字上下大工夫。“化”的关键就是要解决路径依赖问题。实现人民币国际化要有重要的基础条件，如综合国力水平、经济金融成熟度和开放度、人民币公信力等。

最后，采取切实可行的人民币国际化路径。各国具体的现实路径并不雷同。就人民币国际化而言：一方面，积极参与和重新审视现行国际货币体系的改革，提升人民币的话语权和份额，构建一个公平、公正的国际货币体系；另一方面，走出一条符合中国国情的“区域化—离岸化—国际化”发展道路。在这里，货币“区域化”即是人民币周边化的自然演进，也是在特定区域内逐步国际化进而成为区域性国际货币的过程。“离岸化”是人民币由“区域化”向“国际化”过渡的中间环节，起到承上启下的重要作用。以上既立足现实又紧密联系的两个方面的双管齐下，其最终目标都是为了加快人民币国际化的进程。

(三) 中国加入 SDR

2016 年 10 月 1 日，人民币正式加入 SDR 货币篮子，这是人民币国际化的重要里程碑。人民币初始权重为 10.92%，超越日元与英镑，紧随美元和欧元，成为其中第三大储备货币。特别提款权(Special Drawing Rights，SDR)，是 IMF 成员国对可自由使用货币配额的潜在债权，也是 IMF 在 1969 年创设的补充性国际储备资产。SDR 并不是真正的货币，它仅限于在 IMF 成员国之间交换，可以在成员国的货币流动性不足时获取篮子中的任一货币，以满足国际收支平衡、补充官方储备之需，也被称为“纸黄金”。

中国加入 SDR 的影响有：① 中国在人民币纳入特别提款权过程中放宽其债券市场准入准则，对资本流入产生间接的积极影响。② 加入 SDR 体系能有效放大人民币在国际市场中的输出和虹吸双重效应，倒逼国内改革和转型。③ 将人民币纳入 SDR 货币篮子，将有助于提高人民币的地位。鉴于中国在全球贸易中的领先地位，一些经济体可能会发现用人民币来结算其国际收支赤字是一个有益的选项。金融市场参与者也可能燃起对以特别提款权计价的金融工具的兴趣。④ 中国政府可能将其视为放宽对外投资的过渡性解决方案。

重要概念与思考题

本章重要概念

货币制度 银本位制 布不雷顿森林体系
铸币 金银复本位制 特里芬难题
货币单位 格雷欣法则 牙买加体系
本位币 金本位制 汇率目标区
有限法偿 不兑现的信用货币制度 货币国际化
辅币 货币可兑换 人民币国际化
纸币 国际货币制度 区域货币一体化
银行券 欧洲中央银行

思考题

1. 货币制度构成的要素是什么？
2. 典型的金本位制具有什么特点？它在历史上对资本主义的发展起到了什么作用？为什么？
3. 为什么说金银复本位制是一种不稳定的货币制度？
4. 信用货币制度具有哪些特点？
5. 为什么说不理解货币制度及其演变，就不能更好地理解当代金融？
6. “一国两制”下，香港货币制度的基本内容是什么？
7. 试述欧洲货币一体化的发展过程及其面临的挑战。
8. 如何实现人民币国际化？谈谈中国加入 SDR 的意义。

第三章 利息和利率

信用、利息和利率是金融领域中三个起关键性作用的重要范畴，三者既是作为金融本源性要素货币的延续，又是金融市场和金融机构借其发挥作用的重要杠杆和手段。现代经济可称为“信用经济”，它渗透于经济社会的方方面面。弄清其本质内容和作用，对在市场经济条件下金融发展中如何奉行诚信并获取成效以及防范和化解金融风险极为重要。

学习目标

1. 了解信用的起源和发展；
2. 掌握利息及利率的概念；
3. 熟悉多种利率相关理论。

第一节 信 用

一、信用的产生和发展

(一) 信用的产生

信用产生于最早的原始社会末期，随着社会分工的出现，逐渐有了剩余产品，然后有了商品交换。私有制的出现产生了贫富差别，贫者为了生存就要向富者借贷，信用由此产生。同时，商品货币关系的发展，使商品、货币在各个生产者之间分布不均衡，出现了多余商品需要卖，但拥有货币的人不需要买，而需要商品的人却没有货币的情况，商品交换无法进行。为解决这一问题，出现了赊购赊销的方式，即商品赊卖者或货币贷出者成为“债权人”，商品赊购者或货币借入者成为“债务人”，二者发生了债权债务关系，双方达成了到期归还并支付利息的协议，这便是典型的信用关系。

(二) 信用的发展

1. 高利贷信用

高利贷信用是最早出现的信用形式，它是以获取高额利息为目的的借贷行为，是广泛存在于奴隶社会和封建社会的一种最古老的生息资本形式。

原始社会末期，私有制产生，出现贫富分化，大量财富被少数家族占有，而大多数不占有生产资料的家族，为维护生产和生活被迫向富有的家族借贷商品和货币，在当时剩余产品有限，可贷放出去的资财较少而需要者较多的情况下，借入者只有付出高额利息，才能获得自己所急需的商品和货币，于是高利贷产生了。

高利贷在奴隶社会和封建社会得到广泛的发展，其根源在于上述社会形态是自给自足的小生产经济占统治地位。小生产经济是个人拥有简单的生产资料，以家庭为单位，从事简单劳动，极不稳定，任何微小的自然灾害或意外打击都可能击垮他们的简单再生产，为维持简单再生产和极其低下的生活，有时也为支付苛捐杂税、地租，小生产者必须去借高利贷而不考虑能否承受高额利息。除小生产者外，奴隶主和地主也是高利贷的借者，所不同的是，奴隶主和地主不是为了满足再生产的需要或增加生产资料去借，而是为了满足他们荒淫腐化的生活或为巩固其统治地位，比如修建豪宅、豢养武士、保镖、购置武器装备等。马克思曾指出："榨取贫苦小生产者的高利贷是和榨取富有大地主的高利贷携手并进的。"而后者总是加强剥削来弥补他们在高利贷中的损失。

2．现代信用

现代信用产生的标志是借贷资本的出现和形成。

在产业资本的循环过程中，一方面必然形成一部分暂时闲置的货币资本，即形成了可以贷放出去的资本；另一方面也存在临时补充资本的需要，即需要借贷。

1) 借贷资本的产生——暂时闲置货币资本的形成

首先，固定资本在周转过程中，其价值逐渐地、部分地转移到产品中去。转移到产品中去的固定资本以提取折旧基金的方式积累，直至固定资产更新为止，因而在固定资产更新以前，固定资本表现为闲置的货币资本。

其次，由于种种原因，流动资本在再生产过程中也会出现暂时闲置。比如，商品出卖所得销售收入，在未立即购买原材料、燃料和辅助材料以及未支付工资时，均会成为闲置的货币资本。

最后，当用货币形式所积累的利润在未作为资本来追加投资以及未支付股息和纳税时也表现为闲置。

这些闲置资本停止执行资本的职能，与资本的特征相矛盾。贷放出去获取收益是闲置资本的客观需求。

2) 在社会化大生产过程中，有借入货币资本的客观要求

首先，在再生产过程中，当企业需要更新固定资产而其折旧基金的提取尚未达到足够数量的情况下，需要借入一部分资本；其次，为维持产业资本的正常周转，需要临时借入资本以补充自有流动资金的不足，如季节性、临时性地大量购买原材料、燃料和辅助材料等；最后，当积累资本的数额不能满足投资需要而又想扩大生产规模时也需要借入资本。

在市场经济条件下，获取更多的利润是生产经营者共同的追求，这样就使资金盈余者与资金短缺者联系在一起，形成借贷关系，于是暂时闲置的货币资本便转化为借贷资本。

3) 借贷资本的特点

(1) 借贷资本是一种商品资本。当资金盈余者将其货币资本贷放给资金短缺者时，是

将这部分资本当做“商品”出卖的。借贷资本同普通商品一样具有使用价值，但与普通商品的使用价值不同的是：普通商品一经消费其价值也随之消失，而借贷资本的使用价值被消费之后带来了利润，其价值不但能保留下来，而且会增值，即产生利息。

(2) 借贷资本是所有权资本。借贷资本虽然是商品资本，但在出卖时，只是出卖其使用权，而不是其所有权。正因为资金盈余者拥有借贷资本的所有权，所以有权向资金借入者收取利息。

(3) 借贷资本具有特殊的运动形式。产业资本的运动依次采取货币资本、生产资本、商品资本和货币资本四种形式，即

$$G—W\cdots\cdots P\cdots\cdots W'—G$$

商业资本的运动采取货币资本、商品资本和货币资本三种形式，即

$$G—W—G'$$

借贷资本的运动形式只采取货币资本一种形式，即

$$G—G'$$

从运动公式可看出：借贷资本具有双重支付双重回流的特点。

(三) 信用的含义

如上所述，信用从产生到现在，存在于人类社会生活的多个方面，它具有社会学、法学、经济学等多个科学的含义。从经济意义上看，信用是指以借贷为特征的经济行为，是以还本付息为条件的，不发生所有权变化的价值单方面的暂时让渡或转移。

在借贷活动中，当事人一方为债权人，他将商品或货币借出，称为“授信”；另一方为债务人，他接受债权人的商品或货币并支付利息，称为“守信”。因此，信用是未来偿还商品赊销或货币借贷的一种承诺，是关于债权和债务关系的约定。

可见，信用实质上是财产使用权的暂时让渡，这种让渡不是无偿的，而是以还本付息为条件的。同时，信用又是一种契约关系，是以借贷为基础并受法律保护的产权契约关系。

二、信用的作用

在商品货币关系日益发达的现代经济社会，信用发挥着愈来愈重要的作用，具体表现在四个方面。

(一) 筹集资金的作用

信用的基本特征：一是偿还，二是付息。资金的所有者只暂时让渡其使用权，信用可以不断地把小额、分散、闲置的资金积少成多，续短为长，变死为活，变货币收入为货币资金，变消费基金为积累基金，投入生产经营，促进社会再生产规模不断扩大。

(二) 配置资金的作用

信用从形式上看是将资金从暂时闲置者手中调剂到资金短缺者手中，实际上是对资金的重新配置，这个配置不改变资金所有权，只改变资金的实际占有权和使用权，并以偿还付息为条件，提高了资金的使用效率，达到充分利用资金的目的。配置资金的途径：一是

借助于金融市场，二是依靠银行信用。

（三）节省流通费用的作用

首先，信用工具的使用节约了流通中的货币。信用使一部分交易通过赊购赊销或债权债务的方式相互抵消而结清；闲置的货币资本通过银行再贷放出去进入流通，使货币流通速度加快，节约了流通货币的使用量。

其次，信用货币代替了实体货币的流通，大大降低了社会交易成本。

最后，信用加快了资本形态的变化，使社会再生产过程加快，减少了占用在商品储存上的资本，节省了保管费、运输费等费用，使节省的费用投入生产领域，促进了经济的发展。

（四）宏观调控的作用

信用的发展为国家用经济手段调控经济创造了条件。

首先，在信用的基础上形成了由中央银行、商业银行和其他金融机构组成的金融体系，它是调节宏观经济的有机体。

其次，信用的发展创造出多种信用工具，其成为中央银行调控经济的主要手段。

最后，国家通过银行信用规模的收缩和扩张，有效控制社会的货币流通量，使货币供给量与需求量一致，实现对总量的调控，同时运用利率杠杆，调整信贷方向，实现对经济结构的调节。

三、信用形式

信用形式是信用关系的具体表现，按照借贷主体的不同，现代经济生活中的基本信用形式包括商业信用、银行信用、国家信用和消费信用。其中，商业信用和银行信用是两种最基本的信用形式。

（一）商业信用

商业信用是指工商企业之间相互提供的、与商品交易相联系的信用形式，基于工商企业之间的互相信任。它包括企业之间的赊销、分期付款等形式提供的信用，以及在商品交易的基础上以预付现金或者延期付款等形式提供的信用。它可以直接用商品提供，也可以用货币提供，但是信贷主体必须发生真实的商品或服务交易，这是现代信用制度的基础。

商业信用的作用有七个方面：

(1) 从整个国家和社会层面来说，商业信用节省和用活了资金，活跃了市场。资金是经济发展的重要条件，马克思主义政治经济学把人排在生产力各要素的第一位，但是现实社会中，我们其实不缺人，那么多的劳动者难以就业，一个重要原因是缺资金。有了资金，即使是技能差一点，也可以慢慢上路。在经营性资金严重不足的情况下，企业获得银行信用的希望也很渺茫。而商业信用往往使经营者绝处逢生。它把令供应商心烦的存货变成经销商的铺底资金，把经营者闲置的设施变成消费者舒适称心的享受，使各方面都受惠，有效地破解了资金难题。放眼近 10 年来的经济发展，商业信用的巨大作用无处不在，从雨后春笋般壮大的超级市场、四通八达的网上买卖、便捷快速的物流托运到遍地开花的房地产行业，都离不开商业信用的支撑，可以说，有了商业信用，小钱能办大事，甚至无钱也可办事。

(2) 对于供应商来说，商业信用助其减少存货，促进了销售，扩大了市场份额。供应商向客户赊销商品(服务)，不需要增加自己的成本，不影响自己的资金流动，所谓“利人不损己”。而且过量的商品压在库中，需要支付更多的仓储保管费用，担当更多的意外损失责任。赊销给客户后，既减少了仓储保管费，又消除了可能因火灾、洪水等意外事故造成的或有损失。同时，更为重要的是赢得了客户，抢占了先机，促进了销售，扩大了市场份额，占领了市场，从这个意义上说则利人利己。

(3) 对于零售商来说，融通了资金，增强了势力，获得了稳定的货源。尽可能多地使商店里的商品丰富多彩、琳琅满目、应有尽有，是所有零售商包括大型超市和个体摊贩们共同的经营目标。但这需要占用相当多的资金，而赊购，即先提货后付款，是零售商、中间商解决这个问题最乐意也最常用的策略。除了解决资金困难之外，商业信用第二个好处是提高了竞争能力。琳琅满目的商品，增加了消费者购买的欲望和信心，扩大了销售额。第三是稳住了供应商，获得了稳定的货源，而且在商品和服务出现瑕疵时，多一层保障，降低了自己的风险。

(4) 对于消费者来说，有利于降低商品和服务价格，享受到更为快捷、实在、优质的消费。商业信用加快了经营者的资金和商品周转，减少了流通费用，缩减了从生产到消费的时间，必将降低商品成本，增强了保鲜和时效。

(5) 对于债权人来说，通过预付商品或预付货款，可以获得比现款交易更高的毛利，提高收益。一般来说，暂时无法实现现款销售的商品和不需作其他用途的闲置资金放在自己手中，不会直接产生效益，而预付给交易对方，则可以此为条件，提高自己商品的销售价格，或要求对方降低给自己购进商品的进货价格，从中扩大价格顺差，产生直接效益。如消费者预付话费购买手机，数额不大的预付话费并没有增加消费者过多的资金压力。但由于预付了话费，消费者可以获得比现金交易或后期付款更便宜的价格。

(6) 对于债务人来说，预收客户货款或商品，不但直接增加了可用资金，增强了竞争实力，更重要的是可以锁定客户，始终掌握交易的主动权。预收了上游供应商的商品，对其选择与自己有竞争能力的客户产生了制约，获得了向供应商提出不向与自己有竞争能力的客户供应商品或在供货质量、时间上优先保证自己的筹码。预收了消费者的货款，则使消费者选择其他商家受到一定程度的限制，并可以此作宣传招来更多的消费者，增强销售预期的准确性，有利于稳定、巩固客户群体。如电信企业预收了消费者的话费后，一般情况下，就使消费者打消了选择其他电信公司的念头。

(7) 对于银行来说，商业信用灵活、方便，比起银行信用严格的评级、授信和繁复的审查批准程序来说更为快捷、高效，也缓解了银行的贷款压力，并转移了部分风险。

(二) 银行信用

银行信用是指以银行为中介，以存款等方式筹集货币资金，以贷款方式对国民经济各部门、各企业提供资金的一种信用形式。

银行信用是银行或其他金融机构以货币形态提供的信用。银行信用是伴随着现代银行产生，在商业信用的基础上发展起来的。银行信用与商业信用一起构成现代经济社会信用关系的主体。

与商业信用不同，银行信用属于间接信用。在银行信用中，银行充当了信用媒介。马克思这样描述：“银行家把借贷货币资本大量集中在自己手中，以至于产业资本家和商业资本家相对立，不是单个的货币贷出者，而是作为所有贷出者的代表的银行家。银行家成了货币资本的总管理人。另一方面，由于他们为整个商业界而借款，他们也把借入者集中起来，与所有贷出者相对立。银行一方面代表货币资本的集中、贷出者的集中，另一方面代表借入者的集中。”

银行信用与商业信用相比，具有五方面特点：

(1) 银行信用是以货币形态提供的。银行贷放出去的已不是在产业资本循环过程中的商品资本，而是从产业资本循环过程中分离出来的暂时闲置的货币资本，它克服了商业信用在数量规模上的局限性。

(2) 银行信用的借贷双方是货币资本家和职能资本家。由于提供信用的形式是货币，这就克服了商业信用在使用方向上的局限性。

(3) 在产业周期的各个阶段上，银行信用的动态与产业资本的动态往往不相一致。

(4) 银行信用的实质是银行作为中介，使货币资本所有者通过银行和职能资本之间发生信用关系。

(5) 银行信用有可能突破商业信用的局限，扩大信用的范围和规模。

(三) 国家信用

国家信用是以国家为主体进行的一种信用活动。国家按照信用原则，以发行债券等方式，从国内外货币持有者手中借入货币资金。因此，国家信用是一种国家负债，指以国家为一方所取得或提供的信用。

在资本的原始积累时期，国家信用是强有力的杠杆之一。在资本主义制度下，政府债券主要是通过资本主义大银行或在公开金融市场上发行的，银行不仅可以从中取得大量回扣，而且政府发行的各种债券还为银行的股份公司提供了大量虚拟资本和投机的重要对象。并且随着资本主义经济危机和财政危机的加深，通过国家信用取得的收入，已成为国家财政收入的重要来源，是弥补亏空的主要手段。在现代西方发达国家，国家信用已不单纯是取得财政收入的手段，而且已成为调节经济运行的重要经济杠杆。

随着资本主义的发展，国家信用也从国内发展到了国外，即一国政府以国家名义向另一国政府或私人企业、个人借债以及在国际金融市场上发行政府债券，它既成为弥补一国财政赤字的手段，也成为调节国际收支、调节对外贸易的有力杠杆。社会主义国家也存在国家信用。它主要不是用于弥补经常性财政收支出现的赤字，而是聚集资金用于经济建设的手段。特别是对国外发行政府债券，一方面可以弥补国内建设资金的不足，另一方面也可以引进国外先进技术，扩大对外贸易，调节国际收支。国家信用的财务基础是国家将来偿还债务的能力，这种偿债能力源于属于国家(全体人民)的财务资源，它的现金流来源于三个方面：国家的税收收入、政府有偿转让国有资产(包括土地)获得的收入以及国家发行货币的专享权力。

国家信用是一种特殊资源，政府享有支配此种资源的特权，负责任的好政府绝不能滥用国家信用资源，政府利用国家信用负债获得的资金应该主要用于加快公共基础设施的建设，以及为保障经济社会顺利发展并促进社会公平的重要事项，以向社会公众提供更多的公共物品服务，并实现社会的和谐与安宁。国家信用应当由国家的法律予以保障。

(四) 消费信用

消费信用就是由企业、银行或其他消费信用机构向消费者个人提供的信用。消费信用根据提供商的不同，可以分为企业提供的消费信用和银行提供的消费信用等种类。其中，由企业提供的消费信用主要有赊销和分期付款两种形式。赊销主要是对那些没有现款或现款不足的消费者采取的一种信用出售的方式；而分期付款则更多的是运用于某些价值较高的耐用消费品的购买行为中。

消费信用的方式主要有三种：

1. 赊销

工商企业对消费者提供的短期信用，即延期付款方式销售，到期一次付清货款。在西方国家，对一般消费信用多采用信用卡方式，即由银行或其他金融机构发给其客户信用卡，消费者可凭卡在约定单位购买商品或作其他支付，有的还可以向发卡银行或其代理行透支小额现金。工商企业、公司、旅馆等每天营业终了时向发卡机构索偿款项，发卡机构与持卡人定期结算清偿。

2. 分期付款

购买消费品或取得劳务时，消费者只支付一部分贷款，然后按合同分期加息支付其余货款，多用于购买高档耐用消费品或房屋、汽车等，属中长期消费信用。

3. 消费贷款

银行及其他金融机构采用信用放款或抵押放款方式，对消费者发放贷款，按规定期限偿还本息，有的时间可长达20～30年，属长期消费信用。按照接受贷款对象不同，消费贷款可分为买方信贷和卖方信贷两种方式。买方信贷，是对购买消费品的消费者直接发放贷款；卖方信贷，是以分期付款单作抵押，对销售消费品的工商企业、公司等发放贷款，或由银行同以信用方式出售消费品的企业签订合同，将货款直接付给企业，再由购买者逐步偿还银行贷款。

(五) 国际信用

国际信用是指一个国家的政府、银行及其他自然人或法人对别国的政府、银行及其他自然人或法人所提供的信用。

国际信用是国际货币资金的借贷行为。最早的票据结算就是国际上货币资金借贷行为的开始，经过几个世纪的发展，现代国际金融领域内的各种活动几乎都同国际信用有着紧密联系。没有国际借贷资金不息的周转运动，国际经济、贸易往来就无法顺利进行。

国际信用同国际金融市场关系密切。国际金融市场是国际信用赖以发展的重要条件，国际信用的扩大反过来又推动国际金融市场的发展。国际金融市场按资金借贷时间长短可分为两个市场：一是货币市场，即国际短期资金借贷市场；二是资本市场，即国际中长期资金借贷市场。国际金融市场中规模最大的是欧洲货币市场，这个市场上的借贷资本是不受各国法令条例管理的欧洲货币。在欧洲货币市场中占主要地位的是欧洲美元，其次是欧洲马克。此外还有亚洲美元市场。欧洲货币市场是巨额国际资金的供求集散中心，它和由其延伸出来的其他众多国际金融市场及离岸金融市场，将世界各地的金融活动都纳入庞大的金融网络，使借贷资金的国际化有了更深入的发展。

第二节 利 息

一、利息的本质

利息是指在信用关系中，债务人支付给债权人或债权人向债务人索取的报酬。它随着信用行为的产生而产生，只要有信用关系存在，利息就必然存在。在一定意义上，利息还是信用存在和发展的必要条件。

二、马克思政治经济学关于利息的观点

马克思的利息理论是从对生息资本的考察入手的。马克思指出，“生息资本的形成，它和产业资本的分离，是产业资本本身的发展，资本主义生产方式本身的发展的必然产物。”马克思认为，利息是与借贷资本相联系的一个范畴，借贷资本是生息资本在资本主义生产方式下的一种具体形态。在资本主义生产方式下，商品经济的发展产生了货币资本的闲置和对闲置的货币资本的需求。在闲置的货币资本分属于不同的所有者的情况下，必然出现借贷行为。利息就是借用货币资本的代价。

由于“货币……在资本主义生产的基础上能转化为资本，并通过这种转化，由一个一定的价值变成一个自行增值、自行增加的价值。它会生产利润，也就是说，是资本家能够从工人那里榨出一定量的无酬劳动、剩余产品和剩余价值，并把它据为己有。这样，货币除了作为货币具有的使用价值之外，又取得了一种追加的使用价值，即作为资本来执行职能的使用价值。在这里，它的使用价值正在于它转化为资本而生产的利润。”货币资本家将货币作为资本让渡，职能资本家要取得货币资本的特殊使用价值（生产利润），就如同人们获得商品使用价值必须付出一定代价一样，也要付一定的代价，这个代价就是利息。然而，由于货币资本的特殊的使用价值，只具备了产生利息的可能性，要形成现实的利息，还须使货币资本的所有权和使用权相分离。当借贷资本家将其手中的货币资本贷放给职能资本家时，只是在一定条件下、一定时期内让渡了货币资本的使用权，所有权仍属于借贷资本家，此时货币资本的所有权和使用权分离，利息产生。因此，货币资本的所有权和使用权相分离是利息产生的基础。

马克思主义认为，利息实质是利润的一部分，是剩余价值的转化形式。货币本身并不能创造货币，不会自行增值，只有当职能资本家用货币购买到生产资料和劳动力，才能在生产过程中通过雇佣工人的劳动，创造出剩余价值。而货币资本家凭借对资本的所有权，与职能资本家共同瓜分剩余价值。因此，资本所有权与资本使用权的分离是利息产生的内在前提。而由于再生产过程的特点，导致资金盈余和资金短缺者的共同存在，是利息产生

的外在条件。当货币被资本家占有，用来充当剥削雇佣工人的剩余价值的手段时，它就成为资本。货币执行资本的职能，获得一种追加的使用价值，即生产平均利润的能力。所有资本家追求剩余价值的利益驱使，使利润又转化为平均利润。平均利润分割成利息和企业主收入，分别为不同的资本家所占有。因此，利息在本质上与利润一样，是剩余价值的转化形式，反映了借贷资本家和职能资本家共同剥削工人的关系。

三、西方经济学关于利息的观点

西方经济学说史上关于利息理论的研究，大致可以分为三个阶段：早期的利息理论、近现代利息理论和当代利息理论的发展。其中，早期的利息理论主要包括古典学派之前有关利息的经济思想和古典学派的利息理论；近现代的利息理论包括 19 世纪 30 年代开始到 20 世纪 70 年代之间西方利息理论研究的主要内容；当代利息理论则是指 20 世纪 70 年代之后西方利息理论的发展。总的来说，这三个阶段利息理论的研究各有其特点，但由于每一阶段利息理论的研究都是在前一阶段或是前人研究的基础上通过不断地批判、修正、补充和发展而来的，它们之间又存在着必然的联系。因此，西方的利息理论从整体上来说已经形成了一套完整的利息理论体系。下面，我们简要介绍一下三个阶段利息理论研究的主要内容。

(一) 早期西方利息理论

利息作为一种重要的经济范畴，早在资产阶级古典学派产生之前，即早在古希腊时期就已经进行过探讨和研究，它最初是与货币的借贷和实物的借贷相联系的，人们常将这种经济行为称为“放债取息”，而当时的“放债取息”活动主要是高利贷活动。因此，利息的最早形式就表现为高利贷利息。在古典学派之前，关于利息问题的研究主要围绕高利贷是否应该存在、借贷货币是否应该收取利息的问题而展开讨论的。

古希腊哲学家、伦理学家和政治家柏拉图(Plato)主张禁止放款取息，尤其是反对高利贷，并认为偿付利息规定的存在是对保持一国的和平和社会团结的主要威胁。柏拉图的学生亚里士多德(Aristotle)也反对利息，尤其反对高利贷，但他主要是从货币职能的角度出发反对贷款取息。在他看来，人们是为了交换的方便才使用货币，而贷放者却强使货币做父亲以进行增值，像父亲生子一样由货币产生利息(希腊称利息为“子息”)，正是以“货币产生货币”，这是对货币职能的歪曲。他认为以货币追求货币在高利贷上表现得最为突出、最为可憎，在一切营利方法中是最不自然的。

在欧洲中世纪时期，早期教会也强烈谴责大商业和高利贷，反对贷款取息。随着商品货币关系的不断发展，教会自身也大量放债取息，利息问题成为西欧封建社会中发生争论的一个重要经济问题。中世纪经院学说的集大成者托马斯·阿奎那(Saint Thomas Aquinas)在其最为著名的《神学大全》一书中论及了利息问题。他认为贷款取息本身是不公正的，但是他又认为在为了弥补损失和承担风险的情况下是可以收取利息的。这里，阿奎那已经认识到放款取息的合理性，这在当时是重要的进步。随着商品货币经济的发展，商业及其他经济活动要求借贷资本的进一步发展，对利息问题的探讨也有了相应的进展。法国的法理学家卡罗律斯·莫利诺斯(Caxolus Molinaeus)在他 1546 年写的《论契约与高利贷》一文中，尖锐地批评了经院神学家禁止和谴责高利贷的观点，较早地肯定了放债取息是正当的，并且认为高利贷在需要取得对别人的资金的使用权时是有存在的必要的。

(二) 古典学派的利息理论

进入17世纪中叶，随着资本主义的产生和发展，商品货币关系和借贷活动得到进一步发展，借款取息的合理性不再遭到质疑，利息的存在已经成为必然。英国古典学派的创始人威廉·配第(William Petty)是探讨利息问题的第一个古典政治经济学家。他在《货币略论》中说："什么是利息或息金呢？这指的是，你由于在约定的时期内，不论自己怎样迫切需要货币，也不能使用你自己的货币而获得报酬。"因此，他认为要取得货币就必须支付利息，利息是一定期限内放弃货币使用权而获得的报酬，是"货币的租金"。此外，他还从地租的合法性中推论出利息的合法性，指出货币所有者可以用货币购买土地或是将货币贷出，出租土地可以获得地租，那么贷放货币也应获得利息。借出的货币如果得不到利息，他就会用这些货币去购买土地而获得地租，利息是从地租中派生的，并且利息的量也要以地租的量为依据。洛克(John Lock)继承和发展了配第的思想，也是从地租的存在来推导利息的产生和存在原因的，但他并没有将利息看做是地租派生出来的，而是认为利息是由货币分配不均引起的，即货币少的人需要向货币多的人借款，借款人为了支付利息就得加倍勤劳，争取一个大于他应付利息的收入。这里，洛克同配第一样，都混同了资本和货币。诺思(Douglass C. North)的思想也同配第的一脉相承，用地租的合理性来说明利息的合理性。但是，他比配第和洛克都更前进了一步，将资本和货币进行了区别，指出利息来源于资本的余缺，多余资本的出租行为即借贷，并进一步认识到利息的变动由借贷资本的供求决定。因此，诺思对利息的产生有了较正确的认识。坎蒂隆(Richard Cantillon)从风险的角度来研究利息，他认为利息是对放款者承担贷出货币风险的补偿。货币所有者把钱借给借钱人，是因为他预期借钱人将有一笔较高的利润，"这一利润必然同借款者的需要和放款者的担心与贪欲成比例，我以为这就是利息的来源"。这里，他已经认识到利润是利息的基础，并最早提出利息是货币的价格，但是却没有将资本和货币区分开来，没有把利润当做一个独立范畴来研究。亚当·斯密在配第及其后继者研究的基础上，并不完全把利息等同于地租，他认为利息"作为使用货币的报酬"，是"使用货币所获得的利润的一部分"。但是，他又认为利息并不完全来源于利润，还有可能来自于地租。重农学派代表人物杜尔阁(Anne Robert Jacques，Jurgot)认为利息产生的真正基础是对货币的所有权。他说："对贷款人来说，只要货币是他自己的，他就有权要求利息；而这种权力是与财产所有权分不开的。"他的这一观点是想说明利息的产生与借入者对借入货币的使用不相干，显然这样看待利息产生的基础是片面的、不正确的。

在对利息产生来源和存在原因进行深入探讨的基础上，古典经济学家关于利息的性质也进行了各不完全相同的论述。配第认为利息是暂时放弃货币使用权而获得的报酬，在他看来，利息是对贷者损失的补偿。洛克同配第一样，也认为利息是贷款人承担风险的报酬，并且比配第更进一步认识到，利息和地租具有相同的性质，都是对别人剩余劳动的占有，这已经接近认识到利息形态的剩余价值起源。诺思则将利息的性质看做是资本的租金，他把贷出者收取利息看作与地主收取租金一样，他不仅认为利息与地租具有相同的性质，还认为二者之间存在着矛盾。在马西(Joseph Massie)之前，关于利息的性质的认识具有一个共同点即都是从贷出者有所失来说明贷出者有所得而入手的，而马西则是从利息的来源去认识问题，认为利息的来源决定利息的性质。他在经济学说史上第一次提出利润是一个独立的经济范畴，并指出“借债人为所借货币支付的利息，是所借货币能够带来的利润的一部分”，这在利息学说史上是一大进步。与马西同时代的休谟(David Hume)也将利息看作是利润的一部分，但他同时又把利息看做是人们转让劳动和商品之后所得的劳动报酬。因此，在认识利息的性质方面，他比马西倒退了一步。尽管马西和休谟先后发现利息是利润的一部分，但他们都未进一步指出利息的源泉。亚当·斯密站在劳动价值论的科学立场上，把利息和利润、利息和剩余劳动联系起来，从而在西方经济思想史上第一次阐明了利息的实质，“不止一次地明白指出，利息由于一般说来代表剩余价值，始终只是从利润中派生的形式”。重农学派的创始人弗朗斯瓦·魁奈(Francois Quesnay)对利息性质的认识有其独到之处；一方面，他肯定贷出货币取得收入即利息是纯产品的一部分，实际上说明了利息是剩余价值的一部分；但另一方面，他又把专门放债为生的食利者的收入称为“没有任何基础的假收入”，认为只有土地带来的收入才是“真收入”。这里，魁奈认为利息收入是“假收入”的观点是不正确的，作为重农学派的代表人物，魁奈的认识具有其局限性，还不了解利息是对剩余价值的分割，也就认识不到利息收入与土地带来的收入之间只有多少之分，而没有真假之分。

第三节 利 率

一、什么是利率

利率是指借款、存入或借入金额(又称“本金总额”)中每个期间到期的利息金额与票面价值的比率。借出或借入金额的总利息取决于本金总额、利率、复利频率、借出、存入或借入的时间长度。利率是借款人需向其所借金钱所支付的代价，亦是放款人延迟其消费，借给借款人所获得的回报。利率通常以 1 年期利息与本金的百分比计算。

二、利率的分类

1．按计算方法的不同划分

(1) 单利。单利是指在借贷期限内，只在原来的本金上计算利息，对本金所产生的利息不再另外计算利息。

(2) 复利。复利是指在借贷期限内，除了在原来本金上计算利息外，还要把本金所产生的利息重新计入本金，重复计算利息，俗称“利滚利”。

2．按其与通货膨胀的关系划分

(1) 名义利率。名义利率是指没有剔除通货膨胀因素的利率，也就是借款合同或单据上标明的利率。

(2) 实际利率。实际利率是指已经剔除通货膨胀因素后的利率。

3．按确定方式的不同划分

(1) 官定利率。官定利率是指由政府金融管理部门或者中央银行确定的利率。

(2) 公定利率。公定利率是指由金融机构或银行业协会按照协商办法确定的利率，这种利率标准只适合于参加该协会的金融机构，对其他机构不具约束力，利率标准也通常介于官定利率和市场利率之间。

(3) 市场利率。市场利率是指根据市场资金借贷关系紧张程度所确定的利率。

4．按国家政策意向的不同划分

(1) 一般利率。一般利率是指在不享受任何优惠条件下的利率。

(2) 优惠利率。优惠利率是指对某些部门、行业、个人所制定的利率优惠政策。

5．按银行业务要求的不同划分

(1) 存款利率。存款利率是指在金融机构存款所获得的利息与本金的比率。

(2) 贷款利率。贷款利率是指从金融机构贷款所支付的利息与本金的比率。

6．按其与市场利率的供求关系划分

(1) 固定利率。固定利率是在借贷期内不作调整的利率。使用固定利率便于借贷双方进行收益和成本的计算，但同时，不适用于在借贷期间利率会发生较大变动的情况，利率的变化会导致借贷的其中一方产生重大损失。

(2) 浮动利率。浮动利率是在借贷期内随市场利率变动而调整的利率。使用浮动利率可以规避利率变动造成的风险，但同时不利于借贷双方预估收益和成本。

三、利率相关理论

一般来说，根据计量的期限标准的不同，利率表示方法有年利率、月利率、日利率。现代经济中，利率作为资金的价格，不仅受到经济社会中许多因素的制约，而且，利率的变动会对整个经济产生重大的影响。因此，现代经济学家在研究利率的决定问题时，特别重视各种变量的关系以及整个经济的平衡问题，利率决定理论也经历了古典利率理论、凯恩斯利率理论、可贷资金利率理论、IS-LM 利率分析以及当代动态的利率模型的演变、发展过程。

(一) 古典利率理论

古典利率理论是对 19 世纪末至 20 世纪 30 年代期间各种关于利率学说的概括，这些理论延续了早期利率决定理论中对利率产生原因和决定因素等基本问题的讨论，而且开始关注利率与其他经济变量的相互关系，因而具有更强的指导意义。古典利率理论的代表性人物有庞巴维克、马歇尔、维克塞尔和费雪等，他们的理论强调了实物对利率形成的决定性作用。

1．庞巴维克的利率理论

奥地利资本主义经济学家庞巴维克(Eugen Bohm-Bawerk)在 19 世纪 80 年代末对早期经济理论中的利息学说进行了系统的批判，并在此基础上提出了“迂回生产说”作为解释利率的决定因素。所谓“迂回生产”，是指在生产过程中，若由土地和劳动这两种基本要素生产的中间产品进行再生产而得到消费品，则这种生产就是迂回生产。而如果直接以土地和劳动这两种基本要素生产出消费品，则属于直接生产。庞巴维克认为，迂回生产是一种资本化的生产，因为其过程中所得到的中间产品属于资本，这也是资本主义生产的特征之一。其中，庞巴维克认为，资本是“被生产出来的生利手段的集合体——就是前一生产过程所生产的财货的集合体。这种财货不以之为直接消费，而用来作用于进一步获取财货的工具”。资本主义的迂回生产虽然消耗时间较长，但却可以比直接生产获得更多的消费品，这是因为用于消费品生产的中间产品数量大大增加。对于消费者而言，中间产品需要经过再加工，才能成为可以直接消费的产品，因而是一种未来物品，但消费品因其可以直接消费而属于一种现在物品。庞巴维克认为，人们对同质同量的未来物品和现在物品的价值判断是不同的，即认为后者的价值要高于前者，原因在于后都较前者具有技术上的优越性。那么，现在物品与未来物品之间的差额就形成了利息，迂回生产时间的长短决定了利率的高低。庞巴维克认为“最后投入的一批资本”的生产率是利率的决定性因素，这一主张体现了其对边际生产力利率决定学说的认可。

庞巴维克将迂回生产时间长短的决定因素归纳为三个主要方面：其一为一国社会资本的总量；其二为社会资本与劳动者数量的关系；其三为生产过程延长所带来的收益量。在一国社会资本方面，当一国的社会资本总量较多时，其对中间产品的生产过程和时间耗费就会增加，使得国内利率水平相应降低。而社会资本总量较少的国家则会因迂回生产时间短而形成高利率。在社会资本与劳动者数量关系方面，这一问题的考虑是对一国社会资本总量与利率关系的补充。当劳动者就业人口数量减少时，社会资本的相对总量就会增加，如此可以延长迂回生产时间，进而降低利率；反之则会提高利率。在生产过程延长所带来的收益量方面，生产过程的延长会带来边际收益率的降低，进一步将降低利率水平；反之则会使利率升高。除以上三个方面外，庞巴维克还认为，一国居民的生活习惯、消费信贷规模和市场分割等因素也会影响资本供求，从而影响利率水平的高低，但这些因素所起作用大大低于以上三个主要方面。

2. 马歇尔的利率理论

英国经济学家马歇尔(Alfred Marshall)在19世纪80年代末从供给和需求角度对经济问题的均衡分析开启了新古典经济学的分析框架，这种分析方法也被其应用在对利率决定理论的分析中，形成了对以往利率决定理论的一次创造性综合。马歇尔认为，利息来自于市场中对资本使用所付出的代价，市场中资本总供给与资本总需求的等量情况决定了利息的均衡点。更深一步探讨社会资本中供给与需求的来源时，马歇尔通过“综合既成”学说中的思想，认为社会的储蓄构成了社会资本的供给，而社会的投资构成了社会资本的需求。因此，社会储蓄和投资的变动关系决定市场中的利率。这种观点平衡了储蓄与投资在利率决定中的共同作用，弥补了以往理论中只注重其中之一而忽视另一方面的不足。

在进一步分析社会储蓄与投资的决定因素时，马歇尔提出了两种解释：一为“等待说”，主要讨论资本供给问题；二为“资本收益说”，主要讨论资本需求问题。所谓“等待说”，是指储蓄的实质其实是人们为了积累财富将现在的享乐延期到将来而进行的等待，对这种等待所做出的补偿就是利息。利率的上升和下降会改变人们等待的心理：当利率上升时，人们更愿意增加储蓄来等待财富的增加；而当利率下降时，人们更愿意即时消费而非等待未来的收益。由此可见，人们对储蓄的意愿与利率变动趋势呈同向变动关系，即表现出增函数特征。所谓“资本收益说”，是指人们愿意为所借资本支付利息的原因在于资本可以为借贷者提供一定的收益。如果借贷的资本可以持续获得收益，则资本借贷者就会持续进行借贷活动来获得收益。当利率与资本的边际收益率相等时，资本借贷者会停止借贷行为，因为更多的借贷反而会使收益下降。由此可见，利率的上升和下降与社会的投资行为存在反向变动关系。当利率水平升高时，投资收益的降低会减少社会资本需求；当利率水平下降时，投资收益的提高会增加社会资本需求，二者在数学关系中表现出减函数特征。

从马歇尔的分析中可以看到，社会储蓄和供给与利率之间存在相互作用的关系，即储蓄和供给的变动会决定均衡利率水平，而利率的变化又会影响储蓄和投资的变化，经济中均衡状态正是在储蓄、投资和利率的不断变化中得到的。基于社会储蓄与投资的变动情况可以决定利率的均衡分析方法，马歇尔得到了这一具有综合性和创造性的利率决定理论。这种从储蓄与投资角度考虑利率决定因素的亦为实物利率之表述，马歇尔从货币供求关系中得到了另外一种利率，即“货币利率”。货币利率反映了市场中货币供给与需求的变动情况，但波动范围并不脱离实物利率，即只会围绕实物利率进行上下波动。

3．费雪的利率理论

美国经济学家费雪(Philip A. Fisher)通过《利率论》和《利息理论》深化和推广了古典利率理论，使古典利率理论的分析框架与方法更具规范性。费雪从时间偏好和投资机会两个角度论述了他的利率决定理论。他认为，人性不耐这种主观因素使人们更偏好于现在所拥有的财物，这种时间偏好使利率表现为现在财货与将来财货交换时的贴水。事实上，人们比较现在财货与未来财货时，衡量的并不是这两种财货本身的价值，而是关心这些财货未来所能产生的预期收益。不同个体的人性不耐程度是不同的，这是因为每个人所能预期的所获收入流量是不同的，预期收入的时间分布形态是不同的，而且预期收入的风险大小也是不同的，导致不同个体能够获得的全部收入流量是不同的。例如，从预期所能获得的收入流量来看，当某个个体的预期收入减少时，他(她)为了尽早获取收入，不耐程度就会增加，表现为对现在收入的偏好就会大于对未来收入的偏好。反之，其对未来收入的偏好就会大于对现在收入的偏好。从预期收入的时间分布形态来看，当某个个体的预期收入呈逐渐减少的长期态势时，他(她)对尽早获得收入的不耐性也会增加，因此，同样表现为对现在收入的偏好大于对未来收入的偏好。反之，他(她)会更偏好于未来收入。当预期收入流量不发生变化时，个人对现在和未来收入的偏好不发生改变。

对于市场如何平衡每个个体对收入偏好的差异，费雪认为是借贷市场和投资行为发挥了调节作用，因而也就形成了市场中的利率水平。具体来看，当市场中的部分个体在时间偏好上更青睐于现在收入时，他们会放弃更多对未来收入的持有量，在资金借贷和证券市场中可表现为对现在收入需求的增加，促使利率水平提高。而当市场中的部分个体更偏好于未来收入时，他们会愿意持有更多未来收入而减少持有的现在收入，这样在资金借贷和证券市场中现在收入的供给量增加，利率水平则相应降低。通过资金借贷和证券市场的买卖行为，不同个体对时间偏好的差异可以得到均衡化的调节，最终与市场利率水平达到统一。费雪认为，决定利率水平的客观因素是市场中的投资机会。人们对不同投资机会的选择在于比较现在与未来收入的差异，即“利率水平”，以及比较利率与投资收益率的高低。首先，利率的高或低，会吸引人们相应选择生产周期短或长的投资机会；其次，投资收入率较利率差额的高或低，会促使人们进行或放弃投资机会。由费雪的分析可知，他对利率决定因素的分析依然遵循的是古典利率理论中对资本供求关系的判断，但是他的分析角度有所不同，时间偏好和投资机会被认为是决定利率的重要因素。

(二) 凯恩斯的利率理论

英国经济学家凯恩斯(Keynes)在 20 世纪 30 年代出版的《就业、利息和货币通论》一书中阐述了他的主要经济思想，他对古典利率决定的批判和对利率问题的创造性思考也体现在其中。凯恩斯认为，古典利率理论总体上忽视了货币因素对利率的影响，而过分强调了储蓄和投资等实物因素的决定作用，认为以储蓄与利率和投资与利率两个函数关系所决定的利率是不充分的，甚至在某些情况下是不准确的。他强调古典利率决定理论中将储蓄和投资视为自变量是不恰当的，因为这两个变量都是受到其他变量影响而形成的，即属于一种因变量。即便古典利率中存在关于货币因素的讨论，也承认货币数量变动时会对利率产生影响，但该理论却未能解释为什么货币数量变动会影响投资与需求。因此，凯恩斯认为，古典利率中以货币数量不变假设来调和数量变动对利率影响的论述是矛盾且与现实不符的。对于古典利率决定理论中关于资本边际效率是利率决定因素的论断，凯恩斯也予以反驳。他指出，虽然资本边际效率与利率的比较关系在通常情况下决定了投资的行为，但“资本边际效率表能告诉我们的不是利率将定于何点，而是设利率为已知，则新投资之产量将扩充至何点”。凯恩斯的理论与古典利率的另外一个不同之处在于，古典利率理论认为利息是补偿储蓄者等待未来消费的报酬，而凯恩斯则认为利息是人们把现款借给别人时牺牲货币流动性所得到的报酬。

凯恩斯认为利率属于货币范畴，货币数量与利率决定存在必然联系，即货币供求决定了利率水平的高低。凯恩斯将货币视为人们拥有财富的真正代表，它与债券、股票等资产一样受到人们的追求，但由于它的风险性最小而流动性最大，因而在人们选择财富持有形式时可以获得更大的偏好。也就是说，相比其他形式的财富，人们更愿意持有货币，因为货币可以随时转化为其他商品而及时满足人们的需求。货币的有限供给使人们必须在取得货币的同时支付一定的报酬，这种报酬就是我们所谓的利息。对于那些在一定时期内放弃持有货币的人而言，利息表现为一种补偿。凯恩斯由此得出了关于利率决定因素的结论，他认为货币的数量和流动偏好决定了利率，进一步表示为货币的供给和需求决定了利率。其中，货币的供给取决于一国货币当局的决策，总体上包括一国处于流通中的硬币、纸币和银行存款之和。对于普通人而言，其随时能够取得的现款一般被理解为他的货币供给。货币需求则取决于人们对货币流动性的偏好。他指出，引起流动性偏好的动机有三个，即交易动机、谨慎动机和投机动机，对货币的需求是基于这三种动机而产生的。前两项动机所产生的货币需求会随着收入水平的增加而增加，因此，前两项动机可表示为收入的增函数，前两项动机所带来的货币需求可以写作函数形式 $L_1(Y)$，其中，Y 表示国民收入。人们的投机动机与利率存在密切关系：当利率较高时，投机获得收益的能力降低，人们的投机意愿会下降；当利率较低时，投机获得收益的能力提高，人们的投机意愿会上升。因此，投机动机与利率呈反向变动关系，其形成的货币需求 $L_2(r)$是利率 r 的减函数。那么，人们手中持有的货币现款数量可以表示为 $L = L_1(Y) + L_2(r)$。当假定收入不变时，货币需求曲线为以利率 r 为纵轴和以货币需求 L 为横轴象限内的一条向下倾斜然后平行的曲线。在同一象限内，货币的供给表现为一条垂直于横轴的直线，货币供给与需求曲线的交点决定了利率水平。如图 3-1 所示，均衡利率取决于货币需求线与货币供给线的交点。当货币供求达到均衡时，利率便达到均衡水平。

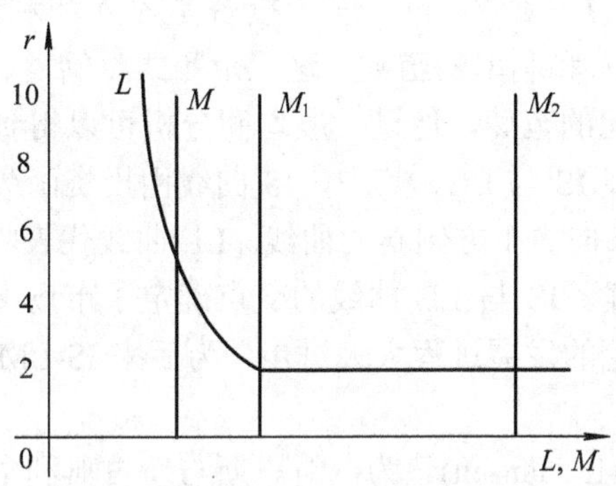

图 3-1 货币供求与利率的关系曲线

(三) 新古典利率理论

新古典利率出现在凯恩斯利率理论之后，这一理论从可贷资金角度解释了利率的决定因素，是对凯恩斯利率理论的批判性发展，也是对古典利率理论与凯恩斯利率理论的综合。

英国经济学家罗伯逊(Dennis H.Robertson)在 20 世纪 30 年代末提出古典利率理论和凯恩斯利率理论都存在过于强调实物或货币的片面性表现，将二者综合起来考虑才是解释利率决定因素的全面思考。他认为古典理论的论点可以较好地解释长期利率决定问题，凯恩斯的利率理论则可以解释短期利率决定问题。但是，罗伯逊认为凯恩斯关于储蓄和投资总是相等的论断是不准确的，原因在于“实际储蓄”与“自愿储蓄”之间存在差异，“实际储蓄”等于“自愿储蓄”与“强迫储蓄”之和。其中，“自愿储蓄”表示人们在一定时期内愿意进行的储蓄；“强迫储蓄”则是指银行信用扩张促使物价上涨而导致人们消费下降后所造成的储蓄。由于利率变动会影响银行信用规模，进而影响“强迫储蓄”和“实际储蓄”数量，所以需要对利率进行调节来达到借贷资金的供求平衡。反过来看，可贷资金的供给与需求决定了市场的利率水平。罗伯逊认为，可贷资金的供给来源包括四个方面：首先是当期的储蓄；其次是固定资产的折现，这是对过去储蓄转化的衡量；再次是原有货币窖藏与当期货币窖藏的差额，其中，货币窖藏是指那些仅代表货币存量增加的货币需求而非用于消费的可支配收入；最后是银行贷款净额，这是对银行体系中所创造的货币净增量的衡量。可贷资金的需求构成包括三个方面：首先是当期的投资量；其次是固定资产的重置，就是对用于再投资的货币需求衡量；最后是新增加的窖藏资金数量，这是对新增货币存量的衡量。通过可贷资金供给与需求的均衡就可以求得市场的利率水平。

(四) 新古典综合学派的利率理论

新古典综合学派的利率理论综合了凯恩斯利率理论和新古典利率理论，又称“新古典-凯恩斯主义综合”，是对利率理论的再度发展。

英国经济学家希克斯(John R.Hicks)在20世纪30年代末发表的文章中批判了凯恩斯利率理论对货币因素过分强调的片面性，但同样也提出了新古典利率理论在解释能力上的不足之处。希克斯以一般均衡分析方法对实物和货币两种利率决定因素进行了综合，得到了IS-LL分析模型。希克斯在凯恩斯和新古典利率理论的基础上，得到了反映货币需求、投资、收入和利率关系的三个等式：第一个等式为 $M = L(Y, r)$，表示货币需求是收入和利率的函数；第二个等式为 $I = C(Y, r)$，表示投资是收入和利率的函数；第三个等式为 $I = S(Y, r)$，表示储蓄是收入和利率的函数。这三个等式将储蓄、投资、货币需求和货币供给四个因素纳入了共同考虑的范畴，通过一般均衡分析可以得到以利率为纵轴和以收入为横轴象限内的两个交叉曲线IS与LL。其中，IS曲线由投资函数曲线和储蓄函数曲线交点的移动轨迹得到，它是一条向右下方倾斜的曲线。LL曲线代表收入与利率的变动关系，它是一条向右上方倾斜的曲线。IS与LL曲线的交点确定了市场中的均衡利率水平。希克斯的分析工具使利率决定理论的发展进程大大进步，为后来IS-LM经典分析模型的出现奠定了基础。

美国经济学家汉森(Alvin Hansen)认为，凯恩斯与新古典利率理论的公式表述可以综合为一种更恰当的利率理论，于是在20世纪40年代末的著作中以IS-LL模型为基础，提出了IS-LM模型，使利率决定理论的分析框架更为合理且更具影响力。汉森的做法是在资金供求与货币供求函数中都引入了“收入水平”这一变量。供给方面，通过将不同收入水平下资金供给曲线与投资函数曲线结合可以得到IS曲线，它刻画了储蓄与投资相等时的收入与利率关系，反映的是商品市场的均衡。具体过程是，在商品市场均衡时得到储蓄与投资相等的条件，其中，储蓄是收入的递增函数，会随着收入的增加而增加；投资是利率的递减函数，会随着利率的上升而降低。将储蓄与收入、投资与利率的情况投射到由收入和利率组成的象限后，就可以依据交点移动的轨迹刻画出一条向右下方倾斜的IS曲线。需求方面，通过不同收入水平下的流动性偏好曲线可以得到LM曲线，它刻画了货币供求相等时的收入与利率关系，反映的是货币市场的均衡。具体过程是，投机性货币需求是利率的递减函数，在一定范围内会随着利率的上升而减少；交易性货币需求是收入的递增函数，在一定范围内会随着收入水平的增加而增加。当货币供给给定时，两种货币需求情况投射到由收入和利率组成的象限后，可以由交点轨迹形成一条向右上方倾斜的曲线。同一象限中的IS与LM曲线的交战决定了收入与利率水平。汉森提出的IS-LM模型通过《货币理论和财政政策》与《凯恩斯学说指南》两本著作得到了很好的传播，也为后来学者完善利率决定理论提供了基础性的分析框架。

IS-LM模型的形成过程表明，储蓄、投资、货币供给与货币需求的变动情况会决定市场中的利率水平，导致这四种因素改变的变动因而也会最终影响到利率水平的位置。IS-LM模型的分析方法使与利率相关的众多复杂的经济变量清晰地体现在两个坐标轴之前，通过某一变量的变化就可以直接判断出利率的变动方向，因而使利率决定理论的分析手段更具可操作性，如图3-2所示。

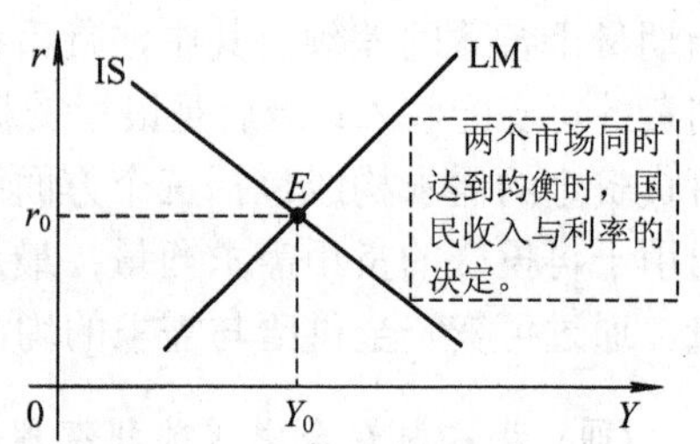

图3-2 IS-LM模型曲线

四、影响利率的因素

(一) 利润率水平

社会主义市场经济中，利息仍作为平均利润的一部分，因而利息率也是由平均利润率决定的，即利率的高低首先取决于社会平均利润率的高低。根据中国经济发展现状与改革实践，这种制约作用可以概括为：利率的总水平要适应大多数企业的负担能力。

也就是说，利率总水平不能太高，太高了大多数企业承受不了；相反，利率总水平也不能太低，太低了不能发挥利率的杠杆作用。

(二) 资金供求状况

在平均利润率既定时，利息率的变动则取决于平均利润分割为利息与企业利润的比例。而这个比例是由借贷资本的供求双方通过竞争确定的。

一般地，当借贷资本供不应求时，借贷双方的竞争结果将促进利率上升；相反，当借贷资本供过于求时，竞争的结果必然导致利率下降。在中国市场经济条件下，由于作为金融市场上的商品的“价格”——利率，与其他商品的价格一样受供求规律的制约，因而资金的供求状况对利率水平的高低仍然有决定性作用。

(三) 物价变动幅度

由于价格具有刚性，变动的趋势一般是上涨，因而怎样使自己持有的货币不贬值，或遭受贬值后如何取得补偿，是人们普遍关心的问题。

这种关心使得从事经营货币资金的银行必须使吸收存款的名义利率适应物价上涨的幅度，否则难以吸收存款；同时也必须使贷款的名义利率适应物价上涨的幅度，否则难以获得投资收益。所以，名义利率水平与物价水平具有同步发展的趋势，物价变动的幅度制约着名义利率水平的高低。

(四) 国际经济环境

改革开放以后，中国与其他国家的经济联系日益密切。在这种情况下，利率也不可避免地受国际经济因素的影响，表现在三个方面：第一，国际间资金的流动，通过改变中国的资金供给量影响中国的利率水平；第二，中国的利率水平还要受国际间商品竞争的影响；第三，中国的利率水平，还受国家的外汇储备量的多少和利用外资政策的影响。

(五) 政策性因素

自 1949 年新中国成立以来，中国的利率基本上属于管制利率类型，利率由国务院统一制定，由中国人民银行统一管理，在利率水平的制定与执行中，要受到政策性因素的影响。中国长期实行低利率政策，以稳定物价、稳定市场。

1978 年以来，对一些部门、企业实行差别利率，体现出政策性的引导或政策性的限制。可见，中国社会主义市场经济中，利率不是完全随着信贷资金的供求状况自由波动，它还取决于国家调节经济的需要，并受国家的控制和调节。

五、我国的利率市场化改革

随着社会主义市场经济的发展和经济全球化趋势的蔓延，利率市场化已经成为我国金融改革的必然选择。但国际经验表明，无论是发达国家还是新兴市场国家，利率市场化改革大都经历了曲折动荡的过程。特别是在发展中国家和经济转轨国家，利率市场化不仅涉及金融体系的稳定，而且往往对宏观经济增长的可持续性产生重大影响，甚至关系到转轨改革的成败。因此，有关利率市场化改革中利率的风险的研究具有十分重要的理论价值和实践意义。

20世纪80年代以来，在金融发展理论的指导下，许多发展中国家推行了利率市场化。一些国家因此走上了新兴工业化道路，但更多发展中国家则陷入了大量银行破产、金融危机频繁爆发、经济增长处于长期停滞的窘境。以墨西哥为例，墨西哥早在20世纪80年代之前就实现了利率自由化，由于宏观经济不稳定，在资本项目对外开放但汇率固定的情况下，高利率水平吸引了大量外资流入，1989—1994年间，墨西哥累计吸引外资达730亿美元。1994年年底，墨西哥政府突然宣布比索贬值，造成资本大量外流最终引发了墨西哥金融危机。虽然造成墨西哥金融危机的主要原因是国际资本的自由流动和国际资本的投机性冲击，但危机背后的原因却是利率市场化后的高利率水平。

我国利率管理体制经过20多年的改革，在放松利率管制、推动利率市场化改革方面取得了很大进步，但管制程度仍然较高。特别是存贷款利率仍由人民银行确定和调整，这在目前存贷款业务占商业银行负债和资产绝对比重的条件下，决定了我国整个利率体系的市场化程度较低。随着我国社会主义市场经济体制的不断完善和改革开放的日益扩大，现行的管制性利率体系明显不适应经济金融发展的要求，这种不适应主要表现在三个方面：第一，不能适应经济优化资源配置的需要；第二，不能适应我国加入世贸组织后国内金融市场发展的需要；第三，不能适应建立现代金融企业制度、深化商业银行经营体制改革的需要。

长期以来，我国经济体制改革侧重于优化产品市场供求关系及其价格体系，直到20世纪90年代后期，要素供求关系及其价格的合理化和市场化才开始真正得到重视，改革进程才开始加快。资金是重要的生产要素，利率是资金的价格，利率市场化是生产要素市场化改革的重要内容。

利率市场化是针对利率管制而提出的概念，也叫“利率自由化”。它不同于20世纪30年代早期自由市场经济时期无政府监控下的完全自由化利率体制，因为无政府监控下的完全自由化尽管有自发配置金融资源的作用，但也普遍存在交易摩擦、资源浪费、过度竞争而引发金融危机的负面效应。它也不同于国家严格管制的利率体制，因为，管制利率不能灵活反映市场资金供求状况。现代市场经济条件下的利率市场化，是在引入制度管理和国家调控下的充分、灵活反映市场资金供求状况的利率自由化。从管制利率体制到市场利率体制，是一个质的飞跃。这种利率自由化不是无政府监控的利率自由化的简单重复，而是一种与现代市场经济相适应的有监管和调控的由市场充分自由决定的市场化利率体制，是有管理的具有充分弹性的利率管理体制。其基本特点是：中央银行既不直接规定各种具体的市场利率水平，也不制定任何利率变动界限，而只是根据国民经济运行的时间状况和需要，通过调整中央银行基准利率和准备金制度、公开市场业务等来调节市场利率。而存款、贷款利率则由资金供求双方根据资金市场供求状况、借贷期限和借贷风险自主确定。因此，这种在中央银行利率的引导下由市场机制自由决定的具有广泛性和权威性的利率就是市场均衡利率。市场均衡利率与其他均衡价格一样，永远是一个动态的过程，是市场力量竞争的结果，而不是由政府或哪个机构、专家通过分析得出的，均衡利率不断反映市场供求状况，处于不断的变化过程中。利率作为货币体系的内在变量，又是中央银行货币政策工具之一，因而利率市场化也指在一定时期内中央银行根据现实经济环境、经济政策要求，通过在市场机制调节下的利率政策效应，来影响和促进货币政策目标的实现与国民经济的发展。

专栏 3-1

2017 年 20 家银行的个人人民币存款主要利率一览表

银行/基准利率	活期(年利率/%)	定期存款(年利率/%)					
		三个月	半年	一年	二年	三年	五年
人民银行	0.35	1.1	1.3	1.5	2.1	2.75	—
工商银行	0.3	1.35	1.55	1.75	2.25	2.75	2.75
农业银行	0.3	1.35	1.55	1.75	2.25	2.75	2.75
建设银行	0.3	1.35	1.55	1.75	2.25	2.75	2.75
中国银行	0.3	1.35	1.55	1.75	2.25	2.75	2.75
交通银行	0.3	1.35	1.55	1.75	2.25	2.75	2.75
招商银行	0.35	1.35	1.55	1.75	2.25	2.75	2.75
浦发银行	0.3	1.5	1.75	2	2.4	2.8	2.8
上海银行	0.35	1.5	1.75	2	2.4	2.75	2.75
徽商银行	0.35	1.43	1.69	1.95	2.73	3.33	4
邮政储蓄银行	0.35	1.35	1.31	2.03	2.5	3	3
兴业银行	0.3	1.5	1.75	2	2.75	3.2	3.2
泉州银行	0.42	1.944	2.232	2.52	3.055	3.9	4.225
厦门银行	0.385	1.21	1.43	1.8	2.52	3.3	3.3
中信银行	0.3	1.5	1.75	2	2.4	3	3
平安银行	0.3	1.5	1.75	2	2.5	2.8	2.8
华夏银行	0.3	1.5	1.75	2	2.4	3.1	3.2
北京银行	0.35	1.505	1.765	2.025	2.5	3.15	3.15
宁波银行	0.3	1.5	1.75	2.025	2.6	3.1	3.3
广发银行	0.3	1.5	1.75	2	2.4	3.1	3.2

——资料来源：www.yinhang123.net

【案例 1】 关于利率对经济的影响

中国央行第 8 次降低利率

2002 年 2 月 21 日，中国人民银行宣布再次降低利率：存款利率平均降低 0.25 个百分点，贷款利率平均降低 0.5 个百分点。中国人民银行宣布降息后的第一天，就有专业人士为老百姓贷款买房算了一笔账。以降息后新办理 20 万元 20 年期的个人商业贷款为例，总共可减少利息负担 14 496 元。在 20 年里省下 1 万多元，这点实惠能诱发楼市出现井喷行情吗？从以前 7 次降息的经验来看，第 8 次降息能给楼市景气带来多少上升空间呢？

中国人民大学教授郑华认为，对于降息政策影响的估计不能过于乐观，急于看到明显的效果。但也不能认为不会有什么效果，可以肯定楼市景气仍有上升的空间。首先，第 8 次降息政策是在国际经济发展放缓、国际金融市场出现降息潮，而我国经济受国际经济大环境的影响也出现了经济增长速度放缓情况下推出的。政策的出台对楼市的影响只是这项政策效果的一个局部，它对于楼市的影响肯定不会有点石成金之效果。其次，降息、减税、增加收入是政府扩大内需，特别是支持住房产业发展的一贯政策，第 8 次降息也只能理解为是在原来的政策方向内的继续。前几次的降息政策也是配合了减税、发住房补贴、搞货币拆迁、公积金存贷脱钩、二手房上市等一系列政策共同起作用的。单独的政策是不会有明显效果的。所以，第 8 次降息政策要配合若干次减税和住房补贴的兑现，才能对楼市起到明显的利好作用和效果。

应该看到，以前的几次降息政策对经济的积极作用还是很明显的。在亚洲金融危机过后，单从楼市的表现上看，由于我国政府拉动内需的一系列政策的出台，包括几次降息，还是抵消了亚洲金融危机的影响。从 1997 年以来的国内房地产景气指数与几次降息政策出台的时间对照可以看出，1996 年 8 月第一次降息以后，国内房地产景气指数仍继续了 7 个月的下降，到 1997 年 3 月止跌回升；以后我国政府接连 5 次出台降息政策，于是出现了从 1997 年 3 月到 1999 年 1 月连续 22 个月的景气指数上升。而这段时间正是亚洲金融危机出现征兆并开始波及我国的时期。从 1999 年 2 月起到 1999 年 10 月，是连续 8 个月的景气指数下降时期，其间于 1999 年 6 月我国政府第 7 次降息，结果从 1999 年 10 月起到 2001 年 4 月又是连续 18 个月的景气指数上升时期。事实证明，降息政策如果配合其他相应政策，对市场的带动影响是十分明显的。

西南证券研发中心分析师王德勇认为，房地产行业将是此次降息的最大受益行业之一。我国房地产行业的资产负债率一直维持在 75%以上，其中，银行贷款的比例相当大，1999 年至 2001 年，房地产企业的银行贷款之和约为 4200.3 亿元。由于房地产企业中长期贷款的比例较高，估计整个行业银行长期贷款余额约为 3360.24 亿元，贷款利率下降 0.5%，房地产行业每年可减少利息负担 16.80 亿元；2000 年末，我国房地产行业净资产为 5302.91 亿元，由此可知，本次降息将使房地产行业净资产收益率提高 0.21%(所得税率均按 33% 计算)。

本次降息还将促使消费者购房支出下降、房地产公司股份上升。目前个人购房比例已经超过 90%，同时，个人购房中绝大多数人使用银行贷款，而且这两个比例都在迅速提高。

在此假设住宅消费全部使用银行贷款，贷款期限平均为15年，本次降息后，住宅消费贷款利率(指商业贷款利率，目前公积金贷款利率尚未进行相应调整)从5.58%降至5.04%，首付款比例按平均30%计算，消费者的房款支出将减少2.69%，这相当于住宅价格平均下降2.69%。由此将进一步促进住宅消费。对房地产上市公司来说，截至2001年6月30日，我国房地产上市公司长期银行借款平均为1.19亿元，贷款利息下降0.5%，上市公司平均每年减少利息支出59.5万元，相应净利润将增加50.58万元(所得税按15%计算)，房地产上市公司平均总股本为2.18亿股。由此可知，本次降息将使房地产上市公司每股收益平均提高0.0023元，按目前房地产上市公司平均30倍的市盈率计算，房地产上市公司股价平均每股上涨0.07元。当然这里只计算了本次降息的直接影响，如果考虑到降息的综合影响，上涨幅度肯定大于这一数字。

——资料来源：中国货币网，2004年6月10日

案例评析：

根据凯恩斯的宏观经济模型，利率的降低会影响人们的投资、消费和储蓄决策，会导致货币供应量的增加。这些变化最终会影响GDP的变动，促进经济增长。其中，利率对投资和消费具有反向作用，利率的降低会刺激投资需求；利率下降也会刺激消费需求，使边际消费倾向MPC增大。投资的增加会通过乘数效应使GDP加倍增长，乘数的大小取决于MPC的大小，MPC增大，会使乘数增大，从而使产出增加更多。总之，利息下降会刺激总需求，而总需求的增加会有效地增加产出，促进经济增长。

从本案例中可以看出，央行第8次降息直接刺激住宅消费和内需的扩大，并降低了房地产企业的融资成本，提高了其资产收益率，进而可促进房地产业的发展。不仅如此，央行的此次降息还将对宏观经济的其他方面产生长远影响，并进一步创造有利于改革的环境，具体影响如下：

第一，降低社会的融资成本，为推进利率市场化改革创造了条件。经过前后8次降息，社会融资成本从高成本区间进入低成本区间。其影响在于：一是为利率市场化创造了条件。只有在低利率条件下才能进行利率市场化改革，而在高利率条件下推进利率市场化，只能导致社会融资成本的上升。二是有利于发挥国债的“金边债券”的效应，降低国债资金成本，减轻财政负担。三是融资成本降低，为央行控制市场利率反弹提供了稳定的基础。

第二，低利率有利于减轻国企利息负担，为促进现代企业制度改革、改善企业经营状况、转变经营机制提供有利的金融支撑。降息本质上是银行向企业的让利和补贴，是国家运用金融手段支持国企转机建制的重要举措，也可以视作一种“金融贴息”。

第三，低利率有利于控制国家债务和居民债权的扩张，缓解从利息分配渠道的收入分配差距扩大，防止社会财富分配两极分化的加剧，从宏观上为理顺分配关系创造了一种可能。在我国，居民在国有银行的高债权表现为国家的债务。按5万亿储蓄存款计算，3年前的利率按10%算，那么一年银行支付的利息是5000亿，这是居民债权的一种自我增长，也是国家债务的扩张；现在的利率是2.25%，一年银行支付的利息只有1200亿，减少了75%，这有利于抑制国家债务的扩张，也有利于抑制居民金融债权的扩张，这是从总量角度的分析。从结构上看，降息前，5万亿储蓄存款的分布结构是20%的大额储户占有70%

的存款，80%的小额储户只占有30%的存款，这样在高利率水平下居民债权的增长有利于谁呢？答案是显而易见的。储蓄高息已经成为国有资产流失的重要途径，这是因为国有企业的盈利率低，而资金成本很高，必然造成国有资产的流失，而且这种流失是一种暗流失，不易引起人们的注意和警惕。

第四，低利率与信贷政策、市场政策的相互配合，有利于启动民间投资和刺激消费，为拓宽投资启动范围、提高消费倾向创造积极的预期导向。降息后，如果配合放宽贷款的限制条件，发展投资基金，吸引小额投资者，这样就会有利于提高需求，启动民间投资，刺激消费。

第五，低利率有利于遏制境外资本来我国套利，为防止储蓄存款和外汇储备虚增的金融泡沫构筑了一道防线。在第8次降息以前，我们的存款利率是国外的两倍多，港、澳、海外侨资、游资通过各种非法途径进入国内，卖掉外汇，转换成人民币存入银行食利，造成外汇储备和储蓄存款同时增加，形成金融两大泡沫。一有风吹草动，这笔钱就会溜走，造成外汇储备和储蓄存款同时减少，形成的风险很大。现在利率降低，有利于消除外汇储备和储蓄存款中的这两大金融泡沫。

【案例2】 影响利率和利率政策的因素

欧洲央行坚持不降息

2001年4月，欧洲央行在货币政策会议上依旧固执己见，坚持不降息，令期盼欧洲央行大举降息的市场人士大失所望，导致欧元汇率大幅震荡。

由于一直期盼欧洲央行会跟随全球降息潮流降低利率，以应对全球经济增长的放缓，所以欧元投资者比较谨慎，欧元的波动范围也较小。但是在欧洲央行货币政策会议的前一天，德国央行总裁韦尔特克表示，利率政策应稳定，并指出他不认为欧元区经济会持续放缓，导致市场对欧洲央行大举降息的希望落空。2001年4月10日，纽约汇市欧元兑美元和日元尾盘大跌至一周低点。欧元兑美元在0.8885附近盘旋，较4月8日纽约市场收盘价下挫1%。欧元兑日元表现更差，在110.45交投，盘中跌幅为1.5%，并跌破111日元。欧洲央行宣布维持利率不变后，欧元大幅下跌，之后欧元因复活节前的空头回补而弥补大部分的跌幅。尾盘欧元兑美元报0.8885美元，几乎与复活节前日收盘持平。

2001年以来，全球经济明显出现放缓征兆，为了防止全球经济陷入衰退，各国央行纷纷开始降息，以刺激投资和消费，全球主要央行如美联储、加拿大央行、日本央行、英国央行、澳大利亚央行、瑞士央行等都加入降息行列，只有欧洲央行不为所动，维持4.75%的附买回利率不变。自1999年4月降息以来，欧洲央行一直没有调整利率水平。

——资料来源：《北京青年报》，2001年4月19日。

案例评析：

在市场经济中，利率作为资金的价格，起着极为重要的作用。由于大部分经济活动都受货币价格的影响，从而使利率成为市场经济中最重要的变量之一。

从理论上看，利率是根据资本市场上资金的价格决定的，它等于资金的机会成本。通常情况下，影响利率的因素大致有四种：

(1) 财政政策。一个国家的财政政策对利率有较大的影响，一般来说，当财政支出大于财政收入时，政府会在公开市场上借贷，以此来弥补财政收入的不足，这将导致利率上升。而扩张性的经济政策往往扩大对信贷的需求，投资的进一步加热又会导致利率上升。

(2) 货币政策。货币政策对利率有着直接的影响。增加货币供给的扩张性货币政策，会导致利率下降；反之，则造成利率上升。

(3) 通货膨胀。通货膨胀是指在信用货币条件下，国家发行过多的货币，过多的货币追求过少的商品，造成物价普遍上涨的一种现象。通货膨胀的成因比较复杂，因此，通货膨胀使得利率和货币供给之间的关系相对复杂。一般来说，如果货币供给量的大幅增长引起通货膨胀，那么利率不仅可能不下降，反而会上升，造成高利率现象，以弥补货币贬值带来的损失。因此，利率水平随通货膨胀率的上升而上升，随其下降而下降。

(4) 企业需求和家庭需求。企业对于信贷的需求往往成为信贷利率变化的“晴雨表”，每当经济步入复苏和高涨之际，企业对信贷需求增加，利率水平开始上扬和高涨；而经济发展停滞时，企业对信贷的需求也随之减少，于是，利率水平转趋下跌。家庭对信贷的需求也影响到利率的变化，当需求增加时，利率上升；需求减弱时，利率便下跌。

上述四大因素中，货币政策对利率的影响往往最为显著。各个国家的利率体制不同，但政府对于利率的影响却都是存在的。当然，因为国情不同，这种影响的能力和程度往往不同。欧洲央行不降息的决定，是审时度势的结果。一般认为，欧洲央行坚持不降息的理由大致有四方面：

(1) 欧元区经济不会持续放缓。2000 年欧元区的经济增长率为 3.4%，是近 10 年以来增长形势最好的一年。进入 2001 年以后，欧元区经济出现放缓势头，但由于欧元区区内贸易盛行，受美国经济放缓的影响相对较小，对 2001 年欧元区经济增长率的预测大多在 2.5%～2.6%，可能是 2001 年全球经济表现最好的地区之一。受美国股市大跌的影响，欧洲股市也难逃劫难，但由于股票财富在欧洲居民收入中的比重远低于美国，而且企业融资对股市的依赖也不像美国那么大，所以股市波动对欧元区经济的影响较小。另外，由于减税政策的实施，消费者信心仍在高点，民间消费预期仍会增长。

(2) 控制通货膨胀是欧洲央行的首要目标。

(3) 欧元区实际利率水平并不高。

(4) 欧元汇率并非欧洲央行考虑的首要问题。欧洲央行官员对欧元汇率的问题一直口径不一致，有官员说并不在意欧元汇率水平的下滑，欧元汇率的疲软有助于出口，等等。

重要概念与思考题

本章重要概念

信用	银行信用	古典利率理论
利息	国家信用	凯恩斯利率理论
利率	消费信用	新古典利率理论
商业信用	国际信用	

思考题

1. 什么是利息？什么是利率？
2. 影响利率的决定因素有哪些？
3. 试述马克思对利息本质的论述。
4. 试述凯恩斯的利率理论。
5. 试述中国利率市场化改革的进程及其重要意义。

第四章　外汇和汇率

历史发展表明，货币不只在国内存在收支现象和发挥货币职能，其在国际之间进行的经济、政治、文化等诸多领域的交往中，也常伴随着各式各样的货币收支活动。由此，货币超越了国界，发挥着世界货币的职能。外汇，即源于国际的货币支付行为和世界货币职能的发挥，它也是货币，只是本国以外的外国货币而已。汇率，即用一国货币表示的另一国货币的比价。因此，外汇也可储存，即成为一国的外汇储备。本章围绕外汇、汇率、外汇储备等金融范畴进行论述。

学习目标

1. 了解外汇及汇率的概念；
2. 掌握汇率的分类及标价方法；
3. 熟悉多种相关的汇率决定理论。

第一节　外汇及外汇管制

一、什么是外汇

外汇是货币行政当局(中央银行、货币管理机构、外汇平准基金及财政部)以银行存款、财政部库券、长短期政府证券等形式保有的在国际收支逆差时可以使用的债权。

外汇包括外国货币、外币存款、外币有价证券(政府公债、国库券、公司债券、股票等)和外币支付凭证(票据、银行存款凭证、邮政储蓄凭证等)。

广义的外汇是指一国拥有的一切以外币表示的资产，即货币在各国间的流动以及把一个国家的货币兑换成另一个国家的货币，借以清偿国际间债权、债务关系的一种专门性的经营活动。实际上就是货币行政当局(中央银行、货币管理机构、外汇平准基金及财政部)以银行存款、财政部库券、长短期政府债券等形式所保有的在国际收支逆差时可以使用的债权。狭义的外汇是指以外国货币表示的，为各国普遍接受的，可用于国际间债权债务结算的各种支付手段。它必须具备三个特点：可支付性(必须以外国货币表示的资产)、可获得性(必须是在国外能够得到补偿的债权)和可换性(必须是可以自由兑换为其他支付手段的外币资产)。

二、外汇的分类

1．按受限程度划分

(1) 自由兑换外汇。自由兑换外汇就是在国际结算中用得最多、在国际金融市场上可以自由买卖、在国际金融中可以用于偿清债权债务并可以自由兑换其他国家货币的外汇，例如美元、港币、加拿大元等。

(2) 有限自由兑换外汇。有限自由兑换外汇指未经货币发行国批准，不能自由兑换成其他货币或对第三国进行支付的外汇。国际货币基金组织规定凡对国际性经常往来的付款和资金转移有一定限制的货币均属于有限自由兑换货币。世界上有一大半的国家货币属于有限自由兑换货币，包括人民币。

(3) 记账外汇。记账外汇又称“清算外汇”或“双边外汇”，是指记账在双方指定银行账户上的外汇，不能兑换成其他货币，也不能对第三国进行支付。

2．按来源用途划分

(1) 贸易外汇。贸易外汇也称“实物贸易外汇”，是指来源于或用于进出口贸易的外汇，即由于国际间的商品流通所形成的一种国际支付手段。

(2) 非贸易外汇。非贸易外汇指贸易外汇以外的一切外汇，即一切非来源于或用于进出口贸易的外汇，如劳务外汇、侨汇和捐赠外汇等。

(3) 金融外汇。金融外汇与贸易外汇、非贸易外汇不同，它属于一种金融资产外汇，例如银行同业间买卖的外汇，既非来源于有形贸易或无形贸易，也非用于有形贸易，而是为了各种货币头寸的管理和摆布。

3．按管制划分

(1) 现汇。中国《外汇管理暂行条例》所称的四种外汇均属现汇，是可以立即作为国际结算的支付手段。

(2) 购汇。购汇是指国家批准的可以使用的外汇指标。如果想把指标换成现汇，必须按照国家外汇管理局公布的汇率牌价，用人民币在指标限额内向指定银行买进现汇，专业说法叫购汇，必须按规定用途使用购汇功能。

4．按性质划分

(1) 贸易外汇。贸易外汇是指来源于出口和支付进口的货款以及与进出口贸易有关的从属费用，如运费、保险费、样品、宣传、推销费用等所用的外汇。

(2) 非贸易外汇。非贸易外汇是指进出口贸易以外收支的外汇，如侨汇、旅游、港口、民航、保险、银行、对外承包工程等外汇收入和支出。

三、外汇储备

外汇储备(foreign exchange reserve)指一国政府所持有的国际储备资产中的外汇部分，是一个国家货币当局持有并可以随时兑换外国货币的资产。国际货币基金组织(IMF)对外汇储备的解释为：它是货币行政当局以银行存款、财政部库存、长短期政府证券等形式所保有的，在出现国际收支逆差时可以使用的债权。狭义而言，外汇储备是一个国家经济实力的重要组成部分，是一国用于平衡国际收支、稳定汇率、偿还对外债务的外汇积累；广义而言，外汇储备是指以外汇计价的资产，包括现钞、国外银行存款、国外有价证券等。

外汇储备的具体形式是政府在国外的短期存款或其他可以在国外兑现的支付手段，主要用于清偿国际收支逆差，以及干预外汇市场以维持本国汇率稳定。外汇储备的多少，从一定程度上反映一国应付国际收支的能力，关系到该国汇率的维持和稳定。它是显示一个国家经济、货币和国际收支等实力的重要指标。中国的外汇储备作为国家资产，由中国人民银行下属的中国国家外汇管理局管理，部分实际业务操作由中国银行进行。

我国是由中国人民银行主导的外汇储备管理体制，这一体制的确立有着深刻的历史原因。新中国成立之初，为了尽快恢复国民经济，扩大对外贸易，需要大量的外汇。为此，国家指定中国人民银行作为国家外汇管理机关(同时又是全国唯一的具有商业银行职能的经营机构，国家发展计划委员会、财政部、原对外经济贸易部也承担一定的外汇管理职责)。1979 年 3 月，国务院批准设立了国家外汇管理总局，并赋予它管理全国外汇的职能。此后，经过逐步演进，形成了目前的外汇储备经营管理体系。可以这样概括：外汇的虚乏状态、经济发展战略以及相关经济制度的制约，决定了中国人民银行是外汇储备的主导者。

总体上，从央行和财政部扮演的角色看，外汇储备的主要模式有三方面：一是由中央银行主导，财政部并不参与外汇储备的管理；二是财政部主导外汇储备管理，中央银行作为执行者参与外汇储备的管理；三是财政部和中央银行平行体制，即财政部和中央银行各管理一部分外汇储备，外汇储备的使用由两者共同决定。从主要经济体外汇储备管理经验看，外汇储备的主要模式有六方面：一是中央银行的作用难以替代，即便中央银行不作为主导者出现，也一定会是重要的操作主体；二是不论是发达国家还是发展中国家，大多数国家的财政部在外汇储备管理架构中均发挥了重要作用，但发挥作用的方式不同，有的直接持有外汇储备，有的仅作为外汇储备相关管理政策的制定者，并不直接持有外汇储备；三是各个国家外汇储备管理模式是由其历史传统、部门职责、货币地位、融资成本等因素共同决定的；四是中央银行持有的外汇储备，主要用于内部平衡，服务于其货币政策目标，而财政部持有外汇储备主要用于对外经济政策及对外经济战略的实施；五是央行和财政部取得外汇储备的方式不同；六是上述模式的演进和形成与主要国家货币是否为可兑换货币、储备货币有关，就我国而言，与人民币的国际化进程有关。

四、外汇管制

外汇管制是指政府或中央银行为避免该国货币供给额的过度膨胀或外汇准备的枯竭，对于外汇之持有以及对外贸易或资金流动所采取的任何形式的干预。

外汇管制有狭义与广义之分。狭义的外汇管制指一国政府对居民在经常项目下的外汇买卖和国际结算进行限制。广义的外汇管制指一国政府对居民和非居民的涉及外汇流入和流出的活动进行限制性管理，在中国又称“外汇管理”，即一国政府通过法令对国际结算和外汇买卖进行限制的一种限制进口的国际贸易政策。外汇管制分为数量管制和成本管制。前者是指国家外汇管理机构对外汇买卖的数量直接进行限制和分配，通过控制外汇总量达到限制出口的目的；后者是指国家外汇管理机构对外汇买卖实行复汇率制，利用外汇买卖成本的差异，调节进口商品结构。

1．外汇管制的主客体

外汇管制的主体，是指外汇管制的执行者，这个主体由中央银行、外汇管理机构和大商业银行充任。由于外汇管制是金融宏观调控方面的重要手段，因此各个国家用政府名义制定外汇管理法令，牢牢掌握外汇管制权。主体随时根据客观情况和政策需要，采取各种措施，控制外汇收支活动。

外汇管制的客体，是外汇管制执行者作用的对象，故又称为“外汇管制的对象”，具体分为人、物和地区三大对象。

1) 以人为对象

人可分为自然人和法人。在各国外汇管制中，按居住地区的不同，通常又把自然人与法人分为居民(resident)和非居民(non-resident)。对居民的外汇收支，往往因其涉及居住国的国际收支问题而管制较严，而对非居民则管制较宽。

2) 以物为对象

以物为对象主要针对外汇，凡在国际收支平衡表上所列的外币、有价证券和其他支付工具以及金、银及其制成品等项目，都在其管制范围内。

3) 以地区为对象

一国在实施外汇管制时，如果没有明确的地区范围，那么这种管制将是无的放矢或是毫无效应的。

目前，各国对外汇管制的地区对象有两重含义：一是指一国外汇管制法令生效的范围(整个国家范围或国内局部地区)；二是指对不同的国家或地区实行不同的外汇管制政策，其宽严度亦视其与本国的政治经济往来密切程度而定。对同一共同体或友好国家管制较松，反之则较严，甚至会施以绝对的管制。

2．外汇管制的基本方式

1) 对出口外汇收入的管制

在出口外汇管制中，最严格的规定是出口商必须把全部外汇收支按官方汇率结售给指定银行。出口商在申请出口许可证时，要填明出口商品的价格、数量、结算货币、支付方式和支付期限，并交验信用证。

2) 对进口外汇的管制

对进口外汇的管制通常表现为进口商只有得到管汇当局的批准，才能在指定银行购买一定数量的外汇。管汇当局根据进口许可证决定是否批准进口商的买汇申请。有些国家将进口批汇手续与进口许可证的颁发同时办理。

3) 对非贸易外汇的管制

非贸易外汇涉及除贸易收支与资本输出入以外的各种外汇收支。对非贸易外汇收入的管制类似于对出口外汇收入的管制，即规定有关单位或个人必须把全部或部分外汇收支按官方汇率结售给指定银行。为了鼓励人们获取非贸易外汇收入，各国政府可能实行一些其他措施，如实行外汇留成制度，允许居民将个人劳务收入和携入款项在外汇指定银行开设外汇账户，并免征利息所得税。

4) 对资本输入的外汇管制

发达国家采取限制资本输入的措施，通常是为了稳定金融市场和稳定汇率，避免资本流入造成国际储备过多和通货膨胀。它们所采取的措施包括：对银行吸收非居民存款规定较高的存款准备金；对非居民存款不付利息或倒数利息；限制非居民购买该国有价证券等。

5) 对资本输出的外汇管制

发达国家一般采取鼓励资本输出的政策，但是它们在特定时期，如面临国际收支严重逆差之时，也采取一些限制资本输出的政策，其中主要措施包括：规定银行对外贷款的最高额度；限制企业对外投资的国别和部门；对居民境外投资征收利息平衡税等。

6) 对黄金、现钞输出入的管制

实行外汇管制的国家一般禁止个人和企业携带、托带或邮寄黄金、白金或白银出境，或限制其出境的数量。对于该国现钞的输入，实行外汇管制的国家往往实行登记制度，规定输入的限额并要求用于指定用途。对于该国现钞的输出则由外汇管制机构进行审批，规定相应的限额。不允许货币自由兑换的国家禁止该国现钞输出。

7) 复汇率制

对外汇进行价格管制，必然形成事实上的各种各样的复汇率制。复汇率制指一国规章制度和政府行为导致该国货币与其他国家的货币存在两种或两种以上的汇率。

第二节　汇　　率

一、什么是汇率

“汇率”简称为 ExRate，亦称“外汇牌价”“外汇行市”或“汇价”等。ExRate 是英文 Exchange Rate 的缩写，是一种货币兑换另一种货币的比率，是以一种货币表示另一种货币的价格。由于世界各国(地区)货币的名称不同，币值不一，所以一种货币对其他国家(地区)的货币要规定一个兑换率，即汇率。从短期来看，一国(地区)的汇率由对该国(地区)货币兑换外币的需求和供给所决定。外国人购买本国商品、在本国投资以及利用本国货币进行投资会影响本国货币的需求。本国居民想购买外国产品、向外国投资以及外汇投机会影响本国货币供给。影响汇率的主要因素有：相对价格水平、关税和限额、对本国商品相对于外国商品的偏好以及生产率。

二、汇率的分类

1．按国际货币制度的演变划分

(1) 固定汇率。固定汇率是指由政府制定和公布，并只能在一定幅度内波动的汇率。

(2) 浮动汇率。浮动汇率是指由市场供求关系决定的汇率，其涨落基本自由。一国货币市场原则上没有维持汇率水平的义务，但必要时可进行干预。

2．按制订汇率的方法划分

(1) 基本汇率。各国在制定汇率时必须选择某一国货币作为主要对比对象，这种货币被称为“关键货币”。根据本国货币与关键货币实际价值的对比，制定出对它的汇率，这个汇率就是基本汇率。一般美元是国际支付中使用较多的货币，各国都把美元当作制定汇率的主要货币，常把对美元的汇率作为基本汇率。

(2) 套算汇率。套算汇率是指各国按照对美元的基本汇率套算出的直接反映其他货币之间价值比率的汇率。

3．按银行买卖外汇的角度划分

(1) 买入汇率。买入汇率也称“买入价”，即银行向同业或客户买入外汇时所使用的汇率。采用直接标价法时，外币折合本币数较少的那个汇率是买入价，采用间接标价法时则相反。

(2) 卖出汇率。卖出汇率也称“卖出价”，即银行向同业或客户卖出外汇时所使用的汇率。采用直接标价法时，外币折合本币数较多的那个汇率是卖出价，采用间接标价法时则相反。买入卖出之间有个差价，这个差价是银行买卖外汇的收益，一般为1‰～5‰。银行同业之间买卖外汇时使用的买入汇率和卖出汇率也称“同业买卖汇率”，实际上就是外汇市场买卖价。

(3) 中间汇率。中间汇率是买入价与卖出价的平均数。西方明刊报导汇率消息时常用中间汇率，套算汇率也可用有关货币的中间汇率套算得出。

(4) 现钞汇率。一般国家都规定，不允许外国货币在本国流通，只有将外币兑换成本国货币，才能购买本国的商品和劳务，因此产生了买卖外汇现钞的兑换率，即现钞汇率。按理现钞汇率应与外汇汇率相同，但因需要把外币现钞运到各发行国，且运送外币现钞要花费一定的运费和保险费，因此，银行在收兑外币现钞时的汇率通常要低于外汇买入汇率；而银行卖出外币现钞时使用的汇率则高于其他外汇卖出汇率。

4．按银行外汇付汇方式划分

(1) 电汇汇率。电汇汇率是经营外汇业务的本国银行在卖出外汇后，即以电报委托其国外分支机构或代理行付款给收款人所使用的一种汇率。由于电汇付款快，银行无法占用客户资金头寸，同时，国际间的电报费用较高，所以电汇汇率较一般汇率高。但是电汇调拨资金速度快，有利于加速国际资金周转，因此电汇在外汇交易中占有绝大的比重。

(2) 信汇汇率。信汇汇率是银行开具付款委托书，用信函方式通过邮局寄给付款地银行转付收款人所使用的一种汇率。由于付款委托书的邮递需要一定的时间，银行在这段时间内可以占用客户的资金，因此，信汇汇率比电汇汇率低。

(3) 票汇汇率。票汇汇率是指银行在卖出外汇时，开立一张由其国外分支机构或代理行付款的汇票交给汇款人，由其自带或寄往国外取款所使用的汇率。由于票汇从卖出外汇到支付外汇有一段间隔时间，银行可以在这段时间内占用客户的头寸，所以票汇汇率一般比电汇汇率低。票汇有短期票汇和长期票汇之分，其汇率也不同。由于银行能更长时间运用客户资金，所以长期票汇汇率较短期票汇汇率低。

5．按外汇交易交割期限划分

(1) 即期汇率。即期汇率也叫“现汇汇率”，是指买卖外汇双方成交当天或两天以内进行交割的汇率。

(2) 远期汇率。远期汇率是在未来一定时期进行交割，而事先由买卖双方签订合同、达成协议的汇率。到了交割日期，由协议双方按预订的汇率、金额进行钱汇两清。远期外汇买卖是一种预约性交易，是由于外汇购买者对外汇资金需要的时间不同，以及为了避免外汇汇率变动风险而引起的。远期外汇的汇率与即期汇率相比是有差额的。这种差额叫远期差价，有升水、贴水、平价三种情况，升水是表示远期汇率比即期汇率贵，贴水则表示远期汇率比即期汇率便宜，平价表示两者相等。

6．按对外汇管理的严宽划分

(1) 官方汇率。官方汇率是指国家机构(财政部、中央银行或外汇管理当局)公布的汇率。官方汇率又可分为单一汇率和多重汇率。单一汇率是指一种货币(或一个国家)只有一种汇率，这种汇率通用于该国所有的国际经济交往中；多重汇率是一国政府对本国货币规定的一种以上的对外汇率，是外汇管制的一种特殊形式，其目的在于奖励出口限制进口，限制资本的流入或流出，以改善国际收支状况。

(2) 市场汇率。市场汇率是指在自由外汇市场上买卖外汇的实际汇率。在外汇管理较松的国家，官方宣布的汇率往往只起中心汇率作用，实际外汇交易则按市场汇率进行。

7．按银行营业时间划分

(1) 开盘汇率。开盘汇率又称“开盘价”，是外汇银行在一个营业日刚开始营业时进行外汇买卖使用的汇率。

(2) 收盘汇率。收盘汇率又称“收盘价”，是外汇银行在一个营业日的外汇交易终了时使用的汇率。

三、汇率的标价方法

确定两种不同货币之间的比价，先要确定用哪个国家的货币作为标准。由于确定的标准不同，于是便产生了几种不同的外汇汇率标价方法。

1．直接标价法

直接标价法又称“应付标价法”，是以一定单位(1、100、1000、10 000)的外国货币为标准来计算应付出多少单位本国货币，即相当于计算购买一定单位外币所应付的本币，所以叫应付标价法。在国际外汇市场上，包括中国在内的世界上绝大多数国家目前都采用直接标价法。如日元兑美元汇率为 119.05 即 1 美元兑 119.05 日元。

在直接标价法下，若一定单位的外币折合的本币数额多于前期，则说明外币币值上升或本币币值下跌，叫做外汇汇率上升；反之，如果要用比原来较少的本币即能兑换到同一数额的外币，这说明外币币值下跌或本币币值上升，叫做外汇汇率下跌，即外币的价值与汇率的涨跌成正比。直接标价法与商品的买卖常识相似，例如，美元的直接标价法就是把美元外汇作为买卖的商品，以美元为 1 单位，且单位是不变的，而作为货币一方的人民币，是变化的。一般商品的买卖也是这样，500 元买进一件衣服，550 元把它卖出去，赚了 50 元，商品没变，而货币却增加了。

2．间接标价法

间接标价法又称“应收标价法”，是以一定单位(如 1 个单位)的本国货币为标准，来计算应收若干单位的外汇货币。在国际外汇市场上，欧元、英镑、澳元等均为间接标价法。如欧元兑美元汇率为 0.9705 即 1 欧元兑 0.9705 美元。在间接标价法中，本国货币的数额保持不变，外国货币的数额随着本国货币币值的变化而变化。如果一定数额的本币能兑换的外币数额比前期少，这表明外币币值上升，本币币值下降，即外汇汇率上升；反之，如果一定数额的本币能兑换的外币数额比前期多，则说明外币币值下降、本币币值上升，即外汇汇率下跌，外汇的价值和汇率的升跌成反比。因此，间接标价法与直接标价法相反。

直接标价法和间接标价法所表示的汇率涨跌的含义相同，即外币贬值，本币升值，汇率下降；外币升值，本币贬值，汇率上升。不同之处在于标价方法不同，所以在引用某种货币的汇率和说明其汇率高低涨跌时，必须明确采用哪种标价方法，以免混淆。

第三节 汇率的决定

一、影响汇率的因素

1. 国际收支

国际收支是影响汇率的最重要因素。如果一国国际收支为顺差，则外汇收入大于外汇支出，外汇储备增加，该国对外汇的供给大于对外汇的需求，同时外国对于该国的货币需求增加，则该国外汇汇率下降，本币对外升值；如果为逆差，则相反。

需要注意的是，美国的巨额贸易逆差不断增加，但美元却保持长期的强势，这是很特殊的情况，也是许多专业人士正在研讨的课题。

2. 通货膨胀率

任何一个国家都有通货膨胀，如果本国通货膨胀率相对于外国高，则本国货币对外贬值，外汇汇率上升。

3. 利率

利率水平对于外汇汇率的影响，是通过不同国家的利率水平的不同，促使短期资金流动导致外汇需求变动。如果一国利率提高，外国对于该国货币需求增加，该国货币升值，则其汇率下降。当然利率影响的资本流动是需要考虑远期汇率的影响，只有当利率变动抵消未来汇率不利变动仍有足够的好处，资本才能在国际间流动。

4. 经济增长率

如果一国为高经济增长率，则该国货币汇率高。

5. 财政赤字

如果一国的财政预算出现巨额赤字，则其货币汇率将下降。

6. 外汇储备

如果一国外汇储备高，则该国货币汇率将升高。

7. 投资者的心理预期

投资者的心理预期在国际金融市场上表现得尤为突出。汇兑心理学认为，外汇汇率是外汇供求双方对货币主观心理评价的集中体现。评价高，信心强，则货币升值。这一理论在解释无数短线或极短线的汇率波动上起到了至关重要的作用。

8. 各国汇率政策的影响

不同国家实施不同的经济政策，也会影响汇率。

二、相关汇率决定理论

汇率决定理论是国际金融理论的核心内容之一，主要分析汇率受什么因素决定和影响。汇率决定理论随经济形势和西方经济学理论的发展而发展，为一国货币局制定汇率政策提供理论依据。汇率决定理论主要有国际借贷学说、购买力平价学说、利率平价学说和资产市场学说。

（一）国际借贷学说

国际借贷学说也称“国际收支说”，出现和盛行于金本位制时期。理论渊源可追溯到14世纪，1861年由英国学者G. I. Goschen较为完整地提出。该学说认为：汇率是由外汇市场上的供求关系决定的，而外汇供求又源于国际借贷。国际借贷分为固定借贷和流动借贷两种。前者指借贷关系已形成，但未进入实际支付阶段的借贷；后者指已进入支付阶段的借贷。只有流动借贷的变化才会影响外汇的供求。外汇供求状况取决于由国际商品进出口和资本流动所引起的债权债务关系——国际收支。当一国的流动债权外汇应收多于流动负债即外汇应付时，外汇的供给大于需求，因而外汇汇率下跌；反之，则外汇汇率上升。这一理论的缺陷是没有说清楚哪些因素是具体影响到外汇的供求。

（二）购买力平价学说

购买力平价学说的理论渊源可追溯到16世纪。1914年，第一次世界大战爆发，金本位制崩溃，各国货币发行摆脱羁绊，导致物价飞涨，汇率出现剧烈波动。1922年，瑞典学者Cassel出版了《1914年以后的货币和外汇》一书，系统地阐述了购买力平价学说。

该学说认为，本国人之所以需要外国货币或外国人之所以需要本国货币，是因为这两种货币在各发行国均具有对商品的购买力；两国货币购买力之比就是决定汇率的“首先的最基本的依据”；汇率的变化也是由两国货币购买力之比的变化而决定的，即汇率的涨落是货币购买力变化的结果。这个理论又分为绝对购买力平价和相对购买力平价两部分。

1. 绝对购买力平价

绝对购买力平价是指本国货币与外国货币之间的均衡汇率等于本国与外国货币购买力或物价水平之间的比率，用公式表示为

$$R_a = \frac{P_a}{P_b} \qquad \text{或} \qquad P_a = P_b \times R_a$$

式中：R_a代表本国货币兑换外国货币的汇率；P_a代表本国物价指数；P_b代表外国物价指数。

绝对购买力平价说明的是在某一时点上汇率的决定，决定的主要因素即为货币购买力或物价水平。

2. 相对购买力平价

相对购买力平价是指不同国家的货币购买力或物价的相对变化，是汇率变动的决定因

素。同汇率处于均衡的时期相比，当两国购买力比率发生变化，则两国货币之间的汇率就必须调整，用公式表示为

$$本国货币新汇率 = 本国货币旧汇率 \times \frac{本国货币购买力变化率}{外国货币购买力变化率}$$

$$= 本国货币旧汇率 \times \frac{本国物价指数}{外国物价指数}$$

(三) 利率平价学说

利率平价学说的理论渊源可追溯到19世纪下半叶，1923年由凯恩斯系统地阐述。

利率平价理论认为，两国之间的即期汇率与远期汇率的关系与两国的利率有密切的联系。该理论的主要出发点，就是投资者投资于国内所得到的短期利率收益，应该与按即期汇率折成外汇在国外投资并按远期汇率买回该国货币所得到的短期投资收益相等。一旦出现由于两国利率之差引起投资收益的差异，投资者就会进行套利活动，其结果是使远期汇率固定在某一特定的均衡水平。同即期汇率相比，利率低的国家，其货币的远期汇率会下跌，而利率高的国家，其货币的远期汇率会上升。远期汇率同即期汇率的差价约等于两国间的利率差。利率平价学说可分为套补的利率平价和非套补的利率平价。

1. 套补的利率平价

假定 i_A 是A国货币的利率，i_B 是B国货币的利率，p 是即期远期汇率的升跌水平。假定投资者采取持有远期合约的套补方式交易时，市场最终会使利率与汇率间形成下列关系：

$$p = i_A - i_B$$

其经济含义是：汇率的远期升贴水平等于两国货币利率之差。在套补利率平价成立时，如果A国利率高于B国利率，则A国远期汇率必将升水，A国货币在远期市场上将贬值；反之亦然。汇率的变动会抵消两国间的利率差异，从而使金融市场处于平衡状态。

2. 非套补的利率平价

假定投资者根据自己对未来汇率变动的预期而计算预期的收益，在承担一定的汇率风险情况下进行投资活动。假定 E_p 表示远期的汇率预期变动率，则 $E_p = i_A - i_B$。其经济含义是：远期的汇率预期变动率等于两国货币利率之差。在非套补利率平价成立时，如果A国利率高于B国利率，则意味着市场预期A国货币在远期将贬值。

1944年到1973年“布雷顿森林体系”实行期间，各国实行固定汇率制度。这一期间的汇率决定理论主要是从国际收支均衡的角度来阐述汇率的调节，即确定适当的汇率水平。这些理论统称为“国际收支学说”。它的早期形式就是国际借贷学说。这一期间，有影响的汇率理论主要有局部均衡分析的“弹性论”、一般均衡分析的“吸收论”、内外均衡分析的“门蒙代尔-弗莱明模型”(Mundell-Fleming Model)以及注重货币因素在汇率决定中重要作用的“货币论”。

(四) 资产市场学说

资产市场学说是在20世纪70年代兴起的，这一时期的国际资本大量流动，金融市场向国际化发展，金融资产也日趋多样化。特别是实行浮动汇率制以后，由于利率、国际收

支、通货膨胀等各种因素的变动，各国货币的汇率经常变化不定。这样，投资者选择持有哪一种外币金融资产(包括货币和有价证券等)就成为至关重要的问题。投资者根据经济形势和预期，经常调整其外币资产的比例，往往引起货币资本在国际的大量流动，并对汇率产生很大影响。

第四节　我国外汇管理制度改革

一、我国外汇管理体制改革的发展历程

改革开放30多年来，我国外汇管理体制适应了我国经济体制改革开放的整体目标和经济金融全球化的趋势，为稳定我国的国际资本流动、配合并促进其他领域的改革、提高我国对外开放水平发挥了重要作用。同时，按照国际货币基金组织的划分，我国属于实行资本管制的国家，表现为资本和金融账户尚未实现可兑换，存在着交易和汇兑方面的管制。可以说，我国的外汇管理体制改革与资本管制政策是相辅相成的。归纳起来，我国的外汇管理体制改革可以划分为三个阶段。

(一) 第一阶段(1978—1993年)

在第一阶段，我国正处于改革开放时期，外汇管理体制改革的目标之一是实现经常项目的可兑换，为对外贸易开放提供保障。对于经常项目，我国的资本管制政策主要体现为强制结汇制度、外汇留成制度和双重汇率制度。强制结汇制度和外汇留成制度是针对中资企业经常项目交易的资本管制政策。外汇留成是一种使用外汇的权利，以额度的形式表示，在使用时用人民币配成现汇。中资企业的贸易及非贸易外汇收入必须按照法律规定进行结汇，其出口外汇收入卖给国家后，国家按规定比例给予出口企业外汇留成额度。用汇时，单位用人民币配以额度，按国家公布的外汇牌价购买现汇，对外进行支付。

双重汇率制度是这一阶段我国对经常项目实行的另一项资本管制政策。1979年8月，国务院决定，除继续保留公布牌价外，还制定内部结算汇率。1981年正式实行贸易外汇内部结算价，适用于进出口贸易外汇的结算，汇率为1美元兑2.8元人民币。1981—1984年，贸易外汇内部结算价格没有变动，同时公布的牌价主要适用于非贸易外汇的兑换和结算，汇率为1美元兑1.5元人民币。1985年1月1日，我国取消贸易外汇内部结算价，进出口贸易外汇按官方汇率1美元兑2.8元人民币结算。1985—1990年，我国多次大幅调整汇率，由1985年1月1日的1美元兑2.8元人民币，逐步调整至1990年11月17日的1美元兑5.22元人民币，其中两次大调整分别是：1986年7月5日，人民币兑美元汇率从3.20元调至3.70元，贬值约15.8%；1989年12月16日，人民币汇率从1美元兑3.72元调至4.72元，贬值约21.2%；到1993年底，官方汇率调至1美元兑5.72元人民币。由于外汇调剂市场的存在，1985—1993年，我国实行的仍然是双重汇率制度，官方汇率与调剂汇率并存。例如，1993年底，我国外汇调剂市场汇率为1美元兑8.72元人民币。

对于资本项目，由于我国的利用外资政策，以及资本市场尚未建立的金融市场环境，

我国采取了控制外债规模和结构、对直接投资实行宽进严出、对证券投资和金融信贷实行严格管制的政策。

(二) 第二阶段(1994—2001 年)

在第二阶段，我国实现了人民币经常项目可兑换，建立了资本市场和全国统一的银行间外汇市场，实现了汇率并轨，加入了世界贸易组织，正式融入了经济全球化的大潮。1996年，我国实现了人民币经常项目的完全可兑换，使对外贸易畅通无阻。但是，我国的经常项目实际上仍然存在外汇管制，体现为银行结售汇制度。例如，我国对中资企业的经常项目外汇收入实行强制限额结汇制度，除按国家规定的比例开立外汇账户保留以外，必须卖给外汇指定银行，这一措施实为限额结汇管制，属汇兑管制；对外商投资企业实行的是意愿结汇制度，但不允许外商投资企业在外汇指定银行办理结售汇(也属汇兑管制)，外商投资企业要卖出外汇或者购汇，都必须在外汇调剂中心进行。

对于资本与金融项目，我国仍然采取控制外债规模和结构、鼓励外商直接投资流入、限制对外直接投资、严格控制证券投资和金融信贷的管制措施。主要措施包括：除国务院另有规定外，所有资本项目外汇收入均须调回境内；境内机构(包括外商投资企业)的资本项目外汇收入均应在银行开立外汇专用账户；外商投资企业外汇资本金结汇，可持相应材料直接到外汇局授权的外汇指定银行办理，其他资本项目外汇收入出售给外汇指定银行，必须得到外汇管理部门的批准；除外汇指定银行部分项目外，资本项目下的购汇和对外支付都必须经过外汇管理部门的核准，持核准件在外汇指定银行办理售付汇。

(三) 第三阶段(2002 年至今)

在第三阶段，我国对资本管制的思路进行了调整。在前两个阶段，我国强制结汇的管制思路主要是基于我国外汇储备短缺的事实。在第三阶段，我国的外汇储备规模已改变了短缺的状态，不仅如此，通过外汇占款而产生的基础货币的扩张压力越来越大。因此，在这一阶段，我国一是转变了长期以来形成的外汇流入越多越好的观念，加强了对外汇流入的监测与管理；二是转变外汇流出越少越好的观念，逐步建立正常的、合理的、可控的流出机制。在经常项目结汇方面，逐步向意愿结汇制度过渡。到 2007 年 8 月，我国外汇局取消了经常项目外汇账户限额管理，境内机构可根据自身经营需要，自行保留其经常项目外汇收入。以此为标志，我国自 1994 年以来沿袭了 13 年的强制结汇制度淡出了历史舞台，被意愿结汇制度所取代。

对于资本和金融项目，我国采取了一些放宽交易和汇兑管制的措施。例如，有选择、分步骤地开放证券投资流入渠道。2002 年，我国推出了合格境外机构投资者(QFII)制度，允许合格境外投资机构投资于境内证券市场上包括股票、债券和基金等人民币标价的金融工具。再如，我国出台了一系列放松资本流出的措施，如简化境内机构境外直接投资的各种手续、放宽购汇限制、放宽境内金融机构境外证券投资和代客理财等限制、允许国际金融机构在中国境内发行人民币债券、进一步实施“走出去”战略，成立国家投资公司，主业对外投资、推出合格境内机构投资者境外证券投资(QDII)制度、实行境内个人对外证券投资试点，等等。值得一提的是，这一阶段我国虽然采取了一些放松资本管制的措施，但总体上我国对外债和金融项目的管制仍然较为严格。

二、我国外汇管理体制和资本管制政策的现行框架

我国对跨境资本交易的管制(审批)由国家发展和改革委员会、中国人民银行、财政部、商务部以及中国证监会和银监会等有关行政管理部门执行，而外汇兑换环节的管制则由国家外汇管理局执行。比如，对于外商直接投资，我国对少数行业制定了禁止外汇资本进入或规定外资持股上限的政策；对于证券投资，我国设置了 QFII 和 QDII 制度，设定了 QFII 和 QDII 投资额度。这些都属于对资本交易本身的管制。再以外商直接投资和外债的资本项目结汇为例，根据《国家外汇管理局关于改进外商投资企业资本项目结汇审核与外债登记管理工作的通知》(汇发〔2004〕42 号)的规定，从 2004 年下半年起，对外商直接投资资本金和外债实施支付结汇制度，要求所有的资本项目外汇流入只有当需要支付相应的人民币资金时才能结汇，没有实际支付行为的不得结汇。这种管制就属于外汇兑换环节的管制。

专栏 4-1

2017 年 6 月 4 日：当日外汇牌价——人民币汇率

币　种	交易单位	中间价	现汇买入价	现钞买入价	卖出价
澳大利亚元	100	502.47	505.68	489.93	509.23
澳门元	100	84.92	84.91	82.06	85.23
港币	100	87.37	87.31	86.61	87.65
韩元	100	0.607	0.6069	0.5855	0.6117
加拿大元	100	503.8	503.82	487.88	507.35
美元	100	680.7	680.27	674.68	682.99
欧元	100	763.68	766.38	742.52	771.76
日元	100	6.1103	6.1525	5.9609	6.1957
英镑	100	877.33	876.16	848.88	882.32

【案例】

1997 年 7 月，亚洲金融风暴爆发。美国著名金融家索罗斯旗下的对冲基金运用索罗斯独创的反射理论，在亚洲各国和地区发起了持久的连番狙击，并获得了极大的成功，使这些国家和地区几十年来积存的外汇一瞬间化为乌有。1997 年 10 月下旬，在亚洲金融风暴中获取巨利的国际炒家索罗斯将目标转向香港，先后于 1997 年 10 月及 1998 年 1 月、6 月和 8 月 4 次狙击港汇、港股和恒指期货市场以图获取暴利。与此同时，特区政府在这三大市场上与国际投机者展开了顽强的对抗。

港币实行联系汇率制，所谓“联系汇率制”，就是一种货币发行局制度。根据货币发行局制度的规定，货币基础的流量和存量都必须得到外汇储备的十足支持。换言之，货币基础的任何变动必须与外汇储备的相应变动一致。它是香港金融管理局首要货币政策目标，

在联系汇率制度的架构内，通过稳健的外汇基金管理、货币操作及其他适当的措施，维持汇率稳定。联系汇率制度的重要支柱包括香港庞大的官方储备、稳健可靠的银行体系、审慎的理财哲学，以及灵活的经济结构。因此，香港的联系汇率制有自动调节机制，不易攻破。但港币利率容易急升，利率急升将影响股市大幅下跌，这样的话，只要事先在股市及期市沽空，然后再大量向银行借贷港币，使港币利率急升，促使恒生指数暴跌，便可像在其他国家一样获得投机暴利。

自1997年10月以来，国际炒家4次在香港股、汇、期三市上下手，前三次均获暴利。1998年7月底至8月初，国际炒家再次通过对冲基金，接连不断地狙击港币，以推高拆息和利率。很明显，他们对港币进行的只是表面的进攻，股市和期市才是真正的主攻目标，声东击西是索罗斯投机活动的一贯手段，并多次成功。

案例评析：

过去这些年，香港经济经历了制造业向服务业的逐步转变过程，服务业迅速增长，在本地经济中的比重不断提高，进入90年代其产值已占本地居民总值的80%以上，而制造业则大幅萎缩至10%的水平。鉴于世界上绝大多数的金融中心都有一定的工业基础为后盾，因此就香港作为国际金融、贸易、服务中心是否还需要发展制造业的问题，存在很多争论。赞同方认为，没有较为雄厚的工业体系，基础的经济体是非常脆弱的，服务性行业对金融波动的高度敏感性将使香港经济处于长期非稳定状态；反对者认为香港地域狭小，资源匮乏，不具备大力发展制造业的条件，而服务业既不需要过多要素投入，又可带来较高盈利率，所以应该重点发展。长期以来上述观点孰是孰非未有定论，但此次金融风波却为前者提供了众多支持其观点的论据，因为风波及其影响充分暴露出在弱工业支持下香港经济体系的不稳定性特征。

此次风波为香港带来的各方面经济冲击，几乎均与其经济结构性问题有着直接或间接的联系。服务性行业占绝对优势反映在股市上就是金融、房地产类股票在市场上权重和影响力最大，以至于当这些股票因行业动荡而下跌时，整体股市被带动而快速下行。银行对房地产业贷款的增加，一方面是房地产业的高利润率诱使，另一方面也是制造业大幅萎缩对贷款需求随之减少的缘故。因此，经济结构的严重失衡导致香港经济增长过分依赖于房地产、金融等服务性行业，使整体经济运行也带有这些行业的高风险、不稳定性特征。这些行业的风险聚积并最终释放势必产生连锁反应，增加整体经济的不确定性。有一种观点认为，香港可依托内地丰富的工业资源为其补充。这种观点实际上高估了内地与香港经济的相互依存性和联动性。应该看到两地经济尚处于不同的发展阶段，相互一体化程度并不完全，而且在“一国两制”政策下香港将长期保留自己的货币及与之适应的相对独立的货币制度和金融运作体制。从此次香港经济受冲击，中国内地却未受牵连并仍然保持强劲增长态势反映出，不能在“九七”回归后就将两个尚处独立的经济体过早过于紧密地联系起来。因此，发展一个相配套的较为独立和雄厚的工业体系，以在香港经济金融运行中发挥稳定器的功能非常必要。

与此同时，尽管港元联系汇率制在此次金融风波中得以保存，而且其稳定和维持已成为两地各阶层的共识。然而从作用上讲，其政治稳定意义大大超过了经济稳定意义。1983年联系汇率的诞生，有着当时特殊的政治、经济背景。因此，维持联系汇率制实际上成为保证香港稳定特别是政治稳定的代名词。在香港刚刚回归祖国之际，其政治稳定压倒一切，这令港府不惜一切代价维护联系汇率制。但是从经济角度看，联系汇率制却有着无法克服的内在矛盾，具体如下：

(1) 调节手段的矛盾。在香港完全开放体系下为保持港元对美元的比价稳定，就必须达成香港与美联储的利率平价。这样，作为重要经济调节手段的利率只能跟随美国经济的变动而调整，却不能根据香港内部经济变化的需要作出相机抉择。因此，在利率变化不符合内部经济调控方向时，反而会加剧经济的反常偏离，恶化经济状况。

(2) 联系目标与媒介对象的矛盾。联系汇率在建立之初选择美元作为联系目标，原因是美国当时是香港最大贸易伙伴，美国经济与香港的关联度高。而时过境迁，14年后金融风波爆发之际，中国内地已成为香港第一大贸易和投资伙伴，“中国因素”在香港经济发展中举足轻重不可或缺。在此新情况下，现有的联系汇率制必然隐含货币钉住目标与主要交易媒介对象的矛盾。只是在目前美元仍作为主要国际货币并作为多数国际交换行为的媒介而人民币地位相对低的情况下，矛盾暂时不可能被激化。但利率与汇率之间的矛盾在此次金融风波中却显出其威力，直接导致了港府为维护联系汇率而突然加息，付出股市暴跌、楼市调整及一系列相关恶性反应的巨大代价。因此，从经济意义上讲，联系汇率制灵活性的缺乏，将成为香港未来发展的一个隐患。

重要概念与思考题

本章重要概念

外汇　　基本汇率　　间接标价法
外汇储备　　套算汇率　　国际借贷学说
汇率　　即期汇率　　购买力平价学说
固定汇率　　远期汇率　　利率平价学说
浮动汇率　　直接标价法　　资产市场学说

思考题

1. 什么是外汇？什么是汇率？
2. 试述汇率的购买力平价学说。
3. 影响汇率的因素有哪些？
4. 试述我国外汇管理体制改革的发展历程。

第五章 金 融 市 场

金融是现代经济的核心，金融市场是整个金融体系的枢纽。金融市场为政府开辟了新型筹资渠道，为中央银行的宏观调控提供了政策工具，为工商企业筹资和投资提供了交易机制和场所，为居民创造了消费借贷和投资获利的条件，在整个经济活动中发挥着举足轻重的作用。本章主要介绍金融市场的概念、功能、分类和构成要素，希望通过本章的学习，学生能对金融市场有一个全面而深刻的了解。

学习目标

1. 掌握金融市场的定义，理解金融市场的功能，了解金融市场的构成要素；
2. 区别不同类别的金融市场，了解各类金融市场的参与主体，掌握各类金融市场的特点、作用，理解各类金融市场的交易机制；
3. 能够运用所学理论、知识和方法分析金融市场相关信息。

第一节 金融市场概述

一、金融市场的概念

市场是提供资源流动和资源配置的场所，是一切商品交易关系的总和。市场包含了交易对象、买方、卖方以及买方和卖方围绕交易对象形成的各类关系。从交易对象的类别来看，市场可以被分为两类：一类是产品市场，主要进行商品和服务的交易；一类是生产要素市场，主要进行劳动力和资本的交易。

金融市场属生产要素市场，专门提供资本的交易。其以金融资产为交易对象、以金融资产的买方(资金盈余者)和金融资产的卖方(资金短缺者)为交易主体形成的交易的场所或机制。

在金融市场上进行资金的融通，可以让资金盈余者以购买金融资产的方式，将闲置的资金流动到资金短缺者手中，以达到资金的合理有效率配置。

二、金融市场的特点

金融市场与普通商品市场虽同属商品市场，但金融市场有其自身的特性：

(1) 交易对象的特殊性。普通商品市场上的交易对象是具有各种使用价值的普通商品，而金融市场上的交易对象则是形形色色的金融资产。

(2) 交易体现的关系不同。普通商品市场买卖双方是一种单纯的买卖关系，而金融市场买卖双方的关系本质是一种借贷关系。

(3) 交易活动具有中介性。普通商品市场上的买卖双方一般直接进行交易，不需要第三方中介机构的介入，而金融市场的融资活动大多要通过金融中介来进行。

三、金融市场的构成要素

金融市场的构成要素主要有三个方面：主体、客体和交易机制。

(一) 金融市场的主体

金融市场的主体是指金融市场的参与者。从不同的角度可以将金融市场的主体划分为不同的类型。

1. 按照金融市场参与者在金融市场上活动的目的划分

在金融市场上，参与者形形色色，其参与金融活动的目的必然不同。从这一角度出发，我们可以把金融市场的主体分为五类：筹资者、投资者、套期保值者、套利者和监管者。筹资者是现实资金的短缺者，他参与金融活动就是为了筹集资金；投资者是现实资金的盈余者，他参与金融活动就是为了获得收益；套期保值者利用金融市场的目的是转嫁风险；套利者则是为了赚取无风险收益；监管者参与到金融市场中，则是为了保证金融市场有规则、有秩序地运行。

2. 按照金融市场参与者自身的特性划分

金融市场的参与者既可能是政府，也可能是企业，同时也可能是个人。按照每一个参与者自身的性质，我们可以将金融市场的主体划分为五类。

(1) 政府部门。政府部门包括中央政府和地方政府。它既是投资者也是筹资者，甚至是金融市场的监管者。政府为了建设基础设施、弥补财政赤字等，会发行债券向全社会筹集资金。此时，它是以筹资者身份出现。同时，政府部门因财政收入形成的资金积累，也会使得它成为投资者。

(2) 中央银行。中央银行在金融市场上拥有多重角色。首先，它是主要监管者；其次，中央银行为了实现国家的货币政策，要运用买卖金融资产的策略，因此又成为了金融资产的买方或卖方。

(3) 金融中介。金融市场的特点即金融交易的中介性。金融中介的存在就是为了给金融交易双方创造交易条件，为交易双方牵线搭桥。金融中介可以分为存款类和非存款类。

① 存款类金融中介。这类中介组织指的是通过吸收存款获得可用资金，并将资金贷给资金短缺者，或者自行进行投资以获得收益的金融机构。包括商业银行、储蓄机构、信用合作社等。

② 非存款类金融中介。这类中介组织是通过发行证券或者以契约性的方式获取资金，包括投资银行、保险公司、基金公司、风险投资公司、资产评估公司等。

(4) 企业。任何经济体不管怎么发展，创造财富的来源总是生产。无论金融市场的资金怎么流动，要想真正的增加整个经济社会的财富，总是要流向企业里，用于企业的生产和扩大再生产。所以，企业是金融市场资金需求者最重要的组成。当然，企业除了扮演资金需求者之外，在生产经营过程中，经常也会出现短暂的资金盈余，所以企业有时也扮演资金的供给者。有时，企业为了控制财务风险，也会在金融市场上进行套期保值等活动。

(5) 居民。居民是整个经济社会的微观个体，在金融市场上也占据着重要地位。一方面，居民除消费之外，会有一些闲散资金，通常会购买一些金融资产，比如股票、债券或者存入银行等，从而作为资金供给者出现；另一方面，居民对资金也会有短缺的时候，比如按揭买房、买车等，从而作为资金需求者出现。

(二) 金融市场的客体

金融市场的客体指的就是金融市场的交易对象，即“金融资产”，也称“金融工具”。例如票据、股票、债券、期权、期货等。不过，不管交易对象如何变化，其本质都是交易的货币资金，是货币资金在金融市场不同主体之间的流动。

(三) 交易机制

金融市场的交易机制是金融资产交易过程中所产生的运行机制，其核心是价格机制。金融资产的价格一般体现在利率、汇率、资产价格等价格形式上。

四、金融市场的功能

随着经济的金融化，金融市场作为货币流通的空间和场所，日益成为市场经济的主导和枢纽。金融市场的重要性主要通过其功能来体现。

(一) 资金聚敛功能

金融市场的资金聚敛功能指的是金融市场发挥资金“蓄水池”的作用，能够引导小额分散资金，使其汇聚成能够投入社会再生产甚至扩大再生产的资金积聚功能。在现实经济活动中，有的经济部门可能存在资金闲置，而有的部门可能存在资金缺口。金融市场为两者调剂余缺提供了便利。金融市场之所以具备此项功能，主要出于两点原因：一是金融工具的多样化，总能为投资方(资金的供给者)提供合适的投资手段；二是金融市场创造了金融资产的流动性。金融市场的流动性，是金融市场正常运转的基础。

(二) 配置功能

金融市场的配置功能主要表现在资源配置、财富再分配以及风险再分配三个方面。

金融市场的资源配置功能是指金融市场促使资源从低效率的部门转向高效率的部门，从而提高整个社会的资源使用效率，促进经济的发展。而随着金融工具的流动，同时发生了财富的再分配。当金融产品的市场价格发生变化时，经济主体所持有的金融资产价值就会发生变化，经济主体的财富也会随之发生转移。当然，金融资产的收益是与风险并存的。

金融资产的持有者既有分配金融资产发行者收益的权利，同时也分担了金融资产发行者的风险。

(三) 调节功能

金融市场的调节功能可以从两方面来认识：

第一，金融市场的资源配置机制直接影响经济的发展运行。投资项目如果符合市场需求，反映在价格上就是证券价格的上涨，那么就会吸引更多资金供给者，那该投资项目就会持续发展。反之，如果投资项目不符合市场需求，就会导致难以筹资，制约该项目的发展。金融市场通过对微观经济的影响进而对宏观经济产生影响。

第二，政府在实施宏观调控时，货币政策的工具就是金融市场的要素。货币政策的实施也离不开金融市场。

(四) 反映功能

金融市场是国民经济的信号系统，它的反映功能体现在三个方面：

(1) 反映微观经济的运行状况。微观经济的主体主要是企业，而企业证券价格的变化反映了企业的运行状况。

(2) 反映宏观经济的运行状况。一国经济的整体运行状况会反映在金融市场上，一国货币供应量的变化也会反映在金融市场中。

(3) 反映世界经济的发展状况。随着经济的全球化，金融市场也具有了全球化的趋势，国内金融市场同国外金融市场连为一体，从而可以反映世界经济的发展动向。

五、金融市场的分类

根据不同的标准，金融市场可以划分为许多具体的子市场。但是，需要注意的是，每个金融市场都可以同时具备多种市场属性。比如，股票市场同时又是资本市场、一级市场、二级市场等。我们采取六类不同划分标准对金融市场进行分类，可以更充分地理解金融市场的具体内容。

1. 按交易标的物划分

按照金融市场中交易标的物划分，是金融市场最为常见的划分方法。按照该方法，金融市场可划分为四类。

(1) 货币市场。货币市场是指短期金融市场，主要包括同业拆借市场、票据市场、回购市场和货币市场基金等。

(2) 资本市场。资本市场是指长期金融市场，主要包括股票市场、债券市场和基金市场等。

(3) 外汇市场。外汇市场是指以外国货币、外币有价证券、外币支付凭证等作为交易对象的市场。

(4) 黄金市场。黄金市场是指以黄金作为交易对象的市场。

2. 按融资方式划分

(1) 直接融资。直接融资是指资金需求方直接从资金供给方获得资金的方式，主要是发行股票或者债券。

(2) 间接融资。间接融资是指资金需求方通过银行等信用中介机构筹资的方式。

3. 按交易层次划分

(1) 一级市场。一级市场又称“初级市场”或“发行市场”，指通过发行新的融资工具以融资的市场。

(2) 二级市场。二级市场又称“次级市场”或“流通市场”，指通过买卖现有的或已经发行的融资工具以实现流动性的交易市场。

4. 按交易对象交割的时间划分

(1) 现货市场。现货市场指当期就发生货款易手的市场，其重要特点是一手交钱一手交货。

(2) 期货市场。期货市场指交易成立时不发生货款易手，而是在交易成立后约定日期实行交割的市场，它把成交与交割分离开来。

5. 按交易场所划分

(1) 有形市场。有形市场也称“场内市场”，是指有固定场所的市场，它是有组织、制度化了的市场。

(2) 无形市场。无形市场也称“场外市场”，是指没有固定场所的市场，其大量交易是通过经纪人或交易商的电话和传真等洽谈成功的。

6. 按区域划分

(1) 国内金融市场。国内金融市场指本国居民之间发生金融关系的场所，仅限于有居民身份的法人和自然人参加，经营活动一般只涉及本国货币，既包括全国性的以本币(在我国就是人民币)计值的金融交易，也包括地方性金融交易。

(2) 国际金融市场。国际金融市场又称“外部市场”，是金融资产的交易跨越国界、进行国际交易的场所。

在金融市场发育的前期，或许对于大多数欠发达国家来说，其金融市场多表现为国内市场。随着国际交往的扩大，一些国内金融市场逐渐发展为国际金融市场。

第二节 货币市场

一、货币市场概述

(一) 货币市场的概念

根据金融工具的到期期限的长短，可以将金融市场分为货币市场和资本市场。货币市场(money market)即短期资金市场，是指期限在1年以内的资金融通和短期金融工具交易所形成的供求关系及其运行机制的总和。货币市场主要包括短期借贷市场、同业拆借市场、票据市场、短期债券市场、证券回购市场、CD市场等。货币市场具有低风险、低收益、期限短、流动性高、交易量大等特点。

(二) 货币市场的功能

1. 短期资金融通功能

短期资金融通功能是货币市场的一个基本功能，区别于资本市场。资本市场是为中长期资金的供需提供服务，货币市场则为季节性、临时性资金的融通提供可行之径。

2. 资产管理功能

货币市场的资产管理功能指的是有利于该市场经济主体加强自身管理，提高经营水平和盈利能力。

3. 政策传导功能

货币市场具有传导货币政策的功能。众所周知，市场经济国家的中央银行实施货币政策，主要是通过再贴现政策、法定存款准备金政策、公开市场业务等的运用来影响市场利率和调节货币供应量，以实现宏观经济调控目标的，在这个过程中，货币市场发挥了基础性作用。

4. 促进资本市场尤其是证券市场发展的功能

首先，发达的货币市场为资本市场提供了稳定充裕的资金来源。其次，货币市场的良性发展，减少了由于资金供求变化对社会造成的冲击。

二、货币市场的种类

(一) 短期借贷市场

1. 短期借贷市场的种类

就银行而言，短期借贷主要是流动资金贷款，它占银行贷款的大部分。中国将流动资金贷款分为三类：3 个月以内，为临时贷款；3 个月以上至 1 年之内，为季节性贷款；1 年以上到 3 年以内，为周转贷款。货币市场交易对象为前两类流动资金贷款。此外，1999 年以来大力倡导的消费信贷，其中有一部分也属 1 年期之内的贷款或短期透支。

2. 短期借贷的风险

短期借贷的风险虽然低于长期借贷，但也不可忽视。从 1998 年起，中国按照国际惯例进行贷款 5 级分类，将全部贷款按照风险程度分为正常、关注、次级、怀疑、损失 5 类，以利于区别对待、分类管理，并以此为据，提取相应比例的风险保证金。

(二) 同业拆借市场

1. 同业拆借市场的概念

同业拆借市场，也可称为“同业拆放市场”，是金融机构之间进行短期资金调剂、融通的场所或机制。

2. 同业拆借市场的主要模式

1) 银行同业拆借市场

银行同业拆借市场是指银行业同业之间短期资金的拆借市场。各银行在日常经营活动中会经常发生头寸不足或盈余的情况，银行同业间为了互相支持对方业务的正常开展，并使多余资金产生短期收益，就会自然产生银行同业之间的资金拆借交易。

2) 短期拆借市场

短期拆借市场又叫“通知放款”，主要是商业银行与非银行金融机构之间的一种短期资金拆借形式。

3．同业拆借市场的特点

第一，在市场准入方面一般有较严格的限制；第二，融通资金期限短，流动性高；第三，交易手段先进，交易手续简便，交易成本时间短；第四，交易金额大且一般不需要担保或抵押；第五，利率由供求双方议定，可以随行就市。

4．同业拆借市场的功能

第一，同业拆借市场的存在加强了金融资产的流动性，保障了金融机构运营的安全性；第二，同业拆借市场的存在有利于提高金融机构的盈利水平；第三，同业拆借市场是中央银行实施货币政策的重要载体；第四，同业拆借市场利率往往被视作基准利率，反映社会资金供求状况。

5．世界同业拆借市场的主要利率

同业拆借利率是货币市场的核心利率，其确定和变化要受制于银根松紧、中央银行的货币政策意图、货币市场其他金融工具的收益率水平、拆借期限、拆入方的资信程度等多方面因素。在一般情况下，同业拆借利率低于中央银行的再贴现利率或再贷款利率；否则，资金需求者可以选择向中央银行申请贷款。当然也有例外，当中央银行实行从紧的货币政策，金融机构向中央银行申请贷款较为困难，只能从同业拆借资金以应急需时，会出现同业拆借利率高于再贴现利率或再贷款利率的现象。

在国际货币市场上，比较典型的、有代表性的同业拆借利率有三种：伦敦银行同业拆借利率(LIBOR)、新加坡银行同业拆借利率(SIBOR)和香港银行同业拆借利率(HIBOR)。其中，伦敦银行同业拆借利率是国际金融市场上的关键利率。目前，世界上一些重要的市场以及许多国家和地区均以该利率为基础，确定自己的资金借贷利率。现在我们已经有了自己的同业拆借利率。2007年1月4日，SHIBOR开始正式运行，全称是“上海银行间同业拆借利率”。

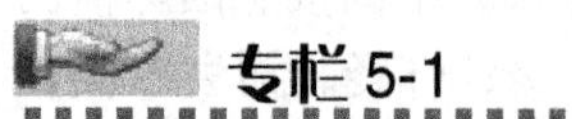

专栏 5-1

我国同业拆借市场的具体交易内容

• 产品定义

信用拆借交易，是指与全国银行间同业拆借中心联网的金融机构之间，通过同业中心的交易系统进行的无担保资金融通行为。

• 交易方式

询价交易。

• 交易期限

拆借期限最短为1天，最长为1年。交易中心按1天、7天、14天、21天、1个月、2

个月、3个月、4个月、6个月、9个月、1年共11个品种计算和公布加权平均利率。

• 交易时间

T+0交易：

北京时间上午9:00～12:00，下午13:30～16:50。

T+1交易：

北京时间上午9:00～12:00，下午13:30～17:00。

中国国内法定假日不开市。

• 交易主体

经中国人民银行批准，具有独立法人资格的商业银行及其授权分行、农村信用联社、城市信用社、财务公司和证券公司等有关金融机构，以及经中国人民银行认可经营人民币业务的外资金融机构。

• 清算办法

由成交双方根据成交通知单，按规定的日期全额办理资金清算，自担风险。清算速度为T+0或T+1。

——资料来源：http://www.chinamoney.com.cn/fe/Channel/8982

(三) 票据市场

1. 票据概述

票据是指出票人依法签发的、约定自己或委托付款人在见票时或指定日期向收款人或持票人支付一定金额并可转让的有价证券。票据可以分为商业票据、银行承兑汇票和大额可转让定期存单三种票据形式。

商业票据是指以大型企业为出票人、到期按照票面金额向持票人付现而发行的无抵押担保的承诺凭证。商业票据没有担保，只靠信誉。所以，有背景、有信誉的大型企业才能发行。这些为大企业筹措资金而发行商业票据的市场即是商业票据市场。

在商业票据的基础上，有银行介入，承诺到期支付确定的金额给持票人或收款人，即是银行承兑票据。银行承兑汇票信誉度比商业票据较高。

大额可转让定期存单(negotiable certificates of deposits，NCD)是商业银行发行的固定面额、固定期限、可以流通转让的大额存款凭证。

票据有汇票、本票和支票三类基本形式。

2. 票据市场分类

根据票据的分类，我们可以把票据市场分为商业票据市场、银行承兑汇票市场和大额可转让定期存单市场。

3. 票据贴现

票据贴现是商业汇票的持票人在需要资金时，将其持有的未到期商业汇票转给商业银行，商业银行扣除贴现利息后将余款付给持票人的行为。它具体包括三种方式：

1) 贴现

贴现即企业以未到期的商业票据向贴现银行融资，贴现银行按市场利率扣取自贴现日至到期日的利息，将票面余额给持票人的一种行为。

2) 转贴现

转贴现即贴现银行在需要资金时，将已贴现的票据再向同业其他银行办理贴现的票据行为。它是银行之间的资金融通，涉及的双方当事人都是银行。这种资金融通方式安全性高、期限短，为银行的流动性管理提供了便利，因而得到商业银行的普遍接受。

3) 再贴现

再贴现又称"重贴现"，是指商业银行将已贴现的未到期汇票再转让给中央银行的票据转让行为。与贴现和转贴现相比，再贴现具有更重要的宏观经济意义。

票据的贴现率是票据贴现市场运作机制的一个重要环节，贴现率是指商业银行办理贴现时预扣的利息与票面金额的比率。票据价格是票据贴现时银行付给贴现人的实付贴现金额。计算公式为

$$贴现利息=\frac{票面金额\times 贴现率\times 贴现天数}{360}$$

$$票据贴现价格=票面金额-贴现利息$$

$$贴现率=\frac{贴现利息}{面额}\times\frac{360}{贴现天数}\times 100\%$$

$$贴现利息=面额-发行价格$$

$$实际收益率=\frac{贴现利息}{发行价}\times\frac{360}{贴现天数}\times 100\%$$

【例 5-1】　如果投资者以 97 美元的折扣价格购买期限为 180 天、价值为 100 美元的商业票据，其贴现率和实际收益率分别为多少？

解：

$$贴现率=\frac{贴现利息}{面额}\times\frac{360}{贴现天数}\times 100\%=\frac{100-97}{100}\times\frac{360}{180}\times 100\%=6\%$$

$$实际收益率=\frac{贴现利息}{发行价}\times\frac{360}{贴现天数}\times 100\%=\frac{100-97}{97}\times\frac{360}{180}\times 100\%=6.19\%$$

专栏 5-2

票据诈骗典型案例

近年来，屡见不鲜的巨额承兑汇票诈骗事件说明了我国金融管理体系存在漏洞。票据诈骗如此猖獗，有其深刻的社会背景，必须引起足够的重视，下面就票据诈骗进行盘点，并对如何预防做出探讨。

1. 假冒承兑汇票

在许多企业日常生意往来中，一些商家为避免麻烦，常采取拨打电话查询票号等简易方式鉴别票据真伪。但这种方式并不能起到有效的甄别作用。所以，应尽量通过银行等出票方进行全面核对，一旦发现可疑情况应及时报警。

典型案件：2015 年 7 月 25 日，济南市中区公安分局大观园派出所接到报案，称可能遇到诈骗。报警人是沈阳某金属股份有限公司在济南的员工罗先生。不久前，该公司设在

太原的办事处收到一张承兑汇票，对方欲以该汇票从该公司购买价值约 35 万元的钨铁材料。巧合的是，该金属公司此前遇到过类似情况，并在那场生意中被诈骗损失了 30 多万元的货物。谨慎起见，公司相关负责人将此次收到的承兑汇票寄往出票银行进行核对，果然，银行方面初步认定该汇票系假冒。

2. 变造承兑汇票

伪造、变造的银行承兑汇票仿真度很高，能顺利通过银行系统的专用检验设备，也能得到出票银行的回复。犯罪嫌疑人利用地域跨度大，疏于实地核票的特点，进而用伪造、变造后的大额银行承兑汇票在中西部经济欠发达地区以贴现的方式骗取金融系统、私营企业或个人大量资金。

典型案件：2013 年 9 月 10 日，朱某伙同李某预谋用变造银行承兑汇票后质押借款的方式诈骗。朱某将 3 张小面额的银行承兑汇票交给李某，李某在广州将 3 张小面额的银行承兑汇票变造成一张金额为 450 万元的银行承兑汇票。随后李某指示陈某从广州将伪造好的银行承兑汇票交给朱某。2013 年 9 月 22 日，朱某将其中一张变造的银行承兑汇票交给老何等人，老何等人在明知银行承兑汇票是变造的情况下，通过小翠到银行办理贴现业务，诈骗得赃款 4 321 520 元。

3. 承兑汇票丢失，他人冒名兑现

企业将票据丢失后，没有挂失。虽然很多人捡到票据会归还失主，但有人起贪念冒名兑现，将款项据为己有。所以，当票据丢失后，企业应第一时间进行挂失。

典型案件：2013 年 8 月 25 日，冠县张先生停放在冠县工业园区晨阳交通设施有限公司门口的汽车玻璃被砸，车内钱包被盗，内有 15 万元的银行承兑汇票一张。邓培华拾得该汇票后，明知自己持有的一张出票金额为 15 万元的银行承兑汇票来路不明，仍然以合法持票人的名义结算给聊城一家无缝管有限公司，用以偿还所欠货款 9300 元。该无缝管有限公司扣除贴现利息款后，将剩余的 135 500 元兑现给邓培华。

4. 合同协议使诈

在实际操作中，犯罪分子往往利用空壳公司以低息贴现为诱饵骗取企业的银行承兑汇票，在贴现后只支付一部分贴现款，以稳住被害企业，或者直接卷款潜逃，给企业造成巨大的经济损失。汇票栈提醒您：低息贴现的广告不要轻信；在进行承兑汇票贴现交易时，谨慎阅读、签署协议，并妥善保护好自己的那份合同，不给不法分子留下可乘之机。

典型案件：2014 年 11 月 16 日，徐先生和同事陈先生、周小姐来到江都区，与江都居民朱某交易承兑汇票。朱某及其朋友陶某以 3.25‰和 3.2‰的利息，购买徐先生公司持有的两张承兑汇票：一张为 10 月份签发的 100 万元面额，另一张为 11 月份签发的 200 万元面额。

如此低的利息，令徐先生等人非常满意。交易当天，双方签署协议时，他趁着徐先生等人不注意，偷偷在协议书上的利息数字后面加上了“%”。朱某计划着，如果被徐先生他们发觉，他就以粗心大意为由，在“%”后面再加一个“0”，形成“‰”。下午 4 点左右，徐先生得知汇款进账，但金额却让他们大吃一惊——242.1 万元。比起双方商量好的 294.1 万元，少了 52 万。

5. 签订假购销合同来骗取银行对之承兑

当出票人向银行申请承兑时，购销双方只是签订了购销合同，真正的商品交易还未发生，银行审查商品交易的主要依据是购销合同，一些企业借此相互串通签订假购销合同，以此来骗取银行对之承兑，获取银行信贷资金。

典型案件：2012 年 2 月 9 日，龙湾一坐拥 3 家贸易公司的女老板管某利用伪造的购销合同，骗取银行承兑汇票 1000 万元并贴现使用。管某还清银行贷款 1000 万元并要求该银行给予续贷。为了顺利办理贷款，管某利用与浙江某金属有限公司业务往来时扣下留存的已盖好该公司印章的空白合同，在无真实货物交易的情况下，填报虚假的购销合同，送交银行。银行顺利为她办出共计 1000 万元银行承兑汇票贷款，期限半年。后因经营不善，投资失败，贷款到期后无法归还银行的借款，给银行造成重大损失。

——资料来源：http://www.sohu.com/a/73777678_257490

(四) 国库券市场

1. 国库券的特征

国库券是国家财政当局为弥补国库收支不平衡而发行的一种短期政府债券。我国通常所说的国库券是指所有国债。国库券与其他货币市场工具相比,有自身的市场特征：安全性高、流动性强、有税收优惠以及面额小。

2. 国库券的发行市场

1) 发行动机

财政部发售国库券主要是为政府筹措短期资金以弥补季节性、临时性财政赤字，或应付其他短期资金需求，如偿还到期国库券。

2) 发行方式

国库券的发行一般采用招投标方式进行。国库券的投标分为竞争性投标和非竞争性投标两种。竞争性投标者应在标书中列明购买的价格和数量，投标人可能出价太低失去购买机会，或者因投标价格太高造成损失，因而风险较高；非竞争性投标者应在投标书中表明参加非竞争性投标，他们不提出投标价格，而以竞争性投标者的平均价格作为买入价格，但购买数量受到限制。

3. 国库券的流通市场

在流通市场购买国库券有两种途径：

(1) 通过银行购买国库券。某些大银行往往既是国库券的投资者，也是国库券的承销商。

(2) 通过证券交易商购买国库券。不同交易商的收费有所不同：大交易商收费较少，小交易商因需要向银行或大交易商购买国库券，收费较高。银行和交易商主要是从买进和卖出的微小价差中获利。

(五) 企业短期融资券市场

企业短期融资券发源于商品交易，是买方由于资金一时短缺而开给卖方的付款凭证。但是，现代企业短期融资券大多已和商品交易脱离关系，而成为出票人(债务人)融资、筹资的手段。企业短期融资券的特点有五方面：

(1) 获取资金的成本较低。企业短期融资券利率往往低于同期银行短期贷款利率，一些信誉卓著的大企业发行企业短期融资券的利率，有时甚至可以低至同等银行同业拆借利率。

(2) 筹集资金的灵活性较高。发行者可在约定的某段时期内，不限次数及不定期地发行企业短期融资券。

(3) 对利率变动反应灵敏。企业短期融资券利率可随资金供需情况变化而随时变动。

(4) 有利于提高发行公司的信誉。企业发行短期融资券是企业信誉高的标志，公司发行短期融资券实际上能起到免费宣传、提升形象和信誉度的作用。

(5) 一级市场发行量大而二级市场交易量小。这主要是由于大多数短期融资券的偿还期都很短，一旦买入一般不会再卖出。

(六) 回购市场

1. 回购的概念、期限与参与者

回购是指按照交易双方的协议，由卖方将一定数额的证券卖给买方，同时承诺若干日后按约定价格将该种证券如数买回的一种交易方式。如果从买方的角度来看同一笔回购协议，则是买方按协议买入证券，并承诺在日后按约定价格将该种证券卖给卖方，即买入证券借出资金的过程，这一过程一般称"逆回购"。回购实质上是一种以证券为质押品的短期融资形式。无论在中国还是在西方国家，国债都是主要的回购对象。

回购的期限分隔夜、定期、连续性三种，其中以隔夜为多。隔夜是指卖出和买回证券相隔1天，相当于日拆。定期是指卖出和买进的时间规定为若干天，一般不超过30天。连续性合约是指每天按不同利率连续几天的交易。由于回购交易的期限很短，且有证券作质押，所以风险小，但利率一般低于同业拆借利率，故收益率较低。

回购市场的参与者比较广泛，包括中央银行、商业银行、证券交易商、非金融机构(主要是企业)，在美国还有州和地方政府。中央银行参与回购市场是为了开展公开市场业务，调节货币供应量，贯彻货币政策。由于回购交易具有抵押担保性质，其资金利率一般低于同业拆借利率，因此，商业银行也是回购市场的重要参与者。

2. 回购市场的运行层次

1) 证券交易商与投资者之间的回购交易

证券交易商在证券回购市场中既可以充当回购交易的买卖方，又可以充当买卖双方的中介，前者称为"自主回购"，后者称为"委托回购"。

自主回购是指证券商作为证券交易的组织者，为顺利实现经销功能，经常在自己的账户中保持一定数量的证券。在投资者买卖证券时，账户中有时会出现差额，使证券经纪人出现暂时性的保有证券，证券商就将这些库存证券以附回购协议的方式出售给投资者，从而融进短期资金。

委托回购则是证券商之外的卖方将持有的证券通过证券商以附回购协议的方式转让给买方，证券商介于买方(资金运用者)和卖方(资金筹措者)之间，成为双方回购协议的中介。

2) 银行同业之间的回购交易

这种回购交易一般通过同业拆借市场进行，买卖双方以直接联系报价，或者通过市场

中介询价方式进行协商成交，与同业拆借相比，它具有更安全、更灵活等特点。

3) 中央银行公开市场业务中的回购交易

中央银行开展公开市场业务时，会根据不同情况选择操作方式。如果中央银行希望影响回收流动性，则会倾向于运用正回购。正回购是中央银行以自身持有的债券向银行质押回收资金，是中央银行紧缩银根的表现；逆回购则相当于公开市场中交易商向中央银行发放质押贷款，是中央银行放松银根的表现。

第三节 资本市场

一、资本市场概述

(一) 资本市场的概念

资本市场亦称“长期资金市场”，是指期限在1年以上各种资金借贷和证券交易的场所。因为在长期金融活动中涉及资金期限长、风险大，具有长期较稳定的收入，类似于资本投入，故称为资本市场。资本市场包括股票市场、中长期债券市场、投资基金。资本市场的交易对象是股票、中长期债券和证券投资基金。

(二) 资本市场的功能

(1) 资本市场为政府、企业和个人筹措长期资金提供了场所。

(2) 资本市场是资源合理配置的有效场所。

(3) 资本市场有利于企业重组。

(4) 资本市场有利于促进产业结构向高级化方向发展。

二、资本市场的种类

(一) 股票市场

股票市场也称“权益市场”，是股票发行和流通的场所。股票的交易都是通过股票市场来实现的。股票市场一般可分为一级市场和二级市场，一级市场也被称为股票发行市场，二级市场也被称为股票交易市场。

1. 一级市场

一级市场是指公司通过发行新的股票筹集资金的市场。股票的发行要遵从严格的程序。

1) 股票发行制度

由于股票投资是一种高风险的投资，投机性强，为了保障投资者的权益，维护社会的安定，促进股票市场健康、高效地运行和发展，各国政府都授权某一部门对申请发行股票的公司进行审核评估，对发行公司的审核主要有注册制和核准制。

(1) 注册制。注册制也称“发行登记制”，是指证券发行人在公开募集和发行之前需要向监管部门按照法定程序申请注册登记。同时依照规定提供发行的证券有关的一切材料，并对所提供材料的真实性、可靠性承担法律责任。

(2) 核准制。核准制是指证券发行者不仅必须公开所有发行证券的真实情况，而且所发行的证券还必须遵循公司法和证券法中规定的若干实质性条件，证券监管机构有权否定不符合实质条件的证券的发行申请。中国目前对证券发行的监管就属于核准制。

2) 股票发行的类型

(1) 初次发行。初次发行也称“IPO 发行”，是指公司通过证券交易所首次公开向投资者发行股票以募集资金的过程。

(2) 配股发行。配股发行是指股份公司组建、上市以后，为达到增加资本的目的而发行股票的行为。

3) 股票发行方式

在成熟市场上，股票发行大多采用竞价的方式，而在中国，则经历了一个不断探索的过程。中国于 1991 年和 1992 年采用限量发售认购证方式，1993 年开始采用无限量发售认购证方式及与储蓄存款挂钩方式，此后又采用全额预缴款、上网竞价、上网定价以及网下向配售对象累计投标询价与网上资金申购定价发行相结合等方式。

4) 股票发行的价格

(1) 面值发行。面值发行指按股票的票面金额为发行价格。采用股东分摊的发行方式时，一般按平价发行，不受股票市场行情的左右。由于市价往往高于面额，因此以面额为发行价格能够使认购者得到因价格差异而带来的收益，使股东乐于认购，又保证了股票公司顺利地实现筹措股金的目的。

(2) 时价发行。时价发行指不以面额，而以流通市场上的股票价格为基础确定发行价格。这种价格一般都是时价高于票面额，二者的差价称“溢价”，溢价带来的收益归该股份公司所有。时价发行能使发行者以相对少的股份筹集到相对多的资本，从而减轻负担，同时还可以稳定流通市场的股票市价，促进资金的合理配置。

(3) 中间价发行。中间价发行指股票的发行价格取票面额和市场价格的中间值。这种价格通常在时价高于面额、公司需要增资但又需要照顾原有股东的情况下采用。中间价格发行对象一般为原股东，在时价和面额之间采取一个折中的价格发行，实际上是将差价收益一部分归原股东所有，一部分归公司所有，用于扩大经营。因此在进行股东分摊时要按比例配股，不改变原来的股东结构。

(4) 折价发行。折价发行指发行价格不到票面额。折价发行有两种情况：一种是优惠性的，通过折价使认购者分享权益。例如，公司为了充分体现对现有股东优惠而采取搭配增资方式时，新股票的发行价格就为票面价格的某一折扣，折价不足票面额的部分由公司的公积金抵补。另一种情况是该股票行情不佳，发行有一定困难，发行者与推销者共同协定一个折扣率，以吸引那些预测行情要上浮的投资者认购。由于我国规定发行价格不得低于票面价格，因此这种折扣发行需要经过许可方能实行。

2. 二级市场

股票在一级市场发行后将在二级市场进行交易，二级市场为一级市场发行的股票的流通提供了流动性。一个国家的二级市场的发育程度是该国股票市场是否发达的标志。

1) 场内交易市场

场内交易市场是指通过证券交易所进行股票交易的市场。证券交易所是由证券管理部门批准的、为证券的集中交易提供固定场所和有关设施，并制定各项规则以形成公正合理的价格和有条不紊的秩序的正式组织。证券交易所作为进行证券交易的场所，本身并不持有证券，也不进行证券的买卖，主要作用是为交易双方成交创造或提供条件，并对双方的交易行为进行监督。

2) 场外交易市场

场外市场是相对于证券交易所而言的。广义而言，凡是在证券交易所以外进行的证券交易都可称为“场外交易”。由于这种交易最早是在各证券商的柜台上进行的，因此也称“柜台交易”(OTC)。与证券交易所交易相比，场外市场没有固定的交易场所，其交易是由自营商来组织，其价格是通过买卖双方协议达成的，一般是由证券自营商挂出各种证券的买入和卖出价，卖者和买者以此价与自营商进行交易。

场外交易市场不像证券交易所那样有较高的上市条件，而且管制少，灵活方便，因而成为中小企业和具有发展潜质的公司证券流通的主要场所。

3. 第三市场

第三市场是指原来在证交所上市的股票移到场外进行交易而形成的市场。换言之，第三市场交易是既在证交所上市又在场外市场交易的股票，以区别于一般含义的柜台交易。第三市场的交易者多为拥有巨额资金的机构投资者。第三市场的出现是与证券交易所采取的固定佣金制度相联系的。

4. 第四市场

第四市场是指买卖双方绕开证券经纪商，彼此间利用电信手段直接进行大宗股票交易的市场。近年来，随着现代通信技术和电子计算机在证券交易机构的广泛运用，柜台市场、第三市场与第四市场已逐渐合并为一个全国统一的场外交易体系。

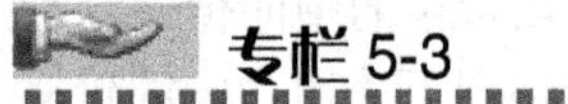

专栏 5-3

股民网上开户流程

股民进行股票买卖，必须在证券公司进行开户。随着互联网技术的发展，目前，股民开户的方法主要选择网上开户。下面介绍一下网上开户的基本流程。

1. 开户前准备

开户前需准备开户所需的资料和环境：手机、居民身份证原件、本人借记银行卡、Wi-Fi环境。

2. 选定证券公司

随着我国金融市场的发展，证券公司也越来越多。我国目前较大的证券公司包括：中信证券、海通证券、广发证券、国泰君安证券、招商证券、华泰证券、申万宏源、银河证券、国信证券、中信建设等。

3. 下载开户软件(App)

在手机上下载任意你选中的证券公司的开户软件。

4. 上传身份证

打开开户软件，点击“开户”，用手机号进行注册，继出现下图所示页面。

根据提示对身份证的正反面分别进行拍照，然后上传身份证。

5. 视频认证

允许视频拍照，根据客服的提示，进行视频认证。

(二) 长期债券市场

1. 长期债券的品种结构

1) 长期政府债券

长期政府债券是政府债券的一种，是中央政府和地方政府发行长期债券的总称。具有高安全性和高流动性的特点，有“金边债券”的美称。

(1) 长期中央政府债券。长期中央政府债券的发行主体是中央政府，所以也称为“国债”。1987 年以来，我国中央政府已发行过如下种类的债券：国家重点建设债券、国家建设债券、财政债券、特种债券、保值债券、基本建设债券、转换债券等。

(2) 长期地方政府债券。它是地方政府根据本地区经济发展和资金需要状况，以承担还本付息责任为前提，向社会筹集资金的债务凭证，简称“地方债券”。按用途，它通常分为一般债券和专项债券，前者是指地方政府为缓解其资金紧张或解决临时经费不足而发行的长期债券，后者是指为筹集资金建设某项具体工程而发行的长期债券。

2) 长期公司债券

它是公司对外借债而发行的期限为 1 年以上的债务凭证，由发行债券的公司对债券持有人作出承诺，在一定时间按票面载明的本金、利息予以偿还，因其具有较高的收益性且风险程度适中，因而成为以资金稳定增值为目标的各类长期性金融机构如保险公司和各类基金的重要投资对象。

公司债券的种类有很多：

按抵押担保状况分为信用债券、次级信用债券、抵押债券、担保信托债券；按利率可分为固定利率债券、浮动利率债券、指数债券和零息债券；按内含选择权可分为可赎回债券、偿债基金债券、可转换债券、可卖回债券和待认股权证的债券。

3) 长期金融债券

它是金融机构为筹集期限为 1 年以上的资金而向社会发行的一种债务凭证。由于这类债券资信程度高于普通公司债券，具有较高的安全性和流动性，因而成为个人和机构的重要投资品种。中国目前的长期金融债券主要有政策性金融债券和金融次级债券，并主要通过全国银行债务市场发行。

2．长期债券市场的品种结构

1) 国债市场

(1) 国债一级市场。国债的一级市场即是国债的发行市场。国际上，国债发行通常采用拍卖的方式。国债招标根据不同的标准可以划分为不同的类型，按照招标过程是否公开划分，招标可以分为封闭招标和公开招标两种。相对而言，由于是在封闭招标中，投标者之间达成勾结以操纵招标结果的可能性较小。从各国的实践来看，用于国债发行的招标也大多采用封闭招标的形式。

我国财政部于 2004 年推出了混合发行的国债招标方式。除此之外，还先后使用过其他三种发行形式，直接发行、代销及包销。

(2) 国债二级市场。国债的二级市场也就是国债的流通市场。投资者在购买了国债后，可以随时变现交易，也可以作为回购交易的标的，有利于机构资金的周转；国债同时是政府实现宏观调控进行市场操作的工具。表 5-1 为国债收益统计率。

表 5-1 国债收益统计率 单位：%

	1 天	1 年	3 年	5 年	7 年	10 年	30 年
2017.01	2.2343	2.6757	2.8212	3.0375	3.2777	3.3465	3.7287
2017.02	2.4042	2.7121	2.9001	2.9999	3.1891	3.2921	3.7971
2017.03	2.8437	2.8632	3.0186	3.0782	3.2272	3.2828	3.7604

2) 公司债券市场

公司债券一级市场是公司发行债券的市场。债券的发行与股票类似，不同之处主要有发行债券契约书和债券评级两个方面。同时，由于债券是有期限的，因而其一级市场多了一个偿还环节。

(1) 债券契约。债券契约是债券发行者与投资者之间的协议，包括发行的基本条款和维护持有者的利益和对发行者设置的一系列限制，这些限制包括担保品、偿债基金、股息政策和借贷的一系列规定。

由于有特殊担保品，支持抵押债券通常被称为最安全的公司债券。

(2) 债券评级。债券评级的目的是将债券发行者的信誉和偿债能力用简略易懂的符号表达出来，并公布给投资者，以便于投资者作出投资选择。按国际惯例，债券信用等级的设置一般是三等、九级、两大类。两大类是指投资类和投机类，其中，投资类包括一等的 AAA 级、AA 级、A 级和二等的 BBB 级；投机类包括二等的 BB 级、B 级和三等的 CCC 级、CC 级、C 级。美国著名的穆迪公司和标准普尔公司的债券评级标准如表 5-2 所示。

表 5-2　标准普尔公司和穆迪公司的债券评级标准

标准普尔		穆迪	
级别	含义	级别	含义
AAA	最高评级，偿债能力极强	Aaa	信用质量最高，信用风险最低。利息支付有充足保证，本金安全。为还本付息提供保证的因素即使变化，也是可预见的，发行地位稳固
AA	偿债能力很强，与最高评级差别很小	Aa	信用质量很高，有较低的信用风险。本金利息安全，但利润保证不如 Aaa 级债券充足，为还本付息提供的保证的因素波动比 Aaa 级债券大
A	偿还能力较强，但相对于较高评级的债券，其偿债能力较易受外在环境及经济状况变动的不利因素的影响	A	投资品质优良。本金利息安全，但有可能在未来某个时候还本付息的能力会下降
BBB	目前有足够的偿还能力，但若在恶劣经济条件或外在环境下，其偿债能力则可能较脆弱	Baa	保证程度一般。利息支付和本金安全现在有保证，但在相当长远的一些时间内具有不可靠性，缺乏优良的投资品质
BB	相对于其他投机级评级，违约的可能性最低，但持续的重大不稳定情况或恶劣的经济环境可能令发债人无足够能力偿还债务	Ba	不能保证将来的良好状况。还本付息的保证有限，一旦经济情况发生变化，还本付息能力将削弱，具有不稳定的特性
B	发债人目前仍有能力偿还债务，但恶劣的经济情况可能削弱发债人偿还债务的能力和意愿	B	还本付息或长期内履行合同中其他条款的保证极小
CCC	目前有可能违约，发债人须依赖良好的经济条件才能偿还债务；否则发债人可能违约	Caa	有可能违约或现在就存在危机本息安全的因素
CC	目前违约的可能性较高，对内外部环境的变化极为敏感，具有较大的不确定性	Ca	经常违约或有其他明显的特点
C	濒临破产，债务清偿能力极低	C	前途无望，不能用来做真正的投资

3. 长期债券的发行

1) 长期债券的发行方式

长期债券可以采取集团认购、招标发行、非招标发行和私募发行四种方式。

集团认购是指由若干银行、证券公司或养老保险基金机构等组成承销团，包销全部长期债券。

招标发行是指发行者通过招标的方式来决定长期债券的投资者和债券的发行条件。

非招标发行是指债券发行人和债券承销商或投资银行直接协商发行条件，以便最合适发行人的需要和现行市场状况。

私募发行是指向特定的少数投资者发行债券。

2) 长期债券的交易

长期债券既可以在证券交易所内交易，也可以在场外市场交易。交易方式有现货交易、回购交易、远期交易、期货交易、期权交易、信用交易等。

长期债券的转让价格，是长期债券未来收益的现值，受持有期、计算方式等条件的影响。长期债券的未来收益是它的本息之和。由于一般情况下长期债券的面值票面利率和期限都是发行时确定的，因此，长期债券的未来收益是一个确定的量，长期债券的价格就是将其未来收益按一定条件折算成现值。根据现值理论，可以得出不同计息方式的长期债券的交易价格计算公式。

A．一次性还本付息长期债券的交易价格为

$$P = \frac{F \times (1 + r \cdot n)}{(1 + r)^n}$$

B．按年分次付息长期债券的交易价格为

$$P = \sum_{t=1}^{n} \frac{F \cdot r}{(1 + i)^t} + \frac{F}{(1 + i)^n}$$

式中：P 为债券的现值，即交易价格；F 为债券的面值；n 为债券发行日至到期日的年数；r 为债券的票面利率；i 为市场利率。

3) 债券的偿还

(1) 定期偿还。它是在经过一定期限后，每过半年或 1 年偿还一定金额的本金，到期时还清余额的偿还方式。这一般适用于发行数量巨大、偿还期限长的债券。其具体方法有两种：一是以抽签方法确定并按票面价格偿还；二是从二级市场上以市场价格购回债券。为提高债券的信用和吸引力，有的公司还专门建立偿还基金用于债券的定期偿还。

(2) 任意偿还。它是债券发行一段时期以后，发行人可以任意偿还债券的一部分或全部的偿还方式。其具体操作可根据早赎回或以新偿旧条款，也可以在二级市场上购回予以注销。

专栏 5-4

债券交易员的身价

中国债市经历了近 10 年的发展，各家投资机构的固定收益业务都从无到有，陆续诞生了一批又一批的交易员，这些优秀的交易员组成了当前债市的核心力量，成为市场不断发展、不断创新的原动力。

随着信用债券的崛起，特别是近几年来短期融资券和中期票据的大量发行，市场对于信用债券的依赖性和识别度开始不断攀升，而交易员的作用被无形扩大。交易员现在不仅仅要掌握利率风险的趋势，更重要的是要去判别信用风险，特别是在目前市场处于观望甚至偏于熊市的行情下，通过利率差价交易已经很难获得交易机会，而信用利差交易上却一直存在着中长期的交易机会。

近期市场或将推出中小企业集合债后，债券的信用风险将从单一主体演变为多元化的主体，从大个体信用演变为小个体信用。另外，信用增级的方式也越来越多元化，与行业风险的关联度也越来越紧密、个性化。种种这些，都要求各家投资机构配备具有专业知识和丰富企业融资经验的人才参与债券市场的投资经营。

从国外债市的发展史来看，当债权、股权或者夹层这种直接融资方式开始不断冲击传统存贷款业务的时候，各家投资机构，特别是银行对于投资银行业务的渴望也日趋迫切，现在正是国内固定收益业务需要引入大量投资银行专业人才的时期。不容置疑的是，未来他们的作用将越来越明显。

——资料来源：《上海证券报》，2009 年 9 月 2 日

第四节 其他金融市场

一、黄金市场

(一) 黄金市场概念

黄金市场是黄金供求双方进行黄金交易的交易机制、交换关系以及交换场所的总和。目前，世界上总共有 40 多个国际黄金市场，主要分布在发达国家的经济中心城市，其中伦敦、苏黎世、纽约、芝加哥和香港为世界上最主要的五大黄金市场。

(二) 黄金市场的参与主体

黄金市场的参与主体主要包括参与黄金买卖的交易主体、金融机构以及公共法人团体和个人投资者。黄金买卖的交易主体主要指采金企业和用金单位，它们参与黄金市场的目的是规避价格风险，主要以供货方或需求方的身份出现。参与黄金交易的金融机构主要包括商业银行、中央银行以及对冲基金等。商业银行在黄金市场中经营自营业务、经纪业务和做市商业务，它们中一些跨国银行作为国际黄金商，成为国际黄金市场中最重要的参与者。中央银行通过黄金买卖，行使调控黄金价格、调整本国储备资产结构和数量的职能。对冲基金主要在黄金市场上通过投机活动进行套利。公众法人团体和个人投资者，一般也是扮演投机者的角色。

(三) 黄金市场的分类

1. 按黄金市场的交易规模划分

(1) 国际性市场。国际性市场是指在世界黄金市场中起主导性作用的黄金市场。

(2) 区域性市场。区域性市场是集中在某些地区的黄金交易市场。

2. 按黄金市场的交易场所划分

(1) 有形市场。顾名思义，有形市场指的是黄金交易存在专门交易的场所，比如纽约商品交易所。

(2) 无形市场。无形市场指的是黄金交易没有专门交易的场所，主要通过现代信息技术，在网络上进行交易。

3. 按黄金交易的标的物划分

(1) 黄金现货市场。黄金现货市场即黄金买卖成交后即期交易的市场。它是以黄金实物作为标的物，主要包括金条、金块、金币和各种黄金首饰等。

(2) 黄金期货市场。黄金期货市场即黄金买卖成交后在未来规定日期交割的市场。它的标的物是黄金期货合约。世界上黄金期货合约的单位都是100盎司。

(3) 黄金期权市场。黄金期权市场包括买权和卖权。买权指买方支付权利金获得未来一定时间以一定价格买入商品的权利；卖权指卖方获得权利金，出让未来一定时间以一定价格买入商品的权利。它的标的物是期权合约。

(四) 黄金市场的特点

(1) 黄金市场是多元化交易市场的集合。由于黄金自身的特殊性，它既是商品又是货币，所以黄金市场涉及普通商品市场和金融市场。黄金涉及普通商品市场，主要体现在黄金饰品在金店的销售。当然，黄金也可以满足投资者投资获利、保值增值的目的。

(2) 商业银行在黄金市场中具有主导地位。商业银行在黄金市场的主导地位是由商业银行的优势形成的。第一，商业银行有充足的资金，有利于拓展黄金业务；第二，商业银行的营业网点覆盖面积广泛，提供了方便快捷的交易平台；第三，商业银行拥有良好的信誉和大量的客户资源，开展各种黄金业务比较便利。

(3) 黄金市场是衍生交易占主导地位的市场。黄金市场要面临各类风险，诸如黄金供求失衡，国际政治、经济动荡，美元汇率风险等。为了规避风险，目前世界上黄金交易额90%以上都是以黄金期货、黄金期权的形式进行交易。

(五) 影响黄金价格的因素

1. 供求因素

当市场上的黄金供给大于需求时，黄金价格就会下降；反之，供不应求时则会上升。这是普通商品经济的一般原理。

2. 政治局势

黄金是一种非常敏感的投机商品，任何政治、经济的大动荡必然会在黄金价格上有所反映。当政治局势出现动荡时，黄金价格往往会大涨。

3. 美元汇率的波动

一般来讲，美元汇率与黄金价格反向变动。美元升值导致黄金价格下跌，美元贬值导致黄金价格上涨。

4. 通货膨胀

一般来讲，在通货膨胀时期，人们更倾向于持有黄金，因为持有黄金比持有纸币更能规避货币贬值的风险，所以通货膨胀也会导致黄金价格上涨。

5. 相关投资品

黄金既是普通商品也是投资工具，因而与其他投资工具存在着替代关系。市场上主要的投资品有股票和债券，如果说股票和债券的投资收益率较高，则投资者会选择投资于股票和债券，而不是黄金，因此黄金价格会下降；反之，黄金价格可能上升。

专栏 5-5

世界七大黄金交易中心

2013 年，世界上已经形成七大黄金交易中心。它们是：

1. 苏黎世

瑞士苏黎世由于其银行业雄厚实力的支持，20 世纪 30 年代就已成为世界黄金交易中心之一。自 60 年代起，苏黎世成为世界第二大黄金交易市场，瑞士三大银行的共同努力，使得苏黎世一直保持着世界黄金交易的中心地位。

2. 伦敦

英国伦敦黄金市场堪称“世界最古老的黄金交易市场”，已有近 300 年的历史。1968 年以前，其在南非黄金的收购上及黄金储备上都居于垄断地位。但在 1968 年，伦敦金市临时停市，给了苏黎世市场一个机会，由此，伦敦金市结束了它的垄断时代。

3. 纽约

美国纽约商品交易所是世界最大的黄金期货交易市场。自 1974 年 12 月 31 日黄金非货币化以后，该市就在世界黄金交易中占据了重要地位。在美国购买实金往往由小黄金交易商提供服务，因此，通过电话进行期货交易就成了交易主体。

4. 东京

日本是一个贫金国家，其黄金几乎全部依赖进口。自 1973 年后，日本黄金交易商允许直接进口黄金。到 1980 年，日本黄金市场全部解禁，因而得到迅速发展。日本的黄金期货市场有着重要的作用。东京的黄金交易量相当于纽约的 2/3。

5. 新加坡

新加坡的实金市场成立于 1869 年，1973 年后，新加坡成为自由黄金交易市场。1992 年，新加坡的黄金进口量占全球黄金总交易的 20%，更确立了该国在实金交易上的重要地位。

6. 香港

香港高度发达的首饰制造业注定了该地在世界黄金市场的重要地位。香港的“金银业贸易场”日交易量为 15 万至 20 万两。

7. 悉尼和墨尔本

悉尼和墨尔本作为黄金交易中心，是基于澳大利亚产金大国的优势地位。

——资料来源：金投网

二、外汇市场

（一）外汇的概念与特征

1. 外汇的概念

狭义的外汇是指以外币表示的可用于对外支付的金融资产，通常指以外国货币表示的可用于国际债权债务结算的各种支付手段；广义的外汇指的是一切用外币表示的资产。

2．外汇的特征

第一，外汇必须是外国货币表示的资产。

第二，外汇必须是能在国外得到清偿的债权，即该种外汇资产是可以保证得到偿付的。

第三，外汇必须是可以自由兑换的。

(二) 外汇市场的概念、层次及作用

1．外汇市场的概念

外汇市场是指由各国中央银行、外汇银行、外汇经纪人和客户组成的买卖外汇的交易系统。

2．外汇市场的层次

1) 顾客与银行之间的交易

与银行进行外汇交易的顾客主要是进出口商。出口商出口货物，收到外汇需要将这些外汇卖给银行，转换为本国货币，用来支付各种需要用本国货币支付的费用。进口商进口货物需要从银行购买外汇，用外汇来购买国外的商品或者货物。银行通过买入外汇和卖出外汇赚取买卖的差价。

2) 银行同业交易

银行同业交易是指银行之间的外汇交易。银行在从事外汇买卖时，难免会在营业日内出现各种外汇的多头或空头现象，为了规避汇率变动的风险，银行通常要到同业市场进行交易，以轧平各种外汇的头寸。

3) 银行与央行之间的外汇交易

中央银行在外汇市场中起着双重作用：一是监管外汇市场的运行，二是为影响汇率走势而干预外汇市场。如果某种外汇相对于本币汇率偏高，中央银行就会向银行出售该外汇储备，使其汇率下降；反之，如果中央银行认为该外币汇率太低，就会购入这种货币，使其汇率上升。中央银行主要是通过外汇市场的交易保持本国货币汇率的稳定。

3．外汇市场的作用

第一，实现购买力的国际转移。

第二，为国际经济交易提供资金融通。

第三，提供避免外汇风险的手段。

第四，便于央行进行稳定汇率的操作。

(三) 外汇市场的交易方式

1．即期交易

外汇的即期交易也称“现汇交易”或“现汇买卖”，是指外汇交易双方以当时外汇市场的价格成交，并在成交后两个营业日内办理有关货币收付交割的外汇交易。外汇即期交易是外汇市场上最常见、最普遍的买卖形式。由于交割时间较短，所受的外汇风险较小。

2．远期交易

远期交易是指在外汇买卖成交时，双方先签订合同，规定交易的币种、数额、汇率以及交割的时间、地点等，并于将来某个约定的时间按照合同规定进行交割的一种外汇方式。

远期外汇交易的期限按月计算，一般为 1 个月到 6 个月，也有可以长达 1 年，通常为 3 个月。

3. 掉期交易

掉期交易是指同时买进和卖出相同金额的某种外汇，但买和卖的交割期限不同的一种外汇交易方式。进行掉期交易的主要目的也是避免汇率波动的风险。

4. 外汇期货交易

外汇期货交易是指按照合同规定在将来某一指定月份买进和卖出规定金额外币的交易方式。目前，世界主要金融中心都设立了金融期货市场，外汇期货现在已经成为套期保值和投机的重要工具。

5. 外汇期权交易

外汇期权是一种以一定的费用(期权费)获得在一定的时刻或时间内拥有买入或卖出某种外汇的权利的和约。期权合同的卖方可以在期权到期日之前按合同约定的汇率买进或卖出约定数量的外汇，但也有不履行这一合同的权利。在中国外汇交易市场上目前还只有外汇即期交易。由于中国外汇市场条件的不成熟和风险控制技术的不完善，还不能开办外汇远期交易、调期交易、期货交易和期权交易，但是随着中国外汇市场的进一步发展和中国金融改革的逐步完善，上述 4 种交易将会成为中国外汇市场的主角。表 5-3 为新中国成立后外汇储备统计表。

表 5-3　新中国成立后外汇储备统计表

我国外汇储备规模 (1950—2015 年)					单位：亿美元
年度	金额	年度	金额	年度	金额
1950	1.57	1972	2.36	1994	516.20
1951	0.45	1973	-0.81	1995	735.97
1952	1.08	1974	0.00	1996	1050.29
1953	0.90	1975	1.83	1997	1398.90
1954	0.88	1976	5.81	1998	1449.59
1955	1.80	1977	9.52	1999	1546.75
1956	1.17	1978	1.67	2000	1655.74
1957	1.23	1979	8.40	2001	2121.65
1958	0.70	1980	−12.96	2002	2864.07
1959	1.05	1981	27.08	2003	4032.51
1960	0.46	1982	69.86	2004	6099.32
1961	0.89	1983	89.01	2005	8188.72
1962	0.81	1984	82.20	2006	10 663.44
1963	1.19	1985	26.44	2007	15 282.49
1964	1.66	1986	20.72	2008	19 460.30
1965	1.05	1987	29.23	2009	23 991.52
1966	2.11	1988	33.72	2010	28 473.38
1967	2.15	1989	55.50	2011	31 811.48
1968	2.46	1990	110.93	2012	33 115.89
1969	4.83	1991	217.12	2013	38 213.15
1970	0.88	1992	194.43	2014	38 430.18
1971	0.37	1993	211.99	2015	33 303.62

三、证券投资基金市场

(一) 证券投资基金的概念

证券投资基金简称“基金”，是指通过发售基金份额，将众多投资者的资金集中起来，形成独立财产，由基金托管人托管，基金管理人管理，并以投资组合的方式进行证券投资的一种利益共享、风险共担的集合投资方式。

(二) 证券投资基金的分类

1. 按交易方式的不同划分

(1) 封闭式基金。封闭式基金是指基金的发起人在设立基金时，限定了基金单位的发行总额，筹足足额后，基金即宣告成立，并进行封闭，在一定时期内不再接受新的投资。

(2) 开放式基金。开放式基金是指基金发起人在设立基金时，基金单位或股份总规模不固定，可视投资者的需求，随时向投资者出售基金单位或股份，并可应投资者要求赎回发行在外的基金单位或股份的一种基金运作方式。

2. 按法律形式的不同划分

(1) 契约型基金。契约型基金是指把投资者、管理人、托管人三者作为当事人，通过签订基金契约的形式发行受益凭证而设立的一种基金。

(2) 公司型基金。公司型基金是按照公司法，以发行股份的方式募集资金而组成的公司形态的基金，认购基金股份的投资者即为公司股东，凭其持有的股份依法享有投资收益。

3. 按投资对象的不同划分

(1) 股票基金。股票基金是指以股票为主要投资对象的基金。

(2) 债券基金。以国债、金融债等固定收益类金融工具为主要投资对象的基金，称为“债券基金”。

(3) 货币市场基金。货币市场基金是以货币市场金融工具为投资对象的一种基金。

(4) 混合基金。混合基金是指可以投资股票、债券和货币市场工具，没有明确投资方向的基金。

4. 按投资目标的不同划分

(1) 成长型基金。成长型基金以资本长期增值为投资目标，其投资对象主要是市场中有较大升值潜力的小公司股票和一些新兴行业的股票。

(2) 收入型基金。收入型基金是指以追求稳定的经常性收入为基金目标的基金，主要投资对象是那些绩优股、债券、可转让大额存单等收入比较稳定的有价证券。

(3) 平衡型基金。平衡型基金是指既追求长期资本增值又追求当期收入的基金，这类基金主要投资于债券、优先股和部分普通股。

5. 按募集方式的不同划分

(1) 公募基金。公募基金是指向不特定投资者公开发行受益凭证的证券投资基金。

(2) 私募基金。私募基金是指通过非公开方式面向少数投资者筹集资金而设立的基金。

(三) 证券投资基金市场的参与者

1. 证券投资基金管理人

基金管理人是负责基金发起设立与经营管理的专业性机构。我国《基金法》规定，基金管理人由依法设立的基金管理公司担任。基金管理公司通常由证券公司、信托投资公司或其他机构等发起成立，具有独立法人地位。基金管理人作为受托人，必须履行“诚信义务”。基金管理人的目标函数是受益人利益的最大化，因而，不得在处理业务时考虑自己的利益或为第三者牟利。

2. 证券投资基金托管人

基金托管人又称“基金保管人”，是根据法律法规的要求，在证券投资基金运作中承担资产保管、交易监督、信息披露、资金清算与会计核算等相应职责的当事人。基金托管人是基金持有人权益的代表，通常由有实力的商业银行或信托投资公司担任。基金托管人与基金管理人签订托管协议。在托管协议规定的范围内履行自己的职责并收取一定的报酬。

3. 证券投资基金投资人

基金投资人是指持有基金单位或基金股份的自然人和法人，也就是基金的持有人。基金投资人是基金的实际所有者，享有基金信息的知情权、表决权和收益权。基金的一切投资活动都是为了增加投资者的收益，一切风险管理都是围绕保护投资者利益来考虑的。因此，投资人是基金一切活动的中心。

(四) 证券投资基金的运行

1. 证券投资基金的设立

证券投资基金由基金发起人(基金创办人)发起设立。在我国，基金的主要发起人应当是依法设立的证券公司、信托投资公司和基金管理公司，以及其他市场信誉好、运作规范的投资类公司。

2. 证券投资基金的销售

1) 封闭式基金的销售

在我国，封闭式基金的基金管理人应当自收到中国证监会核准文件之日起 6 个月内进行基金的发售，募集期一般为 3 个月。封闭式基金份额的发售由基金管理人负责办理，基金管理人一般会选择证券公司组成承销团代理基金份额的发售。

2) 开放式基金的销售

开放式基金份额的发售也由基金管理人负责办理。与封闭式基金一样，基金管理人应当自收到中国证监会核准文件之日起 6 个月内进行开放式基金的募集，募集期一般为 3 个月。基金管理人可以委托商业银行、证券公司等经认定的其他机构代理基金份额的发售。

3. 证券投资基金的投资

投资基金一般应当以分散风险、确保资金安全、追求长期投资利得以及使投资人获得稳定收益为目标。因此，证券投资基金应有其特定的投资范围，世界各国基金管理法都规定基金的主要投资范围为有价证券，包括股票、认购权证、地方公债、政府公债、公司债券、政府担保公债、可转换公司债券、金融债券等。

4．证券投资基金的信息披露

基金信息披露义务人应当按照法律、行政法规和中国证券监督管理委员会的规定披露基金信息，并保证所披露信息的真实性、准确性和完整性。

基金信息披露义务人包括基金管理人、基金托管人、召集基金份额持有人大会的基金份额持有人等法律、行政法规和中国证监会规定的自然人、法人和其他组织。

基金信息披露义务人应当在中国证监会规定时间内，将应予披露的基金信息通过中国证监会指定的全国性报刊和基金管理人、基金托管人的互联网网站等媒介予以披露，并保证投资人能够按照基金合同约定的时间和方式查阅或者复制公开披露的信息资料。

5．收益、费用及收益分配

1) 收益

基金的收益是基金资产在运作过程中所产生的超过自身价值的部分。基金的收益，包括五类：

(1) 股利收入。股利收入即投资于股票而定期获得股息红利收益。

(2) 利息收入。利息收入即购买债券、商业票据、可转让定期存单和其他短期票据，以及将基金现金、准备金存入银行而获取的各种利息收入。

(3) 资本利得。资本利得即低价买进高价卖出证券而获取的差价收益。

(4) 资本增值。资本增值指基金经理人在进行基金运营过程中，由于基金所投资的证券的增值，使基金总资产和基金单位的净资产增值。

(5) 其他收入。

2) 费用

(1) 基金管理费。基金管理费指支付给基金管理人的费用。

(2) 基金托管费。基金托管费指支付给基金托管人的费用。

(3) 其他费用。

3) 收益分配

分配收益的形式有三种：分配现金、分配基金单位和再投资。

6．证券投资基金的交易

封闭式基金可以在二级市场上进行基金买卖，不能再追加认购或赎回；开放式基金可以在基金合同约定的场所和时间申购或赎回基金，但不能在二级市场上进行基金买卖。

7．基金变更和终止

(1) 基金变更的内容有三方面：一是改变基金券的认购办法、交易方式及净资产值的计算方法；二是基金扩募或续期；三是更换基金管理人或基金托管人等。

(2) 基金应当终止的情形：一是基金封闭期满，未获批准续期的；二是因原基金管理人或原基金托管人退任而无新的基金管理人或基金托管人承接的，或在基金存续期内有超过基金招募说明书规定的连续数量工作日以上，基金持有人数量不足100人或基金资产净额低于5000万元的，经基金持有人大会表决终止的；三是因重大违法违规行为，被中国证监会责令终止的；四是由于投资方向变更而引起基金合并、撤销的；五是法律、法规或中国证监会允许的其他情况。

专栏 5-6

我国十大基金公司

截止 2017 年 5 月份的数据，我们了解一下我国十大基金公司。

1. 华夏基金

华夏基金管理有限公司成立于 1998 年 4 月 9 日。华夏基金定位于综合性、全能化的资产管理公司，服务范围覆盖多个资产类别、行业和地区，构建了以公募基金和机构业务为核心，涵盖华夏香港、华夏资本、华夏财富的多元化资产管理平台。公司以专业、严谨的投资研究为基础，为投资人提供投资理财产品和服务。

2. 易方达基金

易方达基金管理有限公司成立于 2001 年 4 月 17 日，是中国内地综合性资产管理公司，截至 2015 年年底，公司总资产管理规模为 9600 多亿人民币，其中公募基金资产规模为 5760 亿人民币，居于基金行业前三，非货币基金管理规模 2524 亿元，业内排名第一；社保及企业年金管理规模排名第五；专户管理规模 1442 亿元，排名第五。

3. 南方基金

南方基金管理有限公司为国内首批获中国证监会批准的三家基金管理公司之一，成为中国证券投资基金行业的起始标志。南方基金继发起、设立、管理国内首只证券投资基金之后，又首批获得全国社保基金投资管理人、企业年金基金投资管理人资格。

4. 博时基金

博时基金公司的投资理念是“做投资价值的发现者”。博时始终坚持价值投资理念，“买市场里便宜的东西，买价值被低估的东西。”其股票投资强调以内部研究为基础的基本面分析，持续挖掘业绩稳定增长、有核心竞争力、有成长潜力的上市公司。坚信股票的二级市场价格终将反映企业的内在价值，坚守对企业的深入把握这一获取收益、规避风险的根本方法。

5. 广发基金

广发基金管理有限公司拥有强大的资源优势、严谨科学的管理体系、高素质的人才队伍，坚持“简单、透明、务实、高效”的经营理念，致力成为品牌突出、信誉优良、特色鲜明的基金管理公司，为投资者谋求长期稳定的收益。

6. 汇添富基金

汇添富基金管理股份有限公司是一家高起点、国际化、充满活力的基金公司，奉行“正直、激情、团队、客户第一、感恩”的公司文化，致力于成为高质量的“快乐基金”。

7. 国泰基金

国泰基金管理有限公司成立于 1998 年 3 月，是国内首批规范成立的基金管理公司之一。具有公募基金、社保基金投资管理人、企业年金投资管理人、特定客户资产管理业务和合格境内机构投资人资格，是业内为数不多的具有全牌照的基金管理公司。

8. 富国基金

富国基金管理有限公司成立于1999年，是经中国证监会批准设立的首批十家基金管理公司之一。2003年，加拿大历史最悠久的银行加拿大蒙特利尔银行(BMO)参股富国基金，富国基金管理有限公司又成为国内首批成立的十家基金公司中第一家外资参股的基金管理公司。

9. 安信基金

基金管理有限公司是国内大型综合类证券公司之一，综合实力位居国内证券业前列。其研究业务在宏观、策略及重点行业研究等领域处于业内领先水平，团队研究成果在“新财富最佳分析师”评选、“卖方分析师水晶球奖”评选、“中国证券分析师金牛奖”评选上屡获殊荣。

10. 华安基金

华安基金管理有限公司成立于1998年，是国内首批基金管理公司之一，华安基金追求长期稳定回报，树立理性稳健的公司形象，旗下多只产品长期业绩表现良好，银河证券基金研究中心数据显示，其股票投资能力长期居于上游：有11年位居前1/2；有7年位居前1/3；有5年位居前1/4。

四、风险投资和创业板市场

(一) 风险投资市场

1．风险投资市场的概念

风险投资有广义和狭义之分。广义的风险投资是指投资人将资本投向高风险领域，以期获得高收益的投资行为；狭义的风险投资是指投资人将资本投向创业时间短、资产规模小、成长性高和竞争潜力大的企业，以期获得高收益的投资行为。风险投资市场是指狭义的风险投资活动。因此，风险投资市场又称“创业投资市场”。

风险投资市场作为知识经济社会中技术创新和金融创新相结合生成的一种创新的资本市场形态，具有以下特点：

(1) 风险投资市场中的风险是投资人为了实现高额利润而主动去承担的风险，而不是传统意义上的不可测和不确定的风险。

(2) 风险投资市场是投资与融资相互融合的市场，即：一个好的投资项目会使融资变得更加容易；投资的过程往往伴随着第二轮或第三轮的融资，投资和融资构成不可分割的整体。

(3) 风险投资市场上的投资和融资工具以权益形式存在，风险资本家的利益与风险企业的利益息息相关。

(4) 风险投资市场中的风险资本家不仅参与风险企业的发展规划的制定和企业营销方案的设计，而且参与风险企业资本运作过程，甚至涉足风险企业高管的聘用和解雇。

(5) 风险投资市场是一个风险性和收益性更高的市场。在风险投资最活跃的硅谷，风险投资的成功、不赔不赚和失败的比率为 2∶6∶2，有八成投资是无利或血本无归的，成功的概率只有20%。

(6) 从风险投资家的介入到股票上市，风险投资市场投资周期短者3～5年，长者可达10年之久。

(7) 退出是风险投资市场必不可少的环节，建立以公开上市、并购和清算协议为核心的退出制度是保持风险投资市场流动性和保证风险投资收益实现的关键。

2. 风险投资市场的参与主体

风险投资市场的参与主体有三类：

(1) 风险投资的目标企业。其特点是：一般为刚刚起步的高新技术企业；规模普遍较小，无形资产的比例高，没有太多固定资产作为贷款的抵押和担保；市场竞争能力和研究开发能力较强，企业一旦成功，其投资利润率远远高于传统企业和产品；在经营中信息不对称和激励机制问题更突出，可能面临更大的运作风险。

(2) 风险资本家或风险投资家。它是风险投资市场的资金供应者，其成员既可以是政府和企业，也可以是家庭和个人。风险资本家与风险投资家既可以是分离的，也可以是合二为一的。最典型的风险投资家有公司(机构)型基金、私募基金(PE)和天使投资人(angle investor)三种。

(3) 风险投资市场的中介。它包括律师事务所、会计师事务所、资产评估事务所、投资银行、信用评估机构、项目评估机构、投资管理咨询公司、风险投资行业协会、标准认证机构、知识产权评估机构、科技项目评估机构等。

(二) 创业板市场

1. 概念

创业板市场(growth enterprise market，GEM)是指专门协助高成长的新兴创新公司，特别是高科技公司筹资并进行资本运作的市场，有的也称为“二板市场”“另类股票市场”“增长型股票市场”等。创业板市场是一个高风险的市场，因此更加注重公司的信息披露。

2. 特点

(1) 在上市条件方面对企业经营历史和经营规模有较低的要求，但注重企业的经营活跃性和发展潜力。

(2) 买者自负的原则。创业板需要投资者对上市公司营业能力自行判断，坚持买者自负原则。

(3) 保荐人制度。创业板市场对保荐人的专业资格和相关工作经验提出更高要求。

(4) 以“披露为本”作为监管方式。创业板市场对信息披露提出全面、及时、准确的严格要求。

(5) 以增长型公司为目的。创业板市场的上市条件较主板市场宽松。

3. 模式

1) 附属市场模式

第二板市场附属于主板市场，与主板市场拥有相同的交易系统；有的则与主板市场有相同的监管标准和监察队伍，所不同的只是上市标准的差别。

2) 独立运作模式

第二板市场和主板市场相比有独立的交易管理系统和上市标准，完全是另外一个市场。中国拟采用这种格式。目前采用这种模式的有美国NASDAQ、日本JASDAQ、中国台湾的场外证券市场(ROSE)等。

3) 新市场模式

新市场由小盘股市场连接而成，其会员市场达成最低运作标准，具有实时的市场行情，承认彼此的会员资格。

第五节 国际金融市场

国际金融市场是指在居民和非居民之间或非居民和非居民之间，运用各种技术手段与通信工具，按照市场机制进行的货币资金融通以及各种金融工具或金融资产交易及其机制的总和。

一、国际金融市场的分类

1. 按国际金融市场客体划分

国际金融市场的客体，是指国际金融市场上所交易的对象或标的。具体而言，国际金融市场的客体可以分为自由外汇和金融工具。自由外汇是指以自由兑换外币所表示的，可以用于多边国际结算的支付手段。金融工具是指以外币计值的，并载有金融交易条件、金融交易双方权利义务关系的金融合约。

从国际金融市场的客体角度划分，可以将国际金融市场划分为国际外汇市场、国际货币市场、国际资本市场、国际黄金市场以及国际衍生品市场。

2. 按国际金融市场主体划分

国际金融市场主体，是指国际金融市场的交易者或参与者。从国际金融市场的主体角度划分，可以将国际金融市场分为传统国际金融市场和离岸金融市场。

(1) 传统国际金融市场。传统国际金融市场又叫“在岸国际金融市场”，是交易对手一方为居民，另一方为非居民的国际金融市场，即通常是站在投资人所在国的角度，由债权国居民通过一定的金融工具将本国货币融通给非居民债务人的交易及其机制的总和。

(2) 离岸金融市场。离岸金融市场是交易对手双方均为非居民的国际金融市场，既非居民资金需求方和非居民资金供给方之间的资金融通行为。离岸金融市场具有如下三方面的性质：首先，离岸金融市场的交易主体均为市场所在国的非居民，即从事离岸金融交易的双方均为非居民，这与传统国际金融市场中交易主体仅有一方为非居民的特点存在明显差异。其次，离岸金融市场的交易客体是以境外货币表示的货币资金。所谓“境外货币”，是指存放在货币发行国境外的货币。最后，离岸金融市场的交易中介是从事离岸金融业务活动的国际性金融机构，主要有商业银行、投资银行。

二、国际金融市场简介

（一）国际金融市场为全球范围的金融资源配置提供了机制

金融市场最主要的作用之一就是为金融资源的优化配置提供机制。金融资源的价格反映了市场参与主体的需求以及主体运用金融资源产生边际收益的能力。国际金融市场上各种金融商品的价格，如汇率、利率、债权价格、股票价格以及其他金融衍生品价格等，由其内在价值决定，并通过国际金融市场的供求关系得以直接体现。一旦国际金融市场上的金融商品价格发生变动甚至扭曲，国际金融市场上的金融资源便会在“看不见的手”的引导下进行跨国流动，流向具有高边际回报的资金需求者，从而实现金融资源存量和增量在全球范围内的调整。

（二）国际金融市场为全球范围的金融风险管理提供了机制

不同国家的居民在从事国际经济活动的过程中，常常会承受诸如汇率风险、国家主权风险等金融风险等。为了管理由于国际经济活动所产生的金融风险，不同国家的居民就需要采用风险规避、风险控制、风险中和、风险转移等手段来部分化解风险，并设法降低由这些风险所造成的损失。在风险组合管理框架下，通过将国际金融资产纳入资产综合组合，增加资产组合中各资产之间的负相关程度，能够有效率地降低非系统风险。在套期保值的管理框架下，通过交易以国际金融资产为标的的国际金融衍生品，运用复制技术模拟出与国际金融资产反向的现金流，便能够部分冲抵由国际金融资产价格波动所带来的风险。

（三）国际金融市场为促进世界经济的发展奠定了基础

首先，国际金融市场在第二次世界大战之后的世界经济重建中扮演着重要角色。1944年，“布雷顿森林体系”正式确立了各国货币与美元挂钩、美元与黄金挂钩的国际货币体系。第二次世界大战结束后，欧洲各国在马歇尔计划下接受美元贷款开展战后重建工作，在短时间内恢复了元气。

其次，国际金融市场上的各种贸易融资工具为各国参与国际贸易提供了充足的资金融通和风险规避工具。无论是出口方还是进口方，都可以通过国际金融市场，融通贸易所需的资金，并通过国际金融工具规避进出口贸易的汇兑风险。因此，国际金融市场通过降低国际贸易的资金成本和风险，促进了国际贸易的进行。第二次世界大战以后，国际贸易年平均增长率高于世界国民经济的年平均增长率，这意味着国际贸易的迅速增长在世界经济发展过程中扮演着重要角色，而国际金融市场通过促进国际贸易的开展，间接推动着世界经济的发展。

（四）国际金融市场为经济全球化发展提供了必要条件

自20世纪50年代以来，世界经济一体化的程度开始不断提高，其重要表现就是以跨国公司为组织形式的生产和资本的国际化。由于跨国公司的典型特征就是在全球范围内实现资源的优化配置，包括生产组织形式、经营活动方式和市场营销的国际化。在这些国际化活动中，无论是公司外部资源的获取，还是公司内部资源的跨国移动，都离不开国际金融市场的支持。尤其是在外援融资和公司内部资金跨国调配方面更是与国际金融市场关系密切。当然，国际金融市场不仅为跨国公司在全球范围内获取外部资金和内部资金调拨提供条件，同时也是跨国公司暂时存放闲置资金的场所。

三、国际金融市场简介

(一) 国际外汇市场

国际外汇市场是指国际外汇交易的组织系统。参与者主要包括外汇指定银行及其客户、外汇经纪人和各国中央银行。现代国际外汇市场是开放式的外汇市场，与传统的外汇市场相比，它具有以下特点：

(1) 国际外汇市场是一个电子网络化的无形市场。除了少量的小额外汇交易必须在银行柜台上进行外，国际外汇市场主要通过遍布全球的商业银行以电话传真和计算机网络等方式进行交易。

(2) 国际外汇市场是一个全球化的交易市场。由于不同地区的时差，各国外汇市场随着地球的自转而接连不断地开市和收市，国际外汇市场实际上形成了一个每天 24 小时全天候连续运作的市场。各个市场之间信息传递的速度大大加快，市场行情也趋于一致，因而从空间和时间上已实现了高度的全球化。

(3) 国际外汇市场的交易规模空前巨大。国际外汇市场每笔交易的金额以百万美元为计算单位。国际清算银行 2010 年 10 月份公布的数据显示，全球外汇交易量已达每天 4.1 万亿美元，其中最大的伦敦外汇市场每天外汇交易量超过 1.75 万亿美元。

(4) 国际外汇市场上的交易币种相对集中。目前，市场交易币种主要集中在美元、欧元、日元、英镑、瑞士法郎、澳大利亚元、新西兰元等十几种主要发达国家的货币上。

(5) 外汇价格波动频繁。

(二) 国际货币市场

国际货币市场是指资金借贷期限为 1 年以内的国际短期资金交易的市场，其功能主要是：为暂时闲置的国际短期借贷资金提供出路，使其找到存放及生息的场所；便利短期资金在各国间的调拨转移，使国际结算得以顺利进行；提供短期融通资金，资助各国国际经济交易。

国际货币市场的参与者包括各国中央银行、商业银行、投资银行、证券公司、信托公司、财务公司、票据贴现行等各种金融机构。

(三) 国际资本市场

国际资本市场是指借贷期限为 1 年以上的国际中长期资金市场，由国际中长期信贷市场和国际证券市场所组成。交易品种主要包括银行中长期贷款、中长期国债、公司债券、股票和欧洲债券等。

国际中长期信贷市场是各国政府、国际金融机构和国际银行业在国际金融市场上向客户提供中长期信贷的场所，包括政府贷款、国际金融机构贷款和国际商业贷款。

国际债券是指一国政府或居民为筹措外币资金而向非居民发行的债券。由国际债券的发行和交易形成的市场则称为“国际债券市场”，主要包括外国债券市场和欧洲债券市场。

国际股权市场是在国际金融市场上发行和交易股票的市场。国际股权市场主要包括发达国家的股权市场和新兴市场经济国家的股权市场。

(四) 离岸金融市场

离岸金融市场又称“欧洲货币市场”，是指那些经营非居民之间的融资业务，即外国投资者与外国筹资者之间的资金借贷业务形成的金融市场。

离岸金融市场之所以称为欧洲货币市场，是因为它由欧洲美元市场发展而来。所谓“欧洲美元”，即在美国境内的银行吸存和贷放的美元资金，后来这一市场又扩展出欧洲英镑、欧洲马克、欧洲日元等，于是这些资金便被统称为“欧洲货币”。经营这些资金借贷业务的银行被称为“欧洲银行”，这一新兴的市场也就被称为欧洲货币市场。

离岸金融市场是完全国际化的金融市场，在其形成和发展过程中形成了与国内金融市场和传统国际金融市场不同的特点：

(1) 金融监管较少。由于离岸金融市场主要从事非居民之间不涉及本国货币资金的融通，一方面使货币发行国的金融监管当局鞭长莫及，另一方面非居民的非本币借贷对市场所在国的金融市场几乎没有什么影响，还能为市场所在国带来税收、就业和知名度等方面的好处，所以，无论是货币发行国还是离岸金融市场所在国，都难以或不愿对离岸金融市场加以严格的监管与管制。

(2) 市场范围广。从地理上看，离岸金融市场遍布全球各个角落，各个离岸金融市场中心具有很多共同之处，非居民可以无差异地参加各离岸金融市场的交易，因而拥有广泛的市场参与者；从交易客体来看，离岸金融市场的交易币种从最初的欧洲美元发展到几乎所有发达国家和部分发展中国家的可兑换会货币；从资金规模上看，离岸金融市场的资金来自世界各地，数额极其庞大。因此，离岸金融市场的市场范围很广阔。

(3) 市场交易具有批发性。一般而言，离岸金融市场的交易双方都是一些大型客户，不仅包括国际性的商业银行和投资银行，而且各国政府中央银行和国际金融机构也经常参与其中。因此，其单笔交易数额庞大，少则数百万美元，多则数亿、数十亿美元，具有明显的批发特征。

(4) 银行间市场地位突出。尽管离岸金融市场上的参与者不限于商业银行，但是商业银行间的交易在离岸金融市场上占据主要位置，其中，商业银行同业间的资金拆借交易占市场总额的比重很大。

【案例 1】

近代经济金融史上曾经发生过 3 次著名的“金融泡沫”事件，它们分别是荷兰的郁金香泡沫、法国密西西比公司泡沫、英国南海股票泡沫。春节长假期间，有暇重温这三大著名的历史事件。透过这三次重大泡沫事件，你会看到，300 多年资本主义发展史中，光怪陆离的操纵与欺诈钓愚史贯穿其间，其间充满了贪婪、诡计和掠夺，疯狂、惊恐和崩溃。

少数骗子利用柠檬市场的信息不对称设局，利用人性的贪婪和监管的缺位，编织财富幻象的连环套，夸张的故事让风险看上去更加迷人，引诱普罗大众砸锅卖铁加杠杆疯狂跟进，结局往往是海市蜃楼，人财两空，一地鸡毛。经济遭到严重破坏，酿成金融与社会危机，甚至引发政治危机。

17 世纪 30 年代的郁金香泡沫事件，发生在当时有“海上马车夫”之称的荷兰，其首都阿姆斯特丹当时是全球重要的贸易中心。郁金香最早从天山山脉由土耳其人带入君士坦丁堡，进入欧洲的宫廷和王室，并成为时尚消费品。经欧洲植物学家人工变异后，郁金香球根产生的美丽变种大受市场欢迎。

动物精神的发酵，让这一时尚消费异化为一场经典投机热，人们购买郁金香已经不再是为了观赏，而是为了牟取暴利。1634 年的荷兰，炒买炒卖郁金香热潮蔓延为一场全民鸡血运动。世界最早的证券交易所阿姆斯特丹证券交易所专门为郁金香开设固定交易市场。郁金香花的培育速度很慢，需要六七年，期货交易应运而生。

人们通宵达旦地在酒店大堂里交易，所有单据都通过签名背书进行“击鼓传花”的交易。在精明投机者的做局操控下，越来越多的民众参与交易，哄抬价格。在市场到达顶峰前的疯狂日子里，绝大多数参与者失去了理性，完全看不到一场经济灾难即将来临。

1637 年 2 月 4 日，卖方突然大量抛售郁金香，恐慌和踩踏不期而至，市场一夜间崩溃。人们成群结队地抛售，避之唯恐不及。1 周内郁金香价格跌去 90%，许多人因此破产。加尔文主义兴起后，教士们都喜欢用经典的郁金香事件反省人性的私欲和贪婪。

法国密西西比公司泡沫是由著名的金融家约翰·劳一手造成的。约翰·劳一直主张建立国家银行，用金银和土地抵押发行货币，国家垄断资源，用国有公司的经营利润支付外债。路易十四去世后，国库空虚，情急之下，摄政王腓力二世邀请约翰·劳担任法国财政大臣。1716 年 5 月，约翰·劳在法国成立了“通用银行”，拉开了法国货币革命的帷幕，法国从贵金属时代迅速过渡到以纸币为代表的信用货币时代，整个国家开始流通以“里弗尔”为单位的纸币。

约翰·劳掌握着货币发行的大权，得益于政府赋予以铸币权为核心的诸多特权，约翰·劳开始做局了。作为法国皇家银行的管理人，他在给政府带来巨大利益的同时，还成立了一家密西西比公司，并以其名义发行了大量股票。该公司类似发钞行的影子机构，其股票存在着一种非常特殊的交易模式，国债债券可以用来直接购买公司等值股票。其股价从挂牌之日起就不断上涨，吸引了几乎所有持有国债的人愿意与它换购。

全法国人都知道了“铸币大臣”所操控的公司的股票是类似国债的一般等价物，其股票流动性好，是以国家信用背书的。所有人都愿意加杠杆疯狂买进，股票价格推高到荒唐的地步。当泡沫足够大时，一根针也能捅破天。所有的投机运动最终都有戛然而止的时候，空壳公司的密西西比股票泡沫破灭后，作为“金融皇帝”的约翰·劳最终赤身裸体地现出原形，非常凄凉地终结了一身。

英国南海公司泡沫与之类似。英国政府无力承担西班牙王位继承引起的战争导致的巨额借款，于是采用了国家垄断经营来支付政府债务方式。英国财政大臣哈利建立了南海公司，垄断了南美洲和太平洋群岛的贸易和商业经营。南海公司仿效法国密西西比公司模式，发行巨量的南海公司股票收购政府国债。

全英所有股份公司的股票都成了投机对象，股票价格平均涨幅超过 5 倍。1720 年，南海公司的股票从 128 英镑升到 1000 英镑。一些不法商人和骗子乘机浑水摸鱼，垃圾公司的股票被狂炒。1720年7月，参与者终于还过神来，先是国外投资者抛售南海股票，国内投资者纷纷跟进，南海公司股价一落千丈，泡沫破灭。英国第一次尝到了什么叫垮掉的“货币经理资本主义”的滋味。

综观三个事件，所有系统性的非理性行为和乐观情绪的高涨都会导致泡沫。泡沫膨胀时，受非理性乐观情绪的主导，人们普遍低估风险。过去这样，现在和未来依然如此，当那些不堪回首的记忆成为遥远往事时，人们还会一如既往地“踏进同一条河流”。

当市场乐观情绪主导，价格持续推高，头脑再清醒的人也跟着买入，“骗子和笨蛋领着一群糊涂的聪明人越走越远”，他们利用的是人性中动物精神的致命弱点。这时如果没有有效的监管，结局就会非常麻烦。

【案例2】

纽约是世界最重要的国际金融中心之一。第二次世界大战以后，纽约金融市场在国际金融领域中的地位进一步加强。美国凭借其在战争时期膨胀起来的强大经济和金融实力，建立了以美元为中心的资本主义货币体系，使美元成为世界最主要的储备货币和国际清算货币。西方资本主义国家和发展中国家的外汇储备中大部分是美元资产，存放在美国，由纽约联邦储备银行代为保管。一些外国官方机构持有的部分黄金也存放在纽约联邦储备银行。纽约联邦储备银行作为贯彻执行美国货币政策及外汇政策的主要机构，在金融市场的活动直接影响到市场利率和汇率的变化，对国际市场利率和汇率的变化有着重要影响。世界各地的美元买卖，包括欧洲美元、亚洲美元市场的交易，都必须在美国，特别是在纽约的商业银行账户上办理收付、清算和划拨，因此，纽约成为世界美元交易的清算中心。此外，美国外汇管制较松，资金调动比较自由。在纽约，不仅有许多大银行，而且商业银行、储蓄银行、投资银行、证券交易所及保险公司等金融机构云集，许多外国银行也在纽约设有分支机构，1983年世界最大的100家银行在纽约设有分支机构的就有95家。这些都为纽约金融市场的进一步发展创造了条件，加强了它在国际金融领域中的地位。

纽约金融市场按交易对象划分，主要包括外汇市场、货币市场和资本市场。

纽约外汇市场是美国也是世界上最主要的外汇市场之一。纽约外汇市场并无固定的交易场所，所有的外汇交易都是通过电话、电报和电传等通信设备在纽约的商业银行与外汇市场经纪人之间进行。这种联络就组成了纽约银行间的外汇市场。此外，各大商业银行都有自己的通讯系统，与该行在世界各地的分行外汇部门保持联系，又构成了世界性的外汇市场。由于世界各地时差关系，各外汇市场开市时间不同，纽约大银行与世界各地外汇市场可以昼夜24小时保持联系。因此，它在国际间的套汇活动几乎可以立即完成。

纽约货币市场即纽约短期资金的借贷市场，是资本主义世界主要货币市场中交易量最大的一个。除纽约市金融机构、工商业和私人在这里进行交易外，每天还有大量短期资金从美国和世界各地涌入流出。和外汇市场一样，纽约货币市场也没有一个固定的场所，交易都是供求双方直接或通过经纪人进行的。在纽约货币市场的交易，按交易对象可分为：联邦基金市场、政府库券市场、银行可转让定期存单市场、银行承兑汇票市场和商业票据市场等。

纽约资本市场是世界最大的经营中、长期借贷资金的资本市场，可分为债券市场和股票市场。纽约债券市场的主要交易对象是：政府债券、公司债券、外国债券。纽约股票市场是纽约资本市场的一个组成部分。在美国，有10多家证券交易所按证券交易法注册，被列为全国性的交易所。其中，纽约证券交易所、NASDAQ和美国证券交易所最大，它们都设在纽约。

重要概念与思考题

本章重要概念

金融市场
货币市场
同业拆借市场
资本市场
直接金融市场
间接金融市场
一级市场
二级市场
面值
时价发行
折价发行
场内交易市场
场外交易市场
黄金现货市场
黄金期货市场
黄金期权市场
债券评级
国际货币市场
国际资本市场
国际债券市场
离岸金融市场
欧洲货币市场
欧洲美元
欧洲货币

思考题

1. 金融市场的构成要素有哪些？
2. 金融市场的功能是什么？
3. 货币市场和资本市场的区别和联系是什么？
4. 货币市场有哪些特点？
5. 简述我国推出短期融资券的重要意义。
6. 试述同业拆借市场的特点与参与者。
7. 简述回购市场的运行层次。
8. 简述长期债券市场的组成。
9. 比较分析开放式基金和封闭式基金的异同。
10. 各国创业板市场发展采用了哪些模式？
11. 什么是离岸金融市场？它有哪些特点？

第六章　金融机构体系

现代信用经济的发展离不开金融机构及其体系。信用资金的筹集、运用都必须借助于金融机构及其体系。在金融机构体系这个组织系统中，中央银行是核心，商业银行是主体，各类银行和非银行金融机构同时并存。本章主要介绍金融机构体系的一般构成、功能及特点。

学习目标

1. 了解金融机构体系的概念和功能；
2. 掌握并区别金融机构的类型；
3. 了解西方国家金融中介机构体系的构成；
4. 了解我国金融机构体系。

第一节　金融机构及其功能和类型

一、金融机构及其体系的概念

金融市场是金融活动的场所，其参与者可简单地划分为：政府机构、金融机构、非金融机构(企业或事业单位)和家庭(包括个人等)。其中，金融机构是金融市场最主要的参与者。

金融机构是指专门从事各种金融活动，实现资金融通服务的经济实体。金融机构分为直接金融机构与间接金融机构(狭义的金融中介)两类。前者是为投资者和筹资者牵线搭桥，或提供某种服务的组织，如证券公司证券经纪人、交易商及证券交易所等；后者是介于债权人与债务人之间、发挥融资媒介作用的机构，主要是各种类型的商业银行，以及某些作为金融中介的非银行金融机构。狭义的金融机构仅指那些通过参与或服务金融市场交易而获取收益的金融企业；而广义的金融机构包括所有从事金融活动的组织及金融市场的监管者，如中央银行、国际金融机构等。金融机构体系则是指各种不同的金融机构形成的系统及其相互关系。

二、金融机构的功能

(一) 信用中介功能

信用中介功能是金融中介最基本的功能。这一功能主要是通过金融机构的负债业务把社会上的各种闲置货币资金集中起来，再通过资产业务把它投向各个部门。金融机构是通过作为货币资金的贷出者和借入者的中介人，来实现资金的融通，并从发放贷款和投资业务中获取利息收入和投资收益。这些收入与筹集资金的利息支出形成利差收入，构成金融机构自身的利润。

(二) 支付中介功能

金融机构通过存款在账户之间的转移、代理客户兑付现款等，成为企业团体和个人的货币保管者、出纳者和支付代理人，由此发挥支付中介的职能。支付中介除了传统的商业银行之外，还有第三方支付公司。第三方支付公司是纯粹的支付中介，目前，银行网银的完善使得双方功能趋同。

(三) 信用创造功能

信用创造功能是在信用中介和支付中介的基础上产生的，是商业银行这种金融机构的特殊职能，主要是通过贷款和投资活动创造存款货币，扩大信用的规模，其过程表现为金融机构利用其所吸收的存款发放贷款，在支票流通和转账结算的基础上，贷款又转换为存款。信用创造功能的发挥，使银行可以超出自有资本和吸收资金的总量而扩大信用业务，当然这种扩大不是无限的，它要受银行现金准备状况和经济发展对信用的客观需要的限制。

(四) 金融服务功能

金融服务功能是现代社会从各个方面向金融业提出的更高的服务要求，如企业要求银行代发工资、代理支付各种费用、提供投资咨询服务、征信调查服务等。金融服务功能就是银行通过开展广泛的金融服务来扩展自己的资产负债业务，为客户提供多方面的服务。

(五) 调节经济功能

调节经济功能是指金融中介通过其信用中介活动，调剂社会各部门的资金余缺，同时在中央银行货币政策指导下，在国家其他宏观政策的影响下，调节经济结构，调节投资与消费比例关系，引导资金流向，调整产业结构，发挥消费对生产的引导作用。

三、金融机构的类型

1. 按是否属于银行系统划分

(1) 银行金融机构。银行是社会资金融通的枢纽，是金融机构体系的主体，是专门经营货币信用业务的经济实体。在现代经济生活中，以中央银行为中心，商业银行为主体，各种专业银行和政策性银行为补充，构成了现代经济的银行体系。

(2) 非银行金融机构。非银行金融机构是指那些经营各种金融业务，但又不称为银行的金融中介机构。这类金融机构包括保险公司、信用合作社、证券公司、财务公司、信托公司、金融租赁公司、养老或退休基金管理机构等。非银行金融机构在整个金融体系中居于重要的位置，它的发展状况是衡量一国金融体系是否成熟的重要标志之一。

2. 按是否能够接受公众存款划分

(1) 存款性金融机构。存款性金融机构主要通过存款形式向公众举债而获得其资金来源，如商业银行、储蓄贷款协会、合作储蓄银行和信用合作社等。

(2) 非存款性金融机构。非存款性金融机构不得吸收公众的储蓄存款，如保险公司、信托机构、政策性银行以及各类证券公司、财务公司等。

3. 按是否担负国家政策性融资任务划分

(1) 政策性金融机构。政策性金融机构是指由政府投资创办、按照政府意图和计划从事金融活动的机构。

(2) 非政策性金融机构。非政策性金融机构不承担国家的政策性融资任务。

4. 按金融机构的管理地位划分

(1) 金融监管机构。金融监管机构是指根据法律规定对一国的金融体系进行监督管理的机构。在我国，中国人民银行、银行业监督管理委员会、保险监督管理委员会、证券监督管理委员会等是代表国家行使金融监管权力的机构。

(2) 接受监管的金融企业。在我国，除上述银行之外的其他所有银行以及证券公司和保险公司等金融企业都必须接受监督和管理。

第二节　西方国家的金融中介机构体系

金融机构就是从事融资活动的经济组织。银行吸收存款、发放贷款，是融资活动。那么，证券商为企业发行证券，经纪人代客买卖证券，也是融资活动吗？答案是肯定的。当然，这两类融资活动的性质是不同的。银行通过存款融入资金，通过贷款融出资金。而后一类金融机构的融资活动在实现资金融通的过程中，对资金的量和期限没有影响。因此，前一类金融机构被称为“资金中介机构”，而后一类金融机构则被称为“信息中介机构”。由此，西方国家的金融机构体系主要由中央银行、商业银行和专业银行、非银行金融机构构成。

一、中央银行

中央银行是各国金融机构体系的中心和主导环节，代表国家统领一国金融机构体系，控制全国货币供给，制定和执行国家货币政策，进行宏观金融调控。中央银行是银行业发展到一定阶段的产物，并随着国家对经济生活干预的日益加强而不断发展和变化，中央银行最初是由商业银行演变而来，如 1656 年成立的瑞典银行和 1694 年成立的英格兰银行，最初都是商业银行，后来分别被政府改组为中央银行。但多数国家的中央银行是政府直接建立的，例如美国的联邦储备体系和第二次世界大战后许多发展中国家建立的中央银行。目前，各个国家或地区基本都设立了中央银行或类似中央银行的金融机构。

二、商业银行

传统意义的商业银行是以吸收存款为主要负债，以发放贷款为主要资产，以办理转账结算为主要中间业务，具有创造存款货币功能的银行。而现代商业银行则是以营利为目标，以存款、放款、汇兑为主要业务，以各种形式的金融创新为手段，全方位经营各类银行和非银行金融业务的综合性、多功能的金融服务企业。在西方国家，商业银行以机构数量多、业务渗透面广和资产总额比重大而成为金融机构体系中的骨干和中坚，具有其他金融机构所不能代替的重要作用。

三、各类专业银行

专业银行是指专门经营指定范围业务和提供专门性金融服务的银行，具有特定的服务对象，在资金运用上具有一定的倾向性。其主要包括开发银行、投资银行、储蓄银行、抵押银行、进出口银行、农业银行和住房信贷银行等。

（一）开发银行

开发银行是专门为经济开发提供长期投资贷款的专业银行。这类银行在投资上具有投资量大、时间长、见效慢、风险大等特点，在业务经营上不以营利为目的，但在财政上又自负盈亏，因此一般都由国家组织建立，执行国家产业政策，服从政府意志，实际上属于获得政府资助和支持的政策性银行。设立开发银行，是世界许多国家特别是发展中国家的通行做法。目前世界各类开发银行有400多家。

（二）投资银行

投资银行是专门对工商企业办理投资和提供长期信贷业务的专业银行。这类机构的称谓目前尚不统一。美国及欧洲大陆等工业化国家称其为“投资银行”，英国、东盟国家及澳大利亚等国家称其为“商人银行”，德国称其为“私人承兑公司”，法国称其为“实业银行”，日本则称其为“证券公司”。

投资银行的主要业务有：对工商企业的股票和债券进行直接投资，为工商企业代办发行或包销股票与债券，参与企业的创建和改组活动，包销本国政府和外国政府的公债券，提供投资及合并的财务咨询服务等。有的投资银行业兼营黄金、外汇买卖及资本设备或耐用商品的租赁业务等。投资银行与商业银行不同，其资金来源主要依靠发行股票和债券来筹集。即使有些国家的投资银行被允许接受存款，也一定是定期存款。此外，投资银行也从其他银行取得贷款，但都不构成其资金来源的主要部分。近年来，投资银行的业务日益多样化，它与一般商业银行的差别正在缩小。

中国投资银行于1981年建立。最初，它是为统一办理世界银行对中国中小工业项目贷款而由政府成立的金融中介机构。1986年，政府指定该行为中国9个对外筹资窗口之一，中国投资银行进入一个新的发展阶段。

中国投资银行的主要业务职能是：在国外通过发行债券等形式筹集中长期外汇资金，对国内企业的中小型基本建设项目或中外合资企业发放外汇及人民币贷款或参与投资，对借款企业单位提供咨询服务，办理外汇买卖及担保业务。近年来，投资银行业务正向综合化方向发展。

（三）储蓄银行

储蓄银行是专门吸收居民储蓄存款并为居民个人提供金融服务的专业性银行。这类银行的服务对象主要是居民，资金来源主要是居民储蓄，资金运用主要是投资政府债券、公司股票及债券、发放抵押贷款、提供消费信贷和住宅贷款等，剩余资金转存商业银行生息。将社会上分散、小额的货币集中起来，转化成巨额的社会资本，推动社会经济的发展，这是储蓄银行的特有功能和作用，也正是因为这一点，储蓄银行在许多国家的银行体系中占有重要的地位。世界许多国家和地区都设立专门的、独立的储蓄银行等金融机构。这类机构的名称在各国不尽相同，如储蓄银行、互助储蓄银行、国民储蓄银行、信托储蓄银行、邮政储蓄银行、储蓄贷款协会等。按照组织形式划分，包括互助合作性质的储蓄银行、股份制储蓄银行以及公营储蓄银行。

1. 美国的储蓄银行

在美国，储蓄银行机构包括储蓄贷款协会和相互储蓄银行。其中，储蓄贷款协会在金融中介机构的排列中位居第二。20 世纪 50～60 年代，储蓄贷款协会成长速度大大超过商业银行，但在 60 年代后期和 70 年代利率急剧上升时，这种机构陷入困境。因为抵押贷款是长期贷款，最常见的期限是 29 年，当利率升高时，储蓄贷款协会常常发现它们从抵押贷款获得的收入远远低于取得资金的成本，于是造成亏损或停业。1980 年以前，储蓄贷款协会只能发放抵押贷款，不能设立支票账户。它们遭到的困境促使国会在 1980 年的存款机构放松管制和货币控制法的规定中允许储蓄贷款协会发行支票账户、发放消费者贷款以及从事以前只允许商业银行进行的许多业务活动。此外，现在储蓄贷款协会的存款和商业银行一样受联邦储备体系的准备金约束。两方面合起来，使储蓄贷款协会与商业银行的界限日益模糊，与商业银行等金融中介机构的竞争日趋激烈。美国的另一类储蓄机构相互储蓄银行，类似于上述储蓄贷款协会，但它的企业结构与储蓄贷款协会稍有不同，因为它们是“相互”构成，即它们是存款人拥有的银行组织。1980 年以前，它与储蓄贷款协会一样，被限于发放抵押贷款，60 年代后期和 70 年代利率高走时，它也遇到了同样的难题。1980 年，新的银行法同样给它带来影响，现在，相互储蓄银行可以发行支票存款并可以发放抵押贷款之外的其他贷款。

2. 英国的储蓄银行

英国的信托储蓄银行是根据 1817 年《储蓄银行法》设立的，经过百年来的发展演变，目前全英有信托储蓄银行 70 余家，分支机构 1600 多个。20 世纪 70 年代后，政府允许信托储蓄银行按照 1976 年《信托储蓄银行法》的规定，向公众提供全套银行服务；成立信托储蓄银行的银行——中央信托储蓄银行有限公司(1973)；中央银行将特别账户中的“储蓄银行基金”存款归还信托储蓄银行(1979)。此后，信托储蓄银行的业务发展很快，该行的业务包括三部分：一是一般业务即传统的普通储蓄账户业务；二是特别投资账户业务；三是其他业务，包括支票、信用担保、外汇兑换、保险、房屋抵押贷款、保管箱以及作为代理机构通过证券商买卖各种政府债券等业务。

3. 日本的储蓄银行

日本的邮政局实际上相当于日本的储蓄银行。它除了办理传统的邮政储蓄业务外，还经营生命保险及邮政年金业务。1973年后，它开始办理储蓄担保贷款。

4. 德国的储蓄银行

德国的储蓄银行是公营金融机构，一般是由市政府或其他级别的地方政府创立，是德国银行体系中最重要的一类。它的中央机构是“德意志票据交换中心”或“汇划中心”。储蓄银行初期业务主要是吸收个人存款，发放房地产贷款，现在已被允许从事多种金融业务，特别是近年，其在长期资金市场表现活跃，占有长期贷款市场的很大比重，并逐步涉足国际长期资金市场。

5. 中国的储蓄银行

储蓄银行机构也是我国早期金融体系的组成部分，新中国成立前有上海商业储蓄银行、新华信托储蓄银行、联合商业储蓄信托银行以及储蓄会等。改革开放后，我国成立了一些储蓄银行机构，如邮政储蓄、烟台住房储蓄银行、蚌埠住房储蓄银行、中德住房储蓄银行等。

1) 邮政储蓄

1986年3月，为了回笼民间资金、降低通货膨胀的压力，在国务院的支持下，当时的邮电部与中国人民银行决定在北京、天津等12个城市试办邮政储蓄业务，并于当年4月1日正式在全国铺开。邮政储蓄吸收大量居民个人存款，只存不贷，直接放到人民银行，人民银行给邮政储蓄较高的转存款利率，邮政储蓄坐吃利差。

2003年7月31日起，邮政储蓄的新增存款不再放在人民银行享受转存款的高利率，邮政储蓄须自主运用新增存款。

2005年7月，国务院原则通过《邮政体制改革方案》，确定成立邮政储蓄银行。邮政储蓄银行于2007年3月20日正式挂牌成立，银监会批准其在全国筹建36家一级分行(31家省级分行和5家计划单列城市)，允许其经营《商业银行法》规定的各项业务。

2) 烟台住房储蓄银行

该银行于1987年10月成立，2003年改组成股份制商业银行，即恒丰银行。

3) 蚌埠住房储蓄银行

该银行于20世纪80年代末成立，2000年与当地城市信用社合并，后来成立了蚌埠市商业银行，现在重组成为徽商银行的一个分行。

4) 中德住房储蓄银行

该银行于2004年2月15日在天津正式开业，中国建设银行持股75.1%，德国施威比豪尔住房储蓄银行持股24.9%。

“先存后贷、低存低贷、利率固定”是一种全新的购房融资模式，服务于有计划的、理性的购房消费模式。但由于同期我国房价飞涨，我国居民习惯于非计划的购房消费，甚至存在大量的超前消费和恐慌性消费。

2008年年底，经中国银监会批准，中德住房储蓄银行将业务范围扩大到房地产金融、公众存款等商业银行业务领域，陆续推出个人住房按揭贷款、房地产开发贷款等新产品，由单一从事住房储蓄业务的银行转型为具有全面住房金融服务功能、专业经营住房信贷业务的商业银行。

由此可见，这些储蓄机构均在向商业银行转变，实际上我国银行体系的特征是：不普遍设立专门、独立的储蓄银行机构，所有商业银行、城乡信用合作社及全国邮政机构均可经营居民储蓄业务。

(四) 抵押银行

抵押银行又称“不动产抵押银行”，是以经营土地、房屋及其他不动产为抵押的长期贷款的专业银行。它们的资金主要是通过发行不动产抵押债券筹集到的长期性资金，其发放的贷款主要以房屋、土地作为抵押物，但也接受股票、债券、黄金等作为贷款的抵押品。

全世界有很多国家设有独立的抵押银行机构，如：德国的土地抵押信贷协会、农业抵押银行、抵押汇兑银行等；意大利的动产信用银行；英国的农业抵押公司；法国的房地产信贷银行；等等。抵押银行的资金除通过发行不动产抵押证券筹集，同时也吸收存款，但存款占全部资金来源的比重不大。贷款业务大体可分为两类：一类是以土地为抵押品的贷款，贷款对象主要是土地所有者或购买土地的农场主；另一类是以城市房屋等不动产为抵押品的贷款，贷款对象主要是城市房屋所有者或经营建筑业的企业。此外，抵押银行也接受有价证券及黄金作为贷款之抵押品。当借款人不能如期偿还贷款时，抵押银行将对抵押品予以处理，借以收回贷款本息。近年来，金融业竞争激烈，许多国家的商业银行已大量涉足不动产抵押贷款业务。而抵押银行也开始经营一般商业信贷业务，两类金融机构渐呈融合发展之势。

(五) 进出口银行

进出口银行是指专门提供对外贸易及非贸易结算、信贷等国际金融服务的专业银行。创建进出口银行的目的是促进本国进出口业务的发展，加强国际间金融合作，广泛吸引国际资本，搜集国际信息。这类银行一般是政府的金融机构，如美国的进出口银行、日本的输出入银行等；也有半官方性质的，如法国的对外贸易银行，就是由法兰西银行与一些商业银行共同出资组建的。进出口银行的主要业务是：提供出口信贷和各种有利于刺激出口的贷款；提供贷款担保、保险等，为融资提供便利；提供诸如咨询服务等的其他服务；经办对外援助，以服务于政府的对外政策。

美国的进出口银行初创于 1934 年，1945 年后成为隶属于美国政府的独立国营金融机构。该行创建的目的是执行美国政府的对外信贷政策，为外国与美国的进出口贸易提供资金和便利，向国内金融机构和国内出口商提供担保，承担私人出口商和金融机构不愿或无力承担的风险。资金来源包括政府拨款、借入财政资金、借入联邦筹资银行(FFB)资金及发行债券。该行的贷款利率要比商业银行及其他私人金融机构低且灵活，但不与私人资本竞争。作为一个政府金融机构，它的活动须与美国外交及经济政策协调一致。

日本的输出入银行(1950 年)在行政上隶属于大藏省，业务上与通产省、外务省和经济企划厅密切联系。该行资本全部由政府拨付，收支预算必须得到国会的批准才能实施。其宗旨是提供金融援助，促进本国与外国之间以贸易为主的经济交流，补充或奖励一般金融机构办理进出口和海外投资业务，并规定“不得与民间银行和其他金融机构竞争”。该行的业务包括向制造大型成套设备和重型机器的公司及造船业、外贸业等提供长期低息出口信贷，开展海外投资贷款及开发事业的金融业务，开办与日元贷款有关的保证业务等。

此外，韩国的输出入银行(1976 年)、德国的复兴信贷银行(1948 年)、法国的对外贸易银行(1947 年)及英国的出口信贷担保局、加拿大的出口开发公司等也都是与美国进出口银行、日本输出入银行类似的政策性专业金融机构。

(六) 农业银行

农业银行是专门向农业部门或农场主提供优惠信贷及其他相关金融服务的专业性银行，是许多以农业为基础的国家普遍设立的一类专业金融机构。农业银行的资金主要依靠政府拨款，也可通过发行金融证券来筹措。其资金运用几乎全部面向农业生产，从土地购买、建造建筑物到农业机械设备、化肥、农药、种子的购买等。农业银行的贷款因有政府的资金支持以及各种政策优惠而使贷款利息较低，或者说农业银行的贷款具有一定的政策倾向。许多国家专设了以支持农业发展为主要职责的农业银行，如美国的联邦土地银行、法国的农业信贷银行、德国的农业抵押银行等。

美国的政府农业信贷机构大多不称“银行”，如办理商业银行不愿承办的农民家计、农村建设、农村社区发展和农村工商业贷款的农民家计(1946 年)，控制生产、保障农民利益的商品信贷公司(1933 年)，以及小企业贷款局和农村电气化管理局等。

英国农业金融机构体系中，农业抵押公司(1928 年)与农业信贷公司(1928 年)虽系私营机构，但政府对前者进行业务督导，并提供无息贷款，作为该公司的资金来源；对后者则承担部分贷款不能收回时的经济责任。

日本的国家农业银行是 1953 年成立的农林渔业金融公库。公库由国家财政投资创建，宗旨是：在农林渔业者向其他一般金融机构筹资困难时，提供低息、长期资本贷款，以提高农林渔业的生产力；对农业者提供维持自耕地、防止分工过细所需的资金贷款。其业务活动体现着政府支持农村经济发展的金融政策。此外，法国的农业信贷银行(1926 年)，德国的土地改良银行(1861 年)、农业地租银行(1949 年)及德意志土地垦殖银行(1966 年)等也属于农业金融机构。

四、政策性银行

(一) 建立政策性银行的必要性

政策性银行是由政府组建、参股或保证，专门在某一领域从事政策性金融业务的国家银行。政策性银行在西方国家属于官方或半官方的专业信用机构，一般有三种类型：一是支持国家重点产业发展和新兴产业开发方面的金融机构，如开发银行；二是农业信贷方面的金融机构，如美国的联邦土地银行；三是外贸信贷方面的金融机构，如进出口银行。这类金融机构是政府为了加强对经济的干预能力，保证国民经济的相对平衡，由政府出面建立的。

世界各国的政策性金融机构多数冠以“银行”字样，如开发银行、农业发展(信贷)银行、进出口信贷银行等。有些则以“公库”“公司”“局”等相称，如日本的各类金融公库，美国的联邦存款保险公司、商品信贷公司等，英国的出口信贷担保局等。在经营上，这类金融机构一般不与商业性金融机构竞争，也不像商业性金融机构那样以利润为基本的经营目标，它所致力实现的是社会经济的宏观效益，尤其是中长期效益目标。

政策性银行的产生和发展是在第二次世界大战以后，它在西方国家恢复经济过程中起了十分积极的作用。各国政府有意识地创办政府的金融机构、发展政府金融，运用政策性金融手段促进经济发展。目前，世界上大多数国家都有政策性银行，其主要任务是执行国家的产业政策，对某些行业和企业发放低息优惠贷款，支持重点产业部门、基础产业部门和支柱产业部门的发展。

（二）政策性银行的性质

政策性银行依据国家的经济政策和经济计划，按照产业政策的要求安排贷款，具有一定的政府职能性质；同时又经营金融业务，以金融方式融通资金，具有金融企业的性质。总体说来，政策性银行属政府创办并领导的具有独立法人地位的经营实体，既不同于一般的政府机关，也不同于中央银行、商业银行等金融机构。

首先，政策性银行不同于政府机关。政策性银行虽然是由政府设立的金融机构，按政府的意图行事，但它具有一般政府机关所不具备的资产、负债等金融业务，是以开展政策性金融业务为主要内容的经营实体，而绝非一般政府职能部门。

其次，政策性银行不同于中央银行。政策性银行行使政府对经济的调节职能，不以营利为目的，不经办普通商业性金融业务，不与商业银行争利，这些特征类似于中央银行。但中央银行是全国金融体系的领导和管理机构，是负责全国金融宏观调控的国家机关。而政策性银行是按政府意图对某一领域、某一行业实施扶持性融资调节的经营实体，绝非全国性的金融宏观调控机构。

再次，政策性银行不同于商业银行。政策性银行不经营商业银行的一般性金融业务，不吸收企业和个人活期存款，不办理商业贷款，没有信用创造能力。它不以营利为目的，不与商业银行争利，而且与商业银行经营中的政策性要求也不一样。

（三）政策性银行的职能

政策性银行具有一般金融机构的职能，即信用中介职能。政策性银行通过其负债业务吸收资金，再通过其资产业务把资金投入到某一领域。从这点来看，它与普通金融机构一样，作为货币资金的贷出者和借入者充当了信用中介，实现了资金的融通。但政策性银行不具备商业银行的派生存款和信用创造职能。

政策性银行除上述一般职能外，还具有三项基本职能：第一，补充职能。政策性银行是社会融资活动的补充形式，是商业性金融机构的补充机构。在社会融资活动中，应以商业银行等金融机构的融资为主，政策性银行不能替代其业务，而是在其难以顾及的某些领域进行融资，以体现政府的宏观经济政策和产业政策。第二，选择职能。政策性银行对其融资的领域或部门必须有所选择。对那些市场能够选择的、依靠市场机制作用能得到合理的资源配置的领域或部门，政策性银行一般不介入；而那些市场不予选择并且关系到国计民生的领域或部门，则是政策性银行选择的领域。第三，政策性银行还具有倡导或传导政策意图、提供某些特殊金融服务的职能。

(四) 政策性银行的业务

政策性银行作为政府的金融机构，其业务既有别于中央银行，又有别于商业银行。其资产业务和负债业务具有特殊性。

1．负债业务

政策性银行的负债业务，作为政策性金融的一部分，具有低费用甚至无需偿还的特征，而且资金规模较大、期限较长。这种特征基本决定了政策性银行资金来源的渠道和方式。政策性银行的负债业务主要有四种。

1) 资本金

政策性银行是由政府建立的，其资本金的主要来源是政府供给。有的政策性银行的资本金是由政府全额拨付的；有的虽然是部分拨付，但也占相当比重。这些都充分显示了政府对政策性银行所具有的出资人地位。政府供给资金的方式主要有无偿拨付和有偿借入两种。此外，还包括一些专项资金划拨和对政策性经营亏损的补贴或贴息。

政府提供给政策性银行的资金，来源于直接的财政预算或财政设立的各项专项资金，以及政府设立的特别基金等。政府对政策性银行提供资金的数量多少，主要取决于该国市场经济的发达程度和政府对经济、金融的干预程度。如果市场机制不健全，金融市场也不完善，则政府对经济、金融的干预程度较强，政策性银行资金来源中政府供给资金的比重就较大；反之，此项比重就较小，而且无偿性供给的资金更少。

我国的政策性银行成立于国有专业银行商业化改革之时，目前主要依靠中国人民银行贷款单线维持，财政支持不到位。这种状况需要改变，才能促进政策性银行的发展。

2) 借款

向社会保障体系及邮政储蓄系统借款，也是政策性银行的重要资金来源，主要包括向社会保险系统、养老基金或退休基金、医疗基金、就业基金、住房公积金及邮政储蓄系统的借款。上述这类资金吸收费用较低，而且量大集中，非常适宜作为政策性银行的资金来源。社会保障系统及各类基金大都是在政府的倡导和推进下形成的，它们在保证本身正常运用的前提下，其沉淀的余额部分最适合作为政策性银行的负债。邮政储蓄营运费用较低，所以邮政储蓄中长期稳定的余额，在收取吸储利息和核定的费用后，应交由政策性银行使用，作为其重要的资金来源。因此，在社会保障体系健全、有大量社会保障基金以及能够吸收较多邮政储蓄的情况下，该项资金来源成为政策性银行最主要的负债。如在金融体系比较发达的日本，该项负债达到政策性银行整个资金来源的70%～80%。

在我国，目前由于社会保障体系不发达，邮政储蓄一直作为中央银行的负债并加以运用，政策性银行暂时并没有把向社会保障体系和邮政储蓄借款作为主要资金来源。随着我国市场经济的不断发育和完善，各种社会保障机构及基金会也会相继发展和建立起来。在这方面资金中，可用于政策性银行资金来源的数量将会逐渐增加。在我国政策性银行资金来源中，可将一定比例的邮政储蓄存款划归政策性银行使用，还可向日益增强的保险系统借款。

3) 国内融资

政策性银行在金融市场筹集资金，主要是在国内金融市场发行债券和向商业银行及非银行金融机构借款。在国内金融市场发行债券，是政策性银行在金融市场筹资的主要方式，既可以采取向社会公众募集的方式，也可以采取定向募集的方式，即向商业银行和其他融资机构发行金融债券。我国政策性银行主要采取这种方式，这也是政策性银行向商业银行及其他金融机构借款的主要方式。我国政策性银行自成立以来，发行金融债券几乎是除政府供应资金以外筹资的唯一手段。国家开发银行和进出口银行除资本金以外，资金来源全部由发行债券解决。

政策性银行向金融市场融资，同样要按市场价格筹入资金。不同之处在于政策性银行向金融市场筹资一般都要取得政府担保，甚至直接作为或视为政府借款或政府债券，因而信誉较好、风险较小，在取得借款和发行债券上具有明显的优势。然而，金融市场融资与向社会保障体系及邮政储蓄借款相比，成本较高，与政府供给资金更无法相比，原则上应在政策性银行负债中居于次要地位。由于各国经济、金融体制的差异，市场发达程度不同，因而无法绝对地确定各项负债在总资产中的主次轻重。我国由于财政比较困难、社会保障体系不健全等原因，把向金融市场发行债券的筹资方式作为政策性银行的主要资金来源。

4) 国际融资

国际融资也是政策性银行的负债之一。政策性银行从国际上融资，包括在国际金融市场发行金融债券和从国际金融机构取得借款。国际金融机构借款中既包括从全球性国际金融机构如世界银行借款，也包括从区域性国际金融机构如亚洲开发银行借款，还可以向外国政府借款。

我国目前对外借款及发行国际债券的规模和数量还受一定的限制。如按现行规定进入国际市场发行债券，必须经过中国人民银行和国家外汇管理局核准。按国际惯例要提供债券发行人近3～5年的资产、负债、信用、资格审查文件，并得到国际承认的评审机构的认可，取得债券发行所在国有关部门批准，才能进入其市场进行发行、交易。因此，我国政策性银行应有选择地使用国际融资方式。

2. 资产业务

政策性银行的资产业务主要有贷款业务、投资业务及担保业务等。

1) 贷款业务

贷款是政策性银行资产业务的主要形式，与一般商业银行贷款相比，有如下特点：首先是社会效益第一。衡量与评价信贷活动的效益，一般从社会效益与自身财务效益两个方面着手。商业性贷款以自身财务效益为经营目标，而政策性贷款以社会效益最大化为首要目标，当社会效益与银行自身效益发生矛盾时，银行自身效益要服从于社会效益。其次是利率优惠。政策性贷款的利率水平比同类型、同期限的商业银行正常的贷款利率低，甚至是无息贷款，这是国家支持急需发展产业所采取的措施。再次是风险大、期限长。风险大主要表现在贷款以社会效益为主，存在着无法收回的风险；期限长指的是贷款项目的投资回收期较长，如基础设施投资回收期往往在5年以上。正是由于政策性贷款具有这两个特点，所以商业银行从自身财务效益考虑，往往不会选择政策性贷款项目。这也是专门设置政策性贷款的主要原因。最后是贷款使用的指令性。政策性贷款的规模和投向是由国家指令性计划安排的，各政策性银行无权自行规定贷款投向。政策性贷款在体现国家经济政策上是强制性的，它要按照国家对贷款所要求的各种具体要素(投向、利率、期限)发放。政策性贷款支持的项目具有必保和优先性质，其放款主体形式上是政策性银行，实质上是国家。政策性银行对此类业务不能有任何随意性。

2) 投资业务

投资是政策性银行资产业务中的一种基本业务方式，包括股权投资和证券投资两种。股权投资是为贯彻政府社会经济发展意图，而对有必要进行控制的行业或企业进行的直接投资，并拥有企业的控股权，对企业的决策及发展起到一定的操纵作用。证券投资是政策性银行认购那些符合政府的产业和地区政策的企业所发行的中长期债券。

政策性银行投资业务的目的是使某些需要优先和重点发展的行业和部门得到更多的发展资金，这些部门和行业，如社会公益事业、基础产业、农业及高新技术产业开发等，与国民经济其他行业相比，无直接经济利益，或低效益、高风险，并且所需资金规模大，因而较难得到较多的社会资金和其他金融机构的资金投入。如果政策性银行不投资，就难以使其得到相应发展。这些部门和行业自然成为政策性银行投资的对象。

3) 担保业务

政策性银行与其他金融机构相比，在担保业务上更有其独特的优势。政策性银行本身属于政府或由政府支持的，几乎不存在信誉风险问题，它的一切债务都是由政府保证的。这种地位和实力决定了它更适合从事担保业务，而且它的担保业务更易被融资者(债权人)接受，效益也更高。

政策性银行的担保业务较多，主要分为筹资担保、对外工程担保和进出口担保等。

(1) 筹资担保。筹资担保是政策性银行应其所支持的行业或部门筹资人的要求，向贷款人或出资人出具书面保证，保证在借款人无力偿还贷款或持券本息时，无条件履行付款责任。筹资担保的实质是为政策性银行所支持的行业或部门提供融资的便利条件。

(2) 对外工程担保。对外工程担保是指政策性银行为对外工程的投标、履约及在外国银行账户透支等活动提供的担保，具体可分为投标担保、承包担保和透支担保。投标担保是指在对外工程投标或招商招标中，为招标人提供的防止投标人得标后不签合同或提出其他变更要求的担保；承包担保是指在对外工程承包中，应承包人的要求为国外项目业主提供的承包人按质、按量履行合同的保证；透支担保是指为对外工程承包公司和在外派出机构在当地开立银行透支账户而进行的担保。

(3) 进出口担保。进出口担保是指政策性银行为进出口领域的付款、延期付款、补偿贸易、加工贸易等各项活动提供的担保，具体可分为付款担保、延期付款担保、补偿贸易担保和加工装配进口担保等。

由于政策性银行在开展担保业务方面具有较大的优势，因而担保业务在政策性银行的资金营运中占有一定比重。

(五) 政策性银行的类型

政策性银行主要有开发性政策银行、农业政策性银行、进出口政策性银行以及其他政策性银行等类型。

开发性政策银行是专门为政府经济开发和发展提供中长期投资贷款的政策性金融机构。开发性政策银行对于发展中国家的经济发展尤为重要。首先，开发银行可以配合政府相关产业政策的实施，加快基础设施和重点项目的建设；其次，开发银行可以扶持企业技术改造和科技开发项目，通过为其提供低息优惠贷款和投资，支持企业科技进步，并通过从长远的政策性角度审查投资、贷款项目，加强开发项目的社会效果。

农业政策性银行是专门为支持农业的稳定发展、促进农业开发提供资金的政策性金融机构。农业是国民经济的基础，而且农业本身积累资金的速度较慢，对外部资金的投入又缺乏有效的吸引力。因此，要发展农业就必须依靠政府增加对农业的资金投放量。农业政策性银行可以使财政支援农业的支出得到更好的利用，同时可较好地实现政府调节农业资金、促进农业发展的意图，还可以从其他渠道融通资金，补充政府对农业投入资金的不足。

进出口政策性银行是指为支持进出口，尤其支持本国资本货物出口的发展而承担风险大、期限长、金额大、条件优惠的进出口政策性信贷业务的金融机构。进出口信贷与一般信贷不同，需要优惠的资金支持来增强本国商品的竞争力，来保证及时进口所需的设备和技术。所以，仅靠普通金融机构的融资支持是不够的。发达国家及其他国家的进出口政策性银行大部分是政府全资或部分出资建立的，它可以融通外贸资金、提供融资便利条件以及咨询服务，并可为政府的对外政策服务。

还有其他政策性银行，如住房政策性银行，它是专门为住房的建设和消费提供政策性融资的金融机构；中小企业政策性银行是为了提高中小企业竞争能力、开辟就业渠道而对中小企业提供发展资金的政策性金融机构；科技开发银行是为满足科技进步的需要而对科技研究与开发、科技成果转化提供高风险投资的政策性金融机构。

五、非银行金融机构

非银行金融机构是指那些经营各种金融业务，但又不称为银行的金融中介机构。这类金融机构包括保险公司、信用合作社、证券公司、财务公司、信托公司、金融租赁公司、养老或退休基金管理机构等。非银行金融机构在整个金融机构体系中居于重要的位置，它的发展状况是衡量一国金融体系是否成熟的重要标志之一。能否与银行金融机构构成一个平衡而又竞争有序的金融体系，使其在经济发展中更有活力，是非银行金融机构发展中的重要内容。非银行金融机构主要有七类。

(一) 保险公司

保险公司是专门经营保险业务的金融机构。设立保险公司旨在分散风险，通过保险合同建立经济关系，在被保险人遇损或遭受人身伤亡时给予资金补偿。保险公司将投保人缴纳的保险费集中起来建立保险基金。这类保险基金在未做赔款使用前，比银行存款稳定且数额可观，往往被运用到有价证券的投资方面。可见，保险公司在现代经济中还具有投融资的功能。在许多国家，它都被列为最大的非银行金融机构。

保险公司的组织形式因各国的社会制度、经济制度、经济状况不同而有所区别，一般有四种形式。

1. 国有(营)保险公司

这类公司由国家投资经营，通常是办理国家强制保险或某种特殊保险，以实现社会保障目标。

2. 股份制保险公司

这是多数国家保险经营机构的主要组织形式，具体可分为两种情况：一是公众股份制保险公司，这是主要形式，美国 90%以上的人寿保险公司是以公众股份公司形式组织起来的；二是公私合股保险公司，即由国家和公众共同投资经营。

3. 互助合作制保险公司

互助合作制保险公司也称“互济公司”，是指保险需要者采取互助合作形式满足全体成员对保险保障的需求。美国最大的保险公司如谨慎保险公司和城市人寿保险公司，就是以互济形式组织而成的。

4. 自保险公司

这是某些大企业集团为节省保费、减少或免除税负而设立的旨在为本系统内提供保险服务的保险公司。

由于保险业是专业性极强的行业，因此以保险标的划分的公司类别多种多样。如财产保险公司、人寿保险公司、火灾和事故保险公司、老年和伤残保险公司、信贷保险公司、存款保险公司等。在西方国家，普遍以人寿保险公司规模最大。如在美国的各类保险公司中，人寿保险公司发展最快，其资产约占保险公司总资产的 3/4，是目前美国最大的一种契约储蓄机构。人寿保险公司的部分保费实为储蓄金。人寿保险单的种类包括终生保险单、定期险保单、万能险保单、可转换险保单和单一保险费保单等。其中，定期险是最便宜的一种纯保险，其保单只是对风险防护的支付，保费中不含储蓄累积成分。其他保单的保费中均含有储蓄的成分。因此，人寿保险公司兼有储蓄银行的性质，是一种特殊形式的储蓄机构。美国的另一类保险公司财产和灾害保险公司，在赔偿的数量和时间上相对人寿保险公司难以预料，所以其投资倾向于流动资产，如国库券、商业票据和银行大额存单等。人寿保险公司则持有公司债券、抵押贷款和政府长期债券等流动性较低而盈利性较高的资产。近年来，人寿保险公司把大量资金投入大型办公楼、购物中心及公寓建筑的抵押贷款，而把零星的住宅抵押贷款业务让给当地储蓄机构和银行。此外，英国和日本也都是寿险公司制度发达、寿险普及率高的国家，其中，日本的寿险普及率高达 90%以上。

(二) 信用合作社

信用合作社是一种集体所有的信用机构，也是许多国家普遍存在的一种互助合作性金融组织。这类金融机构一般规模不大，其资金来源于合作社成员缴纳的股金和吸收的存款，贷款主要用于解决其成员的资金需要。信用合作社通常分为城市信用社和农村信用社两种，信用合作社在一些国家金融体系中具有相当重要的地位，如日本的农村信用社是农村的唯一信用机构，入社者占全国农户的 90%左右，其资金除向农民社员贷款外，还用于购买政府债券或转存到其他信用机构。

最早的信用合作社创建于德国。1849 年，莱茵河畔出现了世界上第一个农村信用合作社。此后，信用合作社经历了自由发展、国家干预、调整变革三个阶段。目前，这类机构的规模一般不大，但数量众多、分布广泛、种类多样。综合世界各国情况，信用合作社的种类大致包括农村信用合作社、农业生产信用合作社、渔林牧业生产信用合作社、土地信用合作社、小工商业者信用合作社、住宅信用合作社、储蓄信用合作社、劳动者信用合作社、城市信用合作社等。在世界主要国家中，日本的信用合作社尤其发达，美国的信用合作社则是规模最小但发展最快的金融机构。

世界各国现行信用合作社的信用合作准则是从国际合作联盟 1966 年第 23 届大会制定的合作原则中引申而来的。其主要内容是：入社与退社自愿；每个社员都应提供一定限额的股金并承担相应的责任；实行民主管理，权力平等，一人一票；信用合作社股票不上市；信用合作社盈利主要用于增进社员福利。以上准则，使信用社与股份制银行区别开来，也有效地避免了信用社成为少数人控制、谋利的企业。

信用合作社的宗旨是促进社员储蓄，并以简便的手续和较低的利率向社员提供优惠贷款。主要资金来源是社员存款，存款的性质是社员拥有合作社的股份，合作社支付给社员的是股利而不是利息；主要资金运用是对社员提供短期贷款、消费信贷等。目前，一些资金充裕的信用合作社已开始为解决生产设备更新、改进技术等提供以不动产或有价证券为担保、抵押的中长期贷款。美国的信用合作社已获准投资州政府等地方政府债券。虽然存款贷款没有限制，但客户有限制，是服务特定客户的存款型机构。

理论上，合作金融机构主要服务于会员，与商业银行并不相同。但由于金融竞争和金融创新的发展，合作金融机构的服务群体从以会员为主逐渐转向客户群体多元化，业务也有拓宽的趋势。

我国的合作金融机构，无论是传统的农村信用合作社和城市信用合作社(目前基本上已改组成城市商业银行)，还是新成立的农村合作银行，从一开始就没有限定服务于会员，业务也较少受到限制，更像小型商业银行。

(三) 证券公司

证券公司是指专门从事各种有价证券经营及相关业务的金融机构。其主要业务有：① 为公司股票、债券的发行提供咨询和担保服务，并代理发行或包销；② 从事有价证券的自营买卖、委托买卖业务；③ 以购买股票、债券以及提供贷款等方式向公司进行融资；④ 参与公司的创建、改建，为公司的收购、兼并、资金重组等提供服务。在许多国家，证券公司与投资银行是同一类机构，经营的业务大体相同。

(四) 财务公司

财务公司是经营部分银行业务的金融机构。它依靠银行信贷、发行债券、卖出公开市场票据等手段筹集资金。这类公司多数专营耐用品的租购或分期付款销货业务，规模较大的财务公司兼营外汇、联合贷款、包销证券、不动产抵押、财务及投资咨询等服务。

财务公司起源于 18 世纪的法国，后来在英、美等国相继出现。目前，包括我国在内的世界许多国家均设有此类机构。财务公司资金的主要来源是银行贷款、发行债券筹资、卖出公开市场票据(商业本票)筹资、发行公司本身的股票及定期大额存款证筹资等。在资金运用上，或专营抵押放款业务，或依靠吸收的大额定期存款进行贷款或投资，或专营耐用品的租购及分期付款销货业务，或兼而营之。规模较大的财务公司还兼营外汇、证券包销、财务及投资咨询业务等。在西方国家，财务公司与投资银行的差别已经不大。财务公司与商业银行在贷款上的区别在于：商业银行是小额、分散借入，大额贷出；财务公司则是大额借入，小额贷出。由于财务公司同商业银行相比，实际的管制较松，因而业务范围仍在继续扩大，同商业银行的区别逐渐缩小。

根据依附机构或投资主体的不同，财务公司可分为公司(或集团)附属型和银行附属型，前者主要由大的制造业公司拥有，如美国通用电气、通用汽车、德国奔驰、大众汽车等大公司设立的财务公司，后者多是商业银行的全资子公司，除提供消费信贷外，其目的更多是逃避金融监管当局对银行的限制(如许多国家法律规定银行不能从事证券业务，但对财务公司没有此类限制)。

根据是否吸收存款，财务公司可分为接受存款公司和非存款类公司，前者主要是欧亚模式，后者主要表现为北美模式。

我国财务公司是集团财务公司，资金来源以吸收集团各下属企业的存款为主。从性质来看，集团财务公司类似集团成员企业的信用合作社。

由于财务公司不能吸收普通居民存款，也不能向居民发放贷款，其服务对象是企业，尤其是集团成员企业，因此和其他存款型金融机构差异较大。

(五) 信托与租赁公司

信托公司是接受委托、代为管理和经营委托人指定财产的金融机构。信托公司在开展信托业务过程中，实际上充当了委托人的代理人，而不是一般意义上的信用中介，其业务具有特殊性。

现代信托业务源于英国，但历史上最早办理信托业务的经营机构却产生于美国。在西方国家中，美、英、日、加拿大等国信托业比较发达，在这些国家，除专营信托公司外，各商业银行的信托部也经营着大量的信托业务。当今，信托公司的业务活动范围相当广泛，几乎涉足所有金融领域的业务。就其信托业务而言，主要包括两大类：第一类是货币信托，包括信托存款、信托贷款、委托存款、委托贷款、养老金信托、投资信托、养老金投资基金信托等；第二类是非货币信托，包括有价证券信托、债权信托、动产与不动产信托、事业信托、私人事务信托等。除信托业务外，一些国家的信托公司还兼营银行业务，大多数国家的信托公司兼营信托之外的服务性业务即其他业务，如财产保管(遗嘱的财产保护、父母双亡的未成年子女的财产保护、罪犯的财产保护等)，不动产买卖及货币借贷之媒介，公债、公司债及股票的募集，债款、息款及税款的代收代付，股票过户及债务清算等。信托公司在经营信托业务的过程中，表现出来的突出特征在于其投资性，而且信托投资、委托投资等属于信托公司的传统业务，所以一般的信托公司又都称为“信托投资公司”。信托公司的投资对象一般是国家及地方政府公债、不动产抵押贷款、公司债及股票等。

租赁公司是通过融物的形式融通资金的金融机构。当承租人需添置机器设备时，租赁公司代用户购入机器设备租给承租人，并收取相应的租赁费，而不是直接向其放款。承租期内，机器设备的修理、保养、管理都由承租人承担。对承租人而言，租赁的实质是变相取得了设备贷款；对出租人来说，租赁能较快收回资金，而且比直接贷款安全性高。

世界各国作为金融机构的租赁公司，其组织形式主要有两种类型：第一种是银行或与银行有关的金融机构所属的租赁公司；第二种是独立经营的租赁公司。租赁公司的业务范围相当广泛，几乎涉及从单机设备到成套工程设备、从生产资料到工业产权、从工商业设施到办公设备各个领域，而且许多公司还大量经营国际租赁业务。

现代租赁机构起源于美国。1952 年 5 月，第一家专业租赁公司美国金融贴现公司在旧金山设立，这就是现在的美国国际租赁公司。不久，美国又相继设立许多租赁公司。20 世纪60年代后，英、日等国家都先后设立了专门化的租赁公司，租赁业务得到迅速发展。金融租赁业务迅速发展的原因在于：第一，企业不必追加大量投资即可通过租赁获得新技术设备的使用权，减少因科技迅猛发展而产生的无形损耗；第二，各国政府对租赁业给予政策优惠与支持，如各国政府对租赁公司施以投资减税和加速折旧的优惠。

(六) 养老或退休基金

养老或退休基金是雇主和雇员根据法律规定，按期缴纳薪金的一定百分比累积而成的，这些资金既不还本付息，也无按股分红的意义。雇员退休后，养老金的支付可以精确地进行预测，对流动性要求不高。因此。在保证正常支付的前提下，其资金主要投资于股票和债券。一般来讲，养老基金组织是向参加养老基金计划的公司雇员以年金形式提供退休收入的金融机构，其基金来源是政府部门、雇主的缴款及雇员个人自愿缴纳的款项和运用基金投资的收益。由于养老基金是按事先商定的数额提取的，其支付完全可以预测，需要的流动性很低，所以，与人寿保险公司一样，养老基金组织多投资于股票、债券及不动产等高收益资产项目。

(七) 投资基金

投资基金是把众多分散的投资者的资金集中起来，组成共同基金，并根据与投资者商定的最佳投资收益目标和最小风险，把资金再分散投资于各种证券和其他金融商品的一种金融机构。

投资基金起源于英国，盛行于美国。1926年在波士顿设立的马萨诸塞州投资信托公司，是美国第一个现代意义的共同基金。在此后几年中，投资基金经历了第一个辉煌时期。到20世纪20年代末期，所有封闭式基金总资产达28亿美元。1929年的股市崩溃沉重打击了新兴的美国基金业。危机过后，美国政府为保护投资者利益，制定了《证券法》(1933年)、《证券交易法》(1934年)、《投资公司法》和《投资顾问法》(1940年)。其中，《投资公司法》详细规范了投资基金组成及管理的法律要件，通过完整的法律保护，为投资基金的快速发展奠定了良好基础。第二次世界大战后，美国经济强劲增长，投资者信心恢复迅速。时至今日，投资基金得到了包括银行信托部、保险公司、养老基金等诸多机构投资者的青睐。美国已成为世界上基金业最发达的国家，基金资产在规模上已超过银行资产。

投资基金在美国一般被称为“共同基金”，在英国和我国香港地区被称为“单位信托基金”，在日本、韩国和我国台湾地区被称为“证券投资信托”。尽管各个国家和地区的投资基金在名称上各有差异，但其本质相同。

第三节　我国金融机构体系

一、我国现行的金融机构体系

我国(除港、澳、台地区)现行的金融机构体系是以中央银行为核心，以大型商业银行、股份制商业银行和政策性银行为主体，其他非银行金融机构同时并存、分工协作的金融组织体系。以银行业金融机构为主，基本统计如表6-1和表6-2所示。

表6-1 银行业金融机构统计(2013年末)

机构类型	法人机构数	总资产/亿元
银行		
政策性银行及国家开发银行	3	125 278
大型商业银行	5	656 005
股份制商业银行	12	269 361
城市商业银行	145	151 778
农村商业银行	468	85 218
农村合作银行	122	12 322
农村信用社	1803	85 951
非银行金融机构	293	39 681
企业集团财务公司	176	
信托公司	68	
金融租赁公司	23	
汽车金融公司	17	
货币经纪公司	5	
消费金融公司	4	
外资金融机构	42	25 628
新型农村金融机构和邮政储蓄银行	1051	62 110
合 计	3944	1 513 332

注：新型农村金融机构包括村镇银行、贷款公司和农村资金互助社。

——数据来源：《中国金融年鉴(2014)》

表6-2 外资金融机构统计(2013年末)

项 目	外国银行	独资银行	合资银行	独资财务公司	合 计
法人机构总行		39	2	1	42
法人机构分行		282	3		285
外国银行分行	92				92
支行	9	509	10		528

——数据来源：《中国金融年鉴(2014)》

(一) 中国人民银行

1. 中国人民银行的性质

中国人民银行是我国的中央银行，是在国务院领导下，制定和实施货币政策，对金融业实施监管的国家机关。1984年以前，中国人民银行既办理个人企事业单位的存款、发放工商企业贷款等商业银行业务，又制定和执行金融货币政策、办理发行货币、资金清算、经理国库等中央银行业务，同时又是国务院管理全国金融业的主管机关。国务院决定，1984年1月起，中国人民银行专门行使中央银行职能，不再对企业和个人办理信贷业务，而是集中力量研究和做好全国金融的宏观决策，加强信贷资金管理，保持货币稳定，管理全国的金融业。

中国人民银行履行下列职责：依法制定和执行货币政策；发行人民币，管理人民币流通；按照规定审批、监督管理金融机构；按照规定监督管理金融市场；发布有关金融监督管理和业务的命令和规章；持有、管理、经营国家外汇储备、黄金储备；管理国库；维护支付清算系统的正常运行，负责金融业的统计、调查、分析和预测；代表国家从事有关的国际金融活动和履行国务院规定的其他职责。

2. 中国人民银行的职能

1) 作为发行的银行，中国人民银行垄断货币发行权

人民币作为我国唯一的法定货币，由中国人民银行集中统一发行。人民币的发行有严格的法定程序，整个发行工作是通过中国人民银行专设的发行库与各商业银行业务库之间的调拨来进行的。中国人民银行垄断货币发行具有重要意义：有利于国家对货币流通的管理，使货币流通量与国民经济发展保持适当的比例，以保证通货的稳定；有利于中央银行增强自身的经济实力，控制社会资金供应量，调节金融机构的信用活动；有利于国家货币金融政策的推行，实现国家宏观调控的目标。

2) 作为政府的银行，中国人民银行肩负着维护金融体系安全的重任

中国人民银行的主要职能是：代理国库，为政府开立各种账户，经办政府财政预算收支的划拨与清算业务，履行国库出纳职能；代理国债发行及还本付息事宜；作为政府的国际金融活动代表；作为政府的经济、金融顾问和参谋，参与国家宏观经济的决策；根据政府的授权，监督管理全国的金融业，维护国家金融体系的安全、稳定和正常运行。

3) 作为银行的银行，中国人民银行对商业银行的业务起着领导作用

中国人民银行的主要职能，一是为商业银行和其他金融机构开立存款账户，接受它们的存款，包括法定准备金存款与超额准备金存款。二是为商业银行和其他金融机构办理融通资金业务，成为它们的“最后贷款人”。当商业银行等金融机构出现资金不足或周转困难时，可向中国人民银行申请短期贷款和再贴现。三是主持全国的清算事宜，各家银行及有关金融机构相互间应收应付的票据通过中国人民银行的票据交换所进行清算。

中国人民银行的机构分为总行、分行、中心支行。目前，全国有9家人民银行分行、2家营业管理部。中国人民银行在北京和重庆成立了营业管理部，在天津、沈阳、上海、南京、济南、武汉、广州、成都、西安等地设立了分行。

(二) 商业银行

商业银行是我国金融体系的主体，现正朝着多样化的业务方向发展。我国的商业银行有四种类型：一是大型商业银行；二是按股份制模式组建的商业银行；三是合作性质的商业银行；四是外资或合资银行。

1．大型商业银行

1995 年 5 月，我国颁布了《商业银行法》，原来的中国银行、中国人民建设银行、中国农业银行和中国工商银行这四大专业银行逐步改制成国有商业银行。1987 年 4 月，我国又重新组建了交通银行。这些大型商业银行实行企业化经营，并且打破了原来业务分工的界限，可以经营多种金融业务。

1) 中国银行

中国银行成立于 1912 年 2 月，原为国民党政府时期四大银行之一，1949 年由人民政府接管，没收了其中的官僚资本。此后，中国银行虽然一直保持独立的形式，实际上只经办由中国人民银行所划出的范围及其确定的对外业务，有一段时间直接成为中国人民银行办理国际金融业务的一个部门。1979 年 3 月，专营外汇业务的中国银行从中国人民银行中分立出来，完全独立经营。目前，中国银行的股份制改造已经完成，是上市的国有股份制银行。

2) 中国人民建设银行

中国人民建设银行成立于 1954 年，其任务是在财政部领导下专门对基本建设的财政拨款进行管理和监督。虽然它也组织结算和发放一些有关基建方面的贷款，但就其执行财政拨款的主要任务来说，不能算作真正的金融机构。1979 年，中国人民建设银行从财政部分立出来，同年下半年开始进行基本建设投资拨款改贷款的试点。1983 年进一步明确建设银行是经济实体，是全国性金融机构，除仍执行拨款任务外，还开展了一般银行业务。1985 年，建设银行的信贷收支计划全部纳入国家综合信贷计划。为了彻底消除传统计划经济的影响，1996 年 3 月，中国人民建设银行正式更名为“中国建设银行”。目前，中国建设银行的股份制改造已经完成，是上市的国有股份制银行。

3) 中国农业银行

1955 年和 1963 年，我国曾两度成立中国农业银行，但很快被并入中国人民银行。1979 年恢复了中国农业银行，主要经营农村金融业务。目前，中国农业银行的股份制改造已经完成，是上市的国有股份制银行。

4) 中国工商银行

中国工商银行成立于 1984 年 1 月，主要办理原来由中国人民银行承担的工商信贷业务，现已成为我国最大的商业银行。目前，中国工商银行的股份制改造已经完成，是上市的国有股份制银行。

5) 交通银行

1987 年 4 月，国务院重新组建了创建于 1908 年的交通银行，使交通银行成为我国第一家股份制的全国性商业银行。交通银行是公有制为主的股份制银行，在经济发达的中心城市跨行政区域设立分支机构，经营本、外币各种银行和非银行金融业务。交通银行目前也已上市。

另外，改制后的国家开发银行和中国邮政储蓄银行从资产总规模来看，属于大型银行。

2．股份制商业银行

1987 年 4 月成立的中信实业银行，是我国第一家企业集团银行。1992 年 12 月 22 日开业的华夏银行是我国第一家由工业企业开办的全国性商业银行。中国民生银行是我国第一家民营银行。

截至 2013 年，我国已有 12 家股份制商业银行，分别是中信银行、光大银行、华夏银行、民生银行、广发银行、平安银行、招商银行、兴业银行、浦发银行、恒丰银行、浙商银行、渤海银行。这些银行在筹建之初，绝大多数是由中央政府、地方政府、国有企业(集团)、集体或合作组织出资创建，先后实行了股份制改造。从活动地域看，初建时明确有全国性、区域性商业银行之分，随着金融改革的深化，其中一些区域性银行的经营地界向其他城市或地域扩展。

这些银行按照商业银行的机制运作，服务比较灵活，业务发展很快，利润大幅增长，逐步成为我国商业银行体系中的有生力量。

3．城市商业银行

城市商业银行实际上也属于股份制商业银行，它是在对城市信用社清产核资的基础上，通过吸收地方财政、企业入股组建而成，是地方性股份制商业银行。我国原有 5000 多家城市信用社。1995 年，中国政府决定在一些经济发达城市，在合并重组城市信用社的基础上，组建城市商业银行。同年 2 月，中国第一家城市商业银行深圳城市商业银行成立。

政府最初设计的方案是组建城市合作银行，想采取某些国家农村合作金融组织体系的模式，但实际上，在合作银行组建之前，中国的许多城市信用合作社已经是股份制的金融组织，将这些信用社按合作制的要求重新规范是不可能的，因而 1995 年 9 月发布的《国务院关于组建城市商业银行的通知》将城市合作银行的性质确定为“股份制”。在成立之初，这些银行的名称是“××市城市合作银行”，后又改称为“××市城市合作商业银行”。1998 年 3 月，鉴于已有的“城市合作银行”并不具备“合作”性质，中国人民银行发文要求其改名为“××市商业银行”。

2009 年 4 月，银监会下发《关于中小商业银行分支机构市场准入政策的调整意见(试行)》，允许符合条件的中小商业银行在相关地域设立分支机构，将不再受数量指标控制，同时放松对分支机构运营资金的要求。分支机构地域限制的开禁为城市商业银行的发展注入了活力，有助于增强城商行服务的辐射功能。该意见为国内城市商业银行跨区域经营、走区域银行甚至全国性银行之路提供了一次历史性的机遇。

银监会数据显示，2010 年全年城市商业银行资产增速接近四成。银行业内人士表示，城市商业银行资产扩张速度快，是因为本来城市商业银行的基数比较低，只要开设一个网点就能带来非常大的收益，规模的扩张确实可以使银行盈利能力提升。城市商业银行规模迅速扩张的同时，风险逐渐暴露。2011 年年初以来，城市商业银行被曝出多起案件。风险增加的根本原因是城市商业银行原来的业务在当地，对客户企业及管理层熟悉，对当地经济环境也很适应；异地拓展则失去了这些优势，风控制度不严，技术不足的缺陷就凸显出来了。

2011 年全国“两会”期间，国务院副总理王岐山提出警告：目前我国银行的布局不均衡，要警惕同质化。他认为，小银行跨区域经营从城镇化角度讲是好事，但银行跨度成本也会增加，不应盲目求大。随后，在 4 月 1 日召开的城市商业银行联席会议上，时任银监会主席助理阎庆民明确表示，今后将审慎推进城市商业银行跨区域经营，把城市商业银行内控机制作为重点检查项目，对于内控不健全的城市商业银行的新设网点申请“暂停审批”。

4．外资或合资商业银行

随着金融机构的对外开放和我国加入 WTO，我国开始引进外资金融机构。我国对外资金融机构的引进主要采取了三种形式：一是允许其在我国设立代表处；二是允许其设立业务机构(分行或分公司)；三是允许其与我国金融机构设立中外合资金融机构。目前，在我国的外资银行主要业务包括外币存款、外币贷款、外币投资及国际结算等业务。1996 年底，我国批准设在上海浦东并符合条件的外资银行试点经营人民币业务。

外资银行的陆续进入，一方面有利于引进外国银行的资本和先进的管理经验，另一方面也加剧了金融业的竞争。这既给国内金融业的发展提供了机遇，也提出了挑战。国内金融机构只有转换经营机制、提高管理水平，才能适应市场、面对挑战。

(三) 政策性银行

在我国建立政策性银行，实行政策性业务和商业性业务分离，是金融体制改革的重要内容，也是我国金融体系的重要组成部分，对我国市场经济体制的完善具有重要的意义。

1994 年，我国组建了三家政策性银行，即国家开发银行、中国进出口银行和中国农业发展银行。它们都是国务院直属的政策性金融机构，也是具有独立法人地位的经济实体，分别承担着对基础产业及设施投融资、扶植农业发展、鼓励和扩大进出口等政策性任务。设立这三家政策性银行的目的在于：一是实现政策性金融和商业性金融分离，以解决专业银行身兼二职的问题；二是割断政策性贷款和基础货币的直接联系，确保中国人民银行调控基础货币的主动权；三是在市场经济条件下，保证对投资时间长、收益低甚至无效益的国家基础项目和重点企业，在资金上予以支持。政策性银行是由政府投资创办的，以贯彻国家产业政策、区域发展政策为目的的金融机构。政策性银行与商业银行的区别在于，前者不以营利为目的。与专业银行的区别在于，其受政府的扶持和控制，不像专业银行那样完全出自某一方面的需要独立开展业务而不必秉承政府意图。

国家开发银行的主要任务一方面是集中资金，支持国家扶植的基础设施、基础产业的政策性基本建设项目和技术改造项目，以及达不到社会平均利润的其他政策性项目、国务院决策的重大建设项目；另一方面是经营和管理政策性资金、经营性建设基金以及各类自筹资金；同时，还开展重点建设项目贷款及投资业务，办理建设项目有关的评估、咨询和担保业务等。

中国农业发展银行的经营方式是在规定的职责范围内独立核算、自主经营。其任务是多方筹集支持农业生产和农村市场经济发展的资金，承担国家粮、棉、油等重要农产品的储备、农产品的合同收购、农业经济开发以及扶持贫困等农业政策性贷款，管理财政部门提供的支农资金。

中国进出口银行的主要任务是为大型成套设备的进出口提供买方信贷和卖方信贷，为中国银行的成套机电产品出口信贷贴息及提供出口信用担保。其中，卖方信贷是为国内出口商提供出口大型成套设备所需要的资金而发放的贷款。这是国际上通行的一种信贷方式，具体操作过程是：进出口银行将款项贷给本国出口商，使出口商能够在出口商品时及时得到融资，保持生产的继续进行；出口商向进口商提供延期付款的便利，进口商以远期付款或分期付款的方式支付货款。其目的是支持本国产品打开销路，开拓和占领国际市场。买方信贷是出口方银行为外国进口商或进口方银行购买本国商品而发放的贷款，其主要特点是：贷款指定用途，直接联系进出口项目；贷款利率低于市场利率，利差由政府补贴；贷款风险由买方政府信贷机构担保。

(四) 非银行金融机构

非银行金融机构是我国金融体系的有机组成部分，目前，我国主要的非银行金融机构有六种。

1. 保险公司

保险公司是经营保险和再保险业务的金融机构，其主要任务是：组织和集聚保险基金，建立社会经济补偿制度，保持生产和人民生活的稳定，增进社会福利；经营国内外保险和再保险业务，以及与保险业务有关的投资活动，促进社会生产、商品流通和对外贸易的发展。

我国目前的保险公司包括中国人民保险公司(1949年)，中国交通银行全资附属的中国太平洋保险公司，中国人民保险公司所辖的中国人寿保险(股份)有限公司(1933年)、中国保险(股份)有限公司(1931年)、中国太平保险(股份)有限公司(1929年)以及中国再保险有限公司等。其中，中国人民保险公司是我国最大的国有保险企业，它在中国保险业尤其是国内保险业中处于无可替代的统治地位。后几家保险公司经营涉外保险业务，在新加坡、澳门、中国香港、纽约等地设有分支机构。中国人民保险公司的基本职能是组织社会保险基金，对意外事故所致的财产损失和人身伤亡进行补偿和给付，以保障国民经济的发展和人民生活的安定。该公司总部设在北京，在各省、自治区、计划单列城市及经济特区设立分公司，地市设中心支公司，县(区)设支公司或办事处。在海外设有保险分公司、管理处及联络处等。该公司经营的业务包括：各种财产险、人身险、责任险、信用险及农业保险等业务，各种再保险业务，代理外国保险公司办理对损失的鉴定和索赔等业务，购置、租赁、交换与本公司业务有关的动产、不动产业务以及受国家委托和经国家批准的其他业务。根据国家《保险企业管理暂行条例》(1985年)的规定，下列业务只能由中国人民保险公司经营：法定保险业务，外币保险业务，国营、外贸、中外合资、中外合作企业的各种保险业务以及国际再保险业务。近年来，我国保险业正在向国家办保险、地方办保险、社会办保险、行业办保险、部门办保险的格局发展。随着保险经营体制的改革，保险业务范围，特别是保险资金的运用范围和方式也正在不断扩大。

2. 信托投资公司

信托投资公司是经营信托投资业务的金融机构。中国最早的信托投资公司是1921年在上海成立的上海通商信托公司。1951年6月，天津公私合营的信托投资公司设立。1955年3月，广东省华侨信托投资公司在广州设立。此外，北京、武汉、昆明等地也先后成立过信托投资机构。20世纪50年代中期以后，与高度集中的计划经济体制相适应，各地信托投资机构纷纷解体，业务基本停办。1980年以后，与新的经济体制相适应的信托投资机构得到迅速发展。中国信托投资机构体系由两类机构组成：第一类是银行系统的信托投资公司，包括中国工商银行、中国农业银行、中国银行及中国建设银行等系统的信托投资公司；第二类是政府部门主办的信托投资公司，具体包括中央政府主办的信托投资公司以及地方政府主办的信托投资公司等。中国国际信托投资公司和爱建金融信托公司等，就属于全国性的信托投资公司。1994 年后，随着金融体制的改革和完善，信托投资公司逐渐与母体脱钩，成为独立经营的市场主体。

我国信托业发展较为曲折。1979 年，中国国际信托投资公司的成立标志着中国恢复信托业。但 1979—1999 年，由于信托业的市场定位不清，在某种程度上充当了银行的角色，再加上信托监管框架及法律、法规的缺陷，信托业的发展出现多次失控，国家先后对信托业进行过 5 次整顿。前 4 次分别在 1982 年 4 月、1985 年年初、1988 年 8 月、1993 年 6 月，这 4 次整顿都与当时的经济环境有关——整体经济过热，而信托公司大量进行信托投资和放贷，对经济过热起到推波助澜的作用。第 5 次是从 1999 年 3 月开始，这是最严厉的一次整顿。历次整顿无效，再加上受 1997 年亚洲金融危机及随后俄罗斯等国金融危机的触动，国务院下定决心彻底清理整顿，使信托业回归本业，同时完善相关法规。

3．证券公司

证券公司是专门从事有价证券买卖及相关业务的金融机构，其主要业务有：代理证券发行业务，自营、代理证券买卖业务，代理证券还本付息和红利的支付，证券的代保管和签证，接受委托证券利息和红利的支付，接受委托办理证券的登记和过户，证券抵押贷款，证券投资咨询等。

我国证券公司是在 20 世纪 80 年代伴随经济改革和证券市场的发展而诞生的，初设时多是由某一家金融机构全资设立的独资公司，或是由几家金融机构、非金融机构以入股的形式组建的股份制公司。近年来，随着分业经营、分业管理原则的贯彻及规范证券公司发展工作的落实，银行、城市信用合作社、企业集团财务公司、融资租赁公司、典当行以及原各地融资中心下设的证券公司或营业机构陆续予以撤销或转让，在要求证券机构彻底与其他种类金融机构脱钩的同时，鼓励经营状况良好、实力雄厚的证券公司收购、兼并业务量不足的证券公司。

我国证券公司历经四个发展阶段：

1) 起步阶段(1987—1995年)

1987 年 9 月，我国第一家证券公司深圳特区证券公司成立。这一阶段，证券经营机构多是银行或信托投资公司下设的证券业务部门，资产规模相对小。1992 年南方、华夏、国泰三大中央级证券公司成立，标志着中国证券业以证券公司为主导的态势开始逐步形成。

2) 兼并重组期(1995—2000年)

银证分离推动了证券行业第一次重组与扩张热潮。通过新设、增资扩股以及兼并重组，证券公司的资本实力和资产规模都迅速扩张，申银万国、国泰君安、银河证券等一批实力雄厚的大型综合类券商纷纷崛起。

3) 治理整顿阶段(2001—2006年)

这一时期证券公司投资业务过度膨胀，加上我国证券市场经历了长达 4 年的熊市，市场成交量大幅萎缩，导致全行业大面积亏损；部分证券公司因严重违规经营或资不抵债陷入经营困境。从 2003 年开始，国家对证券公司进行综合治理，以净资本进行业务约束。

4) 规范发展阶段(2007年至今)

证券公司综合治理工作结束，证券行业监管日趋严格，“规范发展”和“创新发展”成为国内证券公司发展的主题。

目前，我国的证券公司已有 100 多家。其中，申银万国、国泰君安、海通等证券公司在分支机构设置、业务量占比等方面均处于前列。随着我国现代企业制度的建立和完善，尤其是随着国有企业股份制改造及更多公司上市的需要，证券公司将迎来蓬勃发展的新时期。

4．财务公司

财务公司是企业集团投资兴办的、专门从事企业集团内部资金融通业务的金融机构，其宗旨和任务是：为本企业集团内部集资或融通资金，一般不得在企业集团外部吸收存款。财务公司在业务上受中国人民银行领导和管理，在行政上则隶属于各企业集团，如中国东风汽车工业公司财务公司、中国有色金属工业总公司财务公司、华能集团财务公司、中国化工进出口财务公司等。企业集团财务公司是产业和金融业相结合的经济实体，是实行独立核算、自负盈亏的独立企业法人，服务对象限于企业集团内部的成员单位，业务范围较窄。

公司隶属于对其投资的企业集团，但作为实际的金融机构，业务活动则必须接受金融监管，公司可以同银行及其他金融机构建立同业往来关系。其业务范围主要包括：① 企业集团内部各成员的人民币业务，如企业存款、贷款，集团内转账结算，职工储蓄，信托存款、贷款和投资，融资性租赁，房地产开发，票据贴现和有价证券抵押贷款，由企业集团有关主管部门签证的债务担保与见证，代理发行、保管及咨询等；② 企业集团内部各成员单位的外汇业务，如外汇存款、贷款与投资，国际融资租赁，外汇信托存款、贷款与投资，外汇担保与见证等；③ 经管理部门批准，向社会发行金融债券；④ 代表企业集团统一向金融机构借款，再向成员单位转贷；⑤ 财务公司发生临时资金困难时，可以进行同业拆借，或向人民银行申请短期借款，但拆入资金不得发放固定资产贷款。

5．金融租赁公司

金融租赁公司是指专门经营融资租赁业务的机构。中国的金融租赁业起始于 20 世纪 80 年代。1981 年 4 月，中国第一家租赁公司东方租赁有限公司成立。该公司由中国国际信托投资公司、北京市机电设备和日本东方租赁有限公司合资创办。1981 年 8 月，中国第一家国营现代租赁公司中国租赁有限公司正式成立，投资者为中国国际信托投资公司、国家物资总局、中国工商银行、中国农业银行、中国建设银行、中国人民保险公司、水电部、轻工部、电子工业部等。此后，中国租赁业得到迅速发展，形成了业务齐全、机构遍布全国的融资租赁网络。

中国租赁机构的业务经营方式同其他国家大致相同，按不同的标准划分为不同类型。

1) 以经营方式为标准划分

(1) 自营租赁。自营租赁是指租赁公司以出租人身份，根据承租人的要求，自行出资购买承租人选定的设备，然后以租赁方式出租给承租人使用。

(2) 合办租赁。合办租赁指租赁公司与物资、生产部门合办租赁业务。承租人根据需要，在与制造厂商订立购货契约后，向租赁公司提出申请，租赁公司同物资、生产部门联合以出租人身份向承租人出租设备。合办租赁中，一般是租赁公司负责提供资金，物资、生产部门负责提供设备，租金按各方出资比例分成。

(3) 代理租赁。代理租赁是指租赁公司接受企业单位或其他租赁公司等出租人的委托，对其多余、闲置或愿意提供出租的设备代为联系和寻找承租人，租金归出租人所有，由租赁公司代收，租赁公司获取佣金。

2) 以租赁业务的具体方法为标准划分

(1) 直接租赁。直接租赁是指租赁公司以出租人身份，根据承租人的需要，出资向设备生产厂商订货，然后由供货人直接将货物发送承租人使用。出租期间，租赁公司不对租赁设备的维护和保养负责任。这是一种典型的融资性租赁。

(2) 转租赁。转租赁是指租赁公司首先作为承租人，向其他租赁机构租进最终承租人所需设备，然后作为出租人将设备转租给最终承租人使用。租金由租赁公司收取，然后将其中一部分转付给原始出租人。这种方式较多运用于引进先进设备和技术。

(3) 售后回租。售后租赁是指租赁公司将承租人所有的设备按账面价格或重估价格买进后，再以出租方式返还承租人使用，即承租人将其设备出售给租赁公司后再租回使用。这种方式可解决企业的临时资金需求，有利于改善企业财务状况。

中国租赁机构的业务范围包括七个方面：一是用于生产、科研、文教、医疗卫生、旅游、交通运输等方面的设备及货物的租赁、转租赁业务；二是前述租赁业务所涉及标的物的购买业务；三是前述租赁业务中出租物资残值的销售处理业务；四是与租赁有关的商务、金融、技术等咨询业务；五是经国家外汇管理局批准，经营进出口租赁业务的融资租赁机构的境内外外币信托存款、境外外币借款、境外发行外币有价证券、外汇担保等业务；六是经管理部门批准的人民币债券发行业务；七是与租赁项目有关的人民币担保业务等。

6. 信用合作社

信用合作社是由社员自愿集资结合而成的互助合作性金融机构。我国现行的信用合作社有两大类：农村信用合作社和城市信用合作社。前者主要为农村广大农民及乡镇企业的生活、生产提供金融服务；后者主要为城市集体企业、个体工商户、城镇居民提供相关的金融服务。两类信用社均属于互助合作性质的金融机构，遵循自主经营、独立核算、自负盈亏的经营原则。在经营管理上的主要特征是组织上的群众性、管理上的民主性和业务经营上的灵活性。1994 年后，随着金融改革与发展，一些信用合作社陆续改组为地方性商业银行。

(五) 中国银行业协会

中国银行业协会成立于 2000 年，是由中华人民共和国境内注册的各商业银行、政策性银行自愿结成的非营利性社会团体，经中国人民银行批准并在民政部门登记注册，是我国银行业的自律组织。中国银行业协会及其业务接受中国人民银行的指导、监督和民政部的管理。中国银行业协会的成立，解决了银行同业之间的约束和自律问题，进一步完善了我国金融监管体制和银行业的运行环境，标志着中国银行业自我约束、自我管理的进一步成熟，以及有序竞争的金融市场环境的进一步完善。

二、我国香港地区的金融机构体系

(一) 香港金融管理局

香港没有中央银行，中央银行的一些基本职能由香港金融管理局承担。香港金融管理局是 1993 年由外汇基金管理局和银行监理处合并而成的政府金融管理机构，其主要职责是：制定及执行金融政策；监管货币及外汇市场的运作，并在需要时调节货币市场运作，以维持市场稳定；管理外汇基金的资产，发展香港的金融市场；管理公债市场，监督银行业条例下认可的机构。

(二) 香港三家发钞银行

香港金融管理局的职责与一般中央银行的职责大致相符，但与一般中央银行不同的是其不发行货币。香港货币即港元，是由特区政府通过法律授权商业银行发行的。目前发行港元的三家银行是汇丰银行、渣打银行和中国银行，其发钞量占市场流通量的比例分别为80%、15%和5%。

(三) 香港银行公会

香港银行公会是由香港特区政府专门立法成立的组织。香港特区政府的许多政策意图都通过银行公会组织向社会披露，并将若干事务交由银行公会处理，利用银行公会加强银行业自身调节和自律，从而达到协助监管的目的。

(四) 银行三级制

1981年，香港对金融体制进行改革，对《银行业条例》和《接受存款公司条例》进行了修改，确立了持牌银行、持牌接受存款公司和注册接受存款公司三级制的构架，并对三级机构分别制定了明确的标准、限制和业务的划分，从而建立起三级银行体制。

持牌银行是全面经营银行业务的商业银行，它由两类银行组成：一类是外资银行和由外国银行持股达25%以上的本地银行；另一类是本地华资银行和中国银行集团。持牌银行是香港唯一可以经营企业往来账户和储蓄账户业务的正规银行。

有限制持牌银行具有商业银行的性质，主要从事投资银行及资本市场业务，并可接受任何期限的公众存款，但存款额不得少于50万港元，至于所定的利率，则不受任何限制。

接受存款公司多是银行的附属机构，且很多公司规模都不大。接受存款公司可办理10万港元以上的期限超过3个月的存款，利率不受限制，不办理活期储蓄和短期(少于3个月)存款业务。基于资金规模考虑，这些公司主要从事消费融资和提供住房贷款。

1990年香港对上述体制进行了改革，把持牌接受存款公司改为有限制持牌银行，把注册接受存款改为接受存款公司，并提高了对三级机构的最低实收资本金的要求。持牌银行的最低实收资本为1.5亿港元；有限制持牌银行的最低实收资本为1亿港元；接受存款公司最低实收资本为2500万港元。根据最低资本金的规定，接受存款公司中实力较强者将升格为有限制持牌银行，较弱者遭淘汰。经过这次改革，各类存款机构的分类更合理，有利于对银行业的统一监管和银行体系的稳定。

此外，香港还有众多的非银行金融机构，主要是保险公司，包括人寿保险公司、财产及灾害保险公司、政府保险公司等，以及证券公司、期货交易所会员公司、单位信托公司、养老基金和信用合作社等。

(五) 货币发行制度

由于香港以国际贸易和服务业为主导成分，且是著名的国际金融中心，使港币的稳定性在很大程度上取决于它与国际间主要可兑换货币，特别是与主要结算货币美元之间的汇率的稳定程度。因此，港币和美元之间实行联系汇率制，维持港币和美元间的固定汇率。但在外汇市场上，汇率的稳定要靠市场规律来调节。香港货币当局要求承担货币发行权的银行必须以 100%的美元作为发行保证，当发钞银行根据业务的需要发行现钞时，需按照7.7～7.8 港元兑 1 美元的汇率，将与所发现钞等值的美元上缴外汇基金管理局，外汇基金管理局出具“负债证明书”，写明外汇管理局对发钞银行有多少金额美元负债，以此可发行多少港元。当外汇管理局要求收回“负债证明书”时，向相应发钞银行支付与“负债证明书”中所载金额相同的美元，则该银行须将等值港元回笼。

第四节　国际金融机构体系

一、国际金融机构的建立

国际金融机构是指由联合国或多国共同建立的、从事国际金融业务和协调国际货币及信用体系正常运行的超国家金融组织。其名称不尽统一，有称作“银行”的，也有称作“基金”“协会”的。国际金融机构的资本由一国或多国出资组成，它是国际金融体系的重要组成部分。

国际金融机构的产生与发展是同世界政治经济情况及其变化密切相关的。第一次世界大战爆发后，各主要国家政治经济发展的不平衡使各国间的矛盾尖锐化，利用国际经济组织控制或影响他国成为必要。同时，战争、通货膨胀及国际收支恶化又造成诸多工业国家面临国际金融的困境，也希望借助国际经济力量。这样，建立国际性金融机构便成为多数工业国家的共同愿望。第二次世界大战后，随着生产和资本的国际化，国际经济关系得到空前发展，国际货币信用关系进一步加强，国际金融机构也迅速增加。

目前的国际金融机构可分为两大类型：一是全球性的金融机构，如国际货币基金组织、国际复兴开发银行(世界银行)等；二是区域性的金融机构，如国际清算银行、亚洲开发银行、泛美开发银行等。

国际金融机构在世界经济发展中的主要作用：一是提供短期资金，调节国际收支逆差，缓解国际支付危机；二是提供中长期发展资金，促进发展中国家的经济发展；三是稳定汇率，促进国际贸易的发展；四是创造出新的结算手段，解决发展中国家国际结算手段匮乏的矛盾。总之，国际金融机构在加强国际经济合作、稳定国际金融、发展世界经济方面起到了重要作用。

二、主要的国际金融机构

(一) 国际货币基金组织

1. 国际货币基金组织的建立与组成

国际货币基金组织(International Monetary Fund，IMF)是根据联合国国际货币金融会议通过的《国际货币基金协定》建立的。1945 年 12 月正式成立，总部设在美国首都华盛顿，1947 年 3 月开始工作。国际货币基金组织由理事会、执行董事会、总裁和若干业务机构组成。此外，为适应业务发展需要，在理事会和执行董事会下还设立了两个决策咨询机构，即发展委员会和临时委员会。

会员国在基金组织内的投票权即票数的多少，决定于他们缴纳基金份额的大小；各理事和执行董事权力的大小，则由他们所代表的国家拥有票数的多少来决定。理事会和执行董事会作出的大多数决定一般由简单多数票通过即可，但是对于重大问题，如修改基金组织协定的条款、调整成员国基金份额等，必须获得占总投票权 80%～85%以上的多数才能通过。基金份额的性质相当于股东向股份公司认购的股本。每个会员国所缴纳份额的大小，是根据会员国的国民收入、黄金和外汇储备、平均进出口额变化率及出口额占国民收入的比重等变量决定的。基金份额的计算单位原为美元，1969 年后改为特别提款权(SDR)。基金组织的一切活动几乎都同基金份额有关。美国在基金组织中是缴纳份额最大的国家，它拥有 20% 左右的投票权，而最小的会员国只有不到 1% 的投票权。所以，美国在基金组织的活动中始终起着决定性的作用，对于特别重大的问题，如果美国一家反对，就可能无法通过了。目前投票权数在前的其他国家依次是英国、德国、日本、法国、沙特阿拉伯、意大利、中国等。

2．国际货币基金组织的宗旨

国际货币基金组织的宗旨有六项：一是建立一个永久性的国际货币机构，就国际货币问题进行磋商，促进国际货币合作；二是促进国际贸易的扩大和均衡发展，并以此提高成员国的就业率和实际收入水平，开发成员国的生产资源；三是促进汇率稳定，保持成员国之间有秩序的汇兑安排，避免竞争性的通货贬值；四是协助建立成员国之间经常交易的多边支付体系，消除阻碍国际贸易发展的外汇管制；五是协助成员国改善国际收支状况，通过贷款解决国际支付困难，避免其采取有损于他国利益和国际繁荣的措施；六是争取缩短成员国国际收支失衡的时间，减轻失衡的程度。

3．国际货币基金组织的业务活动

国际货币基金组织的业务活动主要有三项：汇率监督与政策协调、储备资产的创造与管理、对国际收支困难的国家提供短期资金融通。

汇率监督与政策协调的做法是：首先，只要基金组织提出要求，会员国就应向它提供必要的资料，就汇率政策问题进行磋商。其次，对个别会员国，主要是检查其汇率是否与《国际货币基金协定》所规定的义务相一致。基金组织要求所有会员国将其汇率安排的变化通知它，以便及时地进行监督与协调。最后，对主要西方发达国家的多边监督，由执行董事会和理事会进行。

储备资产的创造是国际货币基金组织为补充国际储备资产的不足，于 1969 年 9 月创设的一种新的国际储备资产和记账单位，即特别提款权(SDR)。因为它是基金组织在原会员国普通提款权以外的补充性储备资产，故称为“特别提款权”。SDR 作为基金组织会员国使用货币资金的一种权利，同其他储备资产相比，有明显区别：一是它不具有内在价值，是基金组织人为创造的纯账面资产；二是 SDR 由基金组织按会员国缴纳的基金份额进行分配，分配后即成为会员国的储备资产，而不像黄金、外汇等，通过贸易或非贸易交易取得；

三是 SDR 只能在基金组织及各成员国政府间发挥作用；四是 SDR 具有严格限定的用途，不能直接用于贸易或非贸易的支付，而主要用于偿付国际收支逆差，或用于偿还基金组织的贷款。

贷款业务是国际货币基金组织在会员国国际收支发生暂时性不平衡时，向其提供短期信贷的活动。贷款的主要类型有普通贷款、中期贷款、信托基金贷款、石油贷款、补充贷款、扩大贷款等。贷款对象仅限于会员国的财政部、中央银行、外汇平准基金等政府机构。贷款提供由会员国用本国货币向基金组织申请换购外汇，即采取“购买”的方式，还款时则采用“回购”的方式，即以黄金、外汇或 SDR 购回本国货币。贷款用国际货币提供，对币种并无限制，但一律以 SDR 计算，利息也用 SDR 缴付。

(二) 世界银行集团

1. 国际复兴开发银行

国际复兴开发银行又称“世界银行”，是 1944 年布雷顿森林会议后，与 IMF 同时产生的两个国际金融机构之一。世界银行成立于 1945 年 12 月，1946 年 6 月正式开始营业，总部设在华盛顿。世界银行的主要宗旨是：通过组织和发放中长期贷款，协助会员国的资源开发；促进国际贸易长期平衡发展，维持国际收支平衡；鼓励和辅助私人对外投资，以促进会员国的经济复兴与发展。

世界银行最主要的业务活动是向成员国提供贷款，此外还开展技术援助(通常与贷款结合在一起进行)等业务。世界银行在成立初期，贷款的重点在欧洲，以帮助西欧国家战后的经济复兴。自 20 世纪 50 年代起，贷款重点逐步转向亚非拉的发展中国家。世界银行贷款的投向主要是各种基础措施，如公路、铁路、港口、电信和动力设备等，之后又增加了能源开发、农业、公用事业、环境保护和文教卫生等福利事业的项目贷款。近年来，世界银行向经济转轨和受金融危机重创的国家提供了大量中长期的贷款。世界银行办理贷款业务的主要特点是：贷款对象广泛，除会员国的政府、政府机构外，会员国的国营、私营企业也可以向世界银行借款；世界银行原则上只是对会员国的特定建设项目发放贷款，在特殊情况下，才发放非项目贷款；贷款期限较长，一般在 5 年以上，最长可达 30 年，并有 5 年宽限期，在宽限期内只付息不还本；贷款利率实行浮动利率，但一般低于市场利率。对贷款收取的杂费很少，只对签约后未使用的贷款收取 0.75%的承诺费，贷款及日后还本付息均以美元计值，借款国要承担所贷货币与美元之间因汇价变动产生的风险。

另外，世界银行的贷款条件是非常严格的，申请贷款必须遵循严格的程序，并接受严格的审查和监督。

2. 国际开发协会

国际开发协会(International Development Association，IDA)是世界银行的一个附属机构，专门向低收入发展中国家提供优惠的长期贷款。它于 1960 年 9 月正式成立，同年 12 月开始营业，总部设在华盛顿。其宗旨是帮助世界上欠发达地区会员国加快经济发展、提高生产力和生活水平，以补充世界银行的活动，有助于世界银行目标的实现。IDA 在法律上和会计上是独立的国际金融机构，但在人事与管理上却完全依附于世界银行。国际开发协会各会员国在理事会的投票权与其认缴的股本成正比。目前，协会总资本额超过 100 亿美元，与世界银行一样，美国在国际开发协会认缴的股本最大，投票权也最大。我国认缴的股金近 4000 万美元，其投票权约占总票数的 2%。

3．国际金融公司

为了促进对私人企业的国际贷款，世界银行于 1956 年 7 月建立了国际金融公司(International Finance Corporation，IFC)，总部设在华盛顿。其宗旨是：对发展中国家会员国私人企业的新建、改建和扩建提供贷款资金，促进这些国家私营经济的增长和国内资本市场的发展，从而拓展世界银行的功能和活动领域。IFC 在法律和财务上是独立的经营实体，但也是世界银行的附属机构。目前，IFC 资本总额约有 20 亿美元，由于美国认缴股本最多，其投票权约占 30%；中国认缴股金 415.4 万美元，其投票权约占总数的 0.77%。IFC 提供的贷款有以下特点：贷款对象主要是亚非拉不发达地区会员国的生产性私营企业，并且不要求会员国政府为贷款偿还提供担保；一般只对中小型私营企业提供贷款，贷款金额一般在 200 万至 400 万美元，最高也不超过 2000 万美元；贷款资助的部门主要是制造业、加工业、采掘业，以及旅游业和非金融服务业；在提供资金时，往往采取贷款与投资项目结合的方式，即除发放贷款外，还出资购买借款方公司的股权，但不参与投资企业的经营管理活动。

IFC 贷款期限较长，一般为 7～15 年，还款时须用原借人的货币。贷款的利率不统一，视借款人或投资项目的风险和预期收益而定，一般要高于世界银行贷款的利率。

(三) 区域性的国际金融机构

1．国际清算银行

国际清算银行是世界上历史最悠久的国际金融组织，是由西方主要发达国家的中央银行和私营商业银行合办的，于 1930 年 5 月成立，总行设在瑞士的巴塞尔，是国际上唯一办理中央银行业务的机构。它的主要任务是：促进各国中央银行的合作，并为国际金融的运营提供便利。该行的管理机构是股东大会、董事会及经营管理当局。

国际清算银行刚建立时只有 7 个成员国，目前已有 40 多个国家的中央银行参加。国际清算银行的宗旨是促进各国中央银行的合作，为国际金融活动提供更多的便利，在国际金融清算中充当受托人和代理人。20 世纪 70 年代以来，国际清算银行除了履行中央银行的清算职能之外，还在某种程度上履行着世界范围中央银行的监督管理职能。目前，国际清算银行 85%以上的股份掌握在各国中央银行手中，私人持有的股份虽然在利润分享上与中央银行股份享有同等权利，但私人股份没有代表权和投票权。1996 年 9 月 9 日，该行董事会通过决议，决定接纳中国、巴西、印度、韩国、墨西哥、俄罗斯、沙特阿拉伯、新加坡及中国香港的中央银行及货币当局为成员。

国际清算银行的专门委员会巴塞尔银行监管委员会，于 1974 年 9 月由国际清算银行发起，十国集团(英国、美国、法国、联邦德国、意大利、日本、荷兰、加拿大、比利时、瑞典)和瑞士的中央银行行长在瑞士的巴塞尔开会，首次讨论跨国银行的国际监督与管理问题，1975 年 2 月成立了常设机构银行管理和监督行动委员会(简称“巴塞尔委员会”)。1975 年 9 月 26 日，委员会第一个契约型文件《对银行的外国机构的监督》(简称《巴塞尔协议》)出台，标志着国际银行业协调监管的开始。其后，委员会又陆续出台了《关于统一国际银行的资本计算和标准的报告》(1988 年)、《银行业有效监管核心原则》(1997 年)、《新资本协议》(1999 年)等重要协议文件，使国际银行业监管思想、理论、原则及方法有了全面的、实质性的发展，影响范围也由原来的“十国集团”扩大到世界各个国家。以国际银行业监管为核心的“巴塞尔体系”，正在促成国际银行业统一监管框架的形成。

2. 亚洲开发银行

亚洲开发银行简称“亚行”，是由亚洲太平洋国家(地区)及部分西方国家政府出资开办的多边官方金融机构，于 1966 年 12 月正式开业，总行设在菲律宾的马尼拉。其宗旨是鼓励政府和私人在亚洲太平洋地区投资，通过提供项目贷款和技术援助，促进和加强亚太地区发展中国家的经济发展。其主要任务是利用亚洲开发银行的资金，为本地区发展中国家的开发项目和计划提供贷款和必要的技术援助。亚行的最高权力和决策机构是理事会，理事一般由各成员国的财政部长或中央银行行长担任。理事会下设执行董事会，负责日常业务。亚洲开发银行的最高行政负责人是行长，行长的职责与权利、银行的表决制度与国际货币基金组织、世界银行类似。

3. 非洲开发银行

非洲开发银行是非洲国家创办的区域性国际金融机构，成立于 1964 年 9 月，1966 年 7 月正式营业，总行设在科特迪瓦首都阿比让。该行成立初期有 23 个成员国，都是非洲国家。1978 年后允许区外国家参加。中国于 1985 年 5 月 10 日正式加入非洲开发银行。其宗旨是为成员国的经济和社会发展提供资金，协助非洲大陆制定总体发展战略，协调各国的发展计划，以便逐步实现“非洲经济一体化”。为实现这一宗旨，该行的主要任务是利用本行的各种资金为本地区成员国提供各种开发性贷款和技术援助。该行的最高权力机构为理事会，由各成员国委派理事和副理事各 1 名，其人选一般由各国财政部长或负责经济事务的部长充任。理事会下设执行董事会，负责银行日常业务。行长由董事会选举产生，任期 5 年，并兼任董事会主席。

4. 泛美开发银行

泛美开发银行是由拉美国家、一些西方国家、日本及前南斯拉夫合办的区域性国际金融机构，成立于 1959 年 12 月，1960 年 10 月正式营业，总部设在华盛顿。其宗旨是为成员国及其附属或代理机构的经济和社会发展提供项目贷款，同时也为成员国私人企业提供无需政府担保的贷款，或为它们的贷款提供担保以及技术援助，以推动成员国的自身发展和共同发展，协助实现泛美体系的最终发展目标。该银行的组织机构设置、投票权分配、表决制度与世界银行类似。目前，其成员国主要来自拉丁美洲、欧洲和亚洲。

综上所述，在金融机构体系中，中央银行是现代金融体系的核心。商业银行是以经营存、放款，办理转账结算为主要业务，以营利为主要经营目标的金融机构，是一种特殊的金融企业。政策性银行是由政府组建、参股或保证，专门在某一领域从事政策性金融业务的国家银行。政策性银行依据国家的经济政策和经济计划，按照产业政策的要求安排贷款，具有一定的政府机关的性质；同时又经营金融业务，以金融方式融通资金，具有金融企业的性质。总体说来，政策性银行属政府创办并领导的具有独立法人地位的经营实体，既不同于一般的政府机关，又不同于中央银行、商业银行等金融机构。

【案例 1】

世界一流投资银行——美林证券

美林证券成立于 1885 年，是最大的全球性综合投资银行。其资本额高达 235 亿美元，在《财富》杂志全球 500 家大公司排名中，曾位列证券业第一。

美林是一个领导性的国际金融管理及咨询公司，总体客户资产超过 1 万亿美元，在为个人与小型企业提供金融咨询与管理服务中处于领导地位。自 1988 年起，美林连续 10 年成为全球最大的债券及股票承销商，其在纽约交易所、伦敦交易所和其他许多股票交易市场的股票交易额均名列首位；它也是企业、政府、机关、个人的战略性咨询者。通过美林资产管理，公司运作着世界上最大的共同基金集团之一。

美林的经营原则是："我们作为领导、同事、雇员和居民的行为基础。我们承诺在经营原则的规范下进行我们个人及组织行为。这一承诺帮助我们成为世界上一流的公司。随着美林越来越多元化、全球化，经营原则帮助我们更加确定我们是什么样的公司，我们相信什么，我们期待我们能为自己、客户和股东提供哪些服务。"

美林的主要业务如下：

(1) 投资银行。美林是为企业、机关、政府提供全球咨询与金融服务的市场主导者。

(2) 并购业务。1997 年 11 月 24 日，美林集团以 53 亿美元收购英国水星资产管理公司，使美林资产管理公司成为全球最大的资产管理机构之一，兼并后所管理的资产已超过 5000 亿美元。1998 年 2 月，它收购了日本山一证券公司在日本的大部分业务，并据此建立了美林日本证券公司。至 1998 年底，美林受委托管理的客户资产已逾 14 000 亿美元，并以平均每天接近 4 亿美元的速度在增加。通过并购集团，美林成为并购交易中的领导性咨询公司，是在美国和全球完成并购的西方顶尖级顾问公司之一。自 1995 年以来，美林已为 1100 桩交易提供咨询服务，交易值超过 1.2 万亿美元。美林为客户提供各种不同类型的战略性服务，其中包括预先反并购策略、销售、收购和剥离财产、使母公司收回子公司全部股本使之脱离，以及合资企业的服务。美林的并购专家可根据客户的战略性需要提供不同的专家建议，他们与美林的其他行业专家密切合作以满足客户的需求。

(3) 金融期货与选择权。美林金融期货与选择权部通过运用利率、股票和金融衍生品，帮助机构客户进行风险管理与投资决策。他们不断完善公司在世界范围的资本市场资源，以便为客户提供综合策略。

(4) 企业销售。美林通过 850 多种行业组成的国际化销售力量，提供给机构投资人广泛的产品与服务。

机构客户部门负责美林与机构投资人的业务关系，其中包括最大的企业、养老基金、金融机构、政府机关以及在国际上持有主要投资资产的商人。

2008 年，受次贷危机影响，美林证券亏损严重，被美国银行收购。

——资料来源：http://baike.baidu.com/view/247337.htm

思考题：

查阅相关资料，找出我国投资银行与美林证券在业务上的差距。

【案例 2】

美国共同基金

美国现代的共同基金已有 70 多年的发展历程，其在 1996 年末以 35 390 亿美元的资产总额雄踞全美第二大金融资产，占全世界共同基金资产总额的 55%。

截至 1996 年末，美国有超过 6200 个共同基金，代表着多种类型的投资目标，从保守型到进攻型，投资于包罗万象的证券中。美国投资公司研究会根据基金的基本投资目标，将共同基金大致分成三大类。

1. 股票基金

(1) 进攻成长型基金。该基金寻求最大的资本成长，现实的收入不是重要的因素，而未来的资本所得才是主要目标。这种基金投资于非主流股票、非热门股票，运用投资技术卷入巨大的风险，以期获得巨大的利润。

(2) 成长型基金。该基金投资在发展前景非常好的公众公司的股票，但风险性比进攻成长型基金要小。

(3) 成长和收入型基金。该基金寻求长期资本成长和现在的收入相结合，这种基金投资于股票的标准是价值增长的和展示出良好的、连续的支付红利的记录。

(4) 贵金属/黄金基金。该基金主要投资于与黄金和其他贵金属发生联系的股票。

(5) 国际基金。该基金主要投资于美国以外的公司的股票。

(6) 全球性综合基金。该基金主要投资于全世界的公司的股票，包括美国的公司股票。

(7) 收入股票基金。该基金寻求收入的高等级，主要投资于有良好红利支付记录的公司股票。

2. 债券和收入基金

(1) 灵活组合基金。该基金允许基金管理者预先处理或对市场条件的变化作出相应的反应，去决定投资于股票、债券或货币市场。

(2) 余额基金。该基金通常在寻求保值投资者的资本、支付现在的红利收入的基础上实现资本的长期增值，其组合由债券、优先股和公众股混合而成。

(3) 收入混合基金。该基金寻求收入的高等级，主要投资于能产生现实收入的证券，包括股票和债券。

(4) 收入债券基金。该基金寻求高等级的现实收入，投资于混合的企业和政府债券。

(5) 美国政府收入债券基金。该基金投资于多样的政府债券，包括美国国库券、联邦政府担保抵押证券和其他政府票据。

(6) 全国政府抵押协会基金。该基金主要投资于全国政府抵押协会担保的抵押证券。

(7) 全球性债券基金。该基金主要投资于全世界的国家和企业债券，包括美国在内。

(8) 企业债券基金。该基金主要投资于企业债券，部分投资于国库券或联邦政府机构发行的债券。

(9) 高回报债券基金。该基金寻求非常高的回报，但是相对于企业债券基金，会承担很大的风险，主要投资于低信用等级的企业债券。

(10) 国家、市政债券长期基金。该基金寻求收入免缴税金，其投资的债券发行者是州和市政府，为学校、高速公路、医院、桥梁和其他市政建设筹集资金。

(11) 州市政债券长期基金。该基金寻求收入免缴联邦税和州税，但只限于本州的居民，其投资的债券发行者只是单个州。

3. 货币市场基金

(1) 应纳税的货币市场基金。该基金寻求持续、坚固的净资产价值，投资于货币市场中短期的、高等级的证券，如美国国库券、大银行的存款证明书和短期商业债券，这种组合的平均期限是90天或更短。

(2) 免税的国家货币市场基金。该基金寻求收入免缴税金和最小的风险，投资于短期的市政债券；

(3) 免税的州货币市场基金。该基金寻求收入免缴联邦税和州税，但限于本州居民，其投资于单一州的短期市政债券。

此外，还有特定的或部门的基金。特定的基金包括生物工程基金、小公司成长基金、指数基金和社会准则基金等；部门基金主要投资于特定的证券市场的部门，基金也投资于其他的共同基金。广泛的、可供选择的基金适应了不同客户的要求，以帮助客户达到多样的财务目标。

——资料来源：http://www.pyrtvu.cn/kejian2009/huobiyh/alfX/07.doc

思考题：

什么是共同基金？它在我国的发展状况怎样？

重要概念与思考题

本章重要概念

金融机构	中央银行	储蓄银行
信用中介	商业银行	政策性银行
支付中介	开发银行	非银行金融机构
	投资银行	

思考题

1. 金融机构有哪些功能和类型？
2. 专业银行包括哪些银行？其特点是什么？
3. 建立政策性银行有哪些重要性？其主要职能是什么？
4. 西方非银行金融机构主要包括哪些？其主要特点是什么？
5. 我国的金融体系包括哪些内容？
6. 简述主要的国际金融机构。

第七章 商 业 银 行

商业银行是为适应市场经济发展和社会化大生产而形成的一种金融组织，是现代金融体系的主体组成部分。商业银行历史悠久，早在1272年意大利就出现了商业银行。

现代银行的几个重要作用必须引起重视：一是组织存款。很大一部分的金融资产是商业银行靠组织存款获取的，所以现代商业银行也通称“存款货币银行”。二是发放贷款。它要占商业银行存款的绝大部分。三是信用创造。中央银行虽能用创造货币的权力给商业银行以基础货币，但具体运作中的存款货币派生又是靠商业银行体系内通过存贷转移而形成的。

学习目标

1. 了解商业银行的起源、发展及其经营管理的方法；
2. 掌握商业银行的基本性质和基本职能、商业银行的业务；
3. 掌握商业银行经营管理的一般原则。

第一节 商业银行概述

一、商业银行的产生与形成途径

资本主义银行体系是通过两条途径产生的：一是旧的高利贷性质的银行业逐渐适应新的经济条件而转变为资本主义银行；二是按资本主义原则组织起来的股份银行。起主导作用的是后一条途径。1694年，在英国政府支持下，由私人创办的英格兰银行是最早出现的股份银行，它的正式贴现率一开始就规定为4.5%～6%，大大低于早期。

在金融中介体系中，能够创造存款货币的金融中介机构，国际货币基金组织曾把它们统称为“存款货币银行”(deposit money banks)；如今在IMF和中国人民银行的统计中又称“存款性公司”。西方国家的存款货币银行主要是指传统称为商业银行或存款银行的银行；我国的存款货币银行包括国有商业银行、政策性银行中的中国农业发展银行、其他商业银行、信用合作社及财务公司等金融机构。

(一) 商业银行的产生

最早的现代商业银行产生于英格兰，英文“bank”(来源于意大利语“banca”或者“banco”，原指商业交易所用的长凳和桌子)原意是指存放钱财的柜子，后来泛指专门从事货币存、贷和办理汇兑、结算业务的金融机构。汉语中的“银行”是指专门从事货币信用业务的机构。

鸦片战争以后，外国金融机构随之侵入，“银行”就成为英文“bank”的对应中文翻译。

从历史发展顺序来看，银行业最早的发源地是意大利。早在1272年，意大利的佛罗伦萨就已出现一个巴尔迪银行。1310年，佩鲁齐银行成立。1397年，意大利又设立了麦迪西银行，10年后又出现了热那亚乔治银行。当年的这些银行都是为方便经商而设立的私人银行，比较具有近代意义的银行则是1711年设立的威尼斯银行。14—15世纪的欧洲，由于优越的地理环境和社会生产力的较快发展，各国、各地之间的商业往来也逐渐频繁。

然而，由于当时的封建割据，不同国家和地区之间所使用的货币在名称、成色等方面存在着很大差异。要实现商品的顺利交换，就必须把各自携带的货币进行兑换，于是就出现了专门的货币兑换商，从事货币兑换业务。

随着商品经济的迅速发展，货币兑换和收付的规模也不断扩大，为了避免长途携带大量金属货币带来的不便和风险，货币兑换商在经营兑换业务的同时开始兼营货币保管业务，后来又发展到办理支付和汇兑。

随着货币兑换和货币保管业务的不断发展，货币兑换商集中了大量货币资金，当这些长期大量积存的货币余额相当稳定，可以用来发放贷款，获取高额利息收入时，货币兑换商便开始了授信业务。

货币兑换商由原来被动接受客户的委托保管货币转而变为积极主动地揽取货币保管业务，并且从降低保管费或不收保管费发展到给委托保管货币的客户一定好处时，保管货币业务便逐步演变成了存款业务。由此，货币兑换商逐渐开始从事信用活动，商业银行的萌芽开始出现。17世纪以后，随着资本主义经济的发展和国际贸易规模的进一步扩大，近代商业银行雏形开始形成。

随着资产阶级工业革命的兴起，工业发展对资金的巨大需求，客观上要求商业银行发挥中介作用。在这种形势下，西方现代银行开始建立。

1694年，英国政府为了同高利贷作斗争，以维护新生的资产阶级发展工商业的需要，决定成立一家股份制银行英格兰银行，并规定英格兰银行向工商企业发放低利贷款，利率大约为5%～6%。英格兰银行的成立，标志着现代商业银行的诞生。

(二) 商业银行的形成途径

西方国家商业银行产生的社会条件和发展环境虽各不相同，但归纳起来主要有两条途径。

1. 从旧的高利贷银行转变而来

早期的银行是在资本主义生产关系还未建立时成立的，当时贷款的利率非常高，属于高利贷性质。随着资本主义生产关系的建立，高利贷因利息过高影响资本家的利润，制约着资本主义的发展。此时的高利贷银行面临着贷款需求锐减的困境和关闭的威胁。不少高利贷银行顺应时代的变化，降低贷款利率，转变为商业银行。这种转变是早期商业银行形成的主要途径。

2．按资本主义组织原则组建而成

大多数商业银行是按这一方式建立的，即以股份形式组建而成的现代商业银行。最早建立资本主义制度的英国，也最早建立了资本主义的股份制银行——英格兰银行。

当时的英格兰银行宣布，以较低的利率向工商企业提供贷款。由于新成立的英格兰银行实力雄厚，很快就动摇了高利贷银行在信用领域的地位，英格兰银行也因此成为现代商业银行的典范。英格兰银行的组建模式被推广到欧洲其他国家，商业银行开始在世界范围内得到普及。

现代商业银行在商品经济发展较快的国家和地区迅速发展。但是在不同的国家，商业银行的名称各不相同，如英国称其为“存款银行”“清算银行”；美国称其为“国民银行”“州银行”；日本称其为“城市银行”“地方银行”等。

二、商业银行的性质与职能

(一) 商业银行的性质

商业银行是以追求最大利润为经营目标，以多种金融资产和金融负债为经营对象，为客户提供多功能、综合性服务的企业。商业银行的性质具体体现在三个方面。

1．商业银行具有一般工商企业的特征

商业银行与一般工商企业一样，拥有业务经营所需要的自由资本，依法经营，照章纳税，自负盈亏，具有独立的法人资格，拥有独立的财产、名称、组织机构和场所。商业银行的经营目标是追求利润最大化，获取最大利润既是其经营与发展的基本前提，也是其发展的内在动力。

2．商业银行是一种特殊的企业

商业银行具有一般企业的特征，又不是一般工商企业，而是一种特殊的企业。因为一般工商企业经营的对象是具有一定使用价值的商品，而商业银行经营的对象则是特殊商品——货币。

商业银行是经营货币资金的金融企业，是一种特殊的企业。这种特殊性表现在以下四个方面：

(1) 商业银行经营的内容特殊。商业银行以金融资产和金融负债为经营对象。

(2) 商业银行与一般工商企业的关系特殊。二者是一种相互依存的关系。

(3) 商业银行对社会的影响特殊。商业银行经营好坏可能影响到整个社会的稳定。

(4) 国家对商业银行的管理特殊。由于商业银行对社会的特殊影响，国家对商业银行的管理要比对一般工商企业的管理严格得多，管理范围也要广泛得多。

3．商业银行是一种特殊的金融企业

与中央银行比较，商业银行面向工商企业、公众、政府以及其他金融机构，从事金融业务的主要目的是营利。与其他金融机构相比，商业银行提供的金融服务更全面、范围更广。其他金融机构，如政策性银行、保险公司、证券公司、信托公司等，都属于特种金融机构，而现代商业银行则是“万能银行”或者“金融百货公司”，业务范围要广泛得多。

(二) 商业银行的职能

1. 信用中介

信用中介职能是指商业银行通过负债业务，将社会上的各种闲散资金集中起来，又通过资产业务，将所集中的资金运用到国民经济各部门中。商业银行通过充当资金供应者和资金需求者的中介，实现了资金的顺利融通，同时也形成了商业银行利润的重要来源。通过执行信用中介职能，把短期货币资本转化为长期资本，在盈利性原则的支配下，还可以使资本从效益低的部门向效益高的部门转移，从而优化经济结构。

2. 支付中介

支付中介职能是指商业银行利用活期存款账户，为客户办理各种货币结算、货币收付、货币兑换和转移存款等业务活动。在执行支付中介职能时，商业银行是以企业、团体或个人的货币保管者、出纳或支付代理人的资格出现的。商业银行支付中介职能形成了以它为中心、经济过程中无始无终的支付链条和债权债务关系。支付中介职能一方面有利于商业银行获得稳定而又廉价的资金来源；另一方面，又为客户提供良好的支付服务，节约流通费用，增加生产资本的投入。

3. 信用创造

信用创造是指商业银行利用其吸收活期存款的有利条件，通过发放贷款、从事投资业务而衍生出更多的存款，从而扩大货币供应量。

商业银行的信用创造包括两层意思：一是指信用工具的创造，如银行券或存款货币；二是指信用量的创造。

整个信用创造过程是中央银行和商业银行共同创造完成的。商业银行通过创造流通工具和支付手段，可节约现金使用，节约流通费用，同时又满足社会经济发展对流通和支付手段的需要。

4. 信息中介

信息中介职能是指商业银行通过其所具有的规模经济和信息优势，能够有效解决经济金融生活中信息不对称导致的逆向选择和道德风险。由于银企关系的广泛存在和该关系的持续性，商业银行等金融中介具有了作为“代理监督人”的信息优势，同时它还具有专门技术及个人无法比拟的行业经验，这就降低了在贷款合约中存在的道德风险。

5. 金融服务

商业银行联系面广，信息灵通，特别是电子计算机的广泛应用，使商业银行具备了为客户提供更好的金融服务的物质条件。社会化大生产和货币流通专业化程度的提高，又使企业将一些原本属于自己的货币业务转交给商业银行代为办理，如发工资、代理支付费用等。因此，在现代经济生活中，金融服务已成为商业银行的重要职能。

专栏 7-1

由设立机构到并购扩张　工商银行 23 年国际化之路

申请设立机构的国际化程度低，跟当地社区、企业互动少，难以融入本土市场。“仅仅做一些中国人在海外的业务，远远算不上是当地的银行”。相比之下，并购的投入产出快，还能直接获取当地的网络、客户等资源，容易形成可持续的发展模式。

——姜建清

从1993年在新加坡成立了第一家境外分行以来，工商银行一直积极推行跨国经营战略，在各主要国际金融中心通过设立、参资持股和控股等方式，先后拥有了1家分支机构，构筑了批发与零售银行业务、投资和商业银行业务并举的综合银行服务体系。而在机构设置的模式选择上，工商银行已从最初单一设立分支机构，逐步发展到走并购扩张之路，特别是通过在香港、欧洲等地的一系列的资本运作，工商银行海外业务实力在整体上得以提升，业务规模成倍增加，机构网络快速扩张。

1. 由设立机构到并购扩张

工行的海外扩张始于1992年，回顾其国际化历程，可以简单划分为三个阶段。

在2000年以前，工行的海外扩张方式以申请设立分支机构为主，在东道国境内设立形式各异、规模不一的海外分支机构，如代表处、分行等。这一时期，工行除了覆盖韩国、日本等亚洲国家，还远赴纽约、卢森堡、德国、悉尼建设网点。

申请设立分支机构是国内银行过去使用最多的海外扩张路径，原因之一在于其成功率高，也能完全按照母行的意愿进行筹建、投资和发展。不过，在姜建清看来，申设机构并非最优选择。

姜建清在此前接受记者采访时表示，申请设立机构的国际化程度低，跟当地社区、企业互动少，难以融入本土市场。“仅仅做一些中国人在海外的业务，远远算不上是当地的银行”。相比之下，他认为并购的投入产出快，还能直接获取当地的网络、客户等资源，容易形成可持续的发展模式。

因此，自姜建清2000年出任工商银行行长之后，工行进入其国际化的第二阶段——境外并购。

2000年7月，工商银行成功收购香港友联银行，并改组为中国工商银行（亚洲）有限公司。1年后，工商银行整合香港分行与工银亚洲，重新定位了香港分行和工银亚洲的业务发展方向。随后，工银亚洲又代表工行“出手”买下华比富通和华商银行，使自身规模进一步壮大。

此后，工银亚洲利用工商银行内地的网络、客户基础、资金实力、清算系统等资源优势，为客户提供跨地域服务，很快成为工商银行实施跨国经营战略的龙头、资本市场运作的平台和海外业务的旗舰。

在经历了这一系列的整合后，工商银行的海外业务能力显著增强。截至2005年末，工行外币总资产达612亿美元，各项外币存款余额291亿美元，各项外币贷款净额291亿美元。在国际结算业务领域，2005年全年，工行共办理国际结算业务2928亿美元。

随着境外“试水”的成功增强，以及2006年改制上市，工商银行积蓄了国际化发展的实力与经验。从2006年至今，工行海外扩张进入了第三阶段，不仅急速扩大并购版图，还将触角伸向境外主流银行。

截至2014年末，工行已在全球41个国家和地区设立了338家境外分支机构，保持全球网络覆盖最广的中资金融机构地位，跨国经营的机构网络初具规模。

2. 偏好本土化银行，服务“走出去”企业

根据英国《银行家》杂志的调查，排名世界前10位的银行中，有5家是通过跨国并购实现规模扩张的。

首先是寻求对集团发展具有战略意义的市场，其次是寻求业务的互补和服务功能的多元化。工行的收购策略也有着类似的鲜明特色，收购策略上注重和中国有紧密贸易往来的地区，收购对象通常为本土小规模银行，交易伙伴也多曾有合作。

工行董事长姜建清曾多次明确表示，工行非常注重拓展亚洲、拉美和非洲等高成长性市场，持续强化在新兴市场的市场地位和竞争实力，服务于“走出去”的企业。

印尼Halim银行是工行首次完成的跨国银行收购。此后，工行先后对位于新兴市场国家的南非标准银行、泰国ACL银行、阿根廷标准银行等银行进行收购。

随后，工行将目光转向欧美发达国家。在2010年和2011年，工行分别完成对加拿大东亚银行、美国东亚银行和一家美国金融服务公司的收购。在2015年，工行又收购了英国标准银行公众有限公司和土耳其Tekstil Bank。

中国大买手进化论：中国工商银行海外并购案例

时间	产业/领域	投资/运营地	规模变化
2006.12	印尼哈利姆(Halim)银行	印度尼西亚	—
2008.3	南非标准银行20%股份	南非	约338.15亿元人民币
2010.1	加拿大东亚银行的70%权益	加拿大	8024.91万加拿大元
2010.4	泰国ACL银行97.24%股份	泰国	—
2011.1	东亚银行(美国)80%的股份	美国	1.4亿美元
2011.8	南非标准银行旗下阿根廷子银行80%股权	阿根廷	6亿美元
2015.1	标准银行公众有限公司60%股权	英国	7.7亿美元
2015.8	土耳其Tekstil Bank约93%	土耳其	3.16亿美元

这些银行具有规模较小、本土化的特点，相对于并购大型银行，工行更容易掌控；另一方面，这些地区业务发展潜力巨大，例如，在印尼投资的中石油、中海油、华为、中兴、国电、中水电、华电等是工银印尼的天然客户，在完成收购交割的3年内，工银印尼的资产规模增长了11倍，盈利水平提高了5倍，成为印尼发展最快的银行之一。

此外，工行在2015年收购的Tekstil Bank位于土耳其，而土耳其是“一带”与“一路”的重要交汇点，地缘战略位置突出，与中国多双边务实合作潜力巨大。在“一带一路”大战略下，中国企业在土经营商机不断增多，融资需求不断扩大。通过此次收购，工行可以提升对中、土两国客户，尤其是“丝绸之路经济带”建设的金融服务能力。

——资料来源：https://wallstreetcn.com/articles/243011

第二节 商业银行业务

一、商业银行的负债业务

(一) 商业银行自有资本

1．股本

股本是银行资本中最基本、最稳定的，构成了银行资本的核心部分，代表对银行的所有权。

2．盈余

盈余主要由投资者超缴资本和资本增值构成，是银行资本的重要组成部分。

3．债务资本

债务资本是作为银行补充资本的一种外源资本。债务资本的求偿权仅次于存款者。

4．其他来源

其他来源主要是指为了防止意外损失而从收益中提留的储备金，包括资本准备金和损失准备金。

(二) 各类存款

1．活期存款

活期存款指法人存款户随时存取和转让的存款。持有活期存款账户的存款者可以用各种方式提取存款。活期存款账户又称为“交易账户”或“支票账户”。

活期存款的特点：具有很强的存款派生能力；流动性大，存取频繁，手续复杂，存款成本高，风险较大，因此不付利息；活期存款中相对稳定部分可以用于发放贷款；活期存款是银行密切与客户关系的桥梁。

2．定期存款

定期存款即法人存款户与银行预先约定存款期限的存款。

定期存款的特点：带有投资性；由于利率高、风险小，是一种较安全的投资方式，也是银行稳定的资金来源；所要求的存款准备金率低于活期存款；手续简单，费用较低，风险性小。

3．储蓄存款

储蓄存款指个人为了积蓄货币和取得一定的利息收入而开立的存款。储蓄存款也可分为活期存款和定期存款。

储蓄存款的特点：储蓄存款多是个人为积蓄购买力而进行的存款；金融监管当局对经营储蓄业务的商业银行有严格的规定，以保障储蓄存款的安全。

(三) 商业银行的短、长期借款

1. 短期借款

(1) 短期借款。短期借款指 1 年以内的银行债务，包括同业借款、向中央银行借款和其他渠道的短期借款。

(2) 同业借款。同业借款指金融机构之间的短期资金融通，主要用于支持日常性的资金周转，解决银行短期资金余缺，调剂法定准备金头寸。

(3) 中央银行借款。中央银行借款指中央银行向商业银行提供的信用，主要有两种形式，一是再贴现，二是再贷款。

(4) 其他短期借款。其他短期借款主要有转贴现、回购协议、大额定期存单和欧洲货币市场借款等方式。

商业银行短期借款的主要特点：对时间上和金额上的流动性需要十分明确，对流动性的需要相对集中，存在较高的利率风险，主要用于短期头寸不足的需要。

2. 长期借款

长期借款指偿还期限在 1 年以上的借款，主要采取发行金融债券的形式。金融债券可分为资本性债券、一般性金融债券和国际金融债券。

二、商业银行的资产业务

商业银行的资产业务是其资金运用业务，主要包括贷款业务、证券投资业务、贴现业务及租赁业务，在此主要介绍贷款业务和证券投资业务。资产业务也是商业银行收入的主要来源，商业银行吸收存款除了留存部分准备金以外，主要可以用来贷款和投资。

(一) 贷款业务

1. 贷款的概念

贷款是商业银行作为贷款人，按照一定的贷款原则和政策，以还本付息为条件，将一定数量的货币资金提供给借款人所使用的一种借贷行为。贷款是商业银行占比最大的资产业务。

2. 贷款的分类

商业银行的贷款，可以按照贷款期限、贷款保障条件、贷款使用行业、贷款用途、贷款偿还方式和贷款风险度等不同的标准进行分类。

(1) 按贷款期限划分：活期贷款、定期贷款和透支。

(2) 按贷款的保障条件划分：信用放款、担保抵押放款和票据贴现。

(3) 按贷款使用的行业划分：工业贷款、商业贷款、农业贷款、科技贷款和消费贷款等。

(4) 按贷款的具体用途划分：流动资金贷款和固定资金贷款。

(5) 按贷款的偿还方式划分：一次性偿还贷款和分期偿还贷款。

(6) 按贷款的风险度划分：正常贷款、关注贷款、次级贷款、可疑贷款和损失贷款。

3．商业银行贷款风险分类的标准

(1) 正常贷款：借款人能够履行合同，有充分把握按时足额偿还本息。

(2) 关注贷款：尽管借款人目前有能力偿还贷款本息，但是存在一些可能对偿还产生不利影响的因素。

(3) 次级贷款：借款人的还款能力出现了明显的问题，依靠其正常经营收入已无法保证足额偿还本息。

(4) 可疑贷款：借款人无法足额偿还本息，即使执行抵押或担保，也肯定要造成一部分损失。

(5) 损失贷款：在采取所有可能的措施和一切必要的法律程序之后，本息仍然无法收回，或只能收回极少部分。

4．商业银行贷款必须遵循的基本程序

商业银行贷款的基本程序为：贷款的申请—贷款的调查—对借款人的信用评估—贷款合同的审批—借款合同的签订和担保—贷款检查—贷款收回。

5．商业银行贷款定价的原则

商业银行贷款定价的原则主要有：利润最大化原则、扩大市场份额原则、保证贷款安全原则和维护银行形象原则。

6．商业银行贷款定价要考虑的因素

商业银行贷款定价要考虑的因素主要有：资金成本、贷款风险程度、贷款费用、借款人的信用及与银行的关系、贷款的目标收益和贷款的供求状况。

(二) 证券投资业务

1．概念

证券投资是指商业银行将资金用于在证券市场买卖有价证券进行投资的活动。

2．作用

证券投资业务具有分散风险、保持流动性和合理避税、提高收益等作用。

3．投资对象

证券投资的投资对象主要是各种债券，包括国库券、中长期国债、政府机构债券、市政债券或地方政府债券以及公司债券。

另外，商业银行的其他资产业务还包括租赁业务等。

三、商业银行的中间业务

(一) 中间业务的含义

狭义的中间业务指那些没有列入资产负债表，但同表内资产业务和负债业务关系密切，并在一定条件下会转为表内资产业务和负债业务的经营活动。

广义的中间业务指商业银行从事的所有不在资产负债表内反映的业务，除了狭义的中间业务外，还包括结算、代理、咨询等无风险的经营活动。

(二) 中间业务迅速发展的主要原因

(1) 规避资本管制，增加盈利来源。商业银行为了维持其盈利水平，纷纷设法规避资本管制给商业银行带来的限制，注重发展对资本没有要求或资本要求较低的中间业务，使商业银行在不增加资本金甚至减少资本金的情况下，仍可以扩大业务规模，增加业务收入，提高盈利水平。

(2) 适应金融环境的变化。20 世纪 70 年代以后，融资出现了证券化和利率自由化趋势，商业银行资产来源减少，存贷利差缩小，商业银行资金运用又受到许多限制，经营面临更大的困难。为了适应经营环境的变化，一些实力雄厚的大商业银行依靠自己客户多、人才多的优势，选择了大力发展中间业务的经营策略，从而使中间业务迅速扩张。

(3) 转移和分散风险。由于资产业务的风险提高，商业银行注重寻求发展资产业务以外的中间业务，以分散和转移风险。

(4) 适应客户对银行服务多样化的要求。金融衍生工具的层出不穷，各种非银行金融机构的金融服务多样化对商业银行提出了挑战，商业银行为了巩固与客户的关系，便大力发展代理客户进行衍生工具服务。

(5) 商业银行自身的有利条件促使其发展中间业务。

(6) 科技进步推动商业银行中间业务的发展。计算机技术和信息产业的迅速发展，对商业银行中间业务的开展起了极大的推动作用。

(三) 商业银行中间业务的主要类别

1. 或有资产/负债的中间业务

或有资产/负债的中间业务包括：担保和类似的或有负债、贷款承诺和金融衍生工具。

2. 金融服务类中间业务

(1) 信息咨询业务，如资产评估业务、财务顾问业务等。

(2) 进出口服务业务，如各类汇兑业务、出口托收及进口代收等。

(3) 代理服务业务，如代理发行、承销、兑付各类证券业务等。

(4) 其他中间业务，如保管箱业务等。

第三节　商业银行的经营模式与发展趋势

一、商业银行的经营模式

商业银行按经营模式划分，可以分为职能分工型银行(分业经营、分业监管模式的银行)和全能型银行(混业经营、混业监管模式的银行)。

（一）职能分工型银行

职能分工型银行的基本特点：法律限定金融机构必须分门别类、各有专司；有专营长期金融的，有专营短期金融的，有专营有价证券买卖的，还有专营信托业务的，等等。

职能分工体制下的商业银行与其他金融机构的最大差别在有两点：一是只有商业银行能够吸收使用支票的活期存款；二是商业银行一般以发放 1 年以下的短期工商信贷为其主要业务。

20 世纪 30 年代经济大萧条之前，各国政府对银行经营活动极少给予限制，许多商业银行都可以综合经营多种业务，属全能型银行、综合型银行，我们称其为“混业银行”。但是，在大危机中，生产倒退，大量企业破产，股市暴跌，银行成批破产倒闭，酿成历史上最大一次全面性的金融危机。不少西方经济学家归咎于银行的综合性业务经营，尤其是长期贷款和证券业务的经营。据此，许多国家认定商业银行只适于经营短期工商信贷业务，并以立法形式将商业银行类型和投资银行类型的业务范围作了明确划分，以严格其间的分工。比如，美国在 1933 年通过的《格拉斯-斯蒂格尔法》(Glass-Steagall Act)中规定：银行分为投资银行和商业银行；属于投资银行经营的证券投资业务，商业银行不能涉足。其后，美国又在相继颁布的《1934 年证券交易法》《投资公司法》等一系列法案中强化和完善了职能分工型银行(functional division commercial bank)制度。对于这样的制度，我们称为“分业经营”。随后，日本、英国等国家也相继实行了分业经营制度。

不过，德国、奥地利、瑞士以及北欧等国继续实行混业经营，商业银行可以不受任何限制地从事各种期限的存款、贷款以及全面的证券业务。赞成全能模式的理由是：通过全面、多样化业务的开展，可以深入了解客户情况，有利于做好存款、贷款工作；借助于提供各种服务，有利于吸引更多的客户，增强银行的竞争地位；可以调剂银行各项业务盈亏，减少乃至避免风险，有助于经营稳定；等等。

（二）全能型银行

全能型银行又称“综合型商业银行”，它们可以经营包括各种期限和种类的存款与贷款的一切银行业务，乃至可以经营全面的证券业务等。

自 20 世纪 70 年代以来，特别是近 10 余年来，随着迅速发展的金融自由化浪潮和金融创新的层出不穷，在执行分业管理的国家中，商业银行经营日趋全能化、综合化。出现这一变化的原因主要在于：在金融业的竞争日益激烈的条件下，商业银行面对其他金融机构的挑战，利润率不断降低，迫使它们不得不从事更广泛的业务活动；吸收资金的负债业务，其结构发生变化，可以获得大量长期资金来进行更多的业务活动，特别是长期信贷和投资活动；在这样的背景下，国家金融管理当局也逐步放宽了对商业银行业务分工的限制等。

商业银行业务全能化的途径主要有三条：一是利用金融创新绕开管制，向客户提供原来所不能经营的业务；二是通过收购、合并或成立附属机构等形式深入投资业务领域；三是通过直接开办其他金融机构实现综合经营。

进入 20 世纪 90 年代以来，一向坚持分业经营的美国、日本等国纷纷解除禁令，默许乃至鼓励其大中型商业银行向混业经营方向发展。日本于 1998 年颁布了《金融体系改革一揽子法》，允许各金融机构跨行业经营各种金融业务，这项计划被称为金融“大爆炸”(Big Bang)。1999 年 10 月，美国通过了《金融服务现代化法案》，废除了代表分业经营的《格拉斯-斯蒂格尔法》，允许银行、保险公司及证券业互相渗透并在彼此的市场上进行竞争。这标志着西方国家分业经营制度的最终结束。

现今，发达的市场经济国家的混业经营有两种基本形式：一是在一家银行内同时开展信贷中介、投资、信托、保险诸业务，如以德国为代表的全能型商业银行；二是以金融控股公司的形式把分别独立经营某种金融业务的公司链接在一起，如以 1999 年之前的美国为代表的传统模式的商业银行。

关于“万能垄断者”的理论。19 世纪末期，银行资本与产业资本的关系受到经济政治界的特别关注。20 世纪初，马克思主义经济学家希法亭(Hilferding)在他的《金融资本》一书中论证了资本主义经济发展的积聚和集中，造成了大量大银行对工商业的控制和大银行与大工商企业的结合，并首次提出“金融资本”(financial capital)的概念。这一理论研究成果受到国际共产主义运动人士的普遍重视。列宁正是在这一背景之下展开了有关这一问题的研究。

二、商业银行的经营原则与风险管理

(一) 商业银行的经营原则

1. 盈利性原则

盈利性原则是指商业银行作为一个企业，其经营追求最大限度的盈利。盈利性既是评价商业银行经营水平的核心指标，也是商业银行最终效益的体现。影响商业银行盈利性指标的因素主要有存贷款规模、资产结构、自有资金比例和资金自给率水平，以及资金管理体制和经营效率等。

2. 流动性原则

流动性原则是指商业银行随时应付客户提现和满足客户告贷的能力。流动性包含资产的流动性和负债的流动性。

资产的流动性是指银行资产在不受损失的前提下随时变现的能力。负债的流动性是指银行能经常以合理的成本吸收各种存款和其他所需资金。通常所说的流动性是指前者，即资产的变现能力。

影响商业银行流动性的主要因素有：资金自给率水平、清算资金的变化规律、贷款经营方针、银行资产质量和银行资金管理体制。

商业银行保持流动性的必要性有：作为资金来源的客户存款和银行的其他借入资金要求银行能够保证随时提取和按期归还；企业、家庭和政府在不同时期产生的多种贷款需求，也需要及时组织资金来加以满足；银行资金运动的不规则性和不确定性，需要资产的流动性和负债的流动性来保证；在银行业激烈的竞争中，投资风险难以预料，经营目标并非能完全实现，需要一定的流动性作为预防措施。

专栏7-2

银行不会倒闭？全球四大银行倒闭案

经济衰退、恶性通货膨胀、实体经济近乎停滞已经严重影响到乌克兰经济的发展。2016年11月15日，3000多人来到乌克兰议会大楼外，抗议恶劣的经济环境和高昂的生活必需品价格。

另外，还有数百名储户集聚在乌克兰国家银行前要求政府和乌克兰国家银行补偿他们因为银行破产损失的存款，还要求乌克兰国家银行行长辞职。

其实，受战争、政变、经济衰退的影响，乌克兰2014年开始就已陆续有银行破产，据统计，2014年以来，该国已经有80多家银行破产，这占了该国银行总数的44%。

在全球，无论是哪个国家的国民，对银行都有着超乎寻常的信任，银行一直在国民心中是权威的象征，被普遍认为不存在倒闭的可能。然而，在全球银行业发展史上，银行倒闭案不计其数，很多被誉为银行巨头的百年大行也只存在于历史中。很多人可能不知道，在中国，也已经有银行倒闭案发生。

这些银行的倒闭提醒人们：未来无论是国外还是国内，银行倒闭案件仍然会延续。

盘点：历史上那些倒闭的典型银行

1. 美国：华盛顿互惠银行——美国历史上的最大储蓄银行倒闭案

华盛顿互惠银行成立于1889年，总部位于西雅图，是美国最大的储蓄银行，拥有3070亿美元资产和1880亿美元存款。其资产额远高于1984年遭关闭的大陆伊利诺伊国民银行和2008年7月被政府接管的印地麦克银行，这两家银行的资产额分别为400亿美元和320亿美元。

基林格是华盛顿互惠银行由盛转衰的关键性人物。1990年基林格开始担任华盛顿互惠银行的首席执行官，翌年兼任董事长。在他的带领下，这家银行迅速由一家名不见经传的地区性储蓄机构成长为全美银行业巨头。但是，由于基林格积极发展次贷及其他风险抵押贷款业务，华盛顿互惠银行在快速扩张的同时，也将自己置于遭受信贷危机冲击的风险当中。2006年，华盛顿互惠银行房贷部门损失4800万美元，而2005年该部门净收入则达10亿美元。2008年第二季度华盛顿互惠银行损失30亿美元，这是该银行历史上最大的季度亏损额。

因不堪次贷危机的重负，2008年9月25日，美国联邦监管机构宣布接手华盛顿互惠银行，并将其部分业务出售给摩根大通公司。华盛顿互惠银行终于在其成立119周年纪念日当天成为美国历史上规模最大的银行倒闭案的主角。

2. 英国：巴林银行——被一位28岁年轻人渎职“玩死”的300年大行

巴林银行(Barings Bank)创建于1763年，在全球范围内掌管270多亿英镑资产，是英国历史最悠久的银行之一，由法兰西斯·巴林爵士(Sir Francis Baring)创立。伊丽莎白女王非常信赖它的理财水准，曾是它的长期客户。

巴林银行曾创造了无数令人瞠目的业绩，在世界证券史上具有特殊的地位，被誉为“金融市场上的一座耀眼辉煌的金字塔”。1995年2月27日，英国中央银行突然宣布：巴林银行不得继续从事交易活动并将申请资产清理，这意味着具有 232 年历史、在全球范围内掌管 270 多亿英镑的英国巴林银行宣告破产。这个消息一经传出立刻震惊全球，引发了全球金融市场的波动，东京股市英镑对马克的汇率跌至近两年最低点，伦敦股市也出现暴跌，纽约道·琼斯指数下降了 29 个百分点。

巴林银行倒闭的原因说起来既可笑又具有讽刺性：一位年轻人——年仅 28 岁的巴林银行交易员尼克·里森——因为渎职，将已有 233 年历史的英国巴林银行赔了个精光。

1995 年，时任巴林银行新加坡期货公司执行经理的尼克·里森一人身兼首席交易员和清算主管两职。有一次，他手下的一个交易员，因操作失误亏损了 6 万英镑，当里森知道后，因为害怕事情暴露便启动了 88888“错误账户”(该账号是银行对代理客户交易过程中可能发生的经纪业务错误进行核算的账户的备用账户)。随着时间的推移，备用账户使用后的恶性循环使公司的损失越来越大。为挽回损失，1994 年下半年，里森认为，日本经济开始走出衰退，股市将会大涨。于是大量买进日经 225 指数期货合约和看涨期权。然而 1995 年 1 月 16 日，日本关西大地震，股市暴跌，里森所持多头头寸遭受重创。为反败为胜，里森再次大量补仓日经 225 期货合约和利率期货合约，2 月 24 日，当日经指数再次加速暴跌后，里森所在的巴林期货公司的头寸损失，可以称是巴林银行全部资本及储备金的 1.2 倍，于是尼克·里森畏罪潜逃。233 年历史的老店就这样顷刻瓦解了，最后只得被荷兰某集团以 1 英镑象征性地收购了。

3. 中国：海南发展银行——新中国第 1 起因闹“钱荒”倒闭的具有省政府背景的银行

海南发展银行(简称“海发行”)成立于 1995 年 8 月，是为了加速海南地方经济的发展和妥善处理停业信托机构的债权债务问题而成立的一家由海南省政府控股的股份制商业银行。然而，仅成立 2 年 10 个月之后，1998 年 6 月 21 日，中国人民银行就发表公告，关闭海南发展银行。由此，海南发展银行成为新中国金融史上第一次由于闹“钱荒”、支付危机而关闭的一家省政府背景的商业银行。

海发行的倒闭可以说和 1997 年海南发展银行兼并托管信用合作社事件直接相关。1997 年之前，海南发展银行起初经营情况不错。90 年代中后期，随着海南省房地产业泡沫的崩溃，许多信用社都出现了大量的不良资产，而对储户承诺的高利息(20%以上)也加剧了这些信用社经营困境。1997 年 12 月 16 日，中国人民银行宣布，关闭海南省 5 家已经实质破产的信用社，其债权债务关系由海发行托管，其余 29 家海南省境内的信用社，有 28 家被并入海发行。这 28 家信用社及关闭的 5 家信用社，由于大多是不良资产，海发行也背上了沉重的包袱。

为减轻负担，海发行兼并信用社后，其中一件事就是宣布，只保证给付原信用社储户本金及合法的利息。1998 年春节过后，不少定期存款到期的客户开始将本金及利息取出，转存其他银行，并表示因为利息降低，不再信任海发行。随后，未到期的储户也开始提前取走存款，海发行各营业网点前开始排队取钱，发生了大规模的挤兑，虽然随后又开出了 18%的存款利率，但此时已没有什么人愿意再把存款存入海发行。同时，由于房地产泡沫破灭，海发行账内不少的贷款也难以收回。最终各方面原因使得海发行走向了末路。

由于该银行倒闭的时候，存款保险制度并未出台，以至于很多储户的钱一直拖了 10 余年，也没有完全兑现。

4. 日本：振兴银行——日本国近9年来第一家倒闭的银行

振兴银行成立于2004年4月，总部位于东京，是一家为中小企业提供融资服务的小型专业银行，在日本全国拥有125家网点。

2010年9月10日，刚刚成立6年的日本振兴银行向日本金融厅申请破产保护并得到批准。理由是2010上半财年(4月至9月)决算中可能出现资不抵债的情况，且该行放弃自主实现重组的努力。

调查显示：盲目扩张引发不良债权增加，被认为是导致该行破产的主要原因。该行成立之初的经营宗旨是以向中小个体企业提供小额融资为主要业务。2007年3月以后，为追求更大利益，该行转变经营策略，开始采取冒进和扩张政策，向非银行金融机构收购债权或进行大额融资。截至2009年12月末，日本振兴银行贷款总额中超过7成为大额融资，每家公司平均约为30亿日元。

就存款规模而言，该行并不大。截至2010年8月末，该行存款总额为5859亿日元，存款人总数为11.3万人。其中，存款数额超过1000万日元的3560人，总额为471亿日元。按照日本的存款偿付制度，不超过1000万日元(相当于人民币62.2万元)的存款本金及利息将得到偿付，但超过上限的部分存款很有可能被抹去。不过，该制度仅适用于定期存款，全额受到保护的无息结算存款并不适用。约有100亿日元不受存款保险保护。

警示：银行也会倒闭，普通用户应该怎么办？

全球银行倒闭案时有发生，在给银行业敲响警钟的同时，也在冲击储户的传统观念。

随着中国银行业市场化进程的深入，银行倒闭将不可避免。监管当局对此也有所准备，去年5月，国务院公布《存款保险条例》，条例规定："自2015年5月1日起，存款保险实行限额偿付，最高偿付限额为人民币50万元；同一存款人在同一家投保机构所有被保险存款账户的本金和利息合并计算的金额在最高偿付限额以内的，实行全额偿付；超出的部分，依法从投保机构清算财产中受偿。"这也就意味着银行偿付的仅限存款，其他金融产品，比如银行理财产品则不赔。

中国并不是第一个实行存款保险条例的国家，第一个建立存款保险制度的国家是美国(美国1933年立法)，世界上已有110多个国家和地区建立了存款保险制度。截至2016年11月，赔付限额低的国家，如津巴布韦，仅有150美元，赔付限额高的国家，如挪威，达到32.8万美元。美国联邦储蓄保险公司成立之初，赔付限额仅有5000美元，此后赔付限额不断调高，在金融危机发生后的2008年10月，从10万美元大幅调高至25万美元。在中国，50万元可以涵盖中国99.7%的存款账户，但只能覆盖储蓄余额的46%左右。

这就给老百姓提醒，无论规模大小，无论成立时间长短，任何一个银行都有倒闭的可能，对普通居民来说，最明智的做法是分散投资，实现多元化理财。

——资料来源：中国电子银行网 https://www.zhijiandoukou.com/mp/bzdrinf.html

商业银行保持适度流动性的重要性有：过高的资产流动性，会使银行失去盈利机会甚至出现亏损；过低的流动性则可能使银行出现信用危机、客户流失、丧失资金来源，甚至会因为挤兑导致银行倒闭。因此，商业银行必须保持适度的流动性，这是商业银行业务经营成败的关键。

衡量商业银行的流动性，通常采用以下指标：

(1) 现金资产率：指现金资产在流动资产中所占的比率。现金资产包括现金、同业存款和中央银行的存款，这部分资产流动性强，能随时满足流动性的需要，是银行预防流动性风险的一级储备。

(2) 贷款对存款的比率：指存款资金被贷款资产所占用的程度。这一比率高，说明银行存款资金被贷款占用比率高，急需提取时难以收回，银行存在流动性风险。

(3) 流动性资产对全部负债的比率：反映负债的保障程度比例越高，说明流动性越充分。该比率越高，说明银行还本付息的期限越短，既可满足客户提现的要求，又可用于新的资产上。这一指标存在一定的操作难度，也忽略了负债方面流动性的因素。

(4) 超额准备金：银行总准备金减去法定准备金，就是超额准备金。超额准备金的现实保障感极强，可以随时使用，它的绝对值越高，表示流动性越强。

(5) 流动性资产减易变性负债：指季节性存款、波动性存款和其他短期负债。其差大于零，表明有一定的流动性，其数值越大，表明流动性越高；若其差值小于或等于零，表明了流动性短缺的程度，说明有信用风险。

(6) 资产结构比率：反映流动性资产和非流动性资产在数量上的比例关系，说明商业银行整体性流动水平。

(7) 存款增长率减贷款增长率：这一数值大于零，表示银行流动性在上升；若该数值小于零，表明流动性下降。

3. 安全性原则

安全性是指银行的资产、收益、信誉以及所有经营生存发展的条件免遭损失的可靠程度。安全性原则就是尽可能地避免和减少风险。影响商业银行安全性原则的因素主要有客户的平均贷款规模、贷款的平均期限、贷款方式、贷款对象的行业和地区分布以及贷款管理体制等。

银行安全性原则的主要意义在于：风险是商业银行面临的永恒课题；商业银行的资本结构决定其是否存在潜伏危机；商业银行开展业务必须坚持稳定经营的方针。

衡量商业银行安全性的指标：

(1) 贷款对存款的比率。这一比率越大，风险就越高；比率越小，风险也就越低。

(2) 资产对资本的比率。这一比率既反映盈利能力，又表现风险程度。比率越高，风险越高。

(3) 负债对流动资产的比率。这一比率越大，能作为清偿准备的流动资产越显得不足。

(4) 有问题贷款占全部贷款的比率。此类贷款占全部贷款的比率越大，说明有问题贷款越多，因而银行的风险也就越高，安全性就越低。

专栏 7-3

新 增 贷 款

新增贷款是用来反映我国金融机构向企业和居民发放的人民币贷款的增加额的一个统计数据，由中国人民银行定期向社会公布。新增贷款是指现有的贷款款额，其表现的主要特点是：传统行业多，新兴行业少；一般贷款品种占比多，创新贷款占比少；信用等级低的客户多，信用等级高的客户少；实际用于铺底的多，用于周转流动的少。

4. 盈利性、流动性、安全性三原则的协调

流动性是商业银行正常经营的前提条件，是商业银行资产安全性的重要保证。安全性是商业银行稳健经营的重要原则，离开安全性，商业银行的盈利性也就无从谈起。盈利性原则是商业银行的最终目标，保持盈利是维持商业银行流动性和保证银行安全的重要基础。商业银行的经营者应依据自身条件，从实际出发，统筹兼顾，通过多种金融资产的组合，寻求“三性”的最优化。

(二)《巴塞尔协议》系列与商业银行的风险管理

《巴塞尔协议》是国际清算银行成员国的中央银行达成的若干重要协议的总称，是监管银行经营发展方面的国际准则。由于《巴塞尔协议》监管思想的深刻、监管理念的新颖、考虑范围的全面以及制定手段和方法的科学合理，各国银行监管当局都愿意以《巴塞尔协议》的原则来约束本国的商业银行。

1.《巴塞尔协议》的产生及其历史背景

巴塞尔银行监管委员会，简称“巴塞尔委员会”。1975 年 2 月，“十国集团”以及卢森堡和瑞士的代表聚会瑞士巴塞尔，商讨银行监管的国际合作。1988 年 7 月，巴塞尔委员会的 12 个成员国正式签署了《关于统一国际银行的资本计算和资本标准的建议》，简称《巴塞尔协议》。

1)《巴塞尔协议》的目的

一是鼓励银行实行谨慎的流动性管理，加强国际银行体系的健全性和稳定性；

二是逐步消除当时国际银行业不公平竞争的基础，统一各国银行监管的标准，建立公正的国际性银行管理体制。

2)《巴塞尔协议》的主要内容

(1) 资本的组成。协议将银行资本分为核心资本和附属资本两部分，并规定核心资本应占整个资本的 50%，附属资本不应超过资本总额的 50%。

(2) 风险加权制。协议对不同资产分别给予 0%、10%、20%、50%、100%的风险权数。

(3) 设计目标标准比率。协议确立了到 1992 年底，从事国际业务的银行资本与加权风险资产的比例必须达到 8%(其中核心资本不低于 4%)的目标。

(4) 过渡期及实施安排。以保证个别银行在过渡期内提高资本充足率，并按期达到最终目标标准。

3) 两大支柱

《巴塞尔协议》的两大支柱是银行资本规定及其与资产风险的联系。

2.《巴塞尔协议》的修改与补充

(1) 1991 年 11 月，巴塞尔委员会重新详细定义了可计入银行资本用以计算资本充足率的普通准备金与坏账准备金。

(2) 巴塞尔委员会初步认识到国别风险，并于 1994 年 6 月重新规定对 OECD 成员国资产的风险权重。

(3) 在巴林银行倒闭的影响下，巴塞尔委员会提升了对市场风险的认识。1995 年 4 月，委员会对银行某些表外业务的风险权重进行了调整，并在 1996 年 1 月推出《资本协议关于市场风险的补充规定》。其核心内容是，银行必须量化市场风险并计算相应的资本要求。

(4) 从巴林银行的倒闭到东南亚的金融危机，人们看到，金融业存在的问题不仅仅是信用风险或市场风险等单一风险的问题，而是由信用风险、市场风险外加操作风险互相交织、共同作用造成的。1997 年 8 月，巴塞尔委员会通过了《银行业有效监管核心原则》，它确立了对银行业进行全面风险管理的理念，注重建立银行自身的风险防范约束机制，提出了对银行业持续监管的方式，强调建立银行业监管的有效系统。

3. 《新巴塞尔协议》

《资本计量和资本标准的国际协议：修订框架》，即新资本充足率框架，亦称《新巴塞尔协议》，于 2004 年 6 月 26 日正式公布，计划于 2006 年年底开始实施。《新巴塞尔协议》的三大支柱为资本充足率、监管部门监督检查和市场纪律。

三、现代商业银行的发展趋势

(一) 银行业务的全能化

银行业务的全能化是指银行由分业经营向混业经营转变，英联邦国家、日本、韩国、美国等已在 20 世纪完成了分业经营向混业经营的转变。

(二) 银行资本的集中化

随着经济全球化和金融自由化的发展趋势，金融服务的贸易壁垒逐渐被打破，国际银行业中大量的商业银行通过跨国并购的方式兼并或收购目标国的银行分支机构以快速地进入并渗透目标国的金融市场。银行并购浪潮席卷全球促进了资源的重新配置。参与到其中的银行多数是强强联合，向国际化大银行迈进，越来越多的银行通过跨国并购取得了世界性的垄断地位，使得商业银行的资本集中化。

专栏 7-4

21 岁的民生银行 2017 年着力构建新常态下的新银行

作为中国第一家主要由民营企业发起设立的全国性股份制商业银行，中国民生银行即将迎来 21 岁生日。

民生银行(600016)从成立之初只有 13.8 亿元资本金的小银行，发展成为一家核心资本超过 3300 亿元、资产总额超过 5.6 万亿元、分支机构近 3000 家、员工近 6 万人，在全球 1000 家大银行中居第 33 位、全球 500 强企业中排第 221 位的大型商业银行。

当前，中国银行业面临前所未有的转型挑战。民生银行未雨绸缪，于 2015 年全面启动了体系性转型变革项目“凤凰计划”，迄今已启动了三批项目。“我们相信，凤凰计划的成功将使民生银行实现以客户为中心的、全面的增长方式转型与治理模式变革，成为一家具有核心竞争力、可持续发展的标杆银行。”民生银行负责人表示。

民生银行董事长洪崎、行长郑万春在写给和讯网的信中表示，2017年，是实施“十三五”规划的重要一年，也是供给侧结构性改革的深化之年。面对新形势新任务，民生银行将坚持“四个全面”统领改革发展，着力构建新常态下的新银行。

如何构建新常态下的新银行，民生银行首先全面建成领先银行，不断提升市场地位。一方面塑造自身的鲜明特色，持续完善服务“三优一特”企业的商业模式，做出特色，巩固优势；另一方面，集中优势资源，充分运用新技术对银行进行改造，彻底转型成为科技领先的银行。

洪崎曾在文章《民生银行董事长详解“凤凰计划”：3至5年实现全面战略转型》中针对新常态转型期面临的挑战时提到：短期内，民生银行通过调整优化，提高竞争力，弱化转型冲击，确保经营稳中求进。具体包括以下几方面：

第一，紧跟市场变化，及时调整和优化战略。一是公司业务紧跟国家战略风口，积极布局“一带一路”“京津冀一体化”“长江经济带”等国家级战略，创新“商行+投行”，调整投行管理体系等；二是深化小微战略，通过创新微贷产品、开发信用模型、移动作业等方式支持实体经济，支持“大众创业、万众创新”；三是服务大众，积极布局社区金融。目前正式持牌社区支行超过700家，居行业之首，基于民生银行平台的O2O社区综合服务模式正在加快探索优化。

第二，强化风控，确保资产质量平稳。面对不良上升压力，民生银行在加快新资本协议达标工作、提升风险管理技术的同时，本着完善机制、重塑理念、控制新增、消化存量的原则，修订相关风控制度，创新清收体系。在全行开展风险文化教育，到基层进行全覆盖式宣讲，强化专项审计，持续开展“铁骑行动”加大不良清收力度，全面提升风险管控能力和效果，保持适度、理性的发展。

第三，调整优化组织架构，提升运营效率。随着客户需求的多样化和不断升级，传统条块化、垂直化管理体系下市场反应能力、综合服务能力的缺陷日趋明显。为此，民生银行加快梳理公司、零售、金融市场三大条线组织模式，包括成立战略客户部、网络金融部，推动事业部和“两小”体制优化等，推进组织结构扁平化，提升运行效率。

第四，加强产品服务创新，提升客户服务能力。为应对挑战，民生银行大力发展手机银行，年交易额超过1.8万亿元，在业界率先推出直销银行，目前也处于行业前列；交易融资向线上发展；实施零售客户积分整合，推进移动运营，提升服务体验等。

第五，加强研究规划，提升科学决策能力。转型期，经济金融形势和市场竞争更为复杂，靠传统套路、靠经验决策已不可持续。今年，民生银行专门成立了研究院，加强对经济金融及市场的体系化研究，支持科学决策。同时系统性地开展战略调整、组织变革、流程优化等各项工作，强化研究、规划、决策的顶层设计。

1. 中期以“凤凰计划”为主线重塑核心竞争力

中国经济正在经历“三期叠加”，银行业则正在经历“三大冲击”，即经济新旧常态转型的冲击、利率市场化改革的冲击和互联网金融的冲击。其中，应对利率市场化赖以构建的资源配置、风险管控、成本与定价、人才及系统平台等一系列核心能力，是重塑核心竞争力、实现长期可持续发展的基础，将为民生银行下一步发展和化解各类冲击发挥“护城河”的作用。

目前，民生银行已成立了专门的领导小组和7个专业工作组，借鉴先进银行领先实践，在全面诊断民生银行现状的基础上开展转型规划。这个项目被命名为“凤凰计划”，寓意要有强烈的忧患意识，以“凤凰涅槃、浴火重生”的魄力，重塑一家“以客户为中心”的、完全不同版本的银行，以破釜沉舟、脱胎换骨的决心和勇气，用3年至5年时间实现全面战略转型和经营管理体系再造。

要实现的目标包括：一是以精准聚焦的战略推动特色化经营；二是建立以战略为导向、精细化、专业化的资产负债与流动性管理能力；三是建立系统化、精细化、差异化的定价能力；四是建设全面性、前瞻性、专业性的风险管理能力；五是形成成本管理的清晰战略；六是建立与战略高度匹配的人才管理规划；七是建立具备准确性、智能化、专业化的科技信息平台。整个项目完成后，展现出一个以客户为中心、增长方式可持续及公司治理科学高效的新民生银行。

2. “生态+数据”奠定银行业未来发展基本模式

长远来看，新常态与目前转型期的问题又有所不同，实体经济会呈现不同于过去和转型期的新形态。银行业不仅要应对转型期特殊问题，更要对长期趋势有清晰的认识，将短期调整、中期改革与长期转型相结合，转型才能最终走向成功。

长期来看，金融业态正在沿两条路径发展：一条是传统金融跨界创新和壮大，向大资管时代转型，专业化、集团化、混业化趋势显现；另一条是基于互联网的草根金融崛起，成为连接非金融服务的枢纽。基于数据、云计算等“互联网+”的社会经济形态下信息高度透明，分工协作的交易成本显著降低，进而促进两条路径的融合，形成围绕客户的泛金融生态，数据成为连接金融与非金融服务的新生产要素，最终打破传统的金融分工。“生态+数据”奠定了银行业未来发展的基本模式。

在这种模式下，银行发展的基本方向有两个，即垂直型专业化运作，或者平台化综合经营，都应具有以下几个基本特点：一是商业模式重在把控入口，必须在客户流、信息流、资金流等某些入口上形成优势，与生态中其他成员形成数据和资源交汇；二是业务模式智能化，客户需求促发金融生态及银行内部作业快速组合，银行的产品创新基于数据实现精准营销；三是管理模式精细化，通过建立数据信息网络体系，确保决策者或系统自身能够根据数据作出最优决策，使各要素以最优状态运转，实现全要素生产率最大化；四是产品服务移动化，基于手机、汽车、物联网、O2O、LBS的金融服务是未来的主流。

从银行乃至大金融发展的这些长期趋势和长期特征来看，实施凤凰计划还有必要在对标领先实践、实现主体能力提升的基础上，不断强化核心优势，推动民生银行向综合化、专业化、国际化战略目标迈进。为此，需有序推进混业经营和国际化布局；构建现代金融生态，这其中既包括自身的混业布局，也包括与外部战略和资源的协同以及互联网金融的生态体系；同时，持续开展数字强基工程，决策端的科学化、市场端的精准化以及中间管理环节的扁平、高效，需要持续提升信息科技水平；此外，打造“人—组织—文化”三位一体、共融共生的软实力体系，最近民生银行的“铁骑行动”、员工持股计划等都是在这些方面的有益尝试。

资料来源：

1. 和讯银行《21岁的民生银行2017年着力构建新常态下的新银行》

http://bank.hexun.com/2017-01-11/187700441.html

2. 洪崎《民生银行董事长详解“凤凰计划”：3至5年实现全面战略转型》(原标题《重塑核心竞争力 构建新常态下的新型银行》，《金融时报》2015年6月4日)。

(三) 银行服务流程的电子化

科学技术的广泛运用再造了银行的业务流程，自动化服务系统被广泛使用。现款支付机、自动柜员机以及售货终端机等硬件设备的运用，信用卡的普及、银行内部业务处理的网络化和银行资金转账系统的自动化再造了传统商业银行的业务流程。

第四节　中国商业银行的改革与发展

一、中国商业银行改革历程

自1978年以来，随着经济体制改革的深入进行，银行体系也不断进行调整和改革。其改革历程大致可分成三个阶段。

(一) 由大一统银行体系转变为专业银行体制

从20世纪80年代初到1993年的第一阶段，改革的主要内容是打破银行体系政企不分和信用活动过分集中的旧格局，把大一统的银行体系转变为中国人民银行专门行驶国家金融管理机关职能，恢复和成立中国农业银行、中国银行、中国工商银行、中国建设银行四大国家专业银行。这种体制的基本特征是专业银行是国家的银行，是国家的独资企业，国家拥有单一产权。专业银行作为国有资本人格化代表，必须执行国家信贷计划或规模控制，必须保证国家重点建设资金需要，重点支持支柱产业，发放政策性贷款任务；在国家需要的时候，还必须对社会的稳定和发展负责。专业银行作为国有资本人格化代表，必须执行国家信贷计划或规模控制，必须保证国家重点建设资金需要，重点支持支柱产业，发放政策性贷款任务；在国家需要的时候，还必须对社会的稳定和发展负责。专业银行体制上有两重性：一方面它是对高度集权的单一计划经济体制的否定和改革，并在改革旧体制的同时，孕育着新的商业银行体制的要素。正是因为有了专业银行体制，才有后来从1987年起相继恢复和建立的几家全国性或区域性商业银行，如中信实业银行、深圳发展银行、招商银行、广东发展银行和福建兴业银行、交通银行等股份制银行，其中，交通银行的股本中有 1/4 来自工商企业的投资。另一方面，专业银行由于脱胎于大一统的计划金融体制的母体，又不可避免地带有旧体制的痕迹，内部约束机制不健全、经营效率低下仍是其致命的弱点。因此，这种体制是中国计划经济体制向社会主义市场经济体制转轨中的一种过渡性体制。

(二) 将专业银行转变为国有商业银行

从1994年到2003年，是中国商业银行改革的第二阶段。针对专业银行体制的弊端，从 1993 年起，中共十四届三中全会明确提出，国有专业银行要逐步向国有商业银行转变。1994 年国务院开始实施这一改革方案，其主要内容是赋予中央银行即中国人民银行独立执行货币政策的职能，中央银行对商业银行监管主要运用货币政策手段实施间接调控；分离专业银行政策性业务，成立国家开发银行、国家进出口银行、国家农业发展银行三家政策性银行；现有国家银行按照现代商业银行经营机制运行，其经营管理具有一定的独立性。

同时，为了让国有银行摆脱历史包袱，轻装上阵实现中国国有银行的真正商业化经营，1998 年，国家用 2700 亿元特别国债来充实四大银行的资本金，又先后成立了信达、华融、长城和东方四家资产管理公司，剥离了四家国有银行的 1.4 万亿元不良资产。

这次改革在完善国有银行的经营管理上做了大量工作，国有银行经营的外部环境大为改善。然而，改革并没有达到预期效果，2000 年中国四家国有独资商业银行不良贷款剥离了 1.4 万亿后，余额为 1.35 万亿，但截至 2004 年年初，按四级分类为 1.7 万亿，增加了 3500 亿元，按五级分类则高达 2 万亿元，增加了 6000 多亿元。

这表明，这次改革的成效并不明显，原因在于这次改革并没有触及国有银行体制的核心，没有改变不明晰的国有银行产权。国有商业银行国有独资产权模式虽名为独资，但实际上所有权由谁代表并没有解决。这种产权制度安排使得一方面国有银行的所有者缺位或所有权虚置，另一方面国家在国有银行资产上的各种权利得不到切实有效的保护。产权关系不清晰，资本非人格化以及所有权与经营权难以分离，导致中国国有银行激励机制不强、约束机制不硬、责权利不明、经营效率和效率低下等，并因此产生了诸多负面效应，如资产质量低下、信贷约束软化、金融资源误配、金融效率不高、金融秩序稳定性差、金融体系不稳健，以及各种寻租、设租活动等。

（三）国家控股的国有商业银行股份制改革

2003 年年底开始的国家控股的国有商业银行股份制改革，目的是从根本上改善国有商业银行的经营状况，实现国有商业银行从传统体制向现代企业制度的历史性转变。2003 年 10 月，十六届三中全会明确指出，“选择有条件的国有商业银行实行股份制改造，加快处置不良资产，充实资本金，创造条件上市”。2004 年 1 月 6 日，国务院决定，选择中国银行、中国建设银行进行股份制改革试点，并动用 450 亿美元外汇储备，通过新组建的“中央汇金投资有限责任公司”注册上述两家银行。“中央汇金投资有限责任公司”的股东单位为财政部、中国人民银行和国家外汇管理局，该公司将作为中国银行和中国建设银行的大股东，行使出资人的权利，获得投资回报和分红收益。

二、国有商业银行股份制改革

2004 年以来，国有商业银行股份制改革进展迅速。中国银行股份有限公司、中国建设银行股份有限公司和中国工商银行股份有限公司先后成立，并在香港和上海两地先后成功上市。

（一）国有商业银行股份制改革的步骤与模式

中国国有商业银行的股份制改革都采取了三个步骤：首先是改组为股份有限公司，股东为中央汇金投资有限责任公司的股东单位和财政部等，实际上只有国家一个股东；其次是引进战略投资者，主要是海外战略投资者，实现股权多元化，完善法人治理结构；最后实现公开上市，筹集资金，成为公众银行和符合现代企业制度要求的真正的商业银行。

(二) 国有商业银行的上市模式

(1) 整体上市。整体上市是指国有商业银行以其整体资产进行重组，改制为股份制商业银行后整体上市。

(2) 分拆上市。分拆上市是指拿出经营状况比较好的一家或几家分行，经过资产重组后独立注册成股份有限公司制的子银行上市。

(3) 联合上市。联合上市是指合并重组几家国有商业银行的有关分支行，新建一家由各国有商业银行总行联合控股的股份制商业银行上市。

(三) 国有商业银行股份制改革的目标

首先，国有商业银行公开发行上市有助于提高我国银行的银行资本充足率，提高我国银行核心竞争力。

其次，通过股份制改革上市实现产权明晰，完善法人治理结构，建立现代银行制度。

再次，有助于健全银行风险管理体系，降低金融风险。

最后，国有商业银行股份制改革需要保持国家对金融的绝对控制，这是保障国家经济主权的基础。外资不能控股。

三、中国存款保险制度建设

存款保险制度是指国家通过法律法规明确规定，各商业银行缴纳保费，一旦某商业银行面临危机或破产，就由保险机构为存款人支付一定限度的赔偿，从而使存款人利益得到一定程度的保障。

(一) 存款保险制度的主要内容

(1) 存款保险机构。大多数国家存款保险机构属于公有。

(2) 存款保险基金即保费的筹集。政府注入股本建立基金，并对风险不同的银行按不同的保险费率征收保费。

(3) 承保限额。承保限额不宜太高，美国现为10万美元。

(4) 问题银行的处置。根据问题严重程度不同采取不同的处置方法：① 资金援助；② 兼并转移；③ 清盘赔偿。

(二) 存款保险制度的作用

(1) 保护存款人。存款保险制度增强了存款人的信心，增加了存款量，进而提高了经济增长水平。

(2) 监管银行。存款保险公司为了减少救助和补偿的负担，必定从自身利益的角度关切银行的运营和风险状况，监管有主动性和自觉性。

(3) 稳定金融体系。存款保险制度使银行经营更加谨慎，银行受存款人的挤兑可能性下降。

(三) 存款保险制度带来的问题

1. 道德风险

不管银行倒闭是由于流动性问题还是由于经营不善导致清偿力不足的结果，存款保险机构都需对其进行援助，这就减轻了市场约束，使存款人、银行和监管机构都产生了道德风险问题。

2. 逆向选择

如果存款保险制度是自愿加入的，那么实力较弱的中小银行与具有较大冒险倾向的银行会选择加入，而大银行或稳健经营的银行则不愿加入。

在强制保险制度中，低风险的投保银行趋向增大资本风险，如高息揽储和盲目发贷等恶性竞争，从而造成整个行业的风险状况恶化，带来了爆发金融危机的隐患。

重要概念与思考题

本章重要概念

商业银行
信用中介
支付中介
负债业务
自有资本
资产业务
中间业务
分业经营
混业经营
盈利性原则
流动性原则
安全性原则
巴塞尔协议
存款保险制度
道德风险
逆向选择

思考题

1. 商业银行是如何形成、演变到现代商业银行的？请简明描述全过程。

2. 西方商业银行从分业到混业经营的过渡过程将使商业银行可以获得哪些机遇？风险又有哪些呢？

3. 商业银行经营的业务内容有哪些？这些业务的构成、作用是什么样的？商业银行对这些业务进行管理的基本原则分别有哪些？

4. 你认为商业银行在网络银行的冲击下，在不久的将来会消亡吗？如果你认为会消亡，可以举一到两个例子说明你看到的端倪吗？

5. 新中国建立后银行业的改革经历了哪些阶段？我们熟悉的四大行出现在哪一个阶段？在这个阶段中它们的经营遵循了商业银行经营的“三性”原则了吗？在改革的过程中我们国家的商业银行是怎样一步步地成长为股份制商业银行的？

6. 商业银行对风险管理的基本内容有哪些？《巴塞尔协议》系列推出的背景和主要内容分别是什么？存款保险制度是怎么来的，我国的存款保险制度的内容有哪些？

第八章 中 央 银 行

中央银行在一国金融体系中居于核心和主导地位。中央银行是特殊的银行，有三大职能：发行的银行、银行的银行、国家的银行。我国的中央银行是中国人民银行，其主要职责是履行宏观调控职能，更好地执行货币政策。

在各种金融机构中，中央银行属于特殊的一类，虽然也被称为“银行”，但并非商业银行那种意义的“银行”。中央银行的产生被誉为银行业发展史上最大的创新，是在商业银行发展到一定阶段后，中央银行才产生的。中央银行的产生，有其必然性，这是因为商业银行分散发行银行券有其弊端，而且无信用担保，往往会导致挤兑风险出现，这必然由代表国家权力的中央银行垄断发行本国货币来替代各商业银行独自发行银行券。本章就中央银行的产生、性质、职能和主要业务进行详细的阐述。

学习目标

1. 了解中央银行产生的原因；
2. 掌握中央银行的职能；
3. 了解中央银行的独立性问题。

第一节 中央银行的产生与发展

现代银行出现后的一个相当长的时期，并没有专门发行银行券的银行，更没有中央银行(central bank)。中央银行的出现及相应的中央银行制度的形成，并不是人为的主观臆造，而是一种历史发展的产物——金融经济发展到一定阶段的必然产物。通过对中央银行制度的历史考察可以发现，中央银行的产生是商品经济、货币信用制度及银行体系发展到一定阶段的必然结果。

一、中央银行产生的经济背景

中央银行出现于17世纪后半叶，成熟于19世纪初叶，它的产生是特定历史经济背景的客观需要。

1．资本主义国家政府控制货币财富的需要

18世纪初，西方国家开始了工业革命，商品经济的迅猛发展、社会生产力的快速发展

和商品经济的迅速扩大，使货币经营业越来越普遍和频繁，而且利润越来越高。与此同时，资本主义国家政府意识到控制货币财富的重要性和有利性。于是，各国政府都试图寻求一种方式来控制本国的货币财富。

2．资本主义国家政府应对频繁出现的经济危机的需要

18 世纪中期以后，资本主义国家经济危机频繁出现，危机和停滞状态同时出现，面对当时的状况，资本主义国家政府开始从货币制度上寻找原因。为控制国家经济，各国中央政府以国家信用通过发行银行券来控制经济，以求避免频繁的经济危机。

二、中央银行产生的必要性

中央银行是指专门从事货币发行、专门办理对一般银行的业务以及专门执行国家货币政策的银行。中央银行是银行业发展到一定阶段的产物。具体来说，它的产生是适应了以下几方面需求的结果。

(一) 统一银行券发行的需要

在金本位制下，为了便利流通和节省流通费用，商业银行大多发行各自的银行券代替铸币的流通。最初，几乎每家银行都拥有银行券发行权，市场上流通的银行券纷繁芜杂，这种由众多银行发行银行券的局面逐步暴露出其严重的缺陷，主要表现在两方面。

1．不利于保证货币流通的稳定

为数众多的中小银行信用实力薄弱，其发行的银行券常常不能兑现，尤其在危机时期，不能兑现的情况就非常普遍。

2．不利于商品流通范围的进一步扩大

众多分散的小银行的信用活动领域有着地区限制，它们所发行的银行券只能在有限的地区内流通，从而限制了商品跨地区间的流动。

(二) 统一全国票据清算的需要

随着银行业务的不断扩大，银行每天收受的票据数量日益增多，各银行之间的债券债务关系错综复杂。在银行业发展的初期，银行之间的业务往来与票据交换往往都是单独进行的，没有统一的清算系统，时间不固定，效率低下，而且极为不安全。于是，在各银行的共同迫切需要下，逐渐出现了新的票据交换和清算制度。刚开始时是银行的收款人员自发地聚集在某一固定的地点，交换各自手中所持有的由对方付款的票据，并相互结清差额。在此基础上，1773 年英国伦敦成立了世界上最早的票据交换所，集中办理同城或同一区域内各银行应收应付票据的交换和资金清算。银行早期的票据交换所虽然对清算效率的提高发挥了极为重要的作用，但一般仅局限于同城内的银行票据的清算，而且清算后的差额仍须以现金(金属货币)清偿，不方便之处依然存在。因此，客观上需要有一个更权威的、全国性的、统一的清算中心。中央银行建立起来以后，这一职责非常自然地就由有政府背景的中央银行承担起来。因此，现代商业银行都在中央银行开立了账户，中央银行就可以通过银行账户为商业银行提供高效、便利的票据清算服务了。

(三) 最后贷款人角色的需要

最后贷款人是指在商业银行发生资金困难而无法从其他银行或金融市场筹措资金时，中央银行对其提供资金支持的功能。在经济发展的过程中，随着工商企业对银行贷款的需求不断增长，银行贷款规模也随之扩大。当银行的贷款不能按期收回，或者受到经济周期波动的影响而陷入资金周转困难时，银行往往会陷入流动性不足的局面，严重时甚至会发生存款人挤兑现象，许多银行因无法应对流动性危机而破产倒闭。这既不利于经济的发展，也不利于经济的稳定。因此，客观上需要一家权威的金融机构适当集中各商业银行的存款准备金作为后盾，在必要时为商业银行提供货币资金，发挥最后贷款人的角色，也即提供流动性支持，这一金融机构就是中央银行。

(四) 金融宏观调控的需要

银行业经营竞争激烈，很多银行由于经营不善而在竞争中破产倒闭。银行的破产倒闭会给经济造成极大的震荡和破坏。为了建立公平、有效和稳定的银行经营秩序，尽可能避免和减少银行的破产和倒闭，政府需要对金融业进行监督和管理。而政府对金融业直接实施与行政干预既是不经济的，也不具备相应的技术手段和操作工具，因此，客观上需要有一个能代表政府意志，与商业银行有业务联系、能够运用经济手段制约银行业务的金融机构专司金融业管理、监督、协调等工作，这一机构就是中央银行。中央银行是最早承担起金融监管职责的机构，也是目前绝大多数国家金融监管的最主要机构，在金融监管尤其是银行监管方面发挥着重要作用。

因此，基于上述几方面的必要性，目前，世界各国大都设立中央银行或类似中央银行的机构。中央银行在金融体系中处于核心地位，担负着发行货币政策、调节和控制国民经济发展的重任。

三、中央银行的初创阶段

上述建立中央银行的几方面客观要求并非同时提出的，中央银行的形成也有一个过程。

通常在谈及中央银行起源时，往往首先提到瑞典银行和英格兰银行。前者成立于1656年，后者成立于1694年，但他们成立之初并不就是中央银行。瑞典银行初建时只是一般的私营银行，后于1668年改组为国家银行，实际上直到1987年它才独占货币发行权。真正最早全面发挥中央银行功能的应是英格兰银行。该银行作为世界上最早的私人股份制银行，成立之初就已具有与其他银行不同的特权。比如，接受政府存款并向政府提供贷款，以及在发行银行券上有优势等。但成为中央银行的决定性的第一步，即基本垄断货币发行权，却是它成立150年以后的事情。1884年通过的银行法，结束了在英国有279家银行发行银行券的局面。同时，因为其他商业银行需要银行券时只能从英格兰银行提取，所以必须在英格兰银行存款，这就使英格兰又成了集中其他商业银行存款准备金的银行。这样一来，就奠定了英格兰银行作为中央银行的基础。1854年，英格兰银行成为英国银行业的票据交换中心；1872年，它开始对其他银行负起在困难时提供资金支持(即“最后贷款人”)的责任。另外，由于它在发生金融危机时的特殊作用，又使之具有了相当程度的全国性金融管理机构的职能和色彩。

在整个 19 世纪到第一次世界大战爆发这 100 多年里，出现了成立中央银行的第一次高潮。例如，成立于 1800 年的法兰西银行于 1848 年垄断了全国的货币发行权，并于 19 世纪 70 年代完成了向中央银行的过渡；德国于 1875 年把原来的普鲁士银行改为国家银行，于 20 世纪初基本独享货币发行权等。1913 年美国联邦储备系统的建立，是这一阶段最后形成的中央银行制度。在此期间，世界上约有 29 家中央银行相继设立，其中绝大部分是在欧洲国家。它们的产生主要是本国经济、金融客观发展的产物，除个别例外，其他都是由普通银行通过逐步集中货币发行和对一般银行提供清算服务及资金支持而演进为中央银行的。

第一次世界大战结束后，面对世界性的金融恐慌和严重的通货膨胀，1920 年在布鲁塞尔召开的国际经济会议上，尚未设立中央银行的国家被要求尽快建立中央银行，以共同维持国际货币体系和经济的稳定，此举推动了成立中央银行的第二次高潮。20 世纪 20 年代以后，新成立或新改组的中央银行由于有了别的国家中央银行创设和发展的经验可资借鉴，所以这一阶段许多国家的中央银行都是运用政府力量直接设计成为从法律上具有明确权责的特定机构。在 20 世纪 30 年代经济大危机后，新老中央银行大多建立起存款准备金制度并以重点管理其他金融机构为己任，在这段迅速扩展的时期，逐渐完善了中央银行的三大职能——发行的银行、银行的银行、国家的银行。

第二次世界大战以后，一批较落后的国家摆脱了宗主国或殖民者的统治而获得独立，它们皆视中央银行的建立为巩固民族独立和国家主权的一大标志，因而也纷纷建立了自己国家的中央银行。

四、国家对中央银行的控制

中央银行一经产生就与政府有着密切的联系，经常体现着政府的某些意图，包括在金融管理中承担一定的责任。从这个意义上说，国家从来都在一定程度上控制着中央银行，尽管这种控制在不同的国家以及在同一国家的不同时期强弱不一。

国家对中央银行的控制，总的来说，是加强的趋势，尤其是 20 世纪 30 年代经济、金融大危机以来更为明显。

20 世纪 30 年代的经济大危机把西方世界推入混乱动荡的深渊，动摇了传统古典经济学所认为的经济自身能够达到均衡和稳定的观念。应运而生的凯恩斯经济理论论证资本主义经济不能自发达到充分就业的均衡，并进一步强调指出了国家干预经济的必要性。凯恩斯的理论指出，中央银行可以作为政府对宏观经济进行宏观调控的重要机构之一。中央银行的货币政策已不仅着眼于稳定金融业自身，而且是着眼于稳定整个国民经济。

既然国家要利用中央银行干预宏观经济，那么加强对中央银行的控制就是顺理成章的事情，而且必然会引起中央银行制度发生新的变化。第二次世界大战后，国家对中央银行的控制加强直接表现在两个方面。

(1) 中央银行的国有化。在此之前，中央银行虽然作为政府银行而存在，但其股本大多是私人持有，如英格兰银行、法兰西银行基本上是私人股份银行。战后，各国政府通过购买的方式，将中央银行的私人股份先后转化为国有；对于那些继续维持私有或公私合营的中央银行，国家也都加强了对其的控制；有些新建的中央银行一开始就由政府出资。总之，通过国有化，各国中央银行实质上成为国家机构的一部分。

(2) 制定新的银行法。战后各国纷纷制定新的银行法，明确中央银行的主要职责就是贯彻执行货币金融政策，维持货币金融的稳定。

五、中央银行在中国的发展

(一) 1948 年前的中央银行实践

中央银行在我国产生得较晚，最早具有中央银行形态的是清政府时期的户部银行。户部银行于 1905 年 8 月(光绪三十一年)在北京西郊民巷开业，它是模仿西方国家中央银行而建立的我国最早的中央银行。1908 年，清政府将户部银行改称为“大清银行”，清政府赋予它经理国库及发行铸币的特权，但它并不是真正意义上的中央银行。这是因为，清朝末期是中国银行业的初创时期，这段时期内，许多银行(不是所有银行)，诸如大清银行、中国通商银行、交通银行等，都有银行券的发行权，而并非只有大清银行独有，只能说大清银行是具有部分中央银行性质的国家银行。

孙中山先生认为，“欲革命之成功，非特有健全之军队训练，尤需有完善之金融组织”。1924 年 8 月，孙中山先生在广州组建国民革命政府，并成立了国民政府的中央银行，1926 年北伐军在武汉成立了中央银行，但由于这两家银行存在的时间都很短，所以，并没有真正行使中央银行的基本职能。

1927 年南京国民政府成立，制定了《中央银行条例》，并于 1928 年 11 月新成立了中央银行，总部设在上海。国民政府的中央银行完全仿效西方先进国家中央银行组建规范，在制度上符合国际中央银行惯例——享有发行纸币、经理国库、募集和经理国内外债之特权。该行成立之初，尚未完全独占货币发行权，当时具有货币发行权的，还有中国银行、交通银行和中国农民银行几家银行。1942 年 7 月 1 日，根据《钞票统一发行办法》，中国银行、交通银行和中国农民银行三家银行发行的钞票及准备金全部被交给中央银行，由中央银行独占货币发行权，同时由中央银行统一管理国家外汇。随着内战的爆发，国民政府的中央银行制度被彻底毁掉。1949 年 12 月，中央银行随国民政府撤往中国台湾。

与此同时，中国共产党也开始了中央银行的实践。1932 年 2 月，中国共产党在江西瑞金成立了“中华苏维埃共和国国家银行”(简称“苏维埃国家银行”)，并发行货币。从土地革命到抗日战争时期一直到中华人民共和国诞生前夕，人民政权被分割成彼此不能连接的区域。各根据地建立了相对独立、分散管理的根据地银行，并各自发行在本根据地内流通的货币。1948 年 12 月 1 日，中国共产党以华北银行为基础，合并北海银行、西北农民银行，在河北省石家庄组建了中国人民银行并发行人民币，成为中华人民共和国成立后的中央银行和法定本位币。

(二) 新中国的中央银行

1949 年 2 月，中国人民银行将总行迁往北京。中国人民银行成立初期的主要任务是运用经济、行政、法律手段稳定金融和物价。

1983 年以前，中国人民银行是“大一统”的“一身二任”的复合式中央银行体制。中国人民银行身兼中央银行和专业银行两项职能，附属于财政部，充当了财政出纳的角色，其作为中央银行的职能没有得以充分发挥。

1983 年 9 月，国务院发布了《关于中国人民银行专门行使中央银行职能的决定》，决定中国人民银行专门行使中央银行的职能，不再兼办工商信贷和储蓄业务，专门负责领导和管理全国的金融事业，并设立中国工商银行接管中国人民银行的专业银行业务。

从 1994 年起，中国人民银行开始专门行使中央银行职能，有了明确的货币政策目标及宏观金融调节手段，宏观调控方式逐渐由直接控制向间接调控转换。

1995 年 3 月 18 日，第八届全国人民代表大会第三次会议通过了《中华人民共和国人民银行法》，首次以国家立法形式确定了中国人民银行作为中央银行的地位，标志着中央银行体制走向了法制化、规范化的轨道，也是中央银行制度建设的重要里程碑。

按照《中华人民共和国中国人民银行法》(以下简称《中国人民银行法》)的规定，中国人民银行在国务院领导下制定和执行货币政策，防范和化解金融风险，维护金融稳定。

第二节　中央银行制度类型

由于各国社会制度、政治体制、经济发展水平、金融业务发达程度等千差万别，因而各国的中央银行制度也各有差异。

一、中央银行的所有制形式

按所有制形式，各国的中央银行可以划分为五类。

(一) 全部资本归国家所有的中央银行

全部资本归国家所有，是目前世界上大多数国家的中央银行的所有制形式。这既包括中央银行直接由国家拨款设立，也包括国有化后的中央银行。这类中央银行包括中国、英国、法国、德国、加拿大、澳大利亚、荷兰、挪威、印度等 50 多个国家的中央银行，其中，英、法两国是第二次世界大战后将私有的中央银行收归国有。

(二) 国家资本与民间资本共同组建的中央银行

这类中央银行的资本由国家和民间资本共同持有，民间资本包括企业法人和自然人的股份，但国家资本大多在 50%以上。并且，法律上一般国家都对非国家股份持有者的权利做了较为明确的规定，如只允许民间资本有分红的权利而无经营决策权，日本、奥地利、比利时、墨西哥、土耳其等国的中央银行就属于这种类型。以日本中央银行为例，日本银行于 1882 年 10 月成立，资本金为 1 亿日元，其中，政府出资 55%，民间出资 45%，这一比率至今没有改变。日本银行的私人股东每年领取的最高股息为 5%。

(三) 全部股份由私人持有的中央银行

这类中央银行，国家不持有任何股份，全部资本为非国家所有，经政府授权行使中央银行职能。美国、瑞士、意大利等少数国家的中央银行就是这种情况。

美国联邦储备体系由 12 家地区联邦储备银行、约 4000 家成员商业银行、联邦储备体系理事会、联邦公开市场委员会和联邦咨询委员会组成。各家联邦储备银行都是属于私营股份机构，其股东便是该储备区内作为联邦储备体系成员的私人商业银行，这些私人股份同样没有参与美联储经营管理权，每年只领取不超过 6%的股息。成员银行被排除在联邦储备委员会的决策过程之外，没有任何实际的权利。

(四) 无资本金的中央银行

这类中央银行在建立之初没有资本金，而由国家授权行使中央银行职能。中央银行运用的资金主要是各金融机构的存款和流通中的货币。目前，只有韩国的中央银行韩国银行，是唯一没有资本金的中央银行。

(五) 资本为多国共有的中央银行

这种类型的中央银行是指其资本不为某一国家所独有，而是由主权独立的两国以上的国家所共有。这类中央银行主要是指跨国中央银行，像西非货币联盟所设的中央银行(由尼日尔、塞内加尔、多哥等国家组成)，中非货币联盟(由喀麦隆、刚果、加蓬和中非共和国组成)，欧洲中央银行等。

上述分析表明，从历史上来看，中央银行制度的形成和发展，存在着从私有到国有的转化，也是中央银行法律地位转化的过程，即从最初的特权商业银行发展到准国家机关，最终成为国家机关。例如，英格兰银行从 1694 年成立时的特许，到 1844 年《英格兰银行特许条例》，再到 1946 年《英格兰银行法》的国有化，就是一个突出代表。

二、中央银行制度类型

从组织结构上看，各国的中央银行制度可以划分为四种类型：单一式中央银行制度、复合中央银行制度、跨国中央银行制度及准中央银行制度。

1. 单一式中央银行制度

单一式中央银行制度是最主要的也是最典型的中央银行制度形式，是指国家单独建立专门的中央银行机构，使其全面、纯粹地行使中央银行职能的制度。单一式中央银行制又有两种具体情形。

1) 一元式中央银行制度

一元式中央银行制度(unit central bank system)，是指一国只设立一家统一的中央银行机构来行使中央银行的权利和履行中央银行的全部职能。它一般采取总分行制的形式，通常在首都设立总行，根据客观经济和宏观调控的需要在全国范围内设立若干分支机构。目前，世界上大多数国家的中央银行都是实行这种体制，我国的中国人民银行也是如此。

2) 二元式中央银行制度

二元式中央银行制度(dual central bank system)，是指在一国国内设立中央和地方两级中央银行机构，中央级机构是最高权力机构和管理机构，地方级机构虽然要接受中央级机构的监督和管理，但地方级机构也有一定的独立权力，两级机构分别行使各自的职权。这是一种联邦式的、具有相对独立性的两级中央银行制度。属于这种类型的有美国、德国等国家的中央银行。

2．复合中央银行制度

复合中央银行制度(compound central bank system)是指一个国家没有设专司中央银行职能的银行，而是由一家大银行集中中央银行职能和一般存款货币银行经营职能于一身的银行体制，即“一身二任”。这种体制主要存在于改革前的苏联和东欧等国，我国在 1983 年以前也实行这种中央银行制度。

3．跨国中央银行制度

跨国中央银行制度(multinational central bank system)是由参加某一货币联盟的所有成员国联合组成的中央银行制度。如前所述，第二次世界大战后，一些相邻的欠发达国家建立了货币联盟，并在联盟内成立成员国共同拥有的中央银行。这种跨国的中央银行发行共同的货币，并为成员国制定金融政策，成立的宗旨在于推进联盟各国经济的发展及避免通货膨胀。

此外，1998 年 7 月成立的欧洲中央银行(European System of Central Bank，ESCB)的成立则有着完全不同的经济背景，它是欧洲一体化进程逐步深入的产物。欧洲中央银行的总部设在德国的法兰克福，其基本职责是制定和实施欧洲货币联盟内统一的货币政策，以维持欧元地区内的币值稳定为首要目标。从制度构架上讲，欧洲中央银行由两个层次组成：一是欧洲中央银行本身；二是欧洲中央银行体系，由所有参加欧元区的成员国中央银行组成。前者具备法人身份，后者不具备法人身份。欧洲中央银行和各成员国银行之间的关系为：前者是决策机构，后者是执行机构，即欧洲中央银行为欧元区内所有国家制定统一的货币政策，然后交由各成员国中央银行去实施。各国中央银行失去其在本国执行货币政策的独立性，从而成为欧洲中央银行的分行。

4．准中央银行制度

准中央银行(quasi central bank)是指有些国家或地区只设置类似中央银行的机构，或由政府授权一个或几个商业银行行使部分中央银行职能的体制。新加坡、中国香港属于这种体制。

第三节　中央银行的性质与职能

一、中央银行的性质

中央银行的性质是通过国家法律赋予中央银行的特有属性，这一属性可以表述为：中央银行是国家赋予其制定和执行货币政策，对国民经济进行宏观调控和管理监督的特殊的金融机构。这一性质表明，中央银行既是特殊的金融机构，又是特殊的国家机关。

（一）特殊的金融机构

中央银行的性质集中体现在中央银行是一个“特殊的金融机构”，具体表现为业务的特殊性和地位的特殊性。

1．业务的特殊性

与一般商业银行相比，中央银行业务的特殊性体现在三个方面。

(1) 经营目的的特殊性。中央银行不以营利为目标，不与商业银行和其他金融机构处于平等的地位，因此也不能开展平等的竞争。

(2) 经营对象的特殊性。中央银行不与普通的工商企业和个人进行业务往来，其业务对象仅限于商业银行、其他金融机构及政府。

(3) 业务性质的特殊性。中央银行在业务经营过程中拥有特权，如中央银行享有发行货币的特权，这是商业银行所不能享有的权利。除此之外，它还负责集中存款准备金、代理国库、管理国家黄金和外汇储备、维护支付清算系统的正常运行等职能。

2．地位的特殊性

中央银行处于一个国家金融体系的中心环节，它是全国货币金融体系的最高权力机构，也是全国信用制度的枢纽和金融最高管理当局。可见，中央银行的地位非同一般，它是国家货币政策的制定者，是国家干预经济生活的重要工具，是政府在金融领域的代理，也是在国家控制下的一个职能机构。中央银行的宗旨是维持一国的货币和物价的稳定，促进经济增长，保障充分就业和维持国际收支平衡。

(二) 特殊的国家机关

作为国家管理金融业和宏观调控经济的重要部门，中央银行具有一定的国家机关性质，负有重要的公共责任。但是，尽管国家赋予中央银行各种金融管理权，但它与一般的政府行政管理机构仍然存在明显不同，其管理的特殊性表现在三个方面。

1．履行管理职能的手段不同

中央银行行使管理职能时，不是单凭行政权力行使其职能，而是通过经济和法律手段去实现，如信贷、利率、汇率、存款准备金、有关法律等。其中，尤以经济手段为主，如调整基准利率和法定存款准备金率、在公开市场上买卖有价证券等，这些手段的运用具有银行操作的特征，这与主要依靠行政手段进行管理的其他国家行政机关有明显的区别。

2．履行管理职能的方式不同

中央银行对宏观经济的调控是间接的、有弹性的，即通过货币政策工具操作，首先影响金融机构的行为和金融市场相关变量，再影响到企业和居民个人的投资与消费，从而影响到整个宏观经济，其调控方式具有一定的弹性，实现政策的效果也具有一定的时间差，即时滞。而一般国家行政机关的行政决议决定可以迅速且直接地作用于各微观主体，如税率的调整，其政策效果就呈现出刚性，没有弹性。

3．履行管理职能时拥有一定的独立性

中央银行相对于政府具有独立性，而一般国家行政机关本身就是政府的组成部分之一。关于这个问题，后面章节将详细阐述。

二、中央银行的职能

中央银行的职能是其性质的具体体现。中央银行的性质和宗旨决定了其有三项基本职

能，一般表述为：发行的银行、银行的银行和政府的银行。

(一) 发行的银行

所谓“发行的银行”(bank of issue)，就是垄断银行券的发行权，成为全国唯一的现钞发行机构。集中和垄断一国的货币发行权，是中央银行之所以成为中央银行的最本质的特征。中央银行正是因为垄断了货币发行权，才相应地有了其他方面的职能。由中央银行垄断货币发行权是统一货币发行、稳定币值的基本保证。

这里必须明确一点，发行的银行中所指的“货币发行”这个概念中的“货币”，专指银行券和现钞，而不包括存款形态的货币。目前，世界上几乎所有国家的现钞都由中央银行发行，而辅币的铸造、发行，有些国家由中央银行经营，有些国家则由财政部负责，发行收入归财政。

作为发行的银行，中央银行需要承担两方面责任：一是保持货币流通顺畅；二是有效控制货币发行量，稳定币值。中央银行垄断货币发行权，并不意味着中央银行可以任意决定货币发行量。在金本位制条件下，中央银行是依靠足额发行准备或部分发行准备来保证其发行银行券的可兑换性的。因而，中央银行必须集中足够的黄金准备，作为保证银行券发行与流通的物质基础，黄金储备数量成为银行券发行数量的重要制约因素。在货币流通转化为不兑现的纸币流通后，虽然纸币不再是可兑换的了，但一国政府所提供的信用担保足可以保证一国货币的稳定。因此，中央银行必须根据经济发展的需要来决定货币发行量，并有责任规范货币发行，以确保货币价值的稳定。如果滥用货币发行权，其结果必然是通货膨胀、货币贬值，严重时中央银行所发行的现钞甚至形同废纸。因此，必须对中央银行的货币发行进行适当的控制。

(二) 银行的银行

“银行的银行”有三层意思：一是中央银行的业务对象是商业银行和其他金融机构及特定的政府部门；二是中央银行在与其业务对象之间的业务往来中仍表现出银行所固有的“存、放、汇”等业务特征；三是中央银行为商业银行提供支持和服务的同时，也是商业银行的监督管理者。

作为银行的银行，中央银行的职能具体体现在三方面。

1. 集中存款准备金

按法律规定，商业银行和其他金融机构都要按法定比例向中央银行交纳存款准备金，同时，商业银行出于流动性考虑，也会将一定比例的资金存放于中央银行作为超额存款准备金。因此，中央银行集中和保管的准备金存款包括商业银行等金融机构的法定存款准备金存款和超额存款准备金存款。

中央银行集中保管存款准备金的意义在于：

第一，保证和加强存款机构的清偿能力。如遇到金融机构资金周转发生困难时，通过中央银行加以调节，既能保障存款人的存款安全，又能防止银行发生挤兑而倒闭。

第二，有利于中央银行控制商业银行的信贷规模和控制货币供应量。因为中央银行有权根据宏观调控的需要变更、调整法定存款准备金的比率，这就使存款准备金制度成为一个重要的货币政策工具。

第三，中央银行吸收超额准备金存款，有利于为商业银行等金融机构办理资金清算。

2．充当最后贷款人

最后贷款人是指商业银行发生资金困难而无法从其他银行或金融市场筹措资金时，中央银行对其提供资金支持。

“最后贷款人”一词最早是由沃尔特·巴杰特(Walter Bagehot)于1873年提出的，他主张当某家银行出现流动性不足时，中央银行有责任对其予以贷款支持，以帮助其渡过难关，从而避免因该银行破产倒闭而带来巨大的负面效应。最后贷款人可以发挥以下作用：一是支持陷入资金周转困难的商业银行及其他金融机构，以免银行挤兑风潮的扩大而最终导致整个银行业的崩溃；二是通过为商业银行办理短期资金融通，调节信用规模和货币供给量，传递和实施宏观调控意图。中央银行对商业银行和其他金融机构办理再贴现和再抵押贷款的融资业务时，执行的就是“最后贷款人”的职能。

3．组织全国的清算

中央银行为各商业银行及其他金融机构相互间的应收应付票据进行清算，就是履行了“最后贷款人”的职能。商业银行及其他金融机构在中央银行开立账户，并在中央银行拥有存款(超额准备金账户)，这样，它们收付的票据就可以通过其在中央银行的存款账户划拨款项，办理结算，中央银行再将结算轧差直接增减各银行准备金，从而清算彼此之间的债权债务关系。这时，中央银行实际上充当了全国票据清算中心的角色。

中央银行参与组织管理全国清算，一方面加快了资金周转速度，减少了资金在结算中的占有时间和清算费用，提高了清算效率；另一方面，解决了非集中清算带来的问题，如不安全以及在途资金占有过多等困难；最后，有利于中央银行及时掌握各商业银行的头寸状况，便于中央银行行使金融监管的职能。目前，大多数国家的中央银行已经成为全国的资金清算中心。

(三) 政府的银行

所谓“政府的银行”，也称“国家的银行”，是指中央银行代表国家从事金融活动，对一国政府提供金融服务，贯彻执行国家货币政策，实施金融监管。其具体表现在五个方面。

1．代理国库收支

代理国库收支，在我国，多年以来其被惯称为“经理”国库。国家财政收支一般不另设机构，而交由中央银行代理。政府的收入与支出均通过财政部门在中央银行内开立的账户进行。具体包括：按国家预算要求代收国库库款；按财政支付命令拨付财政支出；向财政部门反映预算收支执行情况；经办其他有关国库事务等。

2．代理国家政府债券的发行

当一国政府为调剂政府收支或弥补政府开支不足而发行政府债券时，通常由中央银行代理政府债券的发行，并代办债券到期时的还本付息等事宜。

3．为政府提供信用

中央银行作为国家的银行，在国家财政出现入不敷出时，一般负有义务向政府提供信贷支持。这种信贷支持主要有两种方式：一是直接向政府提供放款或透支；二是购买政府债券。第一种方式通常用于解决财政收支的暂时性不平衡的矛盾，因而是短期融资，这种信贷对货币流通总的影响一般不大，但是在财政赤字长期化的情况下，政府如果利用中央银行的信用弥补自己的支出，就会破坏货币发行的独立性，威胁到货币币值的稳定。因而，许多国家都限制财政向中央银行的无限制借款。对于第二种方式，又有两种情况：一是直接在一级市场上购买政府债券，中央银行所支付的资金就成为财政收入，等同于直接向政府融资。因此，一些国家的中央银行法就禁止中央银行以直接的方式购买政府债券。例如，《中国人民银行法》就明确规定：中国人民银行不得直接认购、包销国债和其他政府债券。二是间接在二级市场上购买，即进行公开市场业务，则资金间接流向财政。中央银行根据经济发展状况或宏观政策的需要，通过在二级市场上买卖政府债券，可以改变基础货币的投放量。因而，公开市场业务已成为各国中央银行所积极采取的一项重要货币政策工具。

4. 保管外汇和黄金储备

一个国家外汇和黄金的买卖和管理，都是由中央银行来实施。中央银行通过为国家保管和管理黄金外汇储备，同时还要根据国内情况，适时、适量购进或抛售某种外汇或黄金，可以起到稳定币值和汇率、调节国际收支、保持国际收支平衡的作用。

5. 制定和实施货币政策

货币政策是政府对经济实行宏观调控的主要手段之一。各国一般都通过颁布法律赋予中央银行制定和实施货币政策的职责和权利。中央银行在制定和实施货币政策的时候，必须与国家经济利益、社会发展的根本目标(包括近期目标和长远利益)保持一致，并通过货币政策的具体实施达到稳定币值和促进经济增长等目的。

此外，中央银行作为国家的银行，还代表政府参加国际金融组织，出席各种国家性会议，从事国际金融活动以及代表政府签订国际金融协定；在国内外经济金融活动中充当政府的顾问，提供经济、金融情报和决策建议。

第四节　中央银行的独立性问题

一、中央银行独立性的含义

中央银行的独立性问题主要是与货币政策密切相关的。如本章前面小节所述，中央银行要在履行三大职能的同时执行一国的货币政策，那么这就出现一个问题，即作为国家的银行，中央银行能否做到不受政府的干扰而根据宏观经济形势制定正确的货币政策。所谓“中央银行的独立性问题”，就是指在货币政策的决策和运用方面，中央银行由法律赋予或实际拥有的自主程度。也就是说，中央银行在制定货币政策过程中要具有超然的地位。

关于中央银行的独立性问题，国际货币基金组织专门做了比较详细的说明。根据国际货币基金组织最新公布的文献，中央银行的独立性问题是指中央银行在公布通货膨胀率、汇率或货币政策目标以及根据自己的操作决定货币供应量和利率水平时不受政府的干预，在解决中央银行与政府间的矛盾时存在公开的和透明的程序，并且中央银行的管理和财务是独立的。

综上可以得出，中央银行的独立性问题，实质就是中央银行与政府的关系问题。如何处理这种关系，可以概括为两点：一是中央银行应对政府保持独立性；二是中央银行对政府的独立性总是相对的。

二、中央银行独立性问题的提出

中央银行独立性的讨论源于欧美等国对历次恶性通货膨胀成因的反思。在第一次世界大战之前，中央银行拥有较强的独立性，较少受到政府干预。第一次世界大战期间，一些参战国的政府开始通过中央银行增发纸币以满足军费开支。战争结束后，一些国家继续沿袭战时做法，通过增发货币来推动本国经济增长，结果酿成恶性通货膨胀。在一战之后，各国吸取沉痛教训，大都主张保持中央银行独立运行的原则。中央银行独立性(central bank independence)的学术研究最早见于美国经济学家欧文·费雪在其1930年出版的《利率理论》一书中，其含义为：中央银行在货币政策制定过程中不受政府干预，目的在于防止政府将财政赤字货币化而造成恶性通货膨胀。

三、中央银行保持独立性的重要性

(一) 遏制通胀

政府在执行经济政策时，往往容易从短期利益出发，扩大财政支出，加大政府消费和公共投资，从而增加通货膨胀的压力。大量相关研究也表明，中央银行独立性强弱与通货膨胀率高低密切相关。从发达国家的经验看，中央银行受到政府操纵的国家的平均通货膨胀率要比中央银行具有高度独立性国家的高。实质研究表明，中央银行的独立性与通货膨胀之间存在明显的负相关关系，即中央银行的独立性越强，通货膨胀率就越低；反之，中央银行的独立性越弱，通货膨胀率就越高。1990年美国哈佛大学的学者采用实证方法，对中央银行独立程度与经济发展的关系进行了研究，提出了“哈佛报告”。报告认为，中央银行的独立程度与经济的良性发展之间具有正相关关系，只有保持中央银行高度的独立性，才能在低通货膨胀条件下，实现适度的经济增长和低的失业率。在中央银行独立性非常高的德国和瑞士，其经济增长率为3.1%时，通货膨胀指数为3.1%；与之相反，在中央银行独立性非常低的澳大利亚、新西兰、爱尔兰等国，其经济增长率为3.8%的代价是当年通货膨胀指数达到了7.5%。

(二) 提高中央银行信誉和透明度

按照货币经济学理论，中央银行采取的货币政策往往会造成动态不一致的后果。中央银行为了增加产出而采取通胀政策，而公众预期到货币当局采取通货膨胀政策，比如提高工资等，均衡的结果是通货膨胀产生了，而产出没有提高。为解决这种动态不一致，就需要给予中央银行制定政策的独立性，提高中央银行的信誉和制定政策的透明度。此外，中央银行的业务具有较高的专业性和技术性，其管理人员必须具有熟练的业务、技术，以及制定货币金融政策、调节货币流通的经验。如果政府对中央银行在制定货币金融政策过程中进行不正确的干预，就会导致整个经济陷入困境。

(三) 加强金融监管、稳定经济和金融

美国金融危机后，中央银行金融监管的职能逐渐凸显出来，受到越来越多国家的重视。为了有效降低金融系统的风险，提高金融系统的运行效率，需要中央银行独立地实施金融监管职能。此外，政府与中央银行的地位不同，因而在考虑经济政策的侧重点上存在差异。政府较多地考虑就业、社会保障等社会问题，中央银行较多考虑货币稳定的经济问题。政府往往推行赤字财政政策以刺激有效需求和增加就业，结果容易导致通货膨胀；中央银行的首要任务是稳定货币，如果市场银根偏松，就会出现通货膨胀的危险，这时中央银行不应使利率维持在较低水平以利于财政筹措资金，而是需要采取紧缩性的货币政策，利率升高，以遏制通货膨胀。

四、中央银行独立性的独立程度和衡量标准

(一) 中央银行独立性的独立程度

自有中央银行以来，其独立性一直是争论的热点，大致有三种观点：

(1) 完全的独立性。该理论认为货币政策及相应的货币稳定是一个复杂的问题，应由独立的权威机构来掌管，以免受政治利害或私利的支配。

(2) 完全没有独立性。该观点认为政府是民选的，用来管理国家，更何况货币问题呢？而且中央银行与政府的目标基本一致，财政政策和货币政策必须相互协调。

(3) 相对独立性。大多数人持此种观点，即中央银行与政府保持相对独立性，而且认为这种独立性还应随不同的制度安排和不同时期的政治经济状况而变化。

在很多方面，如法律赋予中央银行的职责、中央银行领导人的任命、中央银行与财政部的关系、中央银行资本所有权等，大多数国家的中央银行对于政府的独立性不是绝对的，而是相对的。所谓“相对独立性”，就是有限制的独立性、在一定范围内的独立性。央行与政府的使命是共同的，都承担了经济增长、稳定物价与增加就业等义务。因此，中央银行政策目标不能背离国家总体经济发展目标。央行必须与政府密切配合，并受政府的监督和指导，而不是凌驾于政府之上，或者独立于政府体制之外自行其是。随着垄断资本对于国家干预的加强，政府对经济和金融领域的干预也不断加深。加上中央银行公开市场业务的不断扩大，央行必须在政府制定的总的经济政策目标下制定自己的政策。另一方面，央行有其特殊性，它不同于一般的行政管理部门，它有权独立制定货币政策，在管理金融调节经济方面必须具有相对的独立性。

(二) 中央银行独立性的衡量标准

中央银行独立性的衡量标准包括三个方面：① 组织上的独立性，即中央银行是否属于政府，其领导人的任免程序与任期是否受到政府的影响；② 职能上的独立性，即中央银行能否独立制定和实施货币政策，能否抵制财政透支及其他不合理的融资要求；③ 经济上的独立性，即中央银行是否依赖于财政拨款，有无可供独立支配的财源。

应指出的是，无论在上述三个标准上有何差异，中央银行一般拥有技术上的独立性，即技术上的垄断性和信息上的垄断性。

如何衡量中央银行独立性，存在不同的方法。总体看来，衡量中央银行独立性的标准有三个方面。

1．组织和人事独立性标准

该标准主要看中央银行是否隶属于政府，政府对中央银行高级决策人员和管理人员的任免程序的控制能力。如美联储的最高决策机构理事会的 7 名成员由总统任命，参议院核准，任期 14 年，期满后不再连任，因此理事不必为争取连任而迎合总统的意见。此外，理事的任命为轮流制，总统一次只能任命部分比例的理事，理事任期相互错开，正常情况下每两年才有 1 人届满，即总统在任期内只能提名 2 名理事，总统想控制整个理事会是不大可能的。通过以上安排，美联储保持了其独立性。而在比利时、意大利等国的央行决策机构中，财政部代表占支配性地位，因此其独立性也小一些。

2．职能独立性标准

该标准主要看中央银行是否能独立制定和执行货币政策，如何解决货币政策与财政政策之间的冲突，是否有为政府赤字融资的强制性义务。

关于如何解决货币政策与财政政策之间的冲突，有些国家如美国、德国、瑞士的中央银行可以独立制定货币政策，不受政府干涉货币政策的实施，如果与政府发生矛盾，只能通过协商解决。而英国、日本等国中央银行虽然受政府干涉，但仍然可以独立制定、执行货币政策。在某些国家，如意大利、法国及一些发展中国家，中央银行采取的货币政策必须经过政府的批准，独立性较弱。

关于是否有为政府赤字融资的强制性义务，为防止中央银行沦为弥补财政赤字的工具，大部分国家均反对政府在一级市场融资，即中央银行在一级市场上购买国债为政府融资。但是对于中央银行在二级市场上购买国债，操作程序与在一级市场上操作不同，央行在二级市场上购买国债是公开市场操作，并不会有特别融资出现，因此是不违反独立性的。

3．经济独立性标准

该标准主要看中央银行是否有可独立支配的财源，是否有赖于财政拨款。目前，多数国家的中央银行属于国家所有。中央银行资本金的所有权大多由财政部门代表国家持有，中央银行的利润除规定的提成外全部上交国家财政，如有亏损，则全部由国家财政弥补。

美国的中央银行美联储则是私人性质的，其分布在美国各地的 12 家联邦储备银行的资金，全都来源于会员银行，而这些会员银行大多是私人的。每家会员银行要按照一定比例向美联储上交存款准备金，存款准备金没有利息，但会员银行可以从中每年享受年收益 6% 的年末分红。私人股东权益受到严格限制，不像一般所有者那样享有剩余索取权，而且也没有控制权。

五、中央银行独立性的模式

中央银行是一国金融体系的核心，费雪把中央银行独立性划分为目标的独立性与手段的独立性两个方面。当前，世界各国中央银行独立性有四种模式。

1．美国模式

中央银行直接对国会负责，具有较强的独立性。美国 1913 年《联邦储备法》建立的联邦储备系统，行使制定货币政策和实施金融监管的双重职能。美联储(FED)实际拥有不受国会约束的自由裁量权，成为立法、司法、行政之外的“第四部门”。

2．英国模式

中央银行名义上隶属于财政部，具有相对独立性。尽管法律上英格兰银行隶属于财政部，但实践中财政部一般尊重英格兰银行的决定，英格兰银行也主动寻求财政部支持而相互配合。1997 年以后，英格兰银行事实上的独立地位向第一种模式转化。

3．日本模式

中央银行隶属于财政部，独立性较弱。大藏大臣对日本银行享有业务指令权、监督命令权、官员任命权以及具体业务操作监督权。但是，1998 年 4 月，日本国会通过了修正《日本银行法》，以法律形式确认中央银行的独立地位，实现向第一种模式转化。

4．中国模式

中央银行隶属于政府，与财政部并列。

六、中国中央银行的相对独立性

《中国人民银行法》以法律形式明确规定了中国人民银行的法律地位，即“中国人民银行是中华人民共和国的中央银行，中国人民银行在国务院领导下，制定和实施货币政策，对金融业实施监督管理”。这些规定确立了其具有相对独立性，具体表现在三个方面。

1．目标独立性不强

《中国人民银行法》第十二条指出：“中国人民银行设立货币政策委员会。货币政策委员会的职责、组成和工作程序由国务院规定，报全国人民代表大会常务委员会备案”。

2．决策独立性不强

央行实施货币政策的效果与财政部、建设部等部委的经济产业政策密切相关。中国人民银行只享有一般货币政策事项的决定权，对于年度货币供应量、利率及汇率等重大政策事项只有制定权和执行权，但是最终决策权属于国务院。

3．法律独立性不强

从世界范围来看，凡是把稳定币值作为中央银行首要的或唯一的目标并取得较佳效果的国家，其央行的法律地位都比较高。中国人民银行具有双重性：一方面，它是国家机关，依法行使管理金融业的行政职权；另一方面，它拥有资本，可以依法经营某种业务。

第五节　中央银行的业务

中央银行各项职能的履行主要通过各种业务活动来实现。由于中央银行的地位和职能的特殊性，其业务活动的类型与一般金融机构相比有很大的不同。按中央银行的业务活动是否与货币资金的运动相关，一般可分为银行性业务与管理性业务。

银行性业务是中央银行作为发行的银行、银行的银行、政府的银行所从事的业务。此类业务直接与货币资金相关，都将引起货币资金的运动或数量的变化，具体包括资产负债业务、清算业务、经理国库业务、代理政府向金融机构发行及兑付债券业务、会计业务等与货币资金运动相关但不进入中央银行资产负债表的银行性业务。

管理性业务是中央银行作为唯一国家最高金融管理当局所从事的业务。此类业务与货币资金的运动没有直接关系，需要运营中央银行的法定特权，具体包括金融调查统计业务，以及对金融机构的稽核、检查、审计业务等。

一、中央银行的负债业务

中央银行的负债是指金融机构、政府、个人及其他部门持有的对中央银行的债权。中央银行的负债业务主要由存款业务、货币发行业务、其他负债业务和资本业务构成。

(一) 中央银行的存款业务

中央银行的存款一般可分为商业银行等金融机构存款、非银行金融机构存款、外国存款、特定机构和私人部门存款等。

1. 准备金存款业务

存款准备金是商业银行等存款货币机构按吸收存款的一定比例提取的准备金。它由三部分构成：一是自存准备，通常以库存现金的方式存在；二是法定存款准备金，即按法律规定转存中央银行的部分；三是超额准备金，即在中央银行存款中超过法定准备金的部分。存款准备金制度是各国中央银行执行货币政策的一个重要的工具。中央银行集中保管各商业银行的法定存款准备金，且不支付利息。中央银行将这些准备金用于商业银行资金周转不灵时对其贷款，这便节省了各商业银行本应保留的存款准备金，充分发挥了资金的作用。中央银行根据经济形势规定商业银行的存款准备金率，并督促各商业银行按期如数上交存款准备金。

2. 代理国库和吸收政府存款业务

中央银行作为政府的银行，代理国库和吸收政府存款就是它的主要业务之一。政府存款的构成各国有差异，有的国家就是指中央政府的存款，有的国家则将各级地方政府的存款也列入其中，但政府存款中最主要的仍是中央政府的存款。中央政府存款一般包括国库持有的货币、活期存款、定期存款及外币存款等。我国的中国人民银行资产负债表中的“中央政府存款”是指各级财政在中国人民银行账户上预算收入与支出的余额。中央银行收存中央政府存款是在经理国库业务中形成的，对国库存款不支付利息。

3. 非银行金融机构存款业务

对于非银行金融机构在中央银行的存款，有的国家中央银行将其纳入准备金存款业务，按照法定要求办理；有的国家中央银行则将其单独作为一项存款业务。目前，中国各种非银行机构在中国人民银行都有存款，主要是用于清算。

4. 外国存款业务

外国存款或属于外国中央银行，或属于外国政府，它们持有这些债权构成本国的外商，随时可以用于贸易结算和清算债务，存款数量多少取决于它们的需要。外国存款对本国的外汇储备和中央银行基础货币的投放会产生影响，但由于外国存款的数量较小，所以影响并不大。

5. 特定机构和私人部门的存款

特定机构是指非金融机构，中央银行收存这些金融机构的存款，或是为了特定的目的，如向这些机构发放特别贷款而吸收的存款，或是为了扩大中央银行的资金来源。多数国家法律规定不允许中央银行收存私人部门的存款，有些国家虽然法律允许收存，但也只限于特定对象，并且数量很小。

6. 特种存款

特种存款是指中央银行根据商业银行和其他金融机构信贷资金的运营情况，以及银根松紧情况和宏观调控的需要，向这些金融机构吸收一定数量的资金而形成的存款。特种存款业务作为调整信贷资金结构和信贷规模的重要措施，成为中央银行直接信用控制方式之一。

特种存款业务的特点有：非常规性，即中央银行一般只有在特殊情况下为了达到特定目的而开办；业务对象具有特定性，不是面向所有的金融机构；特种存款期限较短，一般为 1 年；特种存款的数量和利率完全由中央银行确定，具有一定的强制性，特定金融机构只能按规定的数量和比率及时足额地完成存款任务。

从银行的资产负债关系来看，中央银行与商业银行不同。商业银行是资金来源决定资金运用，而鉴于所处的地位和所要承担的职能，中央银行则是资金运用创造了资金来源。

中央银行吸收存款主要有三个方面的意义：

(1) 有利于控制贷款规模与货币供应量。一方面，中央银行对法定存款准备金率的规定，直接控制商业银行创造信用的规模；另一方面，中央银行可以通过存款业务集中相当数量的资金，以利于在金融市场上自主展开贴现业务和公开市场操作，从而达到控制货币供应量的目的。

(2) 有利于维护金融业的安全。中央银行集中保管存款准备金、充当银行最后贷款人和金融业的管理者，当商业银行出现清偿力不足时，中央银行有义务对其予以贷款支持，发挥其最后贷款人职能，以帮助商业银行渡过难关。此外，中央银行通过为商业银行开立账户，有利于分析商业银行资金运用状况，加强监督管理，从而提高商业银行的经营管理水平。

(3) 有利于国内资金的清算。中央银行作为全国的资金清算中心，主持金融机构间的清算业务，大大提高了商业银行与商业银行之间、商业银行与其他金融机构之间债权债务清算的效率，同时也加速了社会资金的周转。

(二) 中央银行的货币发行业务

货币发行业务是指中央银行向流通领域投放货币的行为。垄断货币发行权是中央银行区别于商业银行的主要标志。中央银行所发行的货币主要是中央银行券，即信用货币。

中央银行发行货币，主要通过对商业银行及其他金融机构提供贷款，接受商业票据再贴现，在金融市场上购买有价证券、金银和外汇等方式实现的。

中央银行虽然垄断了货币发行权，但货币发行并非随意的，货币发行必须符合国民经济发展的客观要求。如果发行货币过多，会引起货币贬值、物价上涨，发生通货膨胀，这必然会导致一系列的社会经济问题；反之，如果货币发行过少，也会妨碍国民经济的正常运行，使国民经济因缺少必要的货币而达不到应有的增长速度，从而阻碍经济的发展。为使货币发行能适应国民经济发展的客观要求，各国都建立了货币发行制度。

(三) 中央银行其他负债业务

1. 发行中央银行债券

中央银行债券的发行对象主要是国内金融机构。中央银行发行债券作为公开市场业务方式之一，其主要目的是减少商业银行或其他非银行金融机构的超额储备，以便有效控制货币供应量。

2. 对外负债

对外负债主要包括从国外银行借款、对外国中央银行的负债、国际金融机构的贷款、在国外发行的中央银行债券。对外负债的主要目的是平衡国际收支、维持本币汇率水平、应对货币危机或金融危机等。

(四) 中央银行的资本业务

中央银行的资本业务是指中央银行筹集、维持和补充自有资本的业务。中央银行自有资本的形成有三个途径：政府出资、地方政府和国有机构出资以及私人银行或部门出资。

二、中央银行的资产业务

中央银行的资产是指中央银行在一定时点上所拥有的各种债权。中央银行的资产业务主要包括再贴现业务、贷款业务、证券买卖业务、黄金和外汇储备等业务。

(一) 再贴现业务

再贴现是指商业银行将通过贴现业务所持有的尚未到期的商业票据向中央银行再次申请贴现，中央银行据此以贴现方式向商业银行融通资金的业务。

(二) 再贷款业务

1. 对商业银行等金融机构的贷款

这是中央银行贷款中最主要的种类。中央银行通常定期公布贷款利率，商业银行提出借款后，中央银行审查批准具体数量、期限(一般贷款都是短期的)和利率，有的还规定了用途。中央银行贷款采取的形式多为以政府债券或商业票据为担保的抵押贷款。为商业银行等金融机构融通资金，保证商业银行等金融机构的支付能力，是中央银行作为“银行的银行”最主要的职责之一。

2. 对非货币金融机构的贷款

非货币金融机构是指不吸收一般存款的特定的金融机构。在中国国家统计年鉴中，非货币金融机构主要包括国家开发银行和进出口银行两家政策性银行(另一家政策性银行中国农业发展银行由于吸收存款，所以在统计分类中归在存款货币银行)、金融信托公司和租赁公司。

3．对政府的贷款

在政府收支出现失衡时，各国中央银行一般都有义务向政府提供信贷支持。中央银行对政府的贷款一般是短期的，且多是信用贷款。另外，有些国家还规定，政府可在法律允许的限度内向中央银行透支，但许多国家目前还不允许这样做，中国即是如此。中央银行除了给政府提供贷款外，一般还采取通过购买政府债券的方式向政府提供融资。

4．其他贷款

(1) 对非金融部门的贷款。这类贷款一般都有特定的目的和用途，贷款对象的范围比较窄，各国中央银行都有事先约定的特定对象。中国人民银行为支持老少边穷地区的经济开发所发放的特殊贷款即属此类。

(2) 中央银行对外国政府和国外金融机构的贷款。这部分贷款数量在金融统计中一般放在“国外资产”下面。

(三) 证券买卖业务

一般来讲，中央银行从事证券买卖业务都是通过公开市场进行的。中央银行在公开市场买进证券就是直接投放了基础货币，而卖出证券则是直接回笼了基础货币。尽管中央银行在证券的买卖过程中会获得一些证券买进卖出的价差收益，但中央银行买卖证券不是为了营利，其目的在于通过对货币量的调节，以影响整个宏观经济。

中央银行在公开市场上买卖的证券种类主要是国债和流动性很高的有价证券。但是，由于各国的国情不同，也存在着一些差别，如有的国家只允许中央银行买卖国债，而有些国家的中央银行还可以买卖在证券交易所正式挂牌的上市证券。中央银行一般只能够在证券交易市场上，即二级市场上购买有价证券，这是出于保持中央银行独立性的需要。

(四) 黄金和外汇储备业务

黄金和外汇等是进行国际清算的最后支付手段。各国把黄金和外汇作为储备资产，由中央银行经营和管理。中央银行保管和经营外汇储备的主要目的有三个方面。

1．稳定币值

币值稳定是一国经济稳定增长的必要条件，中央银行必须保持货币币值的稳定。因此，许多国家的中央银行都保留一定比例的国家黄金和外汇储备金。当国内商品供给不足、物价呈上升趋势时，就利用持有的黄金和外汇储备从国外进口商品或直接向社会售出上述国际通货，以回笼货币，平抑物价，使币值保持稳定。

2．稳定汇价

在实行浮动汇率制度的条件下，一国货币的对外价值经常会发生变动。汇率的变动对该国的国际收支乃至经济发展产生重大影响。因此，中央银行通过买进或卖出国际通货，使汇率保持在合理的水平上，以稳定本国货币的对外价值。

3. 调节国际收支

当国际收支发生逆差时，中央银行就可以动用黄金和外汇储备补充所需外汇的不足，以保持国际收支的平衡。从结构上讲，当国际收支经常项目出现顺差、黄金和外汇储备充足且有余时，中央银行则可以用其清偿外债，减少外国资本流入。

三、中央银行的其他业务

中央银行的主要业务活动除了负债业务、资产业务以外，还有一些重要的其他业务活动。例如，通过经理国库来管理国家预算资金的收纳和库款的支拨，代理政府债券的发行与兑付；通过会计核算，反映中央银行办理各项业务及进行金融宏观调控所引起的资金变动状况；通过调查统计，获取金融信息资料，为货币政策制定及宏观调控提供依据等。这些活动分别构成了中央银行的经理国库、会计及调查统计业务。这些业务在中央银行业务活动中均占有重要位置，是中央银行行使职能的具体体现。

四、中央银行的资产负债表

中央银行在履行其职能的同时，其整个业务活动可以从它的资产负债表中得到反映。从全球看，由于各国的金融制度、信用方式、金融环境等方面存在差异，各自的资产负债表上的具体内容和项目设置也不尽相同，但应该看到它们的共同点：一是中央银行是本国货币的发行银行，作为货币发行的银行，流通中的货币应该是中央银行负债的主要项目；二是中央银行作为银行的银行，与商业银行等金融机构存在密切的业务联系，在其负债方表现为商业银行等金融机构在中央银行的存款(包括存款准备金)，在其资产方表现为贴现和放款；三是中央银行作为国家的银行，与政府的业务关系中，负债项目主要是国库及公共机构存款，资产项目主要是持有的政府债券、国家外汇、黄金储备等。表 8-1 列出了中央银行基本业务状况的概要。

表 8-1　中央银行资产负债业务概要

资　　产	负　　债
国外资产	流通中的货币
贴现和放款	商业银行等金融机构
政府债券和财政借款	国库及公共机构存款
外汇和黄金储备	对外负债
其他资产	其他负债项目和资本项目

表 8-1 简要地列举了各国中央银行资产负债表的一般项目，当然，其涉及的各项目的实际金额和比重因各国的实际状况不同而有所异同。

就中国而言，中国人民银行的资产负债表的主要项目应与各国中央银行基本相同，但各项目所占的比重显著不同。表 8-2 列示了 2016 年 7 月中国人民银行的资产负债表。

表 8-2 2016 年 7 月中国人民银行资产负债表 单位：亿元人民币

资产		负债	
项 目	金 额	项 目	金 额
国外资产	243 667.22	储备货币	284 118.63
外汇	234 402.45	货币发行	69 247.92
货币黄金	2502.08	其他存款性公司存款	214 870.4
其他国外资产	6762.68	不计入储备货币的金融性公司存款	5052.05
对政府债权	15 274.09		
其中：中央政府	15 274.09	发行债券	3669.00
对其他存款性公司债权	56 303.70	国外负债	3633.56
对非金融机构部门债权	6657.69	政府存款	35 164.43
对非金融机构的债权	74.31	自有资金	219.75
其他资产	13 336.94	其他负债	3456.43
总资产	335 313.95	总负债	335 313.95

——资料来源：中国人民银行网站 2016 年统计数据

五、中央银行体制下的支付清算系统

（一）中央银行体制下的支付清算的职责

作为银行的银行，中央银行有义务为一国的金融业顺畅运行及发展提供便利和服务。因此，组织全国银行间支付清算就成为中央银行的一项主要职责。

支付清算系统也称为“支付系统”，是由提供支付服务的中介机构、管理货币转移的规则、实现支付指令传送及资金清算的专业技术手段共同组成的，用以实现债权债务清偿及资金转移的一系列组织和安排。

现代的支付清算体系则是伴随着中央银行制度的发展而发展的。各国大多有法令明文规定中央银行负有组织支付清算的职责。《中国人民银行法》明确规定，作为中央银行的人民银行有履行“维护支付、清算系统的正常运行”的职责，“应当组织或者协助组织银行业金融机构相互之间的清算系统，协调银行业金融机构相互之间的清算事项，提供清算服务”。

（二）中央银行组织支付清算的作用

市场经济较发达的国家都十分重视建立一个稳定、高效的支付清算系统，以便于资金在债权债务人之间的顺畅流动、经济体的顺畅运行。所以，在一国中央银行主持下的支付清算系统是现代经济金融活动运行的基础设施，被形容为“资金的高速公路”。中央银行组织下的支付清算系统发挥着重要作用。

1．安全、高效的支付系统有利于规避金融风险

缜密设计、合理建设和规范运行的支付清算系统，对于规避和控制各种金融风险发挥着不可替代的作用。支付清算系统在运转过程中可以通过监测发现金融机构在经营过程中的一部分潜在的信用风险和流动性风险，并能主动预警。例如，支付系统可以监测各家商

业银行清算账户的日间透支额，一旦这些指标出现异常，支付系统就会要求商业银行采取必要的措施，以保证支付效率。

2．高效的支付系统还可为一国中央银行的货币政策服务

任何国家的中央银行在制定货币政策时都要以完整、可靠、及时的金融信息为基础。支付系统提供的信息来源于真实发生的每一笔支付业务，因此可以为中央银行分析金融形势、制定货币政策提供服务。从另一个角度讲，支付系统又是中央银行货币政策实施的渠道和工具。比如：通过支付系统可以改变货币供给量，扩大或缩小现钞和硬币的发行量；通过提供便利或设置障碍，支付系统还可以加快或放缓货币流通的速度。近年来，流行于欧美国家支付系统的DCP服务，就是将支付系统与一国中央银行的公开市场业务交易系统相连接，使中央银行的债券买卖与金融机构的账户处理同步完成，这就有效地缩短了中央银行公开市场交易这一货币政策工具的时滞。

【案例1】

美国联邦储备委员会

美国联邦储备系统是美国经济发展的积极动力之一，美国金融系统在美国经济的历次波动中，特别是在“9·11”事件及其后的动荡日子里经受了考验，显示出随机应变的能力。作为美国中央银行的美联储在应对这些事件时，各个职能部门同心协力、协调一致，包括维持支付系统的正常运转、为受影响的银行机构提供信贷和实行积极的货币扩张政策。

美联储是公认的世界上独立性最强的中央银行之一，其独特的机构分散而又协调一致的结构模式是其发挥作用的关键。

美国把货币政策视为中央银行可以自由运用的独立手段，用以帮助稳定联邦经济的波动。在美联储发展成为一个有国家宏观经济目标、独立和积极的货币政策制定机构的过程中，建立联邦公开市场委员会是关键的一步。1935年8月24日，大萧条以后，罗斯福总统签署银行法修正案，创建了这一机构。该委员会共有12名成员，由7名联邦储备理事会理事和纽约联邦储备银行总裁以及其他地区联邦储备银行的4名总裁组成，这4名总裁由12个地区储备银行总裁团轮值。由于其成员包括总统任命的官员、理事会成员及从各自董事会选举出来的储备银行总裁，因此，公开市场委员会可谓是为融合国家和地方的私人和公众利益于一体而设计的。公开市场委员会在其决策和执行程序方面也保证了美联储同地区经济保持密切联系。首先，它有一套完善的投票表决程序。12名投票成员集体制定公开市场委员会的正式决策，7位理事每次都要投票，12位行长中只有5位轮流投票。这样就保证了每个成员平等地参与讨论并达成共识以举行正式的政策表决。因此，决策一般是达成共识后制定的，所以一致通过的决策通常是惯例，而不是例外。其次，它有一套完善的执行程序。公开市场委员会决定了联邦资金利率的适当目标水平后，由美联储在纽约联邦储备银行的交易台负责实现目标。为了推动这一过程，公开市场委员会起草了一份政策指示，要求纽约交易台采取适当措施实现隔夜借贷利率目标。时间证明，公开市场委员会的结构最充分地利用了美联储机构分散的优越性。这种结构能够充分运用各种信息，制定全国性的货币政策，并使美联储能够向全国各地传达决策和政策原则。这种信息的双向交流

加强了美联储监督经济和建立政策共识的能力。

美联储有能力把握全美金融活动的脉搏、保障金融稳定，得益于它现行的在地理上分散的组织结构。这种分散式结构对美国中央银行至关重要，它为美联储的政策制定提供了必要的地方环境，同时又能保持各地之间的联系。以付款处理为例，付款处理在美联储业务中占的比重最大。美联储全系统共有2.3万多名雇员，其中大约一半，即1.2万人从事支付业务。多年来，美联储分散的结构使得它在维持支付系统上拥有优势。长期以来，美国是个有着许多小银行服务于各自相对有限地域的国家。美联储成立的原因之一便是建立一个使货币在这些小银行之间有效流动的网络。美联储最早的项目之一就是建立一个支票清算系统。在该系统中，每家储备银行为其分区各银行提供一个本地结算所，并使他们能够通过其姊妹储备银行进入全国结算网络。

美联储大概是美国最为独立的政府机构，美联储虽然对国会负责，但除了立法和提交报告之外，它实际上不受国会的控制。总统可以通过任命理事和理事会主席以及与国会结成立法联盟来影响美联储，但在总统的任期内只能认命一位理事会主席。理事的任期长达14年且不得连任，这在一定程度上消除了理事求宠于国会和总统的动机。支撑其独立性最重要的原因在于美联储不会受国会控制的拨款程序支配，它的经费自理且有大量结余，能够拒绝联邦政府审计机构的审计，因此，这一点比其他任何因素都有利于它的独立性。

独立性就像一把双刃剑，它既意味着权力又意味着责任，它是自相矛盾的。需要指出的是，美联储的独立性并不是无限制的独立。实际上，总统和国会都对美联储有相当大的影响，总统影响的一种方式是道义上的劝告，而美联储也不愿反对总统的观点，如果他们认为总统的要求不会违背自己的职责，一般都会照办。同时，为了制定某种法律或是阻止某种法律，美联储需要不断地在国会进行活动，希望得到总统的支持，因而具有与总统保持良好关系的动机。

【案例2】

欧洲的中央银行

欧洲中央银行是以世界上独立性最强的中央银行德意志银行为模式创建的，成立以来便拥有了组织、职能和经济三方面的独立性。组织独立性体现在结构定位和人事安排上：一方面，从结构上独立与欧盟其他机构和成员国政府是确保欧洲中央银行体系组织独立性得以实现的首要方面。根据《阿姆斯特丹条约》(1997年)的规定，欧洲中央银行是独立于各成员国的欧共体自主机构，与欧洲议会、部长理事会以及欧洲法院等并列于欧盟各机构之列，不受成员国政府监督；各成员国央行是欧洲中央银行体系的不可分割的组成部分，在履行法律赋予的职责时，仅服从于欧洲中央银行的指导。另一方面，人事安排方面的自主程度是衡量中央银行组织独立性的另一重要指标。欧洲中央银行的官员不由某个欧盟机构或成员国政府单独决定；欧洲中央银行体系的官员们的任期比欧盟其他机构或成员国政府官员们的任期要长；执行董事会成员不再具备履行职务所要求的条件或有严重过错行为的，须由欧洲法院应决策理事会或执行董事会的申请强行将其辞退。人事任命程序的严肃性、任期设计的特殊性、罢免程序的复杂规定等，都避免了成员国政府或欧盟其他机构借助人事安排对欧洲中央银行体系可能产生的过度影响，从而在一定程度上维护了欧洲中央银行体系的组织独立特点。

职能的独立性是指欧洲中央银行体系可以不受约束地追求货币政策的实现，包括可以自主地选择货币政策中介目标和货币政策工具，并拥有足够的权力来排除公共融资压力和汇率政策的影响，以有效贯彻其货币政策。

经济上的独立性对于中央银行至关重要，它的丧失往往意味着来自政府的某种程度的控制。欧洲中央银行体系在经济上的独立性主要表现为其拥有独立的资金来源，而不依赖于成员国政府或欧盟其他机构的拨款。除此之外，欧洲中央银行可以自主选择货币政策中间目标和工具，而且它们都是有《欧洲联盟条约》和《欧洲中央银行体系和欧洲中央银行银行法令》作为保障的。就是说，欧洲中央银行不仅拥有法律上的独立性，而且拥有实质的独立性。这些都使欧洲中央银行成为世界上独立性最强的中央银行之一，足以与任何一个国家的中央银行媲美。究其历史渊源，则在于欧盟的成员国大多为联邦制国家，它们在传统上就以民主、自由和分散决策为特征，政府的权威受到较大的制衡，这些构建了欧洲中央银行独立性的基础。

重要概念与思考题

本章重要概念

清算	货币发行	国家的银行
清算系统	发行的银行	代理国库
最后贷款人	银行的银行	央行票据

思考题

1. 简述中央银行产生的必要性。
2. 什么是“最后贷款人”？
3. 你怎么看待中央银行的独立性？
4. 中央银行为什么要垄断货币发行？
5. 中央银行的组织结构有哪几种？
6. 简述中央银行支付清算服务的主要内容。

第九章　货币需求、货币供给与货币均衡

货币需求是一种能力和愿望的统一。经济学研究的对象是客观的货币需求，主要是一个宏观经济学的问题；货币供给是与货币需求大体上相对应的一个范畴。货币理论的基石是货币供求规律，它反映着货币需求和货币供给之间的相互关系。本章首先讲述货币需求，接着进一步从货币供给方面深入剖析，最后通过货币需求和货币供给相结合，达到货币市场上的均衡。然而，货币的总需求和总供给存在着对立统一的关系，如何处理好两者的矛盾，并提出符合现实经济发展的要求，无疑是一个需要不断努力、不断探索的重大课题。

学习目标

1. 了解货币需求的理论及发展；
2. 了解货币供给的机制；
3. 掌握货币供给及其口径；
4. 掌握货币均衡及其调整。

第一节　货币需求理论的发展

一、货币需求概述

(一) 货币需求的含义

货币需求是一个商业经济的范畴，发端于商品交换，随商品经济及信用化的发展而发展。在产品经济以及半货币化经济条件下，货币需求强度(货币发挥自身职能作用的程度，货币与经济的联系即在经济社会中的作用程度，以及社会公众对持有货币的要求程度)较低；在发达的商品经济条件下，货币需求强度较高。个人购买商品和劳务，企业支付生产和流通费用，财政上缴下拨，银行开展信用活动，社会进行各种方式的积累，政府调节经济，社会公众(包括居民、企业部门和政府部门)对作为交易媒介与储藏手段的一般等价物的需求，都需要货币这一既特殊又一般的价值及价值量工具。

货币需求(demand for money)是指社会各部门在既定的收入或财富范围内能够而且愿意以货币形式持有的需要或要求。这一定义含有如下几方面的意思：

(1) 货币需求是一个存量的概念。它考察的是在特定时点和空间范围内社会各部门在

其拥有的全部资产中愿意以货币形式持有的数量或份额。

(2) 货币需求是一种能力与愿望的统一。只有同时满足两个基本条件才能形成货币需求：一是有能力获得或持有货币；二是必须愿意以货币形式保有其资产。

(3) 现实中的货币需求包括对现金和存款货币的需求。

(4) 人们对货币的需求既包括对货币执行交换媒介的货币的需求，也包括了对执行价值储藏手段职能的货币的需求。

对货币需求的研究必须以货币需求理论作为依据。货币需求理论是一种关于货币需求的动机影响因素和数量决定的理论，是货币政策选择的理论出发点。可见，货币需求的研究内容是要解决一国经济发展在客观上需要多少货币量，货币需要量由哪些因素组成，这些因素相互之间有何关系，以及一个经济单位(企业、家庭或个人)在现实的收入水平、利率和商品供求等经济背景下，手中保持多少货币的机会成本最小、收益最大等问题。

(二) 货币需求的分类

1. 主观货币需求与客观货币需求

主观货币需求是指经济主体在主观上希望拥有多少货币，是一种对货币的占有欲。这里的经济主体可以是个人，也可以是企业、政府等，他们为了自身的发展而占有一定货币。货币作为一般等价物具有与一切商品相交换的能力，主观货币需求在数量上是无限的，这种需求因不同的人而不同，因此说主观货币需求是一种无效的货币需求。某人梦想有 1 亿元人民币的资产，但是他真的有吗？没有！这只是一种欲望，是无效的。

客观货币需求是有支付能力的有效需求，它是指个人、单位或国家在一定时期内能满足其经济发展客观需要的货币需求。在实际工作中，客观货币需求是研究的主要对象，但是不能忽略对主观货币需求的研究，它有助于货币当局制定和实施货币政策。

2. 名义货币需求和实际货币需求

名义货币需求是指社会各个部门在不考虑币值变动所引起价格变动时的货币需求，即用货币单位来表示的货币数量，如元、马克、英镑等。在实际的经济运行过程中，名义货币需求是由中央银行的货币供给来决定的。

实际货币需求就是扣除价格变动因素的影响后的货币需求，是由商品流通本身所引起的货币需求。实际货币需求等于名义货币需求除以物价水平。在现实经济中，经济的发展有时会超出人们的预料，通货膨胀或通货紧缩并没有销声匿迹。因此，这里不仅要重视名义的货币需求，也要研究实际的货币需求，有时对实际货币需求的研究会更有意义。

在金属货币流通条件下，流通中的货币需求可以自发调节，所以不存在名义货币需求和实际货币需求的矛盾。在价格水平很少变化的条件下，也没有必要区分名义货币需求和实际货币需求。但在价格水平经常变动且幅度较大的情况下，区分这种货币需求就变得非常必要。

3. 微观货币需求和宏观货币需求

根据动机，货币需求可以分为主观货币需求和客观货币需求。依据货币作为一般等价物具有质上无限、量上有限的特征，主观货币需求在量上是无限制的，是一种无约束性的无效货币需求，这显然不是我们所要研究的对象。就客观货币需求而言，又可分为微观货币需求和宏观货币需求。

微观货币需求是从微观角度考察的货币需求，是指一个社会经济单位(家庭或个人)在既定的经济条件下所持有的货币量。研究微观货币需求，有助于进一步认识货币的职能，对短期货币需求的分析起到重要作用。

宏观货币需求是从宏观角度考察的货币需求，它是以宏观经济发展目标为出发点，分析国民经济运行总体对货币的需求，即考虑一个国家在一定时期内所需的货币总量。研究宏观货币需求，有利于货币政策当局制定货币政策，为一国政府在特定时期内经济发展做出贡献，同时能在一定程度上平衡社会的总需求与总供给。

(三) 决定货币需求的客观因素

1. 收入水平

收入状况是决定货币需求的主要因素之一。这一因素又可以分解为收入水平和收入间隔两个方面。在一般情况下，货币需求量与收入水平成正比，当居民、企业等经济主体的收入增加时，他们对货币的需求也会增加；当其收入减少时，他们对货币的需求也会减少。如果人们取得收入的时间间隔延长，则整个社会的货币需求量就会增大；相反，如果人们取得收入的时间间隔缩短，则整个社会的货币需求量就会减少。

2. 消费倾向

消费倾向是指消费支出在收入中所占的比重，可分为平均消费倾向(average propensity to consume，APC)和边际消费倾向(marginal propensity to consume，MPC)。平均消费倾向是指消费总额在收入总额中的比例，而边际消费倾向是指消费增量在收入增量中的比例。假设人们的收入支出除了消费就是储蓄，那么，与消费倾向相对应的就是储蓄倾向。在一般情况下，消费倾向与货币需求变动的方向一致，即消费倾向大，货币需求量也大；反之亦然。

3. 利息率水平

在市场经济中，利息率是调节经济活动的重要杠杆。在正常情况下，利息率上升，货币需求减少；利息率下降，货币需求增加，利息率与货币需求成负相关关系。造成利息率与货币需求负相关关系的原因是：第一，货币市场利息率提高，意味着人们持有货币的机会成本上升(因持有货币而放弃的利息收入)，因此，货币需求趋于减少；相反地，市场利息率下降，持有货币的机会成本减少，货币需求趋于增加。第二，市场利息率与有价证券的价格成反向变动，利息率上升，有价证券的价格下跌；利息率下降，有价证券价格上升。这样一来，公众的持币愿望与利息率成反比，与有价证券的价格成正比。因此，公众的持币愿望是决定货币需求的重要因素。

4. 信用的发达程度

如果一个社会信用发达，信用制度健全，人们在需要货币的时候能很容易地获得现金或贷款，那么整个社会所必需的货币量相对于信用不发达、信用制度不健全的社会所必需的货币量就少些。

5. 货币流通速度、社会商品可供量、物价水平

货币流通速度、社会商品可供量和物价水平对货币需求的影响，可用货币流通规律来

说明。即

$$M=\frac{PQ}{V}$$

式中：M 代表货币需求量；P 代表物价水平；Q 代表社会商品可供量；V 代表货币流通速度。可见，物价水平和社会商品可供量同货币需求成正比；货币流通速度同货币需求成反比。

以上五点是决定货币需求的客观因素。货币需求在相当程度上受到人们的主观意志和心理活动的影响。

一方面，当利息率上升幅度较大时，人们往往预期利息率将下降，而有价证券价格将上升，于是人们将减少手持现金，增加有价证券的持有量，以期日后取得资本溢价收益；反之亦然。

另一方面，预期物价水平上升，则货币需求减少；预期物价水平下降，则货币需求增加。

另外，人们偏好货币，则货币需求增加；人们偏好其他金融资产，则货币需求减少。

二、货币需求理论

(一) 古典经济学派的货币需求理论

在现代资产阶级幼年时期，古典经济学派的创始人威廉• 配第在他的《赋税论》中就开始提出关于货币需要量的问题。接着，斯图亚特(John Stuart Mill)提出：“一国货币的数量，和世界上其他部分相比，不论有多大，能够留在流通中的，只能是同富者的消费和贫者的劳动成比例的数量，而这个比例不是决定于国内实际存在的货币量。”[①]斯图亚特关于一国流通只能吸收一定量的货币，流通中的货币需要量决定于商品价格而不是相反，流通中的货币量同富有者的消费和贫者的劳动成比例等论述，都具有极高的经济学研究价值。他揭示了货币流通的一般规律，马克思称他是第一个提出货币流通规律的人。

货币金属论者亚当·斯密也指出：“一国每年所流通的货币量，取决于每年在国内流通的消费品的价值。每年在国内流通的消费品，不是本国土地和劳动的直接生产物，就是用本国生产物所买进来的物品。”[②] 亚当·斯密认为，货币的主要职能是作为流通工具为商品流通服务。那么，为了实现商品流通，究竟需要多少货币量呢？他说：“无论在哪一国，每年买卖的货物要求有一定量的货币来把货物流通和分配给真正的消费者，但不能使用超过必要的量……国内流通的货物既已减少，为流通货物所必需的货币量也必减少。”[③]这些论述明确告诉我们：一国流通所必需的货币量，取决于该国每年所流通的商品的价值。同时，斯密还发现了货币流通速度的快慢可以使流通中所需货币量减少或增加的问题。

被公认为美国第一位数理经济学家的欧文• 费雪在其代表作《货币的购买力》(1911年)和《利息理论》中对古典货币数量论观点作了最清晰的表达。美国加州柏克利大学经济学教授 J.B.迪龙(J.B.De Long)曾在评论货币主义时把费雪称为“第一代货币主义者”，这就是指费雪的货币数量论是最早的货币主义。

---

① 转引自马克思：《政治经济学批判》，1959 年，第 193 页。

② 亚当·斯密：《国民财富的性质和原因的研究》，上卷，商务印书馆，1972 年，第 12 页。

③ 亚当·斯密：《国民财富的性质和原因的研究》，下卷，商务印书馆，1972 年，第 13 页。

费雪货币数量论的中心是交易总量(T)乘以价格(P)等于货币量(M)乘以货币流通速度，即($T \cdot P = M \cdot V$)，当 T 和 V 不变时，物价水平(P)取决于货币数量(M)。这也正是弗里德曼现代货币数量论的中心思想。费雪提出，通货膨胀率加实际利率等于名义利率，强调了预期通货膨胀对名义利率一对一的影响。这种观点被称为“费雪效应”，现在仍是每一本宏观经济学教科书的基本内容。费雪对经济学的主要贡献是在货币理论方面阐明了利率如何决定和物价为何由货币数量来决定，其中尤以交易方程式(也称“费雪方程式”)为当代货币主义者所推崇。

费雪方程式是“货币数量说”的数学形式，即

$$MV = PQ$$

式中：M 为货币量；V 为货币流通速度；P 为价格水平；Q 为交易的商品总量。

该方程式说明在 V、P 比较稳定时，货币流通量 M 决定物价 P。

同时期，以马歇尔和庇古为代表的剑桥学派，重视微观主体的行为。他们认为，处于经济体系中的个人对货币的需求，实质是选择以怎样的方式保持自己资产的问题决定人们持有货币的多少，包含个人的财富水平、利率变动以及持有货币可能拥有的便利等诸多因素。但是，在其他条件不变的情况下，对每个人来说，名义货币需求与名义货币水平之间总是保持着一个较为稳定的比例关系，对整个经济体系来说也是如此。因而，剑桥学派提出了关于货币需求的“剑桥方程式”，又称“现金余额方程式”。即

$$M_d = KPY$$

式中：Y 为总收入；P 为价格水平；K 为以货币形式持有的财富占名义总收入的比例；M_d 为名义货币需求。

这一理论认为，货币需求是一种资产选择行为，它与人们的财富或名义收入之间保持一定的比率，并假设整个经济中的货币供求会自动趋于均衡。在这一点上，“剑桥方程式”要表达的是：货币的价值取决于货币的供求。

(二) 马克思的货币需求理论

在马克思的论著中，虽然没有专题研究货币需求的问题，但在论及劳动价值理论、商品流通与货币流通的关系以及对传统货币数量论的批判等有关的章节中，却对货币需求理论有精辟的论述。马克思在研究和总结资产阶级古典经济学各派观点的基础上，在《政治经济学批判》和《资本论》等著作中深入地研究了货币需求理论问题。马克思的货币需求理论又称“货币必要量理论”。马克思说：“商品只有事先观念地转化为货币，即获得价格规定，表现为价格，才能实际地同货币相交换，转化成货币。因此，价格是货币流通的前提，虽然价格的实现表现为货币流通的结果。”

马克思的货币必要量理论的主要论点：

一是马克思的货币需求理论集中反映在客观的货币必要量理论上；

二是金币流通条件下执行流通手段的货币必要量，取决于商品价格总额和货币流通速度；

三是金币流通规律及调节理论揭示了商品流通决定货币流通的基本原理，但有条件的局限；

四是纸币流通规律揭示了纸币流通中的货币必要量及其决定因素，是剖析信用货币条件下货币供求问题的锐利武器。

马克思的货币需求理论集中反映在其货币必要量公式中。马克思的货币必要量公式是在总结前人对流通中货币数量广泛研究的基础上，对货币需求理论的简要概括。马克思认为：商品价格取决于商品的价值和黄金的价值，而价值取决于生产过程，所以，商品是带着价格进入流通的；商品价格有多大就需要多少金币来实现它；商品与货币交换后，商品退出流通，黄金却留在流通中，可使其他的商品得以出售。由此得出马克思的货币必要量公式，即

$$M=\frac{PQ}{V}$$

式中：M 为执行流通手段职能的货币量；P 为商品价格水平；Q 为流通中的商品数量；PQ 为商品价格总额；V 为同名货币的流通速度。

上式表明：货币的需要量与货币流通速度成反比，与商品数量和商品的价格水平成正比。

马克思的货币需要量公式有着重大的理论指导意义：第一，他揭示了决定货币需求量的本质；第二，它反映了货币需求量的基本原理。但我们也应该看到，马克思提出货币需要量的著名公式的目的是揭示货币的本质，并且是以金融货币为研究对象。所以，在现实经济体中，我们应该灵活应用此公式，不能生搬硬套。

（三）凯恩斯学派的货币需求理论

凯恩斯学派认为，居民、企业等持有货币是出于不同的动机，它包括交易性动机、预防性动机和投机性动机等。与此相对应，货币需求也可以分为交易性货币需求、预防性货币需求和投机性货币需求等。

1．交易性货币需求

交易性货币需求是居民和企业为了交易的目的而形成的对货币的需求，居民和企业为了顺利进行交易活动，就必须持一定的货币量，交易性货币需求是由收入水平和利率水平共同作用的。

2．预防性货币需求

预防性货币需求是指人们为了应付意外事故而形成对货币的需求。预防性货币需求与利息率有密切的关系。当利率低，人们持有的成本低，人们就会持有较多的货币以预防意外事件的发生；当市场利率足够高，人们可能试图承担预防性货币减少的风险，将这种货币的一部分变为生息资本，以期获得较高的利息。

3．投机性货币需求

投机性货币需求是由于未来利息率的不确定，人们为了避免资本损失或增加资本利息，及时调整资产结构而形成的货币需求。货币需求分为在当前价格水平下的名义货币需求和剔除价格影响下的实际货币需求两种形式。凯恩斯在“凯恩斯总模型”中指出，货币是为了交易和保值。货币的“投机需求”并非是为了投机的资产，而是为了降低损失风险而以货币形式保值的资产。货币的“投机需求”有机会成本。

综上三种持有货币的需求，可以得出凯恩斯的货币需求函数，即

$$M=M_1+M_2=L_1(Y)+L_2(r)$$

式中：M 为货币的总需求；M_1 为预防动机和交易动机所引起的货币需求，是关于收入 Y 的函数；M_2 为投资动机所引起的货币需求，是关于利率 r 的函数；L 是流动性偏好函数，因

为货币最具有流动性，所以流动性偏好函数也就相当于货币需求函数。

凯恩斯货币需求理论也非止于完善，随着现代经济理论的进一步发展和对微观基础的日益强调，凯恩斯主义的货币需求理论也显示出若干缺陷。因此，从现代经济学多元化发展的角度重新认识凯恩斯货币需求理论的发展及其局限，对促进货币需求问题的理论研究和正确认识货币政策的作用均具有十分重要的启示意义。

(四) 货币主义的货币需求理论

美国经济学家弗里德曼(Milton Friedman)认为，货币数量论并不是关于产量、货币收入或物价水平的理论，而是货币需求的理论，即货币需求是由何种因素决定的理论。因此，弗里德曼对货币数量论的重新表述就是从货币需求入手的。弗里德曼将货币看做是资产的一种形式，用消费者的需求和选择理论来分析人们对货币的需求。消费选择理论认为，消费者在选择消费品时，须考虑三类因素：构成预算约束的收入；商品价格以及替代品和互补品的价格；消费者的偏好。

因此，影响人们货币需求的第一类因数是预算约束。也就是说，个人所能够持有的货币以其总财富量为限，并以恒久收入作为总财富的代表。恒久收入是指过去、现在和将来的收入的平均数，即长期收入的平均数。弗里德曼注意到，总财富中有人力财富和非人力财富。人力财富是指个人获得收入的能力，非人力财富即物质财富。弗里德曼将非人力财富占总财富的比率作为影响人们货币需求的一个重要变量。影响货币需求的第二类因数是货币及其他资产的预期收益率，包括货币的预期收益率、债券的预期收益率、股票的预期收益率、预期物价变动率。影响货币需求的第三类因数是财富持有者的偏好。

弗里德曼将货币视同各种资产中的一种，通过对影响货币需求 7 种因素的分析，提出了货币需求函数公式。货币学派强调货币需求与恒久收入和各种非货币性资产的预期回报率等因素之间存在着函数关系，货币需求函数具有稳定性的特点。

$$M_{\mathrm{d}} = f\left(P, r_{\mathrm{b}}, r_{\mathrm{e}}, r_{\mathrm{m}}, 1/P^{*}, \mathrm{d}P/\mathrm{d}t, Y, W, U\right)$$

式中：Y 为实际恒久性收入；W 为非人力财富占个人财富的比率；r_{m} 为货币预期收益率；r_{b} 为固定收益的证券利率；r_{e} 为非固定收益的证券利率；$1/P^{*}$ 为预期物价变动率；U 为其他的变量函数。

弗里德曼强调恒久性收入的波动幅度比现期收入小得多，且货币流通速度也相对稳定，所以货币需求也比较稳定。

第二节　货币供给及其口径

一、货币供给和货币供给理论

(一) 货币供给的含义

货币供给(money supply)是指某一国或货币区的银行系统向经济体中投入、创造、扩张

(或收缩)货币的金融过程。它由包括中央银行在内的金融机构供给的存款货币和现金两部分构成。

关于货币供给，需要做如下几点说明：

第一，货币供给是一个存量概念，是一国在某一时点上的货币量。它是指被财政部门、各生产经营单位、家庭和个人所持有的，由银行体系所供给的存款量和现金发行量。因此，影响和决定货币存量大小的是银行的信贷收支。银行是供给和改变货币供给存量大小的重要机构。

第二，货币供给是实实在在地反映在银行资产负债表一定时点上的银行负债总额。具体地说，存款量是商业银行的负债，而现金发行量则是中央银行的负债。

第三，货币供给量是由国家用货币政策来调节的，因而是一个外生量。决定货币供给量的因素既有经济因素，也有政策因素；其部门既有金融体系，也有非金融体系。

(二) 货币供给理论的主要内容

货币供给理论，是研究货币供给量的形成机制、运行机制和调控机制的理论。它所研究的问题主要包括：货币的涵盖范围、货币的供给方式、影响货币供给量的因素以及货币管理当局对货币供给的控制等。

另外，在货币供给理论的推动下，关于货币供给究竟是内生的还是外生的争论目前已有比较明确的看法。就一个经济体的运转起点而言，需要货币管理当局或政府投入一定的货币，发挥货币的第一推动力作用，而在现存的信用货币体制下，一旦经济运转起来，大量的内生性需求必然导致大量的内生性货币供给。这种货币供给过程究竟如何发生发展，是一个值得关注和研究的重大课题，尤其是在我国经济体制发生重大变化的时期，研究这一问题不仅具有现实意义，还具有重要的理论建设意义。

二、货币供给理论的产生和发展

(一) 货币供给理论的基础——“信用创造论”

从 17 世纪后期起，在欧洲国家，信用已经相当发达，“信用创造论”发展于 19 世纪，盛行于 20 世纪，“信用创造论”的先驱者是 18 世纪的约翰·劳(John Law)，主要代表人物是 19 世纪末的麦克鲁德(Macleod)和 20 世纪初的熊彼特(Schumpeter)和哈恩(Hohn)等人。

“信用创造论”认为：信用创造资本，信用就是货币。货币是一种交换手段，因此，凡是有交换手段职能的物品都是货币。信用既然被用作流通手段和支付手段，那么，信用就是货币，信用就是财富。信用创造资本，信用就是生产资本，通过这种生产资本的扩张即信用量的增加与扩展可以创造社会财富，繁荣商业，使国民经济具有更大的活力。银行具有无限创造信用的能力。

该理论继承和发展了古典学派关于商业银行信用媒介论的观点，认为银行的功能在于为社会创造信用，银行能够通过存款进行贷款，且能用贷款的方式创造存款，银行通过信用的创造能够为社会创造新的资本，信用就是资本，信用能够形成资本。银行的本质在于创造信用。作为近代信用创造论的继承者和代表人物，麦克鲁德在他的《信用的理论》一书中认为:“银行及银行业者的本质是信用的创造和发行,所以银行绝不是借贷货币的店铺,而是信用的制造厂。”信用创造资本,信用就是货币,银行具有无限创造信用的能力。到了20 世纪 20 年代,“信用创造论”的代表人物提出了独特的观点,德国金融理论学者阿伯特·韩在 1920 年出版的《银行信用之国民经济理论》中指出,信用就是货币,并从生产和分配的领域论述信用形成资本。

约翰·劳认为,国家拥有的货币多,创造就业的机会就多,就能增加国民财富。他相信货币具有积极的力量,信用扩大,货币增加,就能促使工商业发展。英国银行家亨利·桑顿(Henry Santon)认为:“商品的价格决定于商品的供求比例和通货的供求比例,商品增多对银行券的需求扩大,银行券增多对商品的需求扩大,所以当银行券增多而商品对银行券的需求未扩大时,就必然使物价随之上涨。物价上涨,工资缺乏弹性,一方面刺激生产,另一方面制约消费,从而造成作为资本的商品增多。”

熊彼特认为是科学技术进步,新产品、新工艺、新材料的出现引起生产要素的重新组合,从而产生对银行信用的需求。他在 1912 年出版的《经济发展理论》中专门分析信用与资本形成过程,其信用创造论置于他的“创新理论”中,即通过信用扩张创造资本,实现创新。此外,把信用扩张与经济周期理论联系在一起,也是他的先见之明。

总之,信用创造资本理论是现代西方最有影响的信用管理理论,为许多经济学家理论体系的形成起到积极作用。该理论认为,先有贷款后有存款,并由此推出,银行有无限的信用创造能力。信用能形成资本有其合理的一面,但他们把信用完全等同于货币,把信用看成是与真实资本一样的财富,宣传信用创造真实资本,把信用对财富的索取权看作财富本身就是不对的,认为银行有无限的信用创造能力,这种观点存在认识上的偏差。

(二) 货币供给理论的发展

1921 年 C.A.菲利普斯(C.A.Phillips)《银行信用》一书的问世,形成了近代货币供应理论的雏形。最先使用“原始存款”和“派生存款”这对概念。其中,原始存款是指银行吸收的现金存款或从中央银行对商业银行获得再贷款、再贴现而形成的存款,是银行从事资产业务的基础。这部分存款不会引起货币供给总量的变化,仅仅是流通中的现金变成了银行的活期存款,存款的增加正好抵消了流通中现金的减少。原始存款对于银行而言,是现金的初次注入,是银行扩张信用(信用扩张)创造存款、通货的基础。由于现金和中央银行签发的支票都属于中央银行向流通中投入的货币量,所以,商业银行能吸收到多少原始存款,首先取决于中央银行发行多少货币,其次取决于商业银行对中央银行发行货币的吸收程度。派生存款指银行由发放贷款而创造出的存款,是原始存款的对称,也是原始存款的派生和扩大,具体指由商业银行发放贷款、办理贴现或投资等业务活动引申而来的存款。派生存款产生的过程,就是商业银行吸收存款、发放贷款,形成新的存款额,最终导致银行体系存款总量增加的过程。当注意到了原始存款和派生存款的区别,也就等于把握住了货币供给的核心。

随着货币供给理论的进一步发展,在 20 世纪 30 年代凯恩斯宏观经济理论问世,凯恩斯主张货币供给具有外生性特征。货币之所以能在流通中被接受,完全是凭借于国家的权威,依靠国家的法令来强制流通的。货币供给可由中央银行控制,其变化影响着经济运行,但自身却不受经济因素的影响或制约。因而在信用货币流通条件下,货币供给的控制权掌握在政府授权的中央银行手中。

公开市场业务是向社会增减通货的主要办法。金融当局在公开市场买进各种债券的同时，就将货币投放了出去，增加了社会中的通货数量；相反，金融当局卖出债券，则减少了社会中通货的数量，回笼了货币。凯恩斯确信，货币供给变动的结果将引起利率水平相应变化，即货币供给量发生增减变动，进而引起市场利率的反向变动。市场利率和货币供给量反向变动的关系，又将使社会投资、消费支出结构发生增减变动，进而影响整个社会的有效需求。

一直到20世纪50年代，在货币经济理论研究中几乎仍是货币需求理论一枝独秀，货币供给理论则相形见绌。当时的大多数经济学家认为：货币的主要作用在于增进经济中的交易效率及降低交易成本。充当交易的媒介或支付的工具乃是货币的基本功能。并由此推断，货币的内涵指的是那些广泛用于交易媒介的工具及清偿债务的资产，在数量上则限于流通中的通货(C)和银行体系的活期存款(D)两项，即：$M = C + D$。

随后，在1952年时，J.E.米德(J.E.Meade，1977诺贝尔经济学奖获得者)发表了《货币数量与银行体系》一文，首次采用货币供应方程对货币供应量与银行体系做出系统性的研究，标志着完整的现代货币供应理论的形成，从而使西方货币经济理论的研究呈现出货币供给与需求两侧并重的局面。现代货币主义的货币供给理论主要包括三种模型。

1. 弗里德曼-施瓦茨货币供给模型

现代社会经济中的货币存量大致可分为两个部分：一是货币当局的负债，即社会公众持有的通货；另一部分是银行的负债，即银行存款，包括活期存款，也包括储蓄存款。可见，这里的货币供给是比较广义的货币供给(M_2)。其货币供给模型的核心是：货币存量是由三个因素共同决定的：一是高能货币(通货及商业银行准备金)；二是商业银行的存款与准备金的比率；三是商业银行的存款与社会公众持有的通货的比率。

根据1867—1960年美国货币史，他们得出的结论是：高能货币量的变化是广义货币存量长期性变化和周期性变化的主要原因；存款准备金比率(D/R)和存款与通货的比率(D/C)的变化对金融危机条件下的货币运动有着决定性影响，同时D/C比率的变化还对货币存量长期缓慢的周期性变化起重要作用。

2. 卡甘货币供给模型

菲利普·卡甘(Phillip Cagan)是美国著名经济学家，就在弗里德曼、施瓦茨(A.J. Schwartz)两人写作其《1867—1960年的美国货币史》一书的同时，菲利普·卡甘系统地研究了美国85年中货币存量的主要决定因素，并于1965年出版了专著《1875—1960年美国货币存量变化的决定及其影响》，这一研究成果是对近一百年来美国货币供给量决定的最全面最深入的分析，并得出以下结论：长期的和周期性的货币存量变动取决于高能货币、通货比率和准备金比率这三个因素。高能货币的增长是货币存量长期增长的主要原因，而货币存量的周期波动则主要取决于通货比率的变动。在金本位制下，高能货币的增长主要源于黄金储备的增长，而现在则同时取决于黄金储备的增长和联邦体系的操作。通货比率长期的下降趋势主要归因于收入与财富的增长和城市化。至于准备金比率的变动，则主要归因于法定准备金率的变化。

根据相关定义，有以下公式：

$$货币存量(M) = 通货(C) + 活期存款(D)$$

$$基础货币(H) = 通货(C) + 总准备金(R)$$

$$总准备金(R) = 活期存款法定准备金(R_d) + 定期存款法定准备金(R_t) + 超额准备金(R_e)$$

3. 货币供给乘数理论模型

所谓“货币乘数”，也称“货币扩张系数”或“货币扩张乘数”，是指在基础货币(高能货币)基础上，货币供给量通过商业银行的创造存款货币功能产生派生存款的作用产生的信用扩张倍数，是货币供给扩张的倍数。在实际经济生活中，银行提供的货币和贷款会通过数次存款、贷款等活动产生出数倍于它的存款，即通常所说的派生存款。货币乘数的大小决定了货币供给扩张能力的大小。货币乘数是指货币供给量对基础货币的倍数关系，简单地说，货币乘数是一单位准备金所产生的货币量。完整的货币乘数的计算公式为

$$k = \frac{R_c + 1}{R_d + R_e + R_c}$$

其中 R_d、R_e、R_c 分别代表法定准备金率、超额准备率和现金在存款中的比率。而货币乘数的基本计算公式是：货币供给/基础货币。货币供给等于通货(即流通中的现金)和活期存款的总和；而基础货币等于通货和准备金的总和。

除了前面介绍的比较著名的关于货币供给理论外，其他学者如乔顿、梅尔泽和史密斯等人都有各自的货币理论和货币理论供给模型，而且相互之间都不尽相同，有些差别还比较大。但有一点是一致的，即货币供给量由基础货币和货币乘数两个因素共同作用而成。由此就形成了一个大家所普遍接受的货币供给模型，即

$$货币供给量 = 货币乘数 \times 基础货币$$

三、货币供给的多重口径

货币供应量统计口径在世界各国央行中并不完全一致，且会随着社会经济环境及金融市场的改变而不断调整。自 1994 年中国人民银行正式向社会公布货币供应量统计数据以来，我国货币供应量统计口径已经历若干次调整。这些调整反映了我国金融市场的发展，有助于提高货币政策中间目标的适用性，从而更好地调控宏观经济运行。具体而言，货币供应量统计口径调整的主要原因包括：一是新型金融资产的出现及其交易量的迅速增长，如与货币供应量统计相关的短期金融债券、商业票据、回购、银行理财产品等；二是金融机构体系发生变化，如证券公司、基金管理公司、住房公积金、担保公司、养老基金、期货公司等非存款类金融机构在存款类金融机构存款规模的增长；三是部分金融资产的流动性发生变动，如银行卡项下的活期储蓄存款、预算外财政存款等；四是外资金融机构在境内市场的业务开展日趋活跃及货币跨境流动不断加大等。

(一) 2001 年货币供应量统计口径的第一次调整

自 2001 年 7 月份，央行将证券公司客户保证金计入广义货币供应量 M_2，M_0 和 M_1 不发生变化。据统计，1999 年末，证券公司存放银行同业款项(其中绝大部分是证券公司客户保证金)为 1643 亿元，到 2000 年末上升为 4162 亿元，2001 年 4 月末达到 4669 亿元。由于证券公司客户保证金主要来自于居民储蓄和企业存款，加上认购新股时，大量的居民活期

储蓄和企业活期存款转为客户保证金，新股发行结束后，未中签资金又大量流回上述存款账户，造成货币供应量的统计数据被低估，影响对货币供应量的监测，从而致使人民银行首次调整货币供应量统计口径。

本次调整实质上反映了21世纪初我国股票市场迅速发展，居民参与股票市场投资日趋活跃，新股申购资金急剧增长的状况，以及在新的金融市场环境下，监管机构进一步加强对资本市场管理的意愿。将证券市场保证金纳入货币供应量统计指标，有利于货币当局综合、全面地反映货币供应情况及其在不同货币层次、市场、结构领域的分布，从而根据总量、分类指标等来更科学地制定、调整我国的货币政策。

(二) 2002年货币供应量统计口径的第二次调整

自2002年3月份起，央行再次调整货币供应量统计口径，按照当时我国各层次货币供应量的统计原则，将在中国的外资银行、合资银行、外国银行分行、外资财务公司及外资企业集团财务公司有关的人民币存款业务分别计入到不同层次的货币供应量。本次调整的背景是2001年底我国正式加入世界贸易组织(WTO)，我国对外资金融机构的管理和业务许可进一步扩大。为加强和完善对外资金融机构的监督管理，促进银行业的稳健运行，扩大银行业的对外开放，根据我国加入WTO的承诺，国务院签署第340号令，重新公布《中华人民共和国外资金融机构管理条例》。对外资银行准入的进一步放开，必将导致外资银行人民币存款规模的显著上升，在此背景下将其纳入货币供应量统计，是适应市场环境变化的结果，也确实有利于提高该统计指标的准确性。

(三) 2011年货币供应量统计口径的第三次调整

2011年10月，央行对货币供应量统计口径进行了第三次正式调整，将非存款类金融机构在存款类金融机构的存款和住房公积金存款计入广义货币供应量M_2。对于统计口径的变化，央行称，随着金融市场发展和金融工具创新，各国对货币供应量统计口径都会进行修订和完善，本次调整的原因是考虑到非存款类金融机构在存款类金融机构的存款和住房公积金存款规模已较大，导致这两方面要素对货币供应量的影响较大。

市场普遍认为，本次调整使得货币供应量统计指标能够更加准确地反映金融市场真实的流动性状况，也部分涵盖了此前提出的“M_2+”统计指标。但商业银行理财产品等焦点指标目前仍未纳入货币供应量统计。

(四) 货币供应量当前统计口径的详细说明

经过三次统计口径调整，目前我国货币供应量仍划分为M_0、M_1和M_2三个层次。一般认为，货币供应量可以化为如下四个层次：

M_0 = 流通中的现金

M_1 = 流通中的现金 + 活期存款(以及转账信用卡存款)

M_2 = M_1 + 储蓄存款(包括活期存款和定期存款)

M_3 = M_2 + 其他短期流动资产(如国库券、银行承兑汇票、商业票据等)

其中：M_1为狭义货币供给量，包括流通中的现金(M_0)；M_2为广义货币供给量，M_2减M_1为准货币，M_3是根据金融工具的不断创新而设置的。

准货币(quasi-money)又叫“亚货币”或“近似货币”，是一种以货币计值，虽不能直接用于流通，但可以随时转换成通货的资产。准货币虽不是真正意义上的货币，但因可随时转化为现实的货币，故对货币流通有很大影响，是一种潜在货币。准货币主要由银行定期存款、储蓄存款以及各种短期信用流通工具等构成，如国库券储蓄存单、外汇券、侨汇券、金融卡等。

货币层次划分的原则是以流动性的大小为依据。具体地说，是以某种金融资产转化为现金或活期存款的能力作为标准。其转换为现金和活期存款的成本越低、时间越短，则流动性越强，货币层次也就越高；反之，则货币层次越低。

四、名义和实际货币供给

货币供给有名义和实际之分：名义货币供给是指一定时点上不考虑物价因素影响的货币存量；实际货币供给是指剔除了物价影响之后的一定时点上的货币存量。若将名义货币供给记做 M_s，则实际货币供给就为 M_s/P。

例如，一个国家流通中现有货币是 1000 亿元，在考察期内商品、服务增长率和货币增长率均为 0，但是商品价格水平却提高了 100%，显然，原来的 1000 亿元，即名义货币供给，只能实现流通中的商品、服务的 50%。当把市场出清看成是最佳状态时，这个国家这一期间的货币存量显然严重不足，整整减少了一半，原因在于，面对实际不变的商品、服务供给，实际的货币供给却由 1000 亿元减少到了 500 亿元 1000/(1+100%)。

（一）名义货币供给量

名义货币供给量是以货币单位来表示的货币供给量，表现为通货净额与存款净额之和。一般说来，决定一国名义货币供给量的是该国的中央银行，其程序是：中央银行将准备金输入商业银行，然后通过多级商业银行的存、放款活动，创造出扩大的整个社会的名义货币供给。中央银行控制与调节名义货币供给量的手段通常有公开市场业务、调节法定存款准备率、调整贴现率三项。凯恩斯学派认为，当内生因素如工资、成本率先上升后，金融体系也随之增加名义货币供应。而现代货币主义学派则认为名义货币供给是独立的外生变量，即名义货币供给量的变动必先于物价变动而发生，而非适应物价变动的内生变量。假定在当时的价格水平下，中央银行所供应的名义货币恰能满足大众的货币需求，货币市场是均衡的。在此情形下，如中央银行增加名义货币供给量，大众所保有的名义货币数量就要暂时大于其需要量，造成货币失衡。当货币达到新均衡位置时，名义所得与名义货币供给量将作同比例增加。换言之，名义货币供给量是一国的货币当局即中央银行根据货币政策制定的。因此，为达到货币均衡，就必须调节名义货币需求。

（二）实际货币供给量

实际货币供给量是以流通中货币所能购买的商品和劳务表示的货币供给量。价格的上涨不但消除了商品市场上由于实际货币供给量增加导致的超额货币需求，也消除了债券市场上的超额债券需求。故在假定充分就业下，整个货币数量增加的效果将全部由价格水准的调整所吸收。在非充分就业条件下，货币数量的增加，将使利率下跌，价格上涨，这反过来又刺激投资，扩大就业量，从而提高以实物形式表示的国民收入，实际货币供应也是增加的。均衡状态下，实际货币供给是与以实物形式表示的国民收入 Y 的一定比例 KY 相等的，即：上式表明，实际货币供给量必须与国民收入 Y 保持同步增长。弗里德曼以美国为例，美国经济增长的年平均增长率为3%，人口和劳动力的年平均增长率为1%～2%，那么美国的名义货币供给应当稳定地控制在年平均增长 4%～5%的水平上，过多地超过实际货币需求，势必引起通货膨胀。

第三节　货币供给机制

一、货币供给的形成机制

货币供给量是货币供给过程的结果，其源头是中央银行初始供给的基础货币，经过存款货币银行的业务活动可以出现数倍的货币扩张。货币创造(供给)过程是指银行主体通过其货币经营活动而创造出货币的过程，它包括商业银行通过派生存款机制向流通供给货币的过程和中央银行通过调节基础货币量而影响货币供给的过程。决定货币供给的因素包括中央银行增加货币发行、中央银行调节商业银行的可运用资金量、商业银行派生资金能力以及经济发展状况、企业和居民的货币需求状况等因素。货币供给还可以划分为以货币单位来表示的名义货币供给和以流通中货币所能购买的商品和服务表示的实际货币供给等两种形式。

(1) 货币供给形成的主体是中央银行和商业银行(包括接受活期存款的金融机构)，即存款货币银行系统。

(2) 两个主体各自创造相应的货币：中央银行创造现金，商业银行创造存款货币。在实际经济生活中，银行提供的货币和贷款会通过数次存款、贷款等活动产生出数倍于它的存款，即通常所说的派生存款。货币乘数的大小决定了货币供给扩张能力的大小。

(3) 银行系统供给货币的过程必须具备三个基本条件：一是实行完全的信用货币流通；二是实行比例存款准备金制度；三是广泛采用非现金货币结算方式。

在这三个条件下，货币供给的过程可分为两个环节：一是由中央银行提供的基础货币；二是商业银行创造的存款货币。

在这两个环节中，银行存款是货币供给量中最大的组成部分。商业银行创造存款货币的过程派生存款产生的过程，就是各级商业银行吸收存款、发放贷款、转账结算，不断地在各银行存款户之间转移，形成新的存款额，最终导致银行体系存款总量增加的系列过程。但商业银行创造存款货币的基础是中央银行提供的基础货币，并且在创造过程中始终受制于中央银行。因此，中央银行在整个货币供给过程中始终居于核心地位。

二、货币供给的决定机制

(一) 基础货币

货币供给量决定于基础货币与货币乘数这两个因素，且是这两个因素的乘积。这两者又受多种复杂的因素影响。

基础货币是具有使货币供给总量倍数扩张或收缩能力的货币，它表现为中央银行的负债，即中央银行投放并直接控制的货币，包括商业银行的准备金和公众持有的通货。在现代经济中，每个国家的基础货币都来源于货币当局的投放。货币当局投放基础货币的渠道主要有三条：一是直接发行通货；二是变动黄金、外汇储备；三是实行货币政策。具体又有以下 10 项决定因素，其中，前 5 项为增加基础货币的因素，后 5 项为减少基础货币的因素。这 10 项因素为：一是中央银行在公开市场上买进有价证券；二是中央银行收购黄金、外汇；三是中央银行对商业银行的再贷款或再贴现；四是财政部发行通货；五是中央银行的应收未收款项；六是中央银行的其他资产；七是政府持有的通货；八是政府存款；九是外国存款；十是中央银行在公开市场上卖出有价证券。

基础货币是中央银行的负债，是商业银行及整个银行体系赖以扩张信用的基础。基础货币通过货币乘数的作用改变货币供给量。在货币乘数一定的情况下，基础货币增多，货币供给量增加；基础货币减少，货币供给量减少。

(二) 货币乘数

1. 货币乘数原理

在基础货币一定的条件下，货币乘数决定了货币供给的总量。货币乘数越大，则货币供给量越多；货币乘数越小，则货币供给量就越少。所以，货币乘数是决定货币供给量的又一个重要的甚至是关键的因素。但是，与基础货币不同，货币乘数并不是一个外生变量，因为决定货币乘数的大部分因素都不是决定于货币当局的行为，而决定于商业银行及社会大众的行为。根据货币供给模型 $M_s = m \times B$，可以得出货币乘数模型为

$$m = \frac{M_s}{B}$$

2. 影响货币乘数的因素

根据货币乘数的计算公式：

$$k = \frac{R_c + 1}{R_d + R_e + R_c}$$

其中 R_d、R_e、R_c 分别代表法定准备率、超额准备率和现金在存款中的比率。银行提供的货币和贷款会通过数次存款、贷款等活动产生出数倍于它的存款，即通常所说的“派生存款”。货币乘数的大小决定了货币供给扩张能力的大小。而货币乘数的大小又由以下四个因素决定：

1) 法定准备金率

定期存款与活期存款的法定准备金率均由中央银行直接决定。通常，法定准备金率越高，货币乘数越小；反之，货币乘数越大。

2) 超额准备金率

商业银行保有的超过法定准备金的准备金与存款总额之比，称为“超额准备金率”，其值的大小完全取决于商业银行自身的经营决策。商业银行愿意持有多少超额准备金，主要取决于三个因素：① 持有超额准备金的机会成本大小，即生息资本收益率的高低。② 借

入准备金的成本大小，主要是中央银行再贴现率的高低。如果再贴现率高，意味着借入准备金成本高，商业银行就会保留较多超额准备金，以备不时之需；反之，就没有必要保留较多的超额准备金。③ 经营风险和资产的流动性。如果经营风险较大，而现有资产的流动性又较差，商业银行就有必要保留一定的超额准备金，以备应付各种风险。显而易见，超额准备金的存在相应减少了银行创造派生存款的能力，因此，超额准备金率与货币乘数之间也呈反方向变动关系，超额准备金率越高，货币乘数越小；反之，货币乘数就越大。

3) 现金比率

现金比率是指流通中的现金与商业银行活期存款的比率。现金比率的高低与货币需求的大小正相关。因此，凡影响货币需求的因素，都可以影响现金比率。例如，银行存款利息率下降，导致生息资产收益减少，人们就会减少在银行的存款而宁愿多持有现金，这样就加大了现金比率。现金比率与货币乘数负相关，现金比率越高，说明现金退出存款货币的扩张过程而流入日常流通的量越多，因而直接减少了银行的可贷资金量，制约了存款派生能力，货币乘数就越小。

4) 定期存款与活期存款间的比率

由于定期存款的派生能力低于活期存款，各国中央银行都针对商业银行存款的不同种类规定不同的法定准备金率，通常定期存款的法定准备金率要比活期存款的低。这样即便在法定准备金率不变的情况下，定期存款与活期存款间的比率改变也会引起实际的平均法定存款准备金率的改变，最终影响货币乘数的大小。一般来说，在其他因素不变的情况下，定期存款对活期存款比率上升，货币乘数就会变大；反之，货币乘数会变小。

可见，货币乘数的大小主要由法定存款准备金率、超额准备金率、现金比率及定期存款与活期存款间的比率等因素决定。而影响我国货币乘数的因素除了上述四个因素之外，还有财政性存款、信贷计划管理两个特殊因素的影响。

综上所述，中央银行为控制货币供给而在公开的市场上进行业务操作来调整基础货币，从而控制货币供给。也可以调整法定存款准备金率来调整货币乘数。货币供给量是由中央银行、商业银行及社会公众这三个经济主体的行为所共同决定的。

三、货币供给的调控机制

(一) 货币供给宏观调控模式

所谓“货币供给宏观调控模式”，是指中央银行在对宏观经济的调控中，必须具有明确的最终目标，采取有效的政策工具，选择具体的调控对象(或中间目标)，运用合适的调控形式所确定的最终目标(如经济增长、国际收支平衡、降低失业率、稳定物价等)。货币供给宏观调控模式共有三种。

1. 直接型调控模式

当一个国家对宏观经济采取直接管理体制时，中央银行金融宏观调控就只能是运用指标管理和行政命令的调控形式，通过强制性的指令性计划和行政手段来直接控制现金流通量和银行系统的贷款总量，以此来实现货币政策的最终目标，如图 9-1 所示。前苏联、东欧一些国家以及我国在 1979 年以前均采用过计划指标控制这种模式。

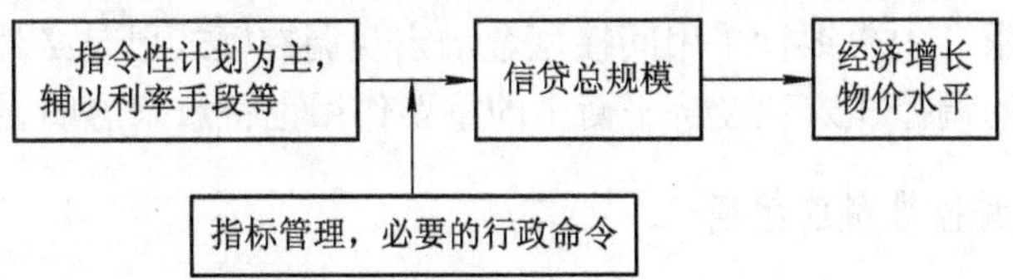

图 9-1　货币供给的直接调控模式

所有社会主义国家在经济体制改革以前都采用过这种模式。实践证明，这种模式是与高度集中型经济模式下以实物管理为主的直接控制的经济体制相适应的。在这种体制下，中央银行在全国金融体系中处于主导地位，由此各家专业银行和其他非银行的金融机构对中央银行有很强的依附性。在此情况下运用指令性计划和行政手段来控制货币供给量，在通常情况下都是可以收到预期效果的。因为指令性计划一旦制定，中央银行就运用行政手段来强制地贯彻执行。所以，只要中央银行不突破计划，不增拨信贷资金，不追加货币发行，那么，全国的货币供应量就不会突破预定的指标。但是，随着经济体制由计划型向市场型转轨的当今世界，这种直接型调控模式暴露的缺点越来越明显，它不利于充分维护广大基层银行的自主权和广大职工的积极性；不利于充分发挥信贷、利率杠杆有效调节经济的作用；因为管理办法僵死，时而会造成经济的波动和决策的失误，而在解决问题的过程中又容易出现“一刀切”“一管就死，一放就乱”。

2．间接型调控模式

西方资本主义国家从 20 世纪 50 年代开始大多采用间接型调控模式，如图 9-2 所示。依据我国经济体制改革不断深化的客观要求，经济运行主要由直接控制向间接控制过渡已是历史的必然。

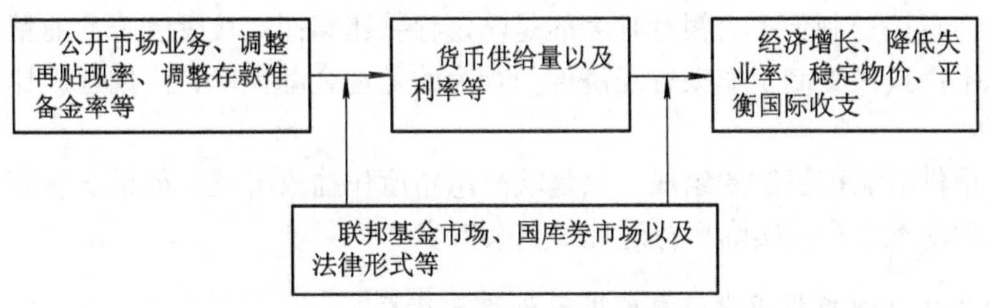

图 9-2　货币供给的间接调控模式

间接型调控的特点是：它所依存的经济体制是一种发达的市场经济体制；必须有一个相当规模和发育健全的金融市场；中央银行在运用经济手段进行宏观调控的同时，并不排除在特殊情况下利用行政手段进行直接控制的可能性；比较好地尊重微观金融主体的自主权；较好地起到抑制经济波动的缓冲作用。

3．过渡型调控模式

过渡型调控模式一般指由直接型向间接型过渡的模式，发展中国家一般采用这种模式。有些虽采用市场经济体制的国家，但因其商品经济发展水平低，金融市场不发达，加上财政、外汇赤字和严重的通货膨胀等，还有必要对经济采取一些直接控制手段。

我国经济管理体制已从传统的直接管理体制过渡到直接管理与间接管理相结合的双重管理体制。对于国民经济的运行，国家既运用经济手段，也运用计划行政手段。特别在宏观失控的情况下，采用一些直接控制手段会收到较快的成效。但从长远观点看，依据市场经济发展规律的要求，中央银行采用间接型金融宏观调控模式已是必然趋势。由此，中央银行对货币供应量的调控在宏观经济平衡中的重要作用也将愈来愈明显。

(二) 货币供给调控机制的组成

货币供给调控机制是一个以信用创造理论为基础、与中央银行体制的存在有密切联系、由内在诸因素有机联系和相互作用的复杂综合体，可以按三个层次加以剖析。

1．调控主体

调控主体主要有三个(如图 9-3 所示)：一是中央银行，这里称为“发动主体”；二是商业银行，称为“放大主体”；三是非银行经济部门，称为“目标主体”。

图 9-3　货币供给调控模式的主体因素

2．基本因素

货币供给量调控机制的基本因素也有三个：一是基础货币；二是货币乘数；三是货币供给量。基础货币是货币供给量的前提条件，整个货币供给量是基础货币与货币乘数的乘积。

3．若干金融变量

影响货币供给调控模式的若干金融变量具体指现金漏损率、法定存款比率、超额准备金比率、定期存款比率、财政性存款比率等，这些因素共同作用于倍数放大效应。以上诸金融变量中，直接受制于中央银行行为的是法定存款比率；直接受制于商业银行行为的是超额准备比率；直接受制于非银行经济部门行为的是现金漏损率、定期存款比率和财政性存款比率等。

以上货币供给调控机制的组成，只是从静态角度作抽象考察，如果从各变量主体行为的经济背景和动态分析，实际运行过程要复杂得多。

(三) 中央银行调控货币供给量的困难性和复杂性

1．中央银行对基础货币的调控

控制基础货币是中央银行的一项基本任务。中央银行对基础货币加以控制的重要性在于，其虽可运用存款准备率作为限制商业银行信用扩张的工具，但在具体运用中也有其困难之处。具体有三个方面。

第一，存款准备率的高低会直接影响商业银行的经营成本和效益，若商业银行的经营最终导致中央银行通过其他渠道增加货币供给量，这实际上抵消了存款准备率的部分作用。

第二，调整存款准备金率伴随而来的紧缩措施，往往会引起连锁反应，如卖出货币市场票据和公债券、提高贴现率、减少中央银行再贷款等，致使商业银行更难筹措资金。

第三，存款准备金率的调整是不分银行性质、不分资金运用对象的，所以它的作用面大，影响也大。

2．中央银行对货币乘数的作用

从货币供给量间接调控模型中也可看出，影响倍数放大效应(货币乘数)的诸因素(亦称“若干金融变量”)并非都由中央银行的意向决定，如现金漏损率、定期存款比率、财政性存款比率等均由非银行经济部门的经济行为决定。

可见，中央银行对货币供给量的调控处于异常复杂的境地。当然，这不等于中央银行只能被动应对，甚至束手无策。中央银行完全可以主动出击，采取有效措施，努力改变现状，促使自己的意图得以实现。

专栏 9-1

货币乘数创历史新高并不意味政策拐点来临

近日，中国货币乘数的变化引起了外媒和市场人士的关注。

根据中国央行资产负债表显示，截至 2017 年 4 月末，基础货币余额为 29.9 万亿，虽然同比增速连续两个月回升，但环比已经连续 5 个月下滑。这使得货币乘数(M_2/基础货币余额)连续 4 个月上升，高达 5.33，创下 1997 年有纪录以来的新高。

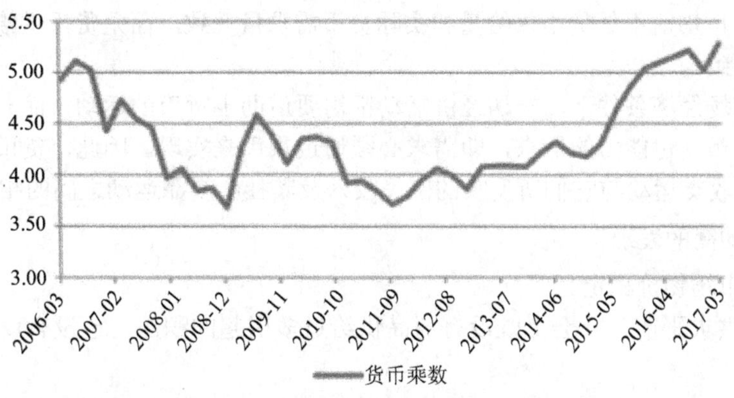

2006 年 3 月至 2017 年 3 月货币乘数变化情况

中银国际指出，4 月份货币乘数应该已经接近极限水平，信用扩张有继续放缓的压力。目前不管是从流动性缺口来看，还是考虑债务压力方面，货币政策的空间和投放流动性的中期压力逐渐上升，尽管暂时尚未有明确信号出现，但政策拐点已逐步临近。

安信固收罗云峰此前提到，预计未来央行抑制货币乘数的方式或转向压低 M_2 与投放基础货币相结合。总的来说，上述观点的内涵逻辑是，由于近期监管层去杠杆政策的实施，不断小幅回收流动性，致使基础货币出现减少，而货币乘数又已接近极限水平，如果货币政策不转向，信贷势必会减少，并直接影响经济增速。

因此，从这个角度来说，短期内货币政策有宽松的可能。

——资料来源：张启迪《货币乘数创历史新高并不意味政策拐点来临》，微信公众号“人民币交易与研究”，2017 年 5 月 31 日，http://news.hexun.com/2017-05-31/189426424.html

第四节 货币均衡

一、货币均衡及其理论模型

(一) 货币均衡的含义

1．何为货币均衡

货币均衡即货币供求均衡，是指在一定时期经济运行中的货币需求与货币供给在动态上保持一致的状态。货币均衡是用来说明货币供给与货币需求的关系，货币供给符合经济生活对货币的需求则达到均衡。货币的需求与供给既相互对立，又相互依存，货币的均衡状况是这两者对立统一的结果。这一定义可以从三方面来理解。

第一，货币均衡是货币供求作用的一种状态，使货币供给与货币需求大体一致，而非货币供给与货币需求在价值上的完全相等。

第二，货币均衡是一个动态过程，在短期内货币供求可能不一致，但在长期内是大体一致的。

第三，货币均衡不是货币供给量和实际货币需求量一致，而是货币供给量与适度货币需要量基本一致。

在现代市场经济条件下，一切经济活动都需要借助于货币的运动，而一切社会需求都表现为拥有货币支付能力的需求，即需求必须通过货币来实现。因此，货币均衡，也可以说是由货币的收支运动与它们所反映的国民收入及其社会产品运动之间的相互协调一致。

2．货币均衡的表现

(1) 商品市场物价稳定。

(2) 商品供求平衡。社会上既没有商品供给过多引起的积压，也没有商品供给不足引起的短缺。

(3) 金融市场资金供求平衡，形成均衡利率。社会有限资源得到合理配置，货币购买力既非过多，也非不足。

然而，市场经济条件下货币均衡需满足三个条件，即健全的利率机制、发达的金融市场以及有效的中央银行调控机制。在完全市场经济条件下，货币均衡最主要的实现机制是利率机制。除利率机制之外，还有中央银行的调控手段、国家财政收支状况、生产部门结构是否合理、国际收支是否基本平衡等四个因素。

在市场经济条件下，利率不仅是货币供求是否均衡的重要信号，而且对货币供求具有明显的调节功能。因此，货币均衡便可以通过利率机制的作用而实现。就货币供给而言，当市场利率升高时，一方面社会公众因持币机会成本加大而减少现金提取，这样就使现金比率缩小，货币乘数加大，货币供给增加；另一方面，银行因贷款收益增加而减少超额准备金来扩大贷款规模，这样就使超额准备金率下降，货币乘数变大，货币供给增加。所以，利率与货币供给量之间存在着同方向变动关系。就货币需求来说，当市场利率升高时，人们的持币机会成本加大，必然导致人们对金融生息资产需求的增加和对货币需求的减少。所以利率同货币需求之间存在反方向变动关系。当货币市场上出现均衡利率水平时，货币供给与货币需求相等，货币均衡状态便得以实现。当市场均衡利率变化时，货币供给与货币需求也会随之变化，最终在新的均衡货币量上实现新的货币均衡。

(二) 货币均衡与社会总供求平衡

1. 社会总供求的含义

社会总供求是社会总需求和社会总供给的合称。社会总需求是指一个国家或地区在一定时期内(通常指 1 年)由社会可用于投资和消费的支出所实际形成的对产品和劳务的购买力总量。它既包括国内需求，也包括国外需求：国内需求又分为投资需求和消费需求；国外需求，即产品和劳务的输出。

社会总供给与社会总需求是宏观经济学中的一对基本概念。社会总供给是指一个国家或地区在一定时期内(通常为 1 年)由社会生产活动实际可以提供给市场的可供最终使用的产品和劳务总量。由于这些商品都是在市场上实现其价值的，因此，社会总供给也就是一定时期内社会的全部收入或总收入。同理，总供给也有现实的总供给和客观的总供给之分，前者是指现实中社会各部门提供给市场的商品量，而后者则是指一国的生产能力，即可能生产并提供给市场的能力。

2. 社会总供求平衡

保持社会总需求与总供给的平衡，是国民经济持续快速健康发展的需要。长期经济建设的实践表明，总需求过大，投资膨胀，经济增长过快，超过社会财力、物力、资源的承受能力，各方面都绷得很紧，这种状况难以持久，最终会引起经济上的大起大落，给国民经济造成巨大损失。因此，为促进国民经济持续快速健康发展，必须注意调控社会总需求与总供给的基本平衡。

保持社会总需求与总供给的平衡，是调整产业结构，提高社会经济效益的需要。为了促进产业结构和产品结构的调整及产品质量的提高，提高社会经济效益，也要保持社会总需求与总供给的平衡。

保持社会总需求与总供给的平衡，是保证经济体制改革顺利进行的需要。搞好经济体制改革，必须有一个比较稳定和宽松的社会经济环境。总需求过大，往往会引起通货膨胀，而通货膨胀往往导致企业生产行为和居民消费购买行为的混乱。由于企业无法依据正常的信息进行生产，进而引发居民的抢购行为，社会经济秩序难以稳定。因此，为保证经济体制改革的顺利进行，也必须保持社会总需求与总供给的基本平衡。

(三) 货币均衡的理论模型

1. 简单的货币供求均衡模型

为了说明货币供求的均衡关系，经济学家提出了货币供求均衡的理论模型，如图 9-4 所示。在该模型中，利率是货币市场的价格，货币供求的对比对于利率水平的高低具有决定作用：当货币供给大于货币需求，利率下降，这时会使得供给减少，从而利率上升；当货币需求大于货币供给时，利率上升，这时会使得供给增多，从而利率下降。而当供给与需求处于均衡点时的利率即为均衡利率。

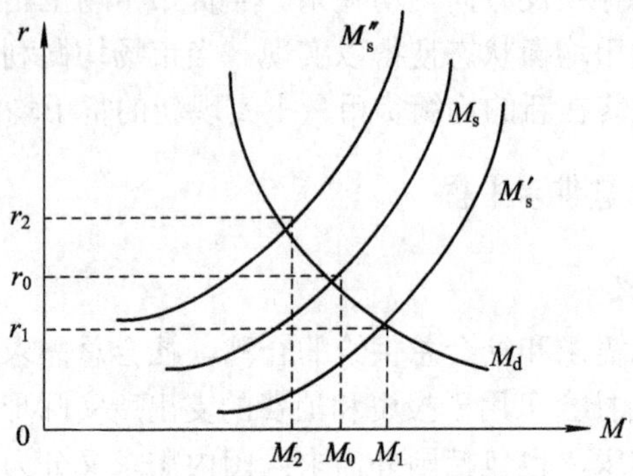

图 9-4 均衡利率下的货币供求

2. IS-LM 模型

为了说明货币供求均衡与商品供求均衡(即社会总供求均衡)的复杂关系，新古典经济学家西克顿和汉森提出了著名的“一般经济均衡理论”模型，即“IS-LM”模型，如图 9-5 所示。该理论认为，在市场经济条件下，如果不考虑国际收支平衡，一国经济总供求均衡条件下的货币均衡实质上反映了商品市场与货币市场的共同均衡状态。这种均衡是在利率与收入水平的不同组合下实现的。

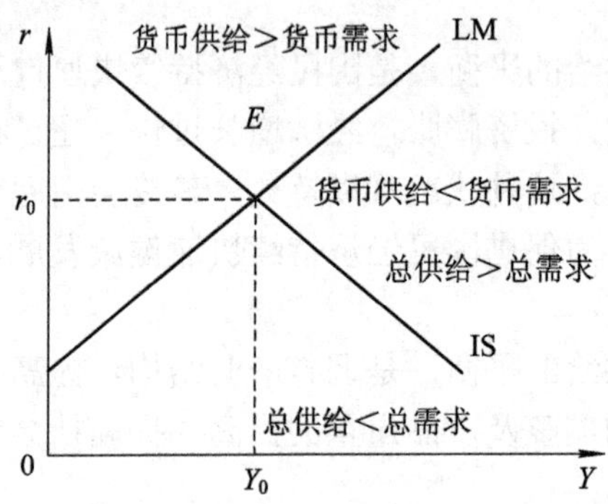

图 9-5 一般经济均衡理论：IS-LM 模型

在图 9-5 中，IS 为投资与储蓄曲线，它代表了在不同的收入和利率组合条件下商品市场所有均衡点的轨迹，又被称为“商品市场均衡曲线”。该曲线上的每一个点，都是商品市场的均衡点；不在该曲线上的点则表示商品市场的非均衡状态。该曲线左侧的点表示总供给不足或总需求过剩，该曲线右侧的点表示总供给过剩或总需求不足。LM 为货币市场均衡曲线，它代表了在不同收入和利率组合条件下货币市场所有均衡点的轨迹。该曲线上的每一个点，都是货币市场的均衡点；不在该曲线上的点则表示货币均衡的非均衡状态。该曲线左侧的点表示货币供给过剩或货币需求不足，该曲线右侧的点表示货币供给不足或货币需求过剩。

将两条曲线综合起来，就可以得出使商品市场和货币市场同时均衡的 E 点。在该点上的收入 Y 和利率 r，是使商品市场和货币市场同时实现均衡的收入和利率水平。

二、货币失衡及其调整途径

货币失衡是同货币均衡相对应的概念，又称“货币供求的非均衡”，是指在货币流通过程中，货币供给偏离货币需求，从而使二者之间不相适应的货币流通状态。其基本存在条件可以表示为：$M_d \neq M_s$。

(一) 货币失衡的类型

货币失衡主要有两大类型：总量性货币失衡和结构性货币失衡。

1. 总量性货币失衡

总量性货币失衡是指货币供给在总量上偏离货币需求达到一定程度，从而使货币运行影响经济状态。这里也有两种情况：货币供应量相对于货币需求量偏小，或货币供应量相对于货币需求量偏大。在现代信用货币制度下，前一种货币供给不足的情况很少出现，即使出现也容易恢复，经常出现的是后一种货币供给过多引起的货币失衡。造成货币供应量大于货币需求量的原因很多，例如政府向中央银行透支以融通财政赤字，一味追求经济增长速度而不适当地采取扩张性货币政策刺激经济等，其后果之一就是引发严重的通货膨胀。

2. 结构性货币失衡

结构性货币失衡是另一大类货币失衡，主要发生在发展中国家，是指在货币供给与需求总量大体一致的总量均衡条件下，货币供给结构与对应的货币需求结构不相适应。结构性货币失衡往往表现为短缺与滞留并存，经济运行中的部分商品、生产要素供过于求，另一部分又供不应求，其原因在于社会经济结构的不合理。因此，结构性货币失衡必须通过经济结构调整加以解决，而经济结构的刚性往往又使其成为一个长期的问题。

3. 总量性货币失衡与结构性货币失衡的关系

总量性货币失衡和结构性货币失衡不是非此即彼的简单关系，在现实经济运行中往往是两者相互交织、相互联系，从而形成“你中有我，我中有你”的局面，以至难以分辨。由于结构性货币失衡根源于经济结构，所以，中央银行在宏观调控时过多地注意总量性失衡。

(二) 货币失衡的原因

1. 货币失衡原因的表层次分析

由于货币失衡表现为两种情况：要么货币供给小于货币需求，要么体现为货币供给大于货币需求。所以，货币失衡原因的表层次分析就从这两种情况来讨论。

1) 货币供给量小于货币需求量的原因

当经济发展了，商品生产和商品流通的规模扩大了，但货币供给量没有及时增加，从而导致流通中的货币紧缺。在金属货币流通条件下，这种情况不止一次地出现过。但在纸币流通时代，这种情况出现的概率是比较小的，因为增加纸币供给量对于货币管理当局来说，是一种轻而易举的事情。

另外，在货币均衡的情况下，货币管理当局仍然紧缩银根，减少货币供给量，从而使得本来均衡的货币走向供给小于需求的失衡状态。这里最著名的例子是经济大萧条期间

(1929—1933 年)美国邦联储备银行的行为。在这场灾难中，联邦储备银行本应扩大货币供给，放松信用，以帮助商业银行渡过难关，但联邦储备银行在企图减轻股市动荡的良好愿望下反其道而行之，它的“顶风”政策使货币供给量收缩了 1/3，这对于正面临着挤兑危机的商业银行来说，无异于是釜底抽薪，各大商业银行纷纷倒闭，以至于罗斯福总统不得不颁布命令，全国银行一律关门。

2) 货币供给量大于货币需求量的原因

货币供给大于货币需求的原因主要有：政府财政赤字面向中央银行透支；经济发展中，银行信贷规模的不适当扩张；扩张性货币政策过度；经济落后、结构刚性的发展中国家，货币条件的相对恶化和国际收支失衡，在出口换汇无法满足时，由于汇市崩市、本币大幅贬值造成货币供给量急剧增长。就我国的情况而言，根本是国民收入的超分配，即从整个国民经济看，价值形态的分配超过了使用价值(实物)形态的分配。

2．货币失衡原因的深层次分析

从深层次上分析，货币失衡的主要原因有：

1) 货币运动的相对独立性和物资运动存在着矛盾

列宁在分析社会再生产的平衡条件时，为了说明问题，“丢开了货币流通，只是以物物交换为前提”作抽象的分析。马克思通过从不同方面的考察看到，货币流通的顺利进行，既是社会生产进行的重要条件，又是使社会再生产过程复杂的一个因素。在《资本论》第 2 卷第 3 篇中，在说明了社会再生产的平衡条件以后，马克思说：“货币流通成为交换的媒介，同时也使这种交换难于理解。”由此，必须了解和分析由于货币流通加入后社会再生产过程中的种种复杂问题。

我们知道，社会产品的交换从总体上讲都是商品交换，这种交换必须以货币流通为媒介，即通过货币流通来完成。否则，社会总产品的价值补偿和实物替换就不能实现，社会再生产过程就无法继续进行。这里的价值补偿，实质上是价值的运动，它采取了货币运动的形式；这里的实物替换，是指实物的运动，两者既有密切关系，又具有相对独立性。

2) 财政、信贷再分配杠杆的使用和配合失灵

社会产品绝大部分是通过财政和信贷两个渠道分配好调剂的。国家预算收入集中了社会上绝大部分的国民收入，财政收缴的税利实际上是以货币资金形式收缴的物资。信贷资金来源于社会再生产过程中的补偿基金、积累基金和消费基金中的暂时闲置部分，是社会总产品价值的一部分。在国民经济发展正常的情况下，财政资金和信贷资金作为社会产品的价值表现，以全额代表着相应的物资，财政和信贷再分配杠杆的运用实质上是分配和调剂其代表的相应物资。但是，由于受种种因素的影响，财政和信贷再分配杠杆的使用和配合失灵。

3) 国际收支的影响

国际交往形成国际收支，它对国内物资供求平衡也会发生影响。如果我们引进设备时没有考虑到各种条件，如技术、动力、原材料等不具备而长期不能安装投产，或建成后也不能如期正常运转，对现有财力的可能性和今后偿还能力的预计均考虑不周而盲目引进，进口的技术设备数量太多而出口的消费品(一般是农轻产品)又顾及不到国内的基本需要，以及全球范围内的汇率及各国货币的贬值和升值等，最终都会导致总需求的扩张，从而造

成货币供求失衡。

总之，货币供给失衡的根本原因在于经济发展过程中采取过热的政策、经济结构不合理、管理不完善甚至失效等。

(三) 货币失衡的调整

1. 加强汇率弹性，进一步完善汇率形成的市场机制

扩大汇率浮动区间，利用市场机制调节外汇市场供求，摆脱为了维持汇率稳定而被动地大量增发基础货币，避免人民币升值压力的货币化。加快强制结售汇制向自愿结售汇制转变，放宽对企业和个人外汇交易需求的限制，支持国内企业走出去，逐步缓解人民币升值压力。在人民币汇率参考的一篮子货币中，适当减少美元成分，增加欧元、英镑、日元等货币比重，将未来以市场为基础的均衡汇率与世界多元化经济体联系在一起。

2. 加强对外资流入资产市场的监测和管理

继续加强对房地产市场的调控，切实贯彻执行规范外资流入房地产的各项政策措施，加大打击房地产投机和炒作的力度，防止房地产价格的反弹和泡沫的滋长。同时，在加大证券市场对外开放力度的同时，加强对外资投资中国证券市场的管理和监测，建立相应的预警机制和体系。严格限制短期投机性资金的流入，对投机资金进入房地产、证券等行业的投机行为课以高额交易税，以挤压投机获利空间。

3. 高度关注潜在的通货膨胀压力

中央银行要高度关注我国经济不断积累通货膨胀的压力，采取有效措施回收商业银行的流动性。在科学分析 CPI 指数的同时，更多地关注房地产价格、股票价格、大宗生产资料价格的上涨情况，跟踪监测资产价格向消费价格的传递，在货币调控中处理好商品价格和资产价格之间的关系，避免通货膨胀对经济造成不良影响。

4. 合理估计资本外流可能产生的金融风险

随着人民币升值压力的逐步消除，国外资金可能获利撤出国内市场，给我国的房地产市场和证券市场带来较大的冲击。因此，我们要在加强对国外投机资金流入资产市场管理的同时，逐步增强外汇储备的稳定性，适当控制债务性外汇储备，提高债权性外汇储备的比重，避免未来资本外流可能产生的金融风险。

三、开放经济条件下的货币均衡

开放经济是相对于封闭型经济而言，指的是一国与国外有着经济往来，如存在国际贸易、国际金融往来，也就是对外有进出口和货币、资本的往来，本国经济与外国经济之间存在着密切的关系。随着经济全球化的进一步加深，对外开放的广度和深度得到大大提高，中国经济正在融入国际经济的大循环中。同时，在开放经济条件下，宏观经济政策必然具有新的特点，面临着新的要求。在开放经济条件下，财政政策的作用机理更为复杂，其相对有效性受到影响；货币政策的目标必须兼顾内外均衡，货币政策的工具更加多样，传导机制更具复杂性，我国财政货币政策正面临内外部失衡的矛盾。我国财政政策和货币政策必须做出新的调整：总量调控与结构调整并举，同时实现内外部均衡目标，扩大人民币汇率浮动范围。为此，要加强汇率政策、货币政策和财政政策的相互协调配合，要建立自主创新的财政货币政策工具，要完善汇率形成的市场机制，要加强国际经济政策协调。研究开放经济条件下的货币均衡，要注意三个方面。

(一) 国际收支与货币均衡

国际收支调节的货币分析法(货币论)认为，货币供求决定一国国际收支状况，强调国际收支本质上是一种货币现象，决定国际收支的关键是货币需求和供给之间的关系。货币分析法在其正式形成过程中分成两个学派：一派以国际货币基金组织为基地；另一学派沿用了弗里德曼现代货币主义的某些理论，但他们又否认同弗里德曼领导的国内货币主义有任何联系。

1. 国际收支调节的货币分析法概述

1752 年，英国哲学家大卫·休谟(David Hume)在《政治论丛》中提出了所谓“物价-现金流动机制”，阐述了在国际金本位制下各国国际收支具有自发调节的功能。20 世纪 40 年代，E.M.伯恩斯坦等人认为，一国信贷扩张和货币供应量与国际收支状况存在着密切的关系，各国不同程度的信贷扩张将导致相应程度的国际收支变化，但论证是不系统的。50 年代，J.E.米德首先系统提出货币分析法后，许多经济学家又作了进一步的研究。货币分析法在其正式形成过程中分成两个学派：一派代表人物是该组织前研究部主任，丹麦经济学家 J.J.波拉克(J.J.Polak)。该学派所建立的模型可用于宏观经济管理，在只能得到有关货币统计的最基本信息的情形下尤为适用。这种货币分析法被广泛应用于国际货币基金组织对其成员国的业务之中。另一派是在 R.A.芒德尔和 H.G.约翰逊的领导下，于 60 年代在芝加哥大学发展起来的。货币分析法在 70 年代中后期盛极一时，至今仍是分析国际收支问题的一种重要理论。

2. 政策主张

货币论的政策主张，归纳起来有以下几点：

第一，所有国际收支不平衡，在本质上都是货币的问题。因此，国际收支的不平衡，都可以由国内货币政策来解决。

第二，所谓国内货币政策，主要指货币供应政策。因为货币需求是收入、利率的函数，而货币供应则在很大程度上可由政府操纵。因此，膨胀性的货币政策可以减少国际收支顺差，而紧缩性的货币政策可以减少国际收支逆差。

第三，为平衡国际收支而采取的贬值、进口限额、关税、外汇管制等贸易和金融干预措施。只有当它们的作用是提高货币需求、尤其是提高国内价格水平时，才能改善国际收支，而且这种影响是暂时的。如果在施加干预措施的同时伴有国内信贷膨胀，则国际收支不一定能改善，甚至还可能恶化。

总之，货币论政策主张的核心是：在国际收支发生逆差时，应注重国内信贷的紧缩。同时，货币论认为：国际收支逆差的基本对策是紧缩性的货币政策。这个政策结论的一个重要前提是价格不变，通过紧缩性货币政策来消除货币供应大于货币需求的缺口。然而，事实上，当名义货币供应大于货币需求时，价格必然会上升，从而名义货币需求也会上升。在这种情况下，降低名义货币供应，在价格刚性的条件下，只能导致实际货币余额需求的下降。另外，货币论还提出，当采用贬值来改善国际收支时，必须结合紧缩性的货币政策。因此，无论从哪个方面看，货币论政策主张的含义或必然后果，就是以牺牲国内实际货币余额或实际消费、投资、收入和经济增长来纠正国际收支逆差。这一点，曾受到许多国家，尤其是发展中国家经济学家的严厉批评。

(二) 国际储备与货币均衡

在我国，由于国际储备主要体现为外汇储备，国际储备与货币供求均衡的关系，主要体现为外汇储备与货币供求均衡的关系。又由于外汇储备影响货币供求均衡主要是通过影响货币供给量来实现的，所以，探讨国际储备与货币供求均衡之间的关系，重点是探讨外汇储备与货币供给之间的关系。

1. 外汇储备影响货币供给的程度

可以肯定的是，外汇储备增加，货币供给量增加；外汇储备减少，货币供给量减少。但问题是，一个单位的外汇储备增加是不是仅带来同等数额的货币供给量增加呢？答案是否定的。因为外汇储备是中央银行的资产项目，而中央银行的资产项目是提供基础货币的渠道，2004 年我国外汇储备增加了 1616 亿美元，央行实际上就在外汇市场上投放了大约 13 000 亿元人民币的基础货币。这些货币都具有高能货币的性质，对货币供给量的影响具有乘数效应。需要指出的是，外汇储备结构不同，对货币供给量的影响是有差异的。我国外汇储备分为国家外汇储备和非国家外汇结存两个部分。前者是中央银行的资产，因而其规模变动比后者对货币供给量的影响要大一些。

2. 为实现货币均衡需要保持适度的外汇储备

我国保持有一定规模的外汇储备具有非凡意义，它是抵御国际风险的坚实物质基础，是中国经济走向更发达阶段的一个重要推动力，是人民币最终实现完全可兑换的一个必要条件。但是，从保持货币均衡的角度考虑，并不意味着外汇储备就是越多越好。因为外汇储备过多，一是会扩大信贷差额。储备增加意味着银行买入外汇金额大于卖出金额。二是会扩大货币投放。原有条件不变(货币供求平衡)，储备增加，意味着货币投放扩大(储备增加，出口增加；储备增加，收购性货币投放增加)。三是会牺牲货币政策的独立性。外汇储备规模过大必然会对其他货币供给渠道产生挤出效应，使货币政策的回旋余地越来越小。例如，央行为了降低高外汇储备对国内的影响，须通过回笼现金或提高利率等方式，来减少货币供给；为了抑制因外汇占款导致基础货币增长，央行不得不通过公开市场操作进行冲销；外汇占款的不断增加将使得政府难以实施紧缩性的货币政策。四是会使国家承担较大的外汇贬值的风险。

为了消除过量外汇储备对国内货币均衡的副作用，需要采取一些分流措施：

(1) 流出。具体来说，就是拓宽国内外汇资本的流出渠道，即让更多的企业和金融机构以直接或间接的方式投资海外；中国企业在海外股市筹得的美元资金也可以留存，无须兑换成人民币。

(2) 消耗。如动用外汇储备为国有金融机构注资或用外汇储备解决中国所有的社会问题，不管是资金短缺的学校、医院和社保基金，还是加快中国落后的西部省份的开发。

(3) 吸收资金。常用的三种工具有：一是拍卖央行票据，吸收系统中的流动资金；二是上调存款准备金率；三是劝诫，要求商业银行节制放贷。

(4) 税改。包括减少外贸顺差的税收政策，如进一步降低或取消出口退税，开征出口税等；减少外币热钱流入及外汇投机的税收政策。由于中国外汇储备增长主要来自资本项目或热钱流入，开征外汇交易税，对于热炒人民币升值有釜底抽薪的作用；而且所征收的外汇交易税能用于社会安全保障基金或其他公益项目。

(5) 本币国际化。即鼓励(过量的)人民币流出国外，成为国际贸易结算单位或储备货币，从而减轻货币流通过高情况下国内通货膨胀的压力。

(6) 改革外汇储备体制。我国以往的外汇储备管理均由中央政府委托金融管理机构主管，现央行的设想是通过多渠道、多元化管理方式来建立新的外汇储备管理体系。

(三) 国际资本与货币均衡

国际资本流动，简言之，是指资本在国际间转移，或者说，资本在不同国家或地区之间作单向、双向或多向流动，具体包括：贷款、援助、输出、输入、投资、债务的增加、债权的取得，利息收支、买方信贷、卖方信贷、外汇买卖、证券发行与流通等。在当今世界中，国际资本流动成为非常引人注目且极为活跃的经济现象，对全球经济的发展发挥着十分重要的作用。国际资本流动对货币均衡的影响如下：

1. 增加了货币政策操作的不确定性

国际资本流动使货币政策的传导机制日趋复杂，增加了货币政策操作的不确定性。

我国目前实行的是有管理的浮动汇率制，实质是钉住美元浮动，且浮动幅度有限。在资本流动迅速和日趋自由化的条件下，货币政策的传递机制，即通过利率变动影响投资、进而影响产出水平的机制，会被由于资本的趋利性引起的资本流动效应所削弱甚至抵消。例如，当国内需要紧缩而提高利率时，短期资本流入反而扩大了货币供应量。当需要放松货币而降低利率时，短期资本流出而减少了货币供应量。国际资本流动不仅抵消了货币政策的积极效果，还将对国际收支平衡，特别是资本账户的平衡带来冲击。这就使得中央银行在选择中介目标，制定货币政策方面面临更大的难度。

2. 资本市场的逐渐开放使得货币政策操作难度增加

从国际范围来看，国际资本的流动结构经历了“国际债券投资—国际银行贷款—国际直接投资—国际证券投资”的发展过程。在吸引外资方面，仅依靠直接投资政策上优的传统模式已经无法适应国际资本流动新趋势的要求。国际证券投资逐步成为国际资本流动的主要形式。随着中国加入WTO，2006年保护期结束后，将允许国外金融机构在我国提供银行、证券和保险等方面的服务，并享受国民待遇。尽管金融服务业的开放不等于资本市场的开放，更不等于资本账户的开放，但这三者之间有密切的关系，承诺了金融服务业开放，尤其承诺了证券服务和基金管理服务的开放，实际上在资本市场开放已经开了口子。

3. 加大了货币政策的实施难度

国际资本流入的渠道增多，政府对金融机构资本流出入的限制将更加困难，加大了货币政策的实施难度。

入世后，外资金融机构的大量进入和我国的金融机构国际化进程的加快，为国际资本进出我国提供了更多的渠道和机会。与实物资本相比，在现代通信技术和金融创新工具的作用下，金融资本的流动更难控制，影响也更大。

其实，自改革开放以来，国际资本流动对货币均衡的影响并没有受到人们的重视。随着近些年来我国经济长期高速增长，投资环境改善，特别是国际社会普遍存在的人民币升值预期，导致国际资本净流入的规模越来越大，流动频率越来越高，以致对我国货币均衡的冲击越来越大，促使我们不得不重新思考国际资本流动与货币均衡之间的关系。

【案例】

中国式“钱荒”

所谓“钱荒”，是由于流通领域内货币相对不足而引发的一种金融危机。而“中国式钱荒”，是指随着中国货币政策不断加大紧缩力度，“钱荒”从银行体系内萌生、在资本市场被放大，民间金融变得异常活跃的现象，而利率市场“冰火两重天”的现状则直接影响实体经济的运行。中国式“钱荒”体现为：一面是资金“饥馑”，一面是游资“过剩”，这种中国式不对称“钱荒”，折射出的是金融领域和实体经济发展的不平衡、不匹配。

2011 年初，“长三角”和“珠三角”地区越来越多的民营企业家都在反应融资困难，甚至超过 2008 年金融危机最严重的阶段。但这些企业并没有像金融危机时那样出现接二连三的破产现象。由于当地的民间金融变得异常活跃，一些地区私募股权基金募资的热潮，少则几倍多则几十倍甚至上百倍的投资回报率，吸引了一批又一批来自低迷的股市和楼市以及不堪银行负利率的 VIP 客户所拥有的大额资金。但是，为了实现给这些投资者的高额回报，私募股权投资基金很多是在追求短期高回报率的风险投资，创业板市场中的套现行为很多就是私募投资机构所为。它们的高回报募资策略又逼得很多正在遭遇“钱荒”的银行也不得不开始铤而走险，发行各种高回报率的理财产品来争夺被民间金融市场夺走的客户。

从 2013 年 5 月份开始，金融市场的资金利率全线攀升。2013 年 6 月 19 日，大型商业银行加入借钱大军，在银行间拆借市场连续数天飙高之后，6 月 20 日，资金市场几乎失控而停盘：隔夜头寸拆借利率一下子飙升 578 个基点，达到 13.44%，与此同时，各期限资金利率全线大涨，“钱荒”进一步升级。2013 年 6 月 20 日，上海银行间同业拆放利率隔夜品种飙涨 578.4 个基点到 13.4440 点，银行业的头寸和资金进一步紧张。6 月 21 日，在前一日银行间市场利率创下历史纪录之后，资金利率停止疯涨态势，隔夜拆借利率大幅回落近 500 个基点。2013 年 6 月 24 日，由于 A 股市场银行股遭遇恐慌性抛售，导致平安银行、民生银行和兴业银行跌停。深圳一些银行基本上已经不放贷款了。

事实上，垄断和财政、税收、土地等成为影响中国收入分配的四大主要因素。特别在税收方面，在“钱荒”之前，中国的税收几乎每年都以 20%～30%的速度快速增长，这个速度是实际经济增速的 2～3 倍左右，这样的征税行为，对于实体经济发展的弊端很大。一方面，过重的税负会导致实体企业盈利能力逐步下降；另一方面，实体行业盈利能力降低，也进一步刺激了更多的资本进入投资和食利行业，从而导致经济进一步空虚。而实体经济的空虚，带来的直接结果是企业税征收范围的缩小，政府的税收总量也随之减少，但是随着政府国防、保障房和其他社会保障等刚性财政开支的逐步增加，收入与支出之间的缺口和差距就会越来越大，政府的“钱荒时代”就来了。

中国式“钱荒”表现在：一方面是银行缺钱，股市缺钱，中小企业缺钱；另一方面却是，货币的供应量充裕，不少大型企业依然出手阔绰，大量购买银行理财产品，游资仍在寻找炒作的概念，民间借贷依旧风风火火。

此外，这种资金错配也反映在一般的消费方面。由于2003年之后的10年房地产价格越调越涨的现实，导致大量的消费资金都流入了房地产业，这也在一定程度上大幅挤压了一般消费品的市场总量，从而从消费市场领域直接挤压实体经济。两相对比不难发现，“钱荒”看似来势凶猛，实则是一场资金错配导致的结构性资金紧张——不是没有钱，而是钱没有出现在正确的地方。2008年国际金融危机爆发后，中央出台高达4万亿元投资的一揽子计划，2012年以来，在“稳增长”的目标下又对货币政策宽松化的一系列微调。到2013年中国经济始终处于一种流动性充裕的状态下。然而与此同时，宏观数据中国 M_2(广义货币供应量)与GDP的比值却在不断地扩大，到2013年一季度，M_2与GDP的比值已近200%，这意味着货币投放对经济增长的推动作用正在不断减弱，也从一个侧面反映出大量的社会融资其实并没有投入到实体经济当中。

中国式不对称“钱荒”，折射出的是金融领域和实体经济发展的不平衡、不匹配。而这种失衡与错配，在对未来经济前景不确定性的忧虑下被成倍放大，结果之一便是，许多民资“打死也不进实体经济”汹汹涌向各种可以炒作的虚拟经济与商品中，泡沫迅速膨胀。而当每一轮游资炒作退去之后，留下的都是泡沫破裂的“寒冬”。在众多商品、投资品被“爆炒”之后，留给人们的不仅是思考，还有对市场投资的迷茫和疑惧。

重要概念与思考题

本章重要概念

货币需求　　预防动机　　信用货币
名义货币需求　　投机动机　　货币均衡
货币需求理论　　货币供给　　社会总需求
剑桥方程式　　内生变量　　社会总供给
交易动机　　外生变量　　IS-LM模型

思考题

1. 试述货币需求及其研究内容。
2. 试述凯恩斯的货币需求理论。
3. 试述货币供给的含义及其主要内容。
4. 简述货币供给理论的产生和发展。
5. 试述存款货币的创造过程。
6. 试述影响基础货币变动的因素及央行对其调控的切入点。
7. 什么是货币均衡？它与社会总供求均衡有什么关系？
8. 如何从表层次和深层次分析货币失衡的原因？
9. 试述从货币失衡到货币均衡的调整对策。
10. 国际资本的流入会给货币均衡带来哪些冲突？

第十章　开放经济的均衡

当今的世界不是封闭的经济，任何一个国家和地区与其他国家和地区有一定程度的经济贸易往来。在开放经济的视角下，国际收支、国际储备、国际资本流动等对一国经济的均衡有重要影响。

学习目标

1. 理解国际收支的概念；
2. 掌握国际收支平衡表编制原则及内容；
3. 了解国际收支失衡的原因；
4. 掌握主要国际储备资产；
5. 了解国际资本流动是国际收支调节的重要内容；
6. 了解对外收支与国内货币均衡的联系及对市场总供求的影响。

第一节　国 际 收 支

一、国际收支的定义

随着经济全球化和世界经济一体化进程加速，各国之间的经济往来日益密切，由此产生了大量的货币性与非货币性支付问题。为了全面反映一国对外往来情况，各国均采用 IMF 从广义角度定义的国际收支概念。国际收支(balance of payments)是指一国(或地区)在一定时期内(通常为 1 年)全部对外经济往来的系统的货币记录。

我们可以从四个角度来理解国际收支的定义：

(1) 国际收支记录的是对外经济往来。只有居民与非居民之间的交易才是国际经济交易。判断一项交易是否应该包括在国际收支的范围内，依据不是交易双方的国籍，而是交易双方一方是该国居民而另一方不是该国居民。“居民”是一个经济概念，可分为自然人居民和法人居民。自然人居民是指那些在本国居住时间长达 1 年以上的个人，但官方外交使节、驻外军事人员等一律是所在国的非居民；法人居民是指在本国从事经济活动的各级政府机构、企业和非营利团体，但是国际性机构，诸如联合国、国际货币基金组织等组织，是任何国家的非居民。

(2) 国际收支是系统的货币记录。国际收支反映的内容以交易为基础，即包括涉及货币收支的对外往来，也包括未涉及货币收支的对外往来。可归纳为五个方面：第一，金融资产与商品和劳务之间的交换，即以货币为媒介的商品和劳务的买卖；第二，商品和劳务与商品和劳务之间的交换，即物物交换；第三，金融资产和金融资产之间的交换；第四，无偿的、单向的商品和劳务的转移；第五，无偿的、单向的金融资产转移。

(3) 国际收支是一个流量概念。流量是一定时期内发生的变量，存量是一定时点上存在的变量。国际收支记录了一定时期(通常为 1 年)的对外经济往来，所以是流量。

(4) 国际收支是一个事后概念。即它是对过去已经发生的国际经济交易进行记录。

二、国际收支平衡表

为了全面系统地反映国际收支情况，了解国际经济往来，各国都要编制国际收支平衡表(balance of payment presentation)。国际收支平衡表是一国根据交易内容和范围设置项目和账户，并按照复式记账法对一定时期内的国际经济交易进行系统的记录，对各笔交易进行分类、汇总而编制出的统计报表。国际货币基金组织的成员有义务编制国际收支平衡表，并向世界发布。表 10-1 是国际货币基金组织公布的通行国际收支平衡表。

表 10-1 国际收支平衡表

项 目	贷方	借方
一、经常项目		
A．货物和服务		
a. 货物		
1. 一般商品		
2. 用于加工的货物		
3. 货物修理		
4. 各种运输工具在港口购买的货物		
5. 非货币黄金		
b. 服务		
1. 运输		
2. 旅游		
3. 通信服务		
4. 建筑服务		
5. 保险服务		
6. 金融服务		
7. 计算机和信息服务		
8. 专有权利使用费和特许费		
9. 其他商业服务		
10. 个人文化和娱乐服务		
11. 别处未提及的政府服务		
B．收入		
a. 职工报酬		
b. 投资收入		
1. 直接投资		
2. 证券投资		
3. 其他资产		

续表

项　　目	贷方	借方
C．经常转移		
a．各级政府		
b．其他部门		
1．工人的汇款		
2．其他转移		
二、资本和金融账户		
A．资本账户		
a．资本转移		
1．各级政府		
2．其他部门		
b．非生产、非金融资产的收买/放弃		
B．金融账户		
a．直接投资		
1．国外		
2．在报告经济体		
b．证券投资		
1．资产		
2．负债		
c．其他投资		
1．资产		
2．负债		
d．储备资产		
1．货币性黄金		
2．特别提款权		
3．在基金组织的储备头寸		
4．外汇储备		
5．其他债权		

各国国际收支平衡表的格式基本相同，所列项目略有差异。我国把国际收支账户分为四个一级账户：经常项目；资本项目和金融项目；储备资产；错误和遗漏。

（一）经常项目

经常项目反映本国与外国交往中经常发生的项目，也是国际收支中最重要的项目。它包括货物贸易、服务贸易、收益及经常转移四个子项。

货物贸易包括通过海关进出口的所有货物以及一些虽然不经过海关，但是属于国际经济交往的货物交易，如飞机、船只等在境外港口购买的燃料、物料，远洋渔船向其他国家出售其所捕获的海产品等。

服务贸易涉及的项目比较繁杂，包括运输、旅游、建筑承包、通信、金融、保险、计算机、信息、专利使用、版权、专业技术、文化和娱乐等形式多种多样的商业服务以及一部分政府服务。提供服务与提供商品并没有区别，都可以从国外收取外汇，但就交易的具体对象来说又有所不同。商品通常在物质上是有形的，而服务在这个意义上是无形的。因此常把贸易收支称为“有形贸易收支”，而把服务收支称为“无形贸易收支”。

收益包括职工报酬和投资收益两项。职工报酬指的是在别国居住不满 1 年的个人从别国所取得的合法收入。投资收益与资本和金融项目直接相关，指的是和投资、资本流动相关的利息、股息、利润以及红利等收入。

经常转移又称“单方转移”，指的是不以获取收入或支出为目的的单方面交易行为，包括侨汇、无偿援助和捐赠、国际收支及居民收支等。这种转移与贸易收支在性质上不同，贸易收支要求等价交换或偿付，而转移收支则是一种单方面的价值转让。

(二) 资本项目和金融项目

资本项目记录的是资本性质的转移和非生产性、非金融性资产的获得或者出让。资本性质的转移包括生产设备的无偿转移、国外投资贷款的汇入和向国外投资贷款项的汇出以及单方面的债务减免等。非生产性、非金融性资产的获得或者出让指的是专利、版权、商标等资产的一次性买断、卖断。

金融项目记录的是一国对外资产和负债的所有权变动的所有交易。按资金流向构成的债权、债务分为资产和负债；按照投资方式分为直接投资、证券投资和其他投资。

直接投资包括外商来华和我国对外投资，是金融项目最重要的项目之一。构成直接投资的行为必须具备三个要素：直接投资者、直接投资企业(直接投资所要投入的企业，或者说接受直接投资的企业)以及直接投资者对于直接投资企业的控制权。与一般投资行为不同的是，直接投资者对于直接投资企业具有长期的、持久的利益。直接投资的关键是控制权，为了保证判断标准的可操作性，国际组织确定：如果一个企业持有其他国家某一企业 10%以上的股权或者控制权，就认定前者是直接投资者，后者是直接投资企业。我国把超过 25%股权的投资视为外商来华直接投资。

证券投资指的是一个国家的企业、个人、团体等对其他国家所发行的有价证券进行投资的行为。

其他投资指的是直接投资、证券投资以外的其他投资，主要包括进出口贸易融资、贷款、现金以及金融性租赁等项目。

(三) 储备资产

储备资产指的是由中央银行持有(也有的是由财政部门持有)，并可随时直接使用的金融资产，包括货币性黄金、特别提款权、在基金组织的储备头寸、外汇储备以及其他债权。

(四) 净误差与遗漏

国际收支平衡表按照复式簿记原理编制的每一笔经济交易，同时要记入有关项目的借方和贷方，数额相等。但在实践中，由于不可能完全跟踪每一笔经济交易进行记录，所以，国际收支平衡表的编制是通过对子项目的统计进行的。由于各个子项目的统计数据来源不一、时间不同等原因，借方合计与贷方合计之间总是存在一定的差额。为此，就需要有一个平衡项目净误差与遗漏。当贷方大于借方时，就将差额列入该项目的借方；当借方大于贷方时，就将差额列入该项目的贷方。

三、我国的国际收支现状

改革开放以来，我国的国际收支发生了很大的变化，国际收支规模扩张很快，国际收支在国民经济中的意义越来越重要。仅以进出口贸易为例，其总额与 GDP 之比，1988 年为 25.60%，2006 年上升到 66.52%，2016 年仍达到 49.52%。国民经济对涉外经济的依存度大大加深，表现在以下几方面。

经常项目中的货物贸易与服务贸易收支总额保持同步增长；经常项目的结构和内容发生了明显的变化。出口产品中初级产品所占比重逐年下降，制成品和深加工产品的比重上升；出口商品的种类增多；市场结构则日益多元化。在对外贸易方式上，除了传统的一般贸易外，各类加工贸易、补偿贸易以及其他贸易方式的比重在不断上升。国际旅游、运输等传统服务贸易发展迅速，同时一些非传统的服务贸易方兴未艾。资本项目的地位越来越重要。其中，外商来华直接投资，自 1992 年以来，规模越来越大，投资领域越来越广泛，成为影响国际收支的重要因素。在国际收支规模不断扩大的过程中，我国外汇储备规模不断上升。1981 年，我国的外汇储备仅有 27 亿美元，而 2016 年底已达到 30 105 亿美元。

2016 年，经常账户顺差 1964 亿美元，较上年下降 35%；非储备性质的金融账户逆差 4171 亿美元，下降 4%，如表 10-2 所示。

表 10-2　中国国际收支差额主要构成

项　目	2010	2011	2012	2013	2014	2015	2016
经常账户差额	2378	1361	2154	1482	2360	3042	1964
与 GDP 之比	3.9%	1.8%	2.5%	1.5%	2.3%	2.7%	1.8%
非储备性质的金融账户差额	2822	2600	−360	3430	−514	−4345	−4170
与 GDP 之比	4.6%	3.4%	−0.4%	3.6%	−0.5%	−3.9%	−3.7%

——数据来源：国家外汇管理局，国家统计局

货物贸易保持较大顺差。按国际收支统计口径，2016 年，我国货物贸易出口 19 895 亿美元，进口 14 954 亿美元，分别较上年下降 7%和 5%；顺差 4941 亿美元，虽然较上年的历史高位下降 14%，但仍显著高于 2014 年度及以前各年度水平。

服务贸易逆差增长趋缓。2016 年，服务贸易收入 2084 亿美元，较上年下降 4%，支出 4526 亿美元，增长 4%；逆差 2442 亿美元，增长 12%，其中，旅行项下逆差 2167 亿美元，增长 6%，增幅较上年下降 6 个百分点。

直接投资转为逆差。按国际收支统计口径，2016 年，直接投资逆差 466 亿美元，上年为顺差 681 亿美元。其中，直接投资资产净增加 2172 亿美元，较上年多增加 25%；直接投资负债净增加 1706 亿美元，较上年少增加 30%。

证券投资逆差收窄。2016 年，证券投资逆差 622 亿美元，较上年下降 6%。其中，我国对外证券投资净流出 1034 亿美元，增长 41%；境外对我国证券投资净流入 412 亿美元，增长 512%。

其他投资逆差明显下降。2016 年，贷款、贸易信贷和资金存放等其他投资逆差 3035 亿美元，较上年下降 30%。其中，我国对外的其他投资净增加 3336 亿美元，增长 305%；境外对我国的其他投资净增加 301 亿美元，上年为净减少 3515 亿元。

储备资产继续下降。2006 年，我国交易形成的储备资产(剔除汇率、价格等非交易价值变动影响)减少 4437 亿美元。其中，交易形成的外汇储备资产减少 4487 亿美元。截至 2016 年末，我国外汇储备余额为 30 105 亿美元。

专栏 10-1

推改革、促平衡的效果逐步显现

面对复杂多变的外汇市场，中国人民银行、外汇局牢牢抓住改革的有利时间窗口，按照既有利于眼前，平衡外汇收支和防患跨境资本流动风险，又有利于长远，推动金融市场开放和资本项目可兑换的原则，侧重推动扩大流入端的政策改革，再扩大改革开放，服务实体经济的同时，有力促进国际收支平衡，维护了外汇市场供求关系稳定。

一是推动银行间债券市场对外开放，资本项目可兑换水平迈上新台阶。2016 年 2 月，中国人民银行发布公告〔2016〕第 3 号，进一步拓宽境外机构投资者范围，便利更多类型的境外机构投资者依法合规投资银行间债券市场。2016 年 5 月，对境外机构投资者实行登记管理，不设单家机构限额或总限额，规定资金汇出入币种基本一致，避免资金大进大出对国际收支平衡的冲击。截至 2016 年 12 月底，已有 180 家境外机构/基金在上海总部注册备案，进一步提高了银行间债券市场对外开放水平；2016 年 3 月以来，非居民持有的境内债券资产余额总体上升，截至年末市值达到 8700 亿元人民币，更好地满足市场主体利用国际国内“两个市场”“两种资源”。

二是全面实施全口径跨境融资宏观审慎管理，便利市场主体跨境融资。建立健全宏观审慎框架下的外资和资本流动管理体系，是十三五规划的重要部署，是深化外汇管理改革，促进投融资便利化的重要举措。2016 年 1 月，允许 27 家试点金融机构和注册在四个自贸区的企业，在与其资本或净资本挂钩的跨境融资上限内，自主开展本外币跨境融资；2016 年 5 月，在总结前期试点经验的基础上，将全口径跨境融资宏观审慎管理政策推广全国，缓解企业“融资难”“融资贵”问题。2016 年二季度起，我国本外币外债余额止跌回升。

三是深化合格境外机构投资者外汇管理改革，营造良好的外商投资环境。2016 年 2 月和 8 月，分别实施合格境外机构投资者(QFII)和人民币合格境外机构投资者(RQFII)外汇管理改革，放宽单家机构投资额度上限，简化审批管理，便利资金汇出入，放宽锁定期限制，提高对 QFII 和 RQFII 外汇管理的一致性，进一步推动境内资本市场开放，政策实施后，为跨境证券投资提供了更多便利，促进市场主体跨境投融资便利化。截至 2016 年 12 月末，共有 278 家 QFII 机构获批合计 873 亿美元额度，177 家 RQFII 机构获批合计 5285 亿元人民币额度。

四是改革和规范资本项目结汇管理方式，平衡外汇市场供求关系。2016 年 6 月，全面实施外汇基金意愿结汇管理，统一境内机构资本项目外汇收入意愿结汇政策，大幅缩减资本项目收入及结汇用途负面清单，进一步满足和便利境内企业经营与资金运作需要，便利市场主体跨境投融资。

第二节　国际收支的调节

一、国际收支失衡

按复式簿记原理编制的国际收支平衡表，就表的本身来看，总是平衡的。那么，怎样判断一国的国际收支是平衡还是不平衡？

国际上通行的方法是将国际收支平衡表上的各个项目区分为两类不同性质的交易：自主性交易和调节性交易。前者是指企业、单位和个人由于自身的需要而进行的交易，如商品和服务的输出入、赠与、侨民汇款和长期资本流出入。调节性交易是指在自主性交易产生不平衡时所进行的用以平衡收支的补偿性交易，如向国外银行和国际金融机构借用短期资本、进口商取得分期付款的权利以及动用国际储备等。自主性交易系由生产经营、单方面支付和投资的需要所引起，与国际收支其他项目的大小无关；而调节性交易则是因为国际收支其他项目出现差顾，需要去弥补，才相应发生。通常判断一国国际收支是否平衡，主要是看其自主性交易是否平衡。如果一国国际收支不必依靠调节性交易而通过自主性交易就能实现基本平衡，是国际收支平衡；反之，则为失衡。

但是，按照交易性质识别国际收支平衡与否的方法在理论上看虽然很有道理，在统计上和概念上却很难精确区分自主性交易和调节性交易。具体衡量国际收支差额还需要对差额的口径进行定义。

二、几种收支差额

国际收支的各个项目都列有收支两方，收支常常不会恰好相等，存在差额。在经济上具有重要意义的有以下三种：贸易差额、经常项目差额和国际收支总差额。

1．贸易差额

贸易差额是指商品进出口差额，即顺差(surplus)或逆差(deficit)。贸易差额是经常存在的，即使是同一国家，在不同年份甚至在不同季度之间，贸易差额的变化也很大，乃至于改变方向，如果贸易差额出现逆差，必须有某种资金来源与之相抵。这或是靠经常项目中服务和转让收支项目的顺差来抵补，或是靠资本项目中的外资流入，也可能是动用国家的国际储备来解决。如果贸易差额是顺差，也必然会引起国际收支其他项目作相应的变化。

2．经常项目差额

经常项目差额是指经常项目下贸易、服务和转让收支三个项目的差额相抵后的净差额。

如果经常项目有逆差，表示从国外净动用了一些商品，服务供国内使用，相应地减少本国在外国的资产或是增加对外国的负债。如果经常项目有顺差，表示向国外净供应了一些商品和服务，相应地会增加本国对外国的资产或减少对外国的负债。对于贸易差额来说，经常项目差额更能精确地反映一国对外债权债务关系的变动状况。

3．国际收支总差额

国际收支总差额是指经常项目和资本项目收支合计所得的总差额，与一国国际储备的增减相对应。国际收支总差额如果是顺差，则国际储备相应增加；反之，则国际储备相应减少。

三、国际收支失衡的原因

国际收支失衡的原因多种多样，因国、因时而异。概括来说，主要有六个方面：

(1) 受生产和技术能力的限制。一国处于经济发展阶段，常常需要进口大量技术、设备和重要原材料，而受生产和技术能力的限制，出口一时难以相应增长，因而出现国际和贸易收支差额。

(2) 受经济结构制约。各国由于经济条件的不同，形成了各自的经济布局和产业结构，从而形成了各自的进出口商品结构。当国际上对某些商品的生产和需求发生变化时，如果一国不能相应地调整其生产结构和出口商品结构，则会引起贸易和国际收支的失衡。

(3) 受物价和币值的影响。如果一国发生通货膨胀，国内物价上涨，本币币值下跌，会削弱出口商品的竞争力，并引起进口增加。如果国际市场上大宗商品价格发生变动，也会直接影响到该商品主要进出口国家的国际收支状况，“石油价格冲击”就是一个明显的例证。

(4) 受汇率变化的影响。当一国货币的汇率，即本币的对外币值发生变化时，则不利于出口，并会刺激进口。如本国货币的对外币值不变，而其他与本国处于竞争地位的国家的货币对外贬值，则竞争国家的出口竞争力加强并使本国出口遭遇困难。

(5) 受利率变化的影响。一般情况下，利率降低时，或资本流入会减少，或资本流出会增加。即使一国利率没有变动而他国发生了变动，如提高了利率，也会给利率没有变动的国家的国际收支带来不利的影响。

(6) 受经济周期性变化的影响。

种种因素相互作用，往往引起连锁反应，可能是不同影响因素效应的叠加，也可能是不同影响因素效应的相互冲抵。当不利因素大于有利因素时，国际收支的失衡就不可避免。

四、国际收支的平衡

国际收支的平衡是一个重要的宏观经济目标。

一国国际收支失衡，若不及时调整，会直接影响本国对外交往的能力和信誉，不利于国内经济的发展。如果国际收支出现大量逆差，由于外汇供应短缺，外汇汇率上涨，本国货币汇率下跌，短期资本就要大量外流，从而进一步恶化国际收支状况，甚至导致货币危机；如果出现国际收支大量顺差，由于外汇供过于求，外汇汇率下跌，本币汇率上升，其结果可能会抑制出口，并增加国内货币供应和通货膨胀的压力。因此，一个国家出现国际收支失衡，通常都会采取措施进行调整。短期一般是指年度，保持年度收支平衡，对于保证当前的对外收支能力是有意义的，但不应把保持国际收支平衡单纯理解为必须年年保持当期的收支平衡。要是把保持年度平衡作为绝对要求，事实上就会导致拒绝利用资本项目来平衡经常项目，特别是用来弥补外贸进出口的缺口，不管未来是否具有还本付息的能力，不争取利用外国的资金和技术加快自身的建设，这对一个谋求赶超的发展中国家，并不是正确的决策。国际收支平衡或者说国际收支失衡，需从短期和长期两个角度去把握。改革开放后对外交往依据增加外贸和利用外资都有重大进展，这就提供了一种可能：不一定机械地拘守于年年以出定进，允许适量的进大于出，以利用外资弥补缺口，有利于经济更快地发展，但利用外资还要还本付息，又带来一个国际收支长期平衡的新课题。在这种新的形势下，就需要着眼于中长期的平衡。

对国际收支平衡做较长期的考虑，则可突破必须保持当年平衡的约束，做战略性安排。对于一个走外向型经济道路的发展中国家，安排国际收支的出发点是最大限度地推进本国经济的发展、促进和形成一个适合现代化要求的经济结构。因此，维持可以允许一定时期内国际收支经常项目上有赤字，承受一定的负债额，以满足经济发展对外资的需要是必要的。应该加以控制的是这种负债额的适度数量界限，也就是对将来存在的权利有恰当的估计，并有可以使之落实的安排和措施。需要说明的是，认为只有逆差才是失衡，是片面的理解，国际收支顺差和逆差都是失衡的表现。实际上，如果出现持续的大额顺差，不仅会影响本国经济的均衡健康发展，而且会招致其他国家的抗议和报复。关于国际收支平衡的问题。1978 年以前，我国一贯实行“以出定进，进出平衡，略有结余”的方针。从 1950 年至 1977 年的 28 年中，贸易顺差年份为 18 年，顺差金额为 48.4 亿美元；贸易逆差的年份为 10 年，逆差金额为 26.2 亿美元。顺差、逆差金额相抵后，尚有净顺差 22.2 亿美元，这与新中国成立之初西方国家对我国实行经济封锁有关。

如果一国国际收支出现大量逆差，由于外汇供应短缺、外汇汇率上涨、本币汇率下跌，短期资本就要大量外流，从而进一步恶化国际收支状况，甚至会导致货币危机。如果出现国际收支大量顺差，由于外汇供过于求、外汇汇率下跌，本币汇率上升，其结果可能会抑制出口，并增加国内货币供应和通货膨胀的压力。

如果一国国际收支经常失衡，而且差额较大、持续时间较长，就必须进行调节。针对不同类型的国际收支失衡，调节的手段也有所不同。例如，如果属于由经济周期引起的国际收支失衡，从动态角度看，周期性的顺差或者逆差可以互相抵消、自求平衡，这时就可以不采取调节措施；如果属于货币性失衡引起的国际收支失衡，就需要采取调整汇率的办法使货币升值或贬值，以消除货币对内价值和对外价值之间的差别；如果是结构性的失衡，就需要采取经济结构调整的方式；如果是收入性的失衡引起国际收支失衡，则需要提高规模经济效益和技术进步，降低出口成本，增强本国商品的竞争力。需要注意的是，国际收支失衡往往是由多方面因素造成的，因此，在解决国际收支失衡时，各种手段需要协调配合实施。

由于国际收支与国内经济有着密切联系，通常在对内经济政策上也需采取相应政策。以间接影响国际收支。例如，国内财政和银行实行紧缩政策，压缩社会总需求，可以间接影响对外汇支出的需求等。

具体来看，调节国际收支的手段如下：

(1) 采取财政手段。这包括采取出口退税、免税、进口征税、对进出口企业发放财政补贴等方式，以鼓励出口、限制进口，减少贸易逆差或者提高贸易顺差；对资本输出或输入征收平衡税，以限制资本流动。

(2) 调整汇率，以调节进出口。在国际收支逆差时，压低本币汇率，有利于刺激出口、抑制进口；反之，有大量顺差时，则支持本币汇率上浮，以减少出口、增加进口。

(3) 调整利率，以影响资本的流出入。中央银行提高再贴现率，带动市场利率的上升，可以起到吸收外资流入的作用；反之，降低利率，则可抑制资本流入，促进资本流出。

(4) 利用政府间信贷和国际金融机构的贷款。政府间信贷可以是短暂的，即由两国或数国中央银行签订短期信贷协议，提供短期贷款支持；国际金融机构的贷款，即在各国中央银行之间签订货币互换协议，在需要时提供支持。

(5) 实行外汇管理，对外汇与汇率实行直接的行政干预。诸如规定外汇收入全部或大部分卖给国家，对外汇支出进行某种限制等。

(6) 加强国际经济合作。由于各国的国际收支是联系在一起的，一国的逆差往往是另一国的顺差，这样的背景推动了国际合作。当某一或某些国家出现严重的国际收支失衡时，国际货币基金组织以及其他国家就会商讨对策，给予贷款支持，帮助应付短期内的国际收支失衡。

在目前我国的经济条件下，外汇管理在现阶段仍是调节国际收支最有效、最迅速的手段。

第三节 国际储备

一、国际储备及其作用

国际储备是一国或地区官方拥有的、可以随时使用的国际储备性资产，可以由财政部门拥有，也可以由中央银行拥有。传统上认为，国际储备的作用主要是应付国际收支失衡，维持汇率稳定。当国际收支出现逆差时，为了避免进口减少影响国内经济发展，可以动用本国的储备，平衡外汇收支。当然，一国国际储备不是用之不尽的，所以它应付国际收支困难的能力是有限的。对于短期性国际收支赤字，可通过动用国际储备来弥补。对于长期性国际收支赤字，一定规模的调整是必不可少的，但为了使调整政策的实行有一个合理的时间分布，避免过快调整所带来的国内经济震荡，就需要动用国际储备作为辅助措施，为调整政策的从容实施提供必要的支撑，使赤字在中期能得以维持，又能维持合理的经济增长速度。

国际储备可用于干预外汇市场，当汇率出现不正常波动时，可以动用储备，影响外汇市场供求，使汇率变动保持在经济发展目标范围之内。一国可以通过变动国际储备量来进行外汇干预，操纵汇率来实现国内经济目标，而不决定于国际收支失衡的规模和方向。20世纪70年代以来，国际储备的总额变动比从前剧烈的事实说明了这一点。当然，外汇干预只能在短期内对汇率产生有限的影响，它无法从根本上改变汇率波动的长期趋势。再者，国际储备作为干预资产的效能，要以充分发达的外汇市场和本国货币的完全自由兑换为前提条件。对于大多数发展中国家来说，汇率由官方行政制定，而不是动用国际储备。因此，在这些国家，国际储备基本上不具备干预资产的功能。

随着经济全球化的发展以及全球储备资产的不断增加，国际储备又被赋予了其他的功能。在新兴市场国家，国际储备越来越被视为信心的标志，储备越多，偿付能力越强，国际评级机构就会给予该国更高的评级。评级提高，在国际市场融资就相对容易，融资成本也会降低，同时，高的外汇储备对国际金融市场投机者也是一个“震慑”，使他们不敢轻易对该国货币汇率下手。在一些转轨国家中，储备还常常被用做改革基金，以应付可能出现的支付困难。

二、主要的国际储备资产

国际储备资产主要包括：货币当局持有的黄金、在国际货币基金组织的储备头寸、特别提款权、外汇储备以及其他债权。其中，最为重要的是外汇储备。

(1) 货币当局持有的黄金。不是所有的黄金，只是货币当局持有的黄金才是国际储备。1990 年以来，世界各国或各地区货币当局所持有的货币性黄金规模并未出现大的变动。但是，由于黄金市场价格的不断下跌，各国拥有的货币性黄金以市场价格计算有所下降，到 2011 年末，全世界拥有的黄金储备约有 9.98 亿盎司。按 2011 年底收盘价 1566.40 美元/盎司的市价计算，约值 15 633 亿美元。

(2) 在国际货币基金组织的储备头寸。到 2012 年 2 月末，全世界所有国际货币基金组织的成员国拥有的储备头寸为 996.06 亿美元。其中，排在前三位的国家分别是美国(149.15 亿美元)、德国(43.97 亿美元)、日本(33.86 亿美元)，中国排在第 6 位(23.67 亿美元)。

(3) 特别提款权。到 2012 年 3 月末，全世界特别提款权的规模为 2039.85 亿美元。其中，前四位的国家分别为美国(358.02 亿美元)、日本(128.65 亿美元)、德国(118.19 亿美元)、中国(78.45 亿美元)。

(4) 外汇储备。外汇储备是一国(或地区)货币当局持有的可以随时使用的可兑换货币资产，在储备资产中最为重要。2010 年底，世界外汇储备为 10.77 万亿美元，其中，亚洲国家的外汇储备占全球外汇储备的 60.60%，而发达国家由于其货币可以作为国际支付手段，就没必要保持那么多的外汇储备。

20 世纪 70 年代之后，形成了以美元为主、日元和德国马克并行的国际储备货币格局。随着 1999 年欧元的启动以及日本经济的持续疲弱不振，欧元地位上升，现阶段外汇储备货币的竞争主要表现为美元和欧元的竞争。但当前和今后一段时期，美元依然会占据主导性地位。目前，各国外汇储备的 64%是美元。

展望未来的国际储备体系，已经不大可能出现以前的英镑和美元那种独占鳌头的单一主导性货币，从中长期看，随着欧元影响力的不断扩大，欧元在国际储备中的地位会不断上升，特别提款权作为一种并不完整的货币形式，难以有更大的发展，这样国际货币体系就逐渐形成美元和欧元两强的货币结构。

从欧元所赖以支持的经济体的相对规模，以及其在世界贸易中所占份额等角度看，欧元与美元相比较，存在明显的优势。欧盟总产出占世界总产出的比例已高于美国产出占世界总产出的份额。欧元产生以后，各国中央银行均持有一定的欧元储备资产。国际金融市场也引入以欧元计价的金融工具，有关欧元的金融交易规模将不断扩大。

我国的国际储备资产包括货币性黄金、特别提款权、在国际货币基金组织的储备头寸以及外汇储备四个部分。截至2016年末，我国黄金储备5924万盎司；在基金组织的储备头寸和特别提款权数额不大，总值合计95.97亿美元；外汇储备30 105万亿美元。

1992年前，我国所讲的外汇储备包括国家外汇库存跟中国银行外汇结存两个部分。其中，国家外汇库存是指国家对外贸易和非贸易收支的历年差额累积；中国银行外汇结存是指中国银行的外汇自有资金加上在国内外吸收的外币存款和借入境外的资金减去在国内外的外汇存款及投资后的差额。

三、外汇储备规模与管理

保持一定的外汇储备是调节外汇收支和市场总供求的重要手段。但是，外汇储备并非越多越好。

首先，前面讲述过，外汇储备增加，要相应扩大货币供给量。如果外汇储备量过大，则会增加对货币均衡的压力。

其次，外汇储备表现为持有一种以外币表示的金融债权，并未投入国内生产使用。外汇储备过大，等于相应的资金“溢出”，对于资金短缺的国家来说自是不合算的。

最后，外汇储备还可能由于外币汇率贬值而在一夜之间蒙受巨大损失。

什么是适度的外汇储备水平？有一个指标认为，维持相当于一国3～4个月进口额的外汇储备水平是适度的。还有一个最后清偿率(last liquidation ratio)指标：外债余额与国际储备的比。国际公认的警戒线为130%，这类指标只有有限的参考价值。

全面考察外汇储备是否适度，必须结合各自的国情特点。例如，我国正处于经济体制转轨过程，存在较多的不确定因素，面对的国际政治、经济、金融形势又极为复杂。因此，保有较大数量的外汇储备，是审慎决策之所必要。

外汇储备首先要考虑资金的安全，储备货币多元化是一项重要的安全措施；其次要保持外汇储备的流动性，能够灵活兑现；最后，在保证安全性和流动性的前提下，把一部分资产投资于稳定成长的证券上，以获取较高收益。

专栏10-2

客观看待我国外汇储备规模及其变动

截至2016年末，我国外汇储备余额为30 105亿美元，尽管已从峰值回落，但目前规模仍处于较高水平，相关变动也需要客观看待。

当前我国外汇储备规模在世界范围内依然高居榜首。从2016年末全球各国(地区)的外汇储备相对规模看，我国稳居首位。第二位的日本为1.16万亿美元，第三位的瑞士为6349亿美元，巴西、印度、俄罗斯均为3000多亿美元。在全球10.7万亿美元的外汇储备规模中，我国占28%，日本和瑞士分别占11%和6%。

从对外支付能力和债务清偿能力看，我国外汇储备仍十分充裕。目前，全球无公认统一的标准衡量储备充足度。按照传统的衡量标准，在进口支付方面，外汇储备至少需要满足三个月的进口，假定没有人民币对外支付，目前为4000亿美元左右的外汇需求。在对外债务偿还方面，外汇储备需覆盖百分之百的短期外债，目前的本外币短期外债规模为八九千亿美元，比2014年末的1.3万亿美元明显下降，说明近一段时期我国外债偿还压力已得到较大释放。因此，总的来说，从当前我国外汇储备规模看，国际收支和清偿能力依然很强，能够很好地维护国家经济金融安全。

从外汇储备满足境内主体增持对外资产需求的角度看，储备变化本质上反映了我国对外资产持有主体的结构变化，是一个逐步发展的过程，也具有积极意义，近年来，随着我国企业个人经济实力的增强，我国民间部门多元化配置资产的需求相应增加。从国际投资头寸表看，截至2016年末，我国民间部门对外资产占全部对外资产的比重首次过半，达到52%，民间部门对外资产和对外负债的匹配度趋向改善。2016年末，我国民间部门对外净负债1.3万亿美元，较2014年末2.3万亿美元高点明显下降。而且，满足民间部门真实对外资产需求不一定全靠外汇储备。我国经常账户持续顺差，跨境融资、市场开放等政策也便利了境外资金流入，这些都可以成为境内主体增加对外资产的资金来源。当然，对外资产在官方和民间部门之间的调整需要合理、适度，与国家的经济发展水平、对外开放程度相协调。未来我国将在增强汇率弹性的同时保持人民币汇率在合理均衡水平上基本稳定，不断健全宏观审慎管理框架下的跨境资本流动管理体系，这都有利于相关调整平稳进行。

近期外汇储备变动也反映了官方外汇市场操作、储备资产价格变动和储备的多元化运用等因素，具体来看有四点。一是央行在外汇市场的操作。一方面满足我国市场主体对外直接投资、证券投资、贷款等各位投资需求，2014下半年以来上述投资增加超过1.2万亿美元；另一方面用于证券投资以及外债等其他投资资金流出，2014年下半年以来净流出2700多亿美元，其中，2016年二季度以前累计净流出4000亿美元，二季度以来转为净流入1300亿美元。二是外汇储备投资资产的价格波动，也会导致储备余额发生变化。三是由于美元作为外汇储备的纪计量货币，其他各种货币相对美元的汇率变动可能导致外汇储备规模的变化。四是根据国际货币基金组织关于外汇储备的定义，外汇储备在支持“走出去”等方面对资金运用记账时会从外汇储备规模内调整至规模外；反之亦然。

第四节　国际资本流动

一、国际资本流动的原因

国际资本流动也称为“资本移动”，是指资本跨越国界的移动过程。在绝大多数情况下，这个过程是通过国家间的借贷、有价证券的买卖或其他财产所有权的交易来完成的。

资本在国际流动的根本原因是各国资本收益不同；资本从低收益率国家向高收益率国家转移，其中，短期证券投资和银行贷款等的流向，通常情况下主要取决于国际利率差。至于国际直接投资收益率的决定因素则较为复杂，不仅包括东道国的宏观经济和金融状况，而且包括企业开发国际市场的战略、东道国的劳动力成本和自然资源条件，以及税收优惠政策和其他法律制度环境等。

国际资本流动可以分为长期资本流动和短期资本流动。长期资本流动是指期限为 1 年以上的资本流动，主要包括国际直接投资、1 年期以上的国际证券投资和中长期国际贷款；短期资本流动是指 1 年及 1 年以下的国际证券投资和国际贷款。根据资本流动的具体方式，国际资本流动可以大致分为外国直接投资、国际证券投资和国际贷款。

二、国际资本流动的发展历程

如果泛泛地讲，资本在国与国之间的流动，在中国与周边国家乃至与西亚、欧洲的经济交往中，这是不可避免的经济行为。但讲到现代的资本跨国流动，作为一种稳定的经济现象，其历史要从 19 世纪后半叶算起。

1870—1914 年是资本跨国流动的第一阶段，在这个时期中，伴随着工业化的发展，先发展的资本主义国家开始了拓展世界市场的步伐：资本跟随着廉价商品，开始在世界各地落户。那时，资本的主要输出国是英国、法国和德国。拥有殖民地最多的“日不落帝国”英国在全部资本输出中占有高达 50%以上的份额。法国和德国分别占有 20%和 15%。资本的主要输入国是比较富裕、资源丰富、与输出国的“亲源”较近的北美洲和大洋洲国家，它们要占世界资本输出的一半以上。在早期资本跨国流动中，受益最大的是加拿大、澳大利亚以及当时还是“新兴市场经济国家”的美国。中国也卷入此次浪潮，到 1914 年，共吸引外国投资约 16 亿美元。当时的政府利用这些资金修筑了一些铁路，搞了一次“中学为体，西学为用”的“洋务运动”。但是，由于中国当时正处于割地赔款、丧权辱国、军阀混战的多事之秋，外国资本的进入，反而加速了中国半封建半殖民地化的进程。

两次世界大战期间，是资本跨国流动的第二次浪潮。在这一时期，全球资本市场斗转星移，在资本输出一方，美国不但变成了净债权国，而且迅速取代英国，成为全球资本输出的主要来源。美国持有的外国资产从 1919 年的 65 亿美元增加到 1929 年的 148 亿美元，并成为拉美和欧洲债券的主要购买者。英国虽然是第一次世界大战的战胜国，但由于其经济实力在战争中被大大削弱，以致其资本输出范围萎缩于其殖民地和半殖民地国家。在资本输入一方，欧洲国家，特别是德国，成为最大的借款国。在此期间，一向支撑资本跨国自由流动的国际金本位制受到了真正的冲击。这促使资本在国际流动的动因也部分地发生了变化，从过去追求高回报和超额利润，转而主要寻求资本的安全避难地。

两次世界大战期间，是中国近代史上经济发展的黄金时期之一，时间又有约 16 亿美元的外资进入中国，在此基础上，中国出现了一些现代采矿、纺织、化学及食品工业。应当说，中国现代轻工业的基础，有一些就是在那时奠定的。

第二次世界大战终止了此次资本流动进一步发展的势头，从第二次世界大战结束到 20 世纪 80 年代初期，是资本跨国流动的第三个阶段。由于“布雷顿森林体系”的建立，所以从第二次世界大战结束到 1973 年该体系正式崩溃为止的近 30 年中，资本的跨国流动在相当程度上就具有了“美元”的特色。美国跨国公司的对外投资和以“美援”为依托的美元在国家间的大规模流动，构成资本跨国流动的主流，这一时期的资本跨国流动，对于世界各国的经济复兴，产生了重要的推动作用。

1973 年后的两次石油危机，使中东产油国家积累了大笔美元资本。那些国家掌握的巨额石油美元首先回流到西方国家的银行，然后从西方国家银行以贷款形式流入亚洲和拉美国家。这次石油美元回流总额约为1600多亿美元，它对“亚洲四小龙”的起飞和巴西等国20世纪70年代的经济“奇迹”产生了巨大的推动作用。此次资本跨国流动因80年代初期的拉美债务危机而告结束。

与此同时，随着欧洲的重建和世界经济的复兴，西方主要发达国家的货币，如德国马克、法国法郎、英国英镑以及后来的日元等，开始在国际经济活动中发挥日益重要的作用。资本跨国流动从70年代之前在美国的单向输出，转变为资本在各国之间的相互流动，所使用的货币也从单一的美元转变为多元货币。

直到20世纪80年代之前，从总量来看，资本跨国流动的75%以上是在发达国家之间“横向”进行的，余下不到25%才是发达国家对发展中国家的“垂直”输出。值得注意的是，第二次世界大战后发展中国家的崛起，使得一向在资本跨国流动中居于被动接受者和受害者地位的发展中国家，也能够从国际资本的流动中获取利益，甚至开始在资本跨国流动中扮演某种资本输出的角色，“亚洲四小龙”、南美洲的一些发展中国家以及后来的“亚洲四小虎”，先是利用外资发展的本国或本地区的经济，然后也逐步加入了资本输出的行列。

20世纪90年代以来，国际资本流动进入第四个阶段——全球化发展时期。一是国际资本流动规模的扩张速度远高于全球国内生产总值和国际贸易的增长速度；二是国际资本流动速度加快，资本流动性显著提高，这主要得益于金融技术和金融创新的广泛应用。

三、国际资本流动的经济影响

从整体上看，国际资本流动促进了世界经济的增长和稳定，表现在以下方面：

首先，国际资本流动在一定程度上打破了国与国之间的界限，使资本得以在全球范围内进行有效配置，有利于世界总产量的提高和经济福利的增加。

其次，通过各种方式的投资和贷款，国际支付能力有效地在各国间进行转移，有助于国际贸易的顺利开展和全球性国际收支的平衡。

再次，国际直接投资有效地促进了生产技术在全球范围的传播，使科学技术成为人类的共同财富。

最后，国际证券投资可以使投资者对其有价证券资产进行更为广泛的多元化组合，从而分散投资风险。

国际资本流动给世界经济带来了一些不利影响，主要是冲击了所在国的经济，便捷了国际金融风险的传递。

国际资本流动，无论是对输入国经济还是对输出国经济，其影响都是多渠道、多方面的，而且任一方面的影响大多是有利有弊，必须衡量得失，判明主导方面。

四、我国利用外资的形式

外资是与本国资本相对而言的，即在本国境内使用，但所有权属于外国人(包括外国法人和自然人)的资本。由于我国一国四地的特殊情况，中国香港、中国澳门、中国台湾属于单独关税区相对独立的经济体，所以这几个地区在内地的投资，也视同外贸，适用与外贸相同的法律、政策。

利用外资是我国改革开放的重要战略措施。它有利于补充国内建设资金的不足，有利于引进先进技术促进产业升级，有利于吸收先进的企业经营管理经验，有利于创造更多的就业机会和增加国家财政税收入。实践证明，利用外资，对我国国民经济的快速、健康、稳定发展起到了不可代替的作用。

利用外资的形式多种多样，其中最主要的有外国直接投资、对外借款、发行债券和股票以及上市融资四种。

外国直接投资是指非居民对我国的企业投资，并由此获得对企业的管理控制权。外国直接投资的具体方式包括：第一，在我国开办独资企业；第二，收购或合并我国企业；第三，与我国企业合资开办企业；第四，对我国企业进行一定比例以上的股权投资；第五，利润再投资。外商直接投资一直是我国利用外资的主导方式。截至2010年底，我国累计批准外商投资企业71.23万家，实际使用外资12 504.43亿美元，成为世界上吸收外商投资最多的国家之一。

对外借款主要有外国政府贷款、国际金融组织贷款、国际商业贷款等。一般将外国政府贷款和国际金融组织贷款统称为“优惠贷款”。外国政府贷款也称“双边政府贷款”，具有一定的援助性质，期限长，利润低，但是债券人对贷款的投向有一定的限制。国际金融组织贷款是指由国际金融组织，如世界银行、亚洲开发银行等，向我国政府或企业提供的贷款。国际商业贷款则是我国从境外商业性金融机构获得的贷款。

在国际金融市场上发行以外币计价的债券是一种广泛采用的筹资渠道。除债券外，还包括大额可转让存单、商业票据等。

股票上市融资是指境内的企业以现有资产或以新设立公司的名义在境外发行股票，并在境外证券交易上市的融资活动。最近几年，境外股票融资已成为我国重要的利用外资手段。

此外，还有项目融资、国际金融租赁等利用外资的方式。

五、外债与外债规模

外债(external debt)是指一切本国居民对非居民承担的、契约性的、以外国货币为核算单位的、有偿还义务的负债。上述的对外借款、发行外币债券即是典型的外债。

外债指标一般都是以余额表示的，属时点指标。外债的债务形式主要包括有价证券、贸易信贷、贷款、货币和存款以及金融租赁等形式。外债的债务主体囊括各级政府、中央银行、各类金融机构、非金融机构以及个人等。从债务的期限看，分中长期外债和短期外债。国际组织倡导以剩余期限为准的“期限分类”。例如，一笔期限为10年的外债，在进行到第9年后，相应的外债余额将被统计在短期外债，而不是长期外债之中。

我国的外债包括境内的机关、团体、企业(包含外商投资企业)、事业单位、金融机构或者其他机构对中国境外的国际金融组织、外国政府、金融机构、企业或者其他机构用外国货币承担的具有契约性偿还义务的全部债务。债务类型主要包括国际金融组织贷款、外国政府贷款、外国银行和金融机构贷款、买方信贷、外国企业贷款、发行外币债券、国际金融租赁、延期付款、补偿贸易中直接以现汇偿还的债务以及其他形式的外债。

外资、外债规模都会影响国际收支的长期平衡。借用外债，迟早要还本付息，并且要支付外汇。利用外债的规模过大，势必增加以后平衡外汇收支的难度，甚至陷入债务陷阱，失去信誉。利用外债，要求有相应的配套资金，偿债时还需筹措还本付息的外汇资金。如果外债规模过大，可能迫使财政收支和银行信贷收支失衡，带来需求膨胀的后果。

就与国内经济联系来说，确定外债规模要考虑两个基本因素：

(1) 国内资金需要。它有两层含义：① 资金缺口，是指为保持一定经济增长速度所需投入的资金与国内本身所能积累的资金的差额。② 外汇缺口，是指为进口相当数量的先进技术和设备等，而可动用的外汇收入一时难以满足需要所出现的外汇差额。

(2) 偿债使力。国际上通行的指标包括：① 偿债率，也称外债偿还率(debt service ratio)，是指当年中长期外债还本付息额加上短期外债付息额与当年货物和服务项下外汇收入之比，警戒线为 20%。② 债务率(debt ratio)，是指年末外债余额与当年货物和服务贸易外汇收入之比，警戒线为 100%。③ 负债率(liability ratio)，是指外债余额与国民生产总值之比，警戒线为 20%。

在外债的规模管理中，上述指标均为参考指标，对于具体的国家来说，判断其外债规模和增长速度合理与否，要综合地、动态地考虑该国经济发展的水平、经济发展战略、贸易产品结构、外债的投向、外汇储备水平以及国际资本流动形势等因素。

截至 2010 年末，我国外债余额为 5489.4 亿美元(不包括中国香港、中国澳门和中国台湾的对外负债，下同)。其中，中长期外债(剩余期限)余额 1732.4 亿美元，占外债余额的 31.56%；短期外债余额 3757.0 亿美元，占外债余额的 63.44%。2010 年，我国外债偿债率为 1.60%，债务率为 29.30%，负债率为 9.30%，短期外债与外汇储备的比为 13.20%，各项指标均在国际标准安全线之内。

六、我国的境外投资和资本外逃

在大量吸引国外投资的同时，我国也有许多企业积极“走出去”，在境外进行投资，从事跨国经营活动。境外投资扩大了对外经济技术交流，促进了中国和企业所在国(地区)的经济发展，加强了友好合作，许多企业取得了较好的经济效益，积累了相应的管理经验。

早在新中国成立之初，我国就有一些境外投资活动，主要是在境外开办海洋运输、金融、贸易等合营或独资企业。改革开放后，吸引外资很快受到重视，境外投资是直到 20 世纪 90 年代初才开始进入人们的视野。截至 2010 年底，中国 5000 多家境内投资主体设立对外直接投资企业 1.6 万家，共分布在全球 178 个国家(地区)，对外直接投资累计净额 3172.1 亿美元，对外直接投资净额 688.1 亿美元。整体上说，我国的境外投资仍处于较低的水平，对外直接投资分别相当于全球对外直接投资净额、累计净额的 5.2%和 1.6%，我国的对外直接投资净额位于全球国家(地区)排名的第 5 位。

在合法的资本流出之外，以规避资本流动管理为目的的资本外逃现象在我国也较为严重，突出表现为我国国际收支平衡表中错误与遗漏项目数额居高不下。20 世纪 90 年代初期，我国国际收支的错误与遗漏项目只有几十亿美元，而 1997 年、1998 年两年，该数额均超过 160 亿美元。从年度数据看，我国资本外逃自 1992 年起显著上升，在亚洲金融危机期间，资本外逃额上升幅度更大。

非法资本流动所采取的形式多种多样，操作复杂而隐蔽。较为简单并且大量采取的操作手法，如出口商低报合同金额，则实际收入的外汇就会大于合同金额，依据合同结汇，就可以将多出的外汇资金投资到国外资产上；进口商会高报合同金额，则实际支出的外汇金额就会小于购入的外汇，从而也能有一部分外汇逃脱监管。

专栏 10-3

我国企业海外投资的历程和特点

1. 企业“走出去”的发展历程

改革开放以来，我国企业“走出去”经历了多个发展阶段。2000 年党的十五届五中全会正式提出“走出去”战略，随后，党中央、国务院陆续提出进一步提高对外开放水平，构建开放型经济新体制等战略，我国对外投资的内涵和外延不断丰富。

第一阶段(1980—1999 年)：改革开放早期以“引进来”为主，对外直接投资(ODI)规模小。

第二阶段(2000—2007 年)：2000 年后，我国海外投资加快。据商务部统计(下同)，2005 年、2006 年 ODI 先后突破 100 亿美元、200 亿美元大关。

第三阶段(2008—2013 年)：全球金融危机导致海外资产估值相对偏低，我国海外投资进一步加快。2008 年 ODI 首次超过 500 亿美元。2013 年，ODI 突破 1000 亿美元。

第四阶段(2014 年至今)：ODI 逐步接近并超过利用外资规模。

2. 企业“走出去”的主要特点

(1) 起步晚，增长快，潜力大。从流量看，2003 年到 2015 年间，我国非金融类 ODI 年均增长 33%。从存量上看，2015 年我国 ODI 存量首次突破万亿美元。2003 年到 2015 年间 ODI 存量的年均增长率达 30%。截至 2014 年末，我国 ODI 存量相当于 GDP 的 7%，与美国 38%、日本 20%和德国 47% 仍有较大差距。

(2) 投资区域亚洲独大，逐步向发达国家拓展。从流量上看，2007 年以来，我国对亚洲直接投资一直保持在 70%的较高比例。从存量上看，亚洲、欧洲和拉丁美洲分别占 68%、12%和 8%。

(3) 行业转型趋势明显，行业分布趋于分散。采矿业占 ODI 流量从 2003 年的 48%下降到 2015 年的 8%；租赁和服务业同期从 10%提高到 25%。2015 年底 ODI 存量中，租赁和服务业占比 37%。

(4) 民企、国企并驾齐驱。2006 年末，国有企业占 ODI 存量的 81%，非国有企业只占 19%。2015 年末，国有企业占 50%，非国有企业占 50%，将近平分秋色。

(5) 海外投资与大宗商品价格具有顺周期性。2011—2012 年间，大宗商品价格达到历史最高点，同期我国企业能矿海外并购金额也达到当年我国企业海外并购总额的 64%。2016 年以来，随着大宗商品价格下降，能矿海外并购交易量下降至仅占海外并购总额的 2%。

(6) 控股收购主导。2016 年一季度，控股收购金额 1008 亿美元，占比 96%；前十大并交易中有九个项目为全额收购。从交易笔数看，在 199 笔交易中，控股收购 137 笔，占比 77%。

总的来看，当前我国对外直接投资较快增长，体现了综合国力的提升、对外开放程度的提高以及“一带一路”倡议和国际产能合作等措施的稳步推进，有益于促进经济增长，实现互利共赢、共同发展。但2016年以来，我国企业对外直接投资中也出现了一些不够理性的倾向和异常情况，需要积极引导，使其更加健康、有序。我国关于对外直接投资的方针政策和管理原则是明确的：鼓励企业参与国际经济竞争与合作，促进国内经济转型升级，深化我国与世界各国的互利合作；遵循“企业主体、市场原则、国际惯例、政府引导”的原则，支持国内有能力、有条件的企业开展真实合规的对外投资活动。

第五节　对外收支与货币均衡

一、贸易收支中本币资金与外汇资金的转化

贸易、服务项目收支，无论是出口创汇收入还是进口用汇，在国际收支总额中都有绝对大的比重，贸易收支表现为以外币表示的外汇资金，但又与本币资金的收支密切联系在一起。

贸易、服务项目收支的实质，是国内外商品、服务的转换，完成这种转换需要借助两种货币形态：外汇与本币。随着商品、服务的不断交换，必然反映为外汇资金与本币资金的不断相互转换过程。

下面可就我国的情况进行说明：

第一，从出口创汇看，组织出口商品的生产和收购必须先垫支人民币资金，即使旅游服务，也要用一笔人民币资金兴建旅游设施和储备商品，只有垫付了人民币，然后才谈得上收入外汇。出口单位收入的外汇要到银行结汇，经过结汇，外汇资金又转化为人民币资金。所以，出口创汇收入的过程，即表现为人民币资金—外汇资金—人民币资金的不断转化。

第二，从进口用汇看，进口单位首先要用人民币资金向银行购买外汇，用以支付进口价款和费用，即人民币资金转换为外汇资金；商品进口后在国内销售，又回复到人民币资金形态，这里同样经历着人民币资金与外汇资金的不断转转过程。

从外汇资金与人民币资金转化的全过程可以看到：

第一，出口单位收入外汇，到银行结汇，收回原垫支的人民币资金，就出口企业来说，可以算是完成了一次人民币资金周转。可是对外贸易的经济过程并未完结，还有进口。只有当银行购入的外汇再被用于进口，并当进口品销售出去再次转化为人民币资金后，才可以说人民币资金在外贸的过程中真正完成了一次全周转。

第二，在人民币资金与外汇资金相互转化之中所需的人民币资金，或是来自企业本身，或是银行贷款，或是财政投资。因此，外汇收支不仅涉及企业资金周转，还关系到银行信贷收支和财政收支，在当前不少企业都处于对银行高负债运行的情况下，分析外汇和人民币两种资金的转化，实际在很大程度上是要具体分析外汇收支与银行信贷收支的联系。

第三，由于外汇收入和支出是不间断的过程，为此垫支的人民币资金也相应形成一个经常性的存量。随着商品、服务进口的增长，要垫用的人民币资金不断扩大；相应地，贷款也要不断扩大。与此同时，还有银行外汇占用数量的增长，这就不能不与货币的供需密切联系在一起。

二、资本收支与本币资金

资本项目收支反映为外汇资金的流入、流出，这意味着国内可用资金的增减，而且还会涉及以本币形态存在的资金，在我国即是人民币资金。目前，我国资本项目收支主要表现为利用外资，这里围绕利用外资讨论。

(一) 配套人民币资金

利用外资建设某一项目，国内常常需要有人民币投资配套，这里存在两个层次的配套。第一个层次是建设项目本身的配套。利用外资主要是引进关键性设备和专有技术，至于相关的土建工程、辅助车间、国内能生产的配套设备，则需要由国内人民币投资来解决。第二个层次是大配套。为了配合引进一个大项目，往往还需进行有关生产、能源、交通、商业、生活设施等城市建设方面的新建或扩建工程，为此也需要大量人民币投资。此外，引进项目投产后，还要提供人民币流动资金，在企业本身资金有限的情况下，势必要求助于银行。

(二) 利用外资的还本付息

利用外资的还本付息方式大体可分为两种类型：一是要求在项目投产前还本付息。显然，这必须另外找资金来源，通常是要求银行或财政给予支持。二是在项目建成投产后还本付息。企业投产后有了销货收入，自然有了还本付息的资金来源，但还需要看企业销售收入经过各种扣除后能有多少利润。如果项目资金利润率较低，在还款期内其利润收入无法满足还本付息的需要，同样需要另找资金来源，少不了银行和财政的支持。

外债的还本付息必须付外汇。因此，为了还本付息，不仅需要企业、财政和银行筹集相应的人民币资金，而且还要将人民币资金转化为外汇资金。

三、开放经济下的货币供给

由对外经济交易引起的国际收支，必然影响国内货币供给和货币流通状况。这种影响又因所实行的汇率制度的不同而有所差异。

在固定汇率制度下，外汇收支对货币供给的影响表现在两个层次上：商业银行活动与中央银行活动。商业银行购入外汇时，外汇资产增加，由购买外汇而支付的本国货币相应地形成银行存款负债增加，扩大了货币供应量；反之，当商业银行卖出外汇时，外汇资产减少，由于客户要动用本币存款购买外汇，银行存款负债减少，货币供给量相应缩减。所以，在一国外汇收支顺差时，商业银行购入外汇大于售出，外汇库存净增长，货币供给量也表现为净增加；反之，则货币供给量净缩减。

在固定汇率制度下，中央银行有义务防止汇率变动超过允许的幅度。如外汇供给过大，相对于本币，外汇汇率趋降，中央银行势必出面干预——在市场上收购外汇。其结果是商业银行把部分外汇卖给中央银行，并相应增加在中央银行的存款准备金，从而加强派生能力，有可能扩大货币供给量。可见，在固定汇率制度下，一国外汇收支有顺差，则构成增加货币供给的压力。当然，如果外汇收支是逆差，则会相应缩减货币供应量。

在浮动汇率制度下，政府不再承担维持汇率的义务，汇率主要由市场供求关系的变动来调节。在这种汇率制度下，由于政府一般不再进行干预以维持某一固定汇率水平，在市场外汇供求关系调节下，外汇收支逆差国的货币汇率会下降，外汇收支顺差国的货币汇率会上升。而市场汇率的变动，则会引起外汇收支顺差或逆差反方向变化的后果，并使原来出现的外汇收支逆差或顺差有可能是一种短暂的现象。因而从理论上说，在浮动汇率下，不致因外汇收支逆差或顺差的长期存在而导致货币供给量的长期扩张或收缩。不过，说政府没有维持汇率的义务并不等于说它不能干预汇市。当政府为了实现某种政策目标而在公开市场上收购或抛售外汇时，自然会引起货币供应量的扩张或收缩。

我国实行有管理的浮动汇率制。在有管理的浮动汇率制下，中央银行可以对外汇市场进行干预，以使市场汇率朝有利于自己的方向变动。随着国际收支规模急速的扩大，我国基础货币的投放已在相当大的程度上取决于涉外因素。

四、中央银行的外汇操作

涉及外汇操作，中央银行有两个目标：汇率与货币供给。

(一) 汇率目标

1994 年 3 月，当我国银行间外汇市场开始运行的时候，中国人民银行就在这个市场上以抛售或收购某种货币的方式来平抑汇价，使汇价的上下浮动限定在一定的狭小区间。从 1994 年 3 月到 1997 年东南亚金融危机爆发前的这段时间，在人民币升值压力下，中国人民银行的外汇操作保持了人民币汇率的平稳上浮。在东南亚金融危机爆发后的几年，中国人民银行的外汇操作成功地顶住了人民币贬值的压力。自 2005 年 7 月以来， 中国人民银行的外汇操作成功地顶住了人民币大幅、快速升值的压力。

中央银行进行调节汇率的外汇操作，是以外汇储备为支撑的。但需要指出的是，中央银行有能力影响汇率，并不单单是依靠外汇储备，就完全的开放经济来说，中央银行尽管有大量外汇储备，但相对于上万亿美元的全球外汇市场日交易额来说，单靠它调节汇率，无疑是杯水车薪。在实际经济中，中央银行有能力影响汇率，在很大程度上是通过公布政策从而改变私人市场行为来获得的。也就是说，外汇操作不能仅仅依靠外汇的买进卖出，而是要与“宣示效应”进行配合。毕竟，如果私人交易商认为中央银行正在支持货币贬值，他就不愿意将赌注压在货币升值上。

(二) 货币供给目标

中央银行外汇资产的增减等量地引起基础货币的增减，从而对货币供给的增减有着直接的压力。倘若不得不大量收购外汇，而其他条件不变，则必将导致货币供给的迅速增大，冲击货币均衡和市场均衡；反之亦然。为此，必须有相应的对冲性操作。

自 1994 年以来，我国外汇储备迅速增长。中央银行对外汇的大量收购相应地增大了商业银行在中央银行的准备存款，也意味着中央银行会面对基础货币迅速增大的压力。尤其是 2005 年年中以来，中央银行大量压缩了对商业银行的在贷款，而商业银行也向中央银行归还了相当数量的在贷款。近些年，则主要通过频繁发行中央银行票据来回笼商业银行的准备金，增减对销，因而使基础货币的增长速度没有因外汇储备大量增长而出现失控的局面，这可以说是冲销操作的典型。

第六节　对外收支与市场总供求

一、外汇收支与市场总供求

总供求状况是经济均衡中的基本问题，也是其主要标志。在对外开放条件下，影响总供求的变量扩大了。诸如商品进出口、资本流出入和非贸易收支等，构成了新的因素。

1．来自商品进出口的影响

商品出口表示国外对国内商品的需求，构成扩大总需求的因素；商品进口则表示增加国内商品可供量，构成扩大总供给的因素。将进出口因素引入，总供给和总需求均衡的公式可扩展为

$$\text{消费支出}+\text{投资支出}+\text{出口}=\text{消费品供应}+\text{生产品供应}+\text{进口}$$

移项可得

$$\text{消费支出}+\text{投资支出}+(\text{出口}-\text{进口})=\text{消费品供应}+\text{生产品供应}$$

2．来自资本流出入的影响

资本流入，如同国内投资支出一样，会扩大总需求；资本流出，表示部分投资流向国外，国内投资需求减少，总供给相对扩大。如果记入资本流出入因素，总供求平衡式可列为

$$\begin{aligned}&\text{消费支出}+\text{投资支出}+(\text{出口}-\text{进口})+\text{资本流入}\\&\quad=\text{消费品供应}+\text{生产品供应}+\text{资本流出}\end{aligned}$$

移项可得

$$\begin{aligned}&\text{消费支出}+\text{投资支出}+(\text{出口}-\text{进口})\\&\quad=\text{消费品供应}+\text{生产品供应}+(\text{资本流出}-\text{资本流入})\end{aligned}$$

3．来自非贸易收支的影响

我国习惯上指以下收支的影响：

(1) 侨汇收支。它对总供给和总需求的影响类似于资本收支。

(2) 服务收支。服务进口时，国外的工人、工程技术人员在国内工作，其所得报酬一部分流往国外，一部分在国内用于购买商品和支付服务。前一部分与侨汇支出类似，后一部分则相当于国内居民消费支出。至于服务出口，我国工人、工程技术人员去国外工作，其所得报酬部分汇回国内，相当于侨汇收入，另一部分在国外用于购买商品和劳务，不影响国内总供给和总需求。

(3) 其他收支。其他收支包括各种出入国境者的收支，总需求的影响类同侨汇收支。

经过对外汇收支的分析和并归，我们可以把外汇收支对总供给、总需求的影响简化为对进出口、资本收支两大项的影响。

二、外汇收支的调节作用

外汇收支作为沟通内外的渠道，对总供求还具有调节作用，主要表现在四个方面。

(1) 调节社会总产品和国民收入的产出总额及其在分配、使用方面的矛盾。在封闭的经济条件下，一国只能在一定时期内现有的社会总产品和国民收入范围内进行分配和再分配。国家可以通过财政、银行、价格等手段引导和调节使用的方向，却不能增加社会总产品和国民收入总量。即使从货币价值形式考察，由于财政赤字、信用膨胀有可能增加货币供应，形成国民收入在价值形态上的“超分配”现象，但在使用价值上并没有也不可能有超分配。但是，开放经济条件下通过调节外汇收支，则有可能使一定时期内社会总产品的分配额和使用额并不简单受产出所制约。例如，在一定时期内保持进口大于出口，并利用吸收外资的措施保持收支平衡，则可使社会总产品得到一个追加额，并在国内市场总额既定的情况下相应地增加分配额和使用额；反之，在一定时期内保持出口大于进口，增加外汇储备，则意味着社会总产品的部分扣除，相应缓解国内商品供给的过剩。

(2) 促进技术开发和产业结构调整。开发和提高技术水平，是发展生产力的关键所在，对于发展中国家尤为重要。由于历史的原因，发展中国家在经济发展中都面临生产技术水平较落后、产业结构不合理等困难。为了尽快提高技术水平，在现代技术的基础上改善产业结构，则可调节外汇收支，或是扩大出口，或是利用外资，以引进国外先进技术和设备及重要原材料。这样可以以较快速度提高生产技术水平，调整产业结构，增大社会商品供给。

(3) 转化资源。社会总供给与总需求不仅要求总量平衡，而且还有一个结构协调的问题。随着经济发展和收入水平提高，社会需求结构不断变化，从而要求相应调整社会商品供给结构。可是一国很难拥有一切所需资源，或是受技术限制成本过高，以致限制了商品供给结构的改善。这就需要通过调节外汇收支，利用国际市场，出口长线资源，换回紧缺资源，进口必要的消费品和生产品，以较快调整商品供给结构，缓和社会总产品与总需求之间的结构矛盾。这就为调节总供给与总需求提供了更大的余地。

(4) 提高国民收入，增辟财源。无论是出口商品和服务，还是积极利用外资，最终都会促进生产增长和国民收入增加。此外，只要进出口组织得当，通过交换达到扬长避短，以较少劳动耗费换得更多的劳动产品，还可从中取得相对利益。

三、国内经济是基础

从根本上说，外汇收支及其平衡是建立在国内经济良性循环基础之上的，像我国这样的大国，尤其是这样。

(1) 无论是发展进出口还是利用外资，其基础在于出口能力的不断增长。对外贸易，没有出口的大增长，也不会有进口的大增长；利用外资，也是以今后扩大出口，增强偿债能力为条件。这就要求国内生产持续稳定发展，生产技术水平不断提高，并及时有效地调整产业结构。特别是瞄准国际市场需求，改善出口结构。如果国内缺乏这样的经济基础，就无法不断扩大外汇收支，难以组织好外汇收支的平衡。

(2) 外汇收支与国内资金循环交织在一起，因而受到国内资金循环状况，尤其是财政收支和银行信贷收支平衡状况的制约。必要的出口品的生产和收购资金、人民币配套资金以及购汇人民币资金是由财政支出和银行贷款保证的。如果财政和银行本身资金紧张，难以满足需要，自会影响出口创汇和有效地利用外资。因出口资金不足而不能急时收购、出口，因购汇人民币资金不落实而不能及时使用外汇，因配套人民币资金不到位而影响外资的利用，都是曾经出现过的矛盾。如果财政和银行在资金紧张时被迫扩大投资和贷款，则可能导致货币供应过多和社会需求膨胀，这常会恶化贸易差额和外汇收支总差额。

【案例】

1. 人民币纳入SDR货币篮子

2015年11月30日，国际货币基金组织(IMF)执董会决定将人民币纳入特别提款权(SDR)货币篮子，SDR货币篮子相应扩大至美元、欧元、人民币、日元、英镑5种货币，人民币在SDR货币篮子中的权重为10.92%，美元、欧元、日元和英镑的权重分别为41.73%、30.93%、8.33%和8.09%，新的SDR货币篮子将于2016年10月1日生效。

IMF执董会作出将人民币纳入SDR的决定后，总裁拉加德表示，这是中国经济融入全球金融体系的一个重要里程碑，是对中国当局过去多年来在改革其货币和金融体系方面取得成就的认可，中国在这一领域的持续推进和深化将推动建立一个更加充满活力的国际货币和金融体系，这又会支持中国和全球经济的发展与稳定。

总的来看，人民币加入SDR有助于增强SDR的代表性和吸引力，完善现行国际货币体系，对中国和世界是双赢的结果；有助于巩固人民币计价结算货币的地位，促进人民币在金融交易中的使用；有助于更多国家将人民币纳入外汇储备；有助于推动中国按照既定目标，进一步提高人民币资本项目可兑换程度；有助于中国加快推动金融改革和对外开放，加强金融宏观审慎管理制度建设，为促进全球经济增长、维护全球金融稳定，完善全球经济治理作出积极贡献。

2. 人民币国际使用新政策

2015年以来，中央银行出台了多项人民币国际使用新政策：2015年5月，允许获准进入银行间债券市场的境外人民币业务清算行和境外参加银行开展债券回购交易(包括债券质押式回购交易和债券买断式回购交易)。2015年7月，进一步提高境外央行、国际金融组织、主权财富基金等境外央行类机构进入银行间债券市场的效率。境外央行类机构运用人民币投资银行间市场的操作流程大大简化，投资规模自主决定，能够投资的品种进一步拓宽和丰富，可以选择的交易结算代理方式更加多样和灵活。2015年7月，明确境外交易者和境外经纪机构从事以人民币计价、结算的境内原油期货跨境结算管理事宜。

2015年9月，进一步便利跨国企业集团开展跨境双向人民币资金池业务。降低对成员企业经营时间和营业收入的要求，调高跨境人民币资金净流入额上限。2015年9月，开放境外央行(货币当局)和其他官方储备管理机构、国际金融组织、主权财富基金等境外央行类机构依法合规参与中国银行间外汇市场交易。境外央行类机构可开展全部挂牌交易品种的交易，交易方式包括询价方式和撮合方式，无额度限制。2015年11月，发布内地与香港证券投资基金跨境发行销售资金管理操作指引，明确对单家机构和单只产品额度不设限制；基金跨境发行募集资金，可以人民币或外汇形式进出，涉及货币兑换的，可由托管人或代理人直接在银行办理；鼓励跨境发行销售，以人民币计价和跨境收付。2015 年 12 月，宣布延长外汇交易时间，进一步引入合格境外主体。自 2016 年 1 月 4 日起，银行间外汇市场交易系统每日运行时间延长至北京时间 23:30。符合一定条件的人民币购售业务境外参加银行经向中国外汇交易中心申请成为银行间外汇市场会员后，可以进入银行间外汇市场，通过中国外汇交易中心交易系统参与全部挂牌的交易品种。

2016 年 1 月，调整境外机构人民币银行结算账户资金使用，境外机构人民币银行结算账户内的资金，可以转存为定期存款，利率按人民银行相关规定执行。2016 年 1 月，扩大全口径跨境融资宏观审慎管理试点，对试点企业和金融机构，中国人民银行、国家外汇管理局不实行外债事前审批，同时建立宏观审慎规则下基于微观主体资本或净资产的跨境融资约束机制。2016 年 2 月，便利符合条件的境外机构依法合规投资银行间债券市场。鼓励境外机构投资者作为中长期投资者投资银行间债券市场。符合条件的境外机构投资者可在银行间债券市场开展债券现券等交易。2016 年 5 月，全口径跨境融资宏观审慎管理在全国范围内实施。中国境内的非金融企业(不包括政府融资平台和房地产企业)，以及经中国人民银行、中国银监会、中国证监会和中国保监会批准设立的各类法人金融机构，均可在以其资本或净资产为基准计算的跨境融资风险加权余额上限内自主开展本外币跨境融资。

3. 人民币作为国际计价货币

人民币作为国际计价货币，是指人民币在国际范围内的私人用途和官方用途中承担价值衡量和记账工具职能。计价与结算不是同一概念，随着人民币跨境使用规模的逐步扩大以及我国金融市场的进一步开放，人民币在国际计价、结算活动中的使用日益广泛。人民币已经成为中国政府部门涉外经济统计、核算、管理中的计价货币。目前，海关总署以人民币为主公布海关主要统计数据系列报表，商务部以人民币和美元同时公布对外直接投资、外商来华直接投资、工程承包统计数据，国家外汇管理局以本外币同时公布国际收支和对外负债统计数据。政府管理部门在涉外经济活动的管理和核算中采用人民币计价，对便利市场主体采用人民币作为计价货币，扩大人民币国际使用具有重要的引导作用。

2015 年 7 月 24 日，央行发布了中国人民银行公告〔2015〕第 19 号，明确以人民币计价、结算的境内原油期货交易跨境结算相关事宜。离岸市场上以人民币计价的债券、股票、期货、基金、信托、保险等金融产品陆续推出。2015 年 10 月 20 日，央行在伦敦采用簿记建档方式成功发行了 50 亿元人民币央行票据，期限 1 年，票面利率为 3.1%。此次央行票据发行是央行首次在中国以外的地区发行以人民币计价的央行票据，这不仅有利于丰富离岸市场高信用等级人民币金融产品，也有利于深化离岸人民币市场发展，对于推动跨境贸易和投资便利化也具有积极意义。目前，人民币计价仍处于起步阶段。下一步，将以原油期货人民币计价结算为起点，推动大宗商品期货产品采用人民币计价，继续积极推动在跨境贸易和投融资活动中使用人民币作为计价货币。

4. 人民币跨境支付系统

2015 年 10 月 8 日，人民币跨境支付系统(CIPS)一期成功上线运行。CIPS 为境内外金融机构人民币跨境和离岸业务提供资金清算、结算服务，是重要的金融基础设施。CIPS 分两期建设：一期主要采用实时全额结算方式，为跨境贸易、跨境投融资和其他跨境人民币业务提供清算、结算服务；二期将采用更具节约流动性的混合结算方式，提高人民币跨境和离岸资金的清算、结算效率。

CIPS(一期)的主要特点包括：一是采用实时全额结算方式处理客户汇款和金融机构汇款两类业务；二是各直接参与者一点接入，集中清算业务，缩短清算路径，提高清算效率；三是采用国际通用 ISO20022 报文标准，采纳统一规范的中文四角码，支持中英文传输，在名称、地址、收费等栏位设置上更有利于人民币业务的自动处理。CIPS 报文设计充分考虑了与现行 SWIFT MT 报文的转换要求，便于跨境业务直通处理并支持未来业务发展需求。四是运行时间覆盖亚洲、欧洲、非洲、大洋洲等人民币业务主要时区。五是为境内直接参与者提供专线接入方式。

为培育公平竞争的市场环境，央行发布了《人民币跨境支付系统业务暂行规则》，规定了 CIPS 参与者准入条件、账户管理和业务处理要求等，为 CIPS 稳定运行奠定了制度基础。同时，推动成立了跨境银行间支付清算(上海)有限责任公司，负责独立运营 CIPS。该公司接受人民银行的监督和管理。CIPS 首批直接参与机构包括中国工商银行、中国农业银行、中国银行、中国建设银行、交通银行、招商银行、浦发银行、中国民生银行、兴业银行、平安银行、华夏银行、汇丰银行(中国)、花旗银行(中国)、渣打银行(中国)、星展银行(中国)、德意志银行(中国)、法国巴黎银行(中国)、澳大利亚和新西兰银行(中国)及东亚银行(中国)19 家境内中外资银行。此外，同步上线的间接参与者包括位于亚洲、欧洲、大洋洲、非洲等地区的 38 家境内银行和 138 家境外银行。

5. 境外机构在境内发行人民币债券(熊猫债)情况

境外(含香港、澳门和台湾地区)机构在我国境内发行的人民币债券称为“熊猫债”。国际开发机构、境外非金融企业、国际性商业银行、外国政府已先后在我国境内成功发行熊猫债。2005 年，国际金融公司和亚洲开发银行作为国际开发机构，先后获准在我国银行间债券市场发行人民币债券，开启了熊猫债发行的先河。其中，国际金融公司于 2005 年、2006 年分两期共发行了 20 亿元人民币债券；亚洲开发银行于 2005 年、2009 年分两期共发行了 20 亿元人民币债券。2013 年 12 月，中国银行间市场交易商协会(以下简称 NAFMII)接受德国戴姆勒股份公司在我国银行间债券市场发行 50 亿元人民币定向债务融资工具的注册，这是境外非金融企业首次在银行间债券市场融资。2014 年 9 月，央行发布《中国人民银行办公厅关于境外机构在境内发行人民币债务融资工具跨境人民币结算有关事宜的通知》(银办发〔2014〕221 号)，明确境外机构可凭 NAFMII 发出的人民币债务融资工具《接受注册通知书》，申请开立人民币专用存款账户，用于存放发行人民币债务融资工具所募集资金，募集资金可汇出境外，可使用境外人民币还本付息等；其他境外机构经批准在银行间债券市场发行人民币债务融资工具的有关跨境人民币结算业务参照执行。

2015 年 9 月，人民银行批复同意香港上海汇丰银行有限公司和中国银行(香港)有限公司在银行间债券市场分别发行 10 亿元和 100 亿元人民币金融债券，这是国际性商业银行首次获准在银行间债券市场发行人民币债券。2015 年 11 月和 12 月，NAFMII 先后接受加拿大不列颠哥伦比亚省和韩国政府在我国银行间债券市场发行 60 亿元和 30 亿元人民币主权债券的注册，截至 2016 年 3 月末，二者各完成 30 亿元人民币债券的发行。除银行间债券市场外，截至 2016 年 6 月末，还有 12 家境外企业在交易所市场注册熊猫债 1228 亿元，其中，已发行金额达 242 亿元。

6. 跨境人民币试点业务

1) 自由贸易试验区试点业务

2015年4月，国务院发布广东、天津、福建自由贸易试验区总体方案。为落实总体方案，构建与自贸区跨境贸易和投资便利化相适应的金融服务体系，2015年12月，央行发布金融支持广东、天津、福建三地自贸区建设指导意见，在尊重三地经济、金融特点的基础上提出以下任务：一是进一步扩大人民币跨境使用；二是深化外汇管理改革；三是提升金融服务水平；四是加强监测与管理。广东、天津、福建三地自贸区跨境人民币试点业务遵循统筹推进原则，先着手开展与实体经济联系较紧密、需求较强烈的共性业务，再考虑结合当地特色开展个性化业务。共性业务主要包括：个人经常项下和直接投资项下跨境人民币业务、境外发行人民币债券募集资金回流、跨国企业集团跨境双向人民币资金池业务、自贸区企业境外母公司发行熊猫债所募集资金用于自贸区，不纳入现行外债管理。个性业务主要是：广东立足粤港澳合作，推动金融市场对接；天津继续深化发展租赁业；福建以两岸金融业务为重点完善合作机制。

2015年10月，中国人民银行、商务部、中国银监会、中国证监会、中国保监会、外汇局、上海市人民政府联合发布《进一步推进中国(上海)自由贸易试验区金融开放创新试点，加快上海国际金融中心建设方案》，提出扩大人民币境外使用范围，推进贸易、实业投资与金融投资三者并重，推动资本和人民币“走出去”。

2) 跨境人民币创新业务试点

自2012年12月以来，先后有17个地区开展了人民币境外借款、个人经常项目人民币结算等跨境人民币创新业务，如表10-3所示。试点政策以资本项目业务为主，经常项目业务为辅。按照“可复制、可推广”的基本要求，目前，大部分创新业务试点已推广至全国，包括个人货物贸易和服务贸易人民币结算、跨国企业集团跨境双向人民币资金池和经常项下跨境人民币集中收付、跨境电子商务人民币结算业务、境外机构人民币银行结算账户内资金转存为定期存款等。仍具有试点性质的业务包括企业人民币境外借款、台资企业集团内部人民币跨境双向借款、苏州和天津企业到新加坡发行人民币债券、个人其他经常项目人民币结算业务。截至2015年末，跨境人民币创新试点业务累计收付金额达6284.6亿元。

表10-3　跨境人民币创新业务试点

业务试点	时间	政策概览
浙江义乌	2012年12月	个人开展货物贸易、服务贸易(已推广至全国)及其他经常项目跨境人民币结算
深圳前海	2012年12月	前海企业从香港银行借入人民币资金，用于前海的建设与发展
江苏昆山	2013年7月	个人开展货物贸易、服务贸易(已推广至全国)及其他经常项目跨境人民币结算；台资企业集团内部人民币跨境双向借款业务
新疆喀什，霍尔果斯	2013年8月	境外机构开立的人民币银行结算账户内资金可以转存为定期(已推广至全国)；中方企业可从境外融入人民币资金，用于中心内的项目建设、境外项目建设和与非居民的贸易
	2015年7月	中方企业和境外机构等非居民从境外融资且融资资金用于境外的离岸业务

续表

业务试点	时间	政策概览
上海自贸区	2014年2月	进一步简化跨境贸易和直接投资人民币结算业务办理流程(已推广至全国)；个人开展货物贸易、服务贸易(已推广至全国)及其他经常项目跨境人民币结算；区内机构从境外借用人民币资金；区内企业集团跨境双向人民币资金池业务和经常项下跨境人民币集中收付业务(已推广至全国)；跨境电子商务人民币结算业务(已推广至全国)
	2015年2月	企业及非银行金融机构通过自由贸易账户，从境外融入人民币资金
云南、广西沿边金改实验区	2014年4月至11月	个人开展货物贸易、服务贸易(已推广至全国)及其他经常项目跨境人民币结算； 区内企业从东盟和南亚国家的银行业金融机构借入人民币资金
苏州工业园区	2014年6月	园区内企业从新加坡银行机构借入人民币借款(2016年4月扩展到苏州全市)；园区内企业赴新加坡发行人民币债券(2016年4月扩展到苏州全市)；个人开展货物贸易、服务贸易(已推广至全国)及其他经常项目跨境人民币结算(2016年4月扩展到苏州全市)；股权投资基金人民币对外投资业务(2016年4月扩展到苏州全市)
	2016年4月	园区内企业从新加坡企业借入人民币借款
天津生态城	2014年7月	生态城内企业从新加坡银行机构借入人民币借款(2016年4月扩展到天津全市)；生态城内企业赴新加坡发行人民币债券(2016年4月扩展到天津全市)；个人开展货物贸易、服务贸易(已推广至全国)及其他经常项目跨境人民币结算(2016年4月扩展到天津全市)；股权投资基金人民币对外投资业务(2016年4月扩展到天津全市)
福建厦门，泉州，江苏昆山，广州南沙，珠海横琴新区，青岛财富管理金改区	2015年7月	福建厦门、泉州企业和江苏昆山台资企业从台湾银行机构借入人民币借款；广州南沙、珠海横琴新区企业从港澳银行机构借入人民币借款；青岛财富管理金改区企业从韩国银行机构借入人民币借款(2016年3月扩展到山东全省)
苏州航空港区	2015年7月	人民币贸易融资资产跨境转让业务、企业从境外银行机构借入人民币借款
重庆市	2016年3月	个人开展经常项目跨境人民币结算； 股权投资基金人民币对外投资业务、企业赴新加坡发行人民币债券

重要概念与思考题

本章重要概念

国际收支	资本项目	外债
国际收支平衡表	国际储备	资本外逃
经常项目	国际资本流动	

思考题

1. 什么是国际收支？国际收支的“经常项目”“资本项目和金融项目”“储备项目”和“错误与遗漏”之间在数量上怎样构成一个平衡关系？
2. 什么是国际收支失衡？失衡是否一定是坏事？是否顺差就是好，逆差就是不好？
3. 什么是国际储备，它由哪几部分组成？
4. 如何正确看待当前中国巨额外汇储备问题？
5. 运用所学知识，试分析我国现阶段该如何更好地利用外资，促进国内经济发展。
6. 试论述人民币国际化进程的困难、原因及对策。

第十一章　通货膨胀和通货紧缩

货币的均衡是保障社会经济发展和国家安定的现实目标，也是实现这一目标必需的前提条件，但事实上货币失衡却是一种常态现象。一般情况下，货币过多就会引起通货膨胀(通胀)，货币过少也可能引起通货紧缩(通缩)。无论是通货膨胀还是通货紧缩，它们有各自的表现形态和成因，应该说都是经济生活中的病态现象，对它们的预防治理尤其重要。本章从理论和实际的结合上对通货膨胀和通货紧缩的问题进行剖析，以进一步认识货币失衡的重要意义和应该采取的有效政策。

学习目标

1. 了解通货膨胀的含义、类型和度量指标及形成的原因；
2. 熟悉通货膨胀的社会经济效应；
3. 掌握通货膨胀的各种治理措施；
4. 熟悉货紧缩的含义、成因及其治理。

第一节　通货膨胀理论

一、古老的通货膨胀问题

通货膨胀成为世界性的问题，是近半个世纪的事情。在此以前，它只存在于一些国家的非常时期。在西方，人们通常是把通货膨胀与现代经济生活联系在一起，认为在古代不存在纸币流通，货币流通中的问题主要是成色低、重量轻的劣质铸币所造成的混乱。但是，在中国，通货膨胀作为一个重要的经济问题是非常古老的。

早在 10 世纪末，我国产生了最早的纸币，当时叫“交子”，以后还有“关子”“会子”等纸币名称。纸币的大量流通始于南宋，当时官方发行的纸币叫“会子”。由于同时还有白银和铜钱流通，通过兑换，一般还能保值。后来大量发行，遂造成“物价益踊，楮益贱”，的局面。“楮”是那时人们对纸币的称呼。元代是典型的纸币流通，先后发行过“中统元宝钞”“至元通行宝钞”“中统元宝交钞”。期间，大部分时间朝廷禁止金银私下买卖，禁止铜钱流通。除了最初 10 余年外，纸币发行日益用于弥补财政赤字，于是出现了通货膨胀。比如，“至元通行宝钞”从其发行到废止先后 69 年，米价上涨 60 多倍。明代初年实行“大明爆炒”的纸币制度，铜钱流通为辅。由于大量发钞，纸币迅速贬值，白银遂在经济生活中成为主要流通的货币金属。由此，才结束了从南宋开始的纸币流通历史。如果深入研究通货膨胀理论，中国的这段历史还是值得探讨的。

二、通货膨胀的概念

通货膨胀是指在纸币流通条件下，流通中的货币量超过实际需要而引起的货币贬值、物价持续上涨的经济现象。

关于什么是通货膨胀，前苏联的《政治经济学》教科书和《货币银行学》教科书的定义有三个特点：

(1) 时常将金属货币流通下的货币必要量作为衡量纸币是否过多的标准。由于纸币和黄金实际早已脱钩，这种把黄金作为纸币价值基础并由此派生出通货膨胀定义的观点已经不符合实际。

(2) 单纯与弥补财政赤字挂钩。似乎只有财政赤字才能引起过多的货币发行。这样的定义事实上是不懂得现代金融体系在创造货币方面的作用和机制。

(3) 断言通货膨胀是阶级剥夺的手段，只是资本主义经济学的现象，社会主义社会不可能发生。但是，中国及前苏联等国家不同程度地遭到通货膨胀的困扰。在这种情况下，将通货膨胀视为资本主义制度特有的经济现象的说法事实上不成立。

20 世纪 70 年代以前，我国有关教材中关于通货膨胀的定义大多引自前苏联。改革开放以后，逐步摒弃了如上的一切论断。但对于通货膨胀这个概念的内涵，还有不同的理解。一种见解强调通货膨胀与物价上涨之间的区别。理由是，物价水平的变动是由多种因素造成的。例如，价格结构本身的调整和变化，就会引起物价总水平的上升；商品成本构成或劳动生产率变动也会引起物价总水平的上升；也有偶尔的天灾人祸引起物价总水平一时的上升等。这些物价上升都不应视为通货膨胀，通货膨胀仅仅应该指流通中的货币过多并由此引起的物价上涨。另一种见解是，把这两者区分开往往是非常困难的。事实上，由其他原因引起的物价上涨必须有增加的货币供给予以支撑，而过多的货币供给又往往是其他因素引起作用的原因，因而认为物价上涨和通货膨胀这两个概念可以等同使用。

西方经济学教材中通常将通货膨胀定义为：商品和服务的货币价格总水平持续上涨的现象。这个定义包括了以下几个关键点：

(1) 强调把商品和服务的价格作为考察对象，目的在于与股票，债券以及其他金融资产的价格相区别。

(2) 强调“货币价格”，即每单位商品、服务用货币数量标出的价格。这是要说明通货膨胀分析中关注的是商品、服务与货币的关系，而不是商品、服务与商品、服务相互之间的对比关系。

(3) 强调“总水平”，说明这里关注的是普遍的物价水平波动，而不仅仅是地区性的或某类商品及服务的价格波动。

(4) 关于“持续上涨”，不是强调通货膨胀并非偶然的价格跳动，而是一个“过程”，并且这个过程具有上涨的趋向。

在西方经济学文献中，关于通货膨胀还有以下几种解说：

通货膨胀指的是需求过度的一种表现，在这种状态下，过多的货币追逐过少的商品。

通货膨胀是货币存量、货币收入增长过快的表现。

通货膨胀是在如下条件下的物价水平上涨现象：无法准确预期；能引发进一步的上涨过程；没有增加产出和提高就业效应；其上涨速度超过安全水准；由货币供应的不断增加来支撑；具有不可逆性。

通货膨胀是货币客观价值的下跌，其度量标准是：黄金价格；汇率；在官方规定金价或汇率条件下对黄金、外汇的过度需求；等等。

专栏 11-1

全球通货膨胀对黄金市场的影响如何？通货膨胀会支撑黄金价格吗？

全球通货膨胀正在逐渐变成现实，国外财经网站 Seeking Alpha 的专栏作家 Arkadiusz Sieron 表示，近期通胀的回升对黄金市场的影响是负面的，这与人们的常识恰恰相反，一般而言，黄金是通胀的对冲。

的确，黄金在通胀时期往往会作为保值资产，但这很大程度是取决于宏观的经济形势。20 世纪 70 年代黄金进入牛市，但美国经济仍处于滞胀期，即通胀高企而经济增长乏力。在当前通胀回升且经济增长加速的情况下，黄金会再迎来牛市吗?

投资者认为，2017 年最大的风险之一便是滞胀带来的风险。然而，目前通胀的上升似乎反映的是经济活动的回暖和商品价格的上涨。也就是说，这是多年低通胀之后常态的回归，而不是高通胀压力的开始。通货紧缩的政策仍在影响市场，而油价的上涨也将遭遇美国页岩油供应增加的限制。

因此，近期的通胀回升不会支持黄金价格，而不断上升的利率会抑制通胀，黄金也很难在通胀中开启牛市。但有分析指出，央行过度收紧货币政策以应对通货膨胀，这可能会阻碍经济增长，甚至导致经济衰退。当前央行仍保持宽松，一旦大幅收紧货币政策，这将引发动荡并支持黄金价格。

20 世纪 70 年代的高通胀时期出现了黄金牛市，但这是滞胀的时期，通胀率远高于趋势线，而 1987 年初、1998—1999 年、2002—2004 年、2009—2011 年以及 2015 年至今，都是通货再膨胀时期，通胀率低于趋势线并开始反弹。

在这些时期黄金都有怎样的表现？尽管出现了通货膨胀，但 1987 年上半年，黄金价格上涨后出现了下跌；1998—1999 年，黄金也是呈下跌趋势，但在 21 世纪初期出现反弹；然而，21 世纪全球宏观经济形势恶化，GDP 增长放缓，各国债务飙升，美元暴跌。

里根-沃尔克时期对黄金是负面的，当时通胀被抑制，美元飙升，经济活动加速；而克林顿时期的经济政策对黄金也不利，他改善了美国的财政状况，甚至在经历了财政赤字之后还实现了预算盈余；布什的经济政策对美国经济而言是灾难，但却利好黄金；奥巴马上台后第一任期的通胀支持黄金，但第二任期起黄金便开始了跌势。

因此，黄金在当期的通货再膨胀期间的表现不仅取决于价格动态变化，更取决于广泛的经济形势。问题的关键在于特朗普的经济政策会更接近里根还是布什以及其担任总统期间的宏观经济形势。

一方面，结构性改革和财政刺激可能加速增长；但另一方面，美国经济也已经接近负荷。事实上，美国的失业率已经在下降，这使得特朗普时期的表现更可能像布什时期而不是里根时期。

——资料来源：https://www.gold2u.com/dictionary/5904.html

三、通货膨胀的分类

1. 按发生原因划分

(1) 需求拉动型通货膨胀。需求拉动型通货膨胀即通货膨胀的根源在于总需求过度增长，超过了按现行价格可得到的总供给，导致太多的货币追求太少的商品，因而引起物价全面上涨。

(2) 成本推进型通货膨胀。成本推动型通货膨胀即通货膨胀的根源在于总供给方面的变化，如原材料价格上升、工资提高等导致商品成本上升，或企业为了保持一定的垄断利润水平而抬高商品价格，从而使物价水平普遍上涨。

(3) 结构型通货膨胀。结构型通货膨胀即物价的上涨是由于对某些部门的产品需求过多，虽然经济的总需求并不过多。其发展过程是：最初由于某些经济部门的压力使物价和工资水平上升，随后使那些需求跟不上的部门的物价和工资也趋于上升的水平，于是便出现全面的通货膨胀。

(4) 混合型通货膨胀。混合型通货膨胀即一般物价水平的持续上涨，既不能说是单纯的需求拉动，也不能归咎于单纯的成本推进，又不能笼统地概括为社会经济结构的原因，而是由于需求、成本和社会经济结构共同作用形成的通货膨胀。

(5) 财政赤字型通货膨胀。财政赤字型通货膨胀的本质是属于需求拉动型通货膨胀，但它的侧重点是强调因财政出现巨额赤字而滥发货币，从而引起的通货膨胀。

(6) 信用型通货膨胀。信用型通货膨胀指由于信用扩张，即贷款没有相应的经济保证，形成信用过度创造而引起通货膨胀率总水平上涨。

(7) 国际传播型通货膨胀。国际传播型通货膨胀又称为“输入型通货膨胀”，指由于进口商品的物价上涨、费用增加而使物价上涨引起的通货膨胀。

2. 按表现状态划分

(1) 开放型通货膨胀。开放型通货膨胀也称“公开的通货膨胀”，即物价总水平明显的、直接的上涨。

(2) 抑制型通货膨胀。抑制型通货膨胀也称“隐蔽的通货膨胀”，即货币工资水平没有下降，物价总水平也未提高，但居民实际消费水准却程度不同地有所下降的一种情况。

隐蔽型通货膨胀在前苏联、东欧、中国都出现过。这种非公开型通货膨胀的形成条件大体有三个：第一，经济体系中已累积了难以消除的过度需求压力；第二，存在着严格的价格管制，这种管制包括对生产企业的定价管理和对流通企业的销价管制两方面；第三，实行排斥市场机制的单一行政管理体制。

在隐蔽型通货膨胀条件下，消费品供不应求的矛盾，主要是以非价格的方式表现出来的，包括：国家牌价与自由市场价或黑市价之间的巨大价差；一些产品在价格不变的情况下质量下降；等等。按国家物资调拨计划进行管理的生产资料，其供不应求的矛盾表现为质量下降，实际供货数量低于交易量，索取价外的报酬，直到事实上拒绝按照官定价格供货，等等。

隐蔽的通货膨胀条件下，经济体系中已存在的多余购买力无法通过市场供求的自调节予以消除，而且还必然助长贪污腐败之风。

3．按通货膨胀程度划分

(1) 爬行式通货膨胀。爬行式通货膨胀又称“温和的通货膨胀”，即允许物价水平每年按一定的比率缓慢而持续上升的一种通货膨胀。

(2) 跑马式通货膨胀。跑马式通货膨胀又称“小跑式通货膨胀”或“温和通货膨胀”，即通货膨胀率达到两位数字。在这种情况下，人们对通货膨胀有明显感觉，不愿保存货币，而是抢购商品，用以保值。

(3) 恶性通货膨胀。恶性通货膨胀又称“极度通货膨胀”，即货币贬值可达到天文数字，如第一次世界大战后的德国和国民党政府垮台前退出大陆的情况。

四、通货膨胀的度量

无论对通货膨胀的定义有何不同，世界各国对通货膨胀程度的度量，实际都采用的是物价指数。通常说的通货膨胀率(inflation rate)多高，实际就是指物价指数上涨了多少。比如物价指数上升了5%，通货膨胀率就是5%。如果物价下跌，就用通货膨胀率“负”百分之几来表示。度量通货膨胀程度所采用的主要指标有：居民消费价格指数(CPI)、批发物价指数(WPI)、国民生产总值或国内生产总值平减指数(deflator)。

(一) 居民消费价格指数

居民消费价格指数(consumer price index，CPI)，是一个反映居民家庭一般所购买的消费品和服务项目价格水平变动情况的宏观经济指标。居民消费价格统计调查的是社会产品和服务项目的最终价格，一方面同人民群众的生活密切相关，同时在整个国民经济价格体系中也具有重要的地位。它是进行经济分析和决策、价格总水平监测和调控及国民经济核算的重要指标，其变动率在一定程度上反映了通货膨胀或紧缩的程度。一般来讲，物价全面地、持续地上涨就被认为发生了通货膨胀。CPI 在检验通胀效应方面有其他指标难以比拟的优越性，但是消费品毕竟只是社会最终产品的一部分，不能说明问题的全部。

(二) 批发物价指数

批发物价指数(wholesale price index，WPI)反映全国生产资料和消费资料批发市场成交价格变动趋势和程度的相对数指标。批发物价指数度量通货膨胀，其优点是能在最终产品价格变动之前获得工业投入品及非零售消费品的价格变动信号，进而能够判断其对最终进入流通的零售商品价格变动可能带来的影响。这个指标的变动规律同消费物价的变动规律有显著区别。在一般情况下，即使存在过度需求，其波动幅度也常常小于零售商品的价格波动幅度。因此，在使用它判断总供给与总需求对比关系时，可能会出现信号失真现象。

(三) 国民生产总值或国内生产总值平减指数

国民生产总值或国内生产总值平减指数(deflator)一般不直接编制，而是先计算不变价格的国民生产总值或国内生产总值，即可得到国民生产总值或国内生产总值的平减指数。因此，计算平减指数必须首先确定用哪年的价格为不变价格。目前，我国国家统计局所公布的GDP指数所使用的不变价格是1978年的。

该指数的优点是覆盖范围全面，能度量各种商品价格变动对价格总水平的影响，但它容易受价格结构因素的影响。例如，虽然与公众生活密切相关的消费品价格上涨幅度已经很高，但其他产品价格却变动幅度不大，就会出现平减指数虽然不高但公众的日常消费支出已明显增加的状况。

第二节　通货膨胀的社会经济效应

通货膨胀经济效应主要包括通货膨胀的强制储蓄效应、收入分配效应、资产结构调整效应、资源配置扭曲效应、经济秩序与社会秩序紊乱效应和经济增长效应。

一、强制储蓄效应

这里所说的储蓄，是指用于投资的货币积累。这种积累的主要来源有三个：一是家庭，二是企业，三是政府。在正常情况下，上述三个部门的储蓄有各自的形成规律：家庭部门的储蓄由收入减除消费支出构成；企业储蓄由用于扩张生产的利润和折旧基金构成；政府的储蓄如果是用税收的办法来筹资搞生产性投资，那么，这部分储蓄是从其他两部门的储蓄中挤出的，从而社会的储蓄总量并不增加。如若政府向中央银行借债，从而造成直接或间接增发货币，这种筹措建设资金的办法就会强制增加全社会的储蓄总量，结果将是物价上涨。在公众名义收入不变的条件下，按原来的模式和数量进行的消费和储蓄，两者的实际额均随物价的上涨而相应减少，其减少部分大体相当于政府运用通货膨胀实现强制储蓄(forced saving)的部分。

上面的分析是基于这样的假设，即经济已达到充分就业水平，因此用扩张货币的政策来强制储蓄会引起物价总水平的上涨。在实际经济运行中可能尚未达到充分就业水平，实际GNP低于潜在GDP；生产要素大量闲置，这是政府运用财政政策或货币政策来扩张有效需求，虽然也是一种强制储蓄，但并不会引发持续的物价上涨。

中国能否利用通货膨胀的强制储蓄效应？对于这个问题，人们大多会做出否定的回答，理由主要是：中国是一个资源供给相对短缺和总需求经常过大的国家，如胡乱运用需求刺激政策，只能产生物价上涨和其他各种消极的经济效应。不过，当出现了像1990年持续市场疲软和经济回升乏力以及像1997年年中开始的市场需求拉动力不足等经济现象时，强制储蓄之类的手段是否可以利用，还是值得探讨的问题。

二、收入分配效应

在通货膨胀时期，人们的名义货币收入与实际货币收入之间会产生差距，只有剔除物价的影响，才能看出人们实际收入的变化。当人们忽视货币实际购买力的变化而仅仅满足于货币名义价值(如名义收入)时，通常称为“货币幻觉”。在通货膨胀下，由于货币贬值，名义货币收入的增加往往并不意味着实际收入的等量增加，有时甚至是实际收入不变乃至下降，如果满足于名义收入的增加却忽视币值的变化，那就是货币幻觉起作用。

由于社会各阶层收入来源极不相同，因此在物价总水平上涨时，有些人的收入水平会下降，有些人的收入水平反而会提高。这种物价上涨造成的收入再分配就是通货膨胀的收入分配效应。

在发达的工业化国家，大多数人是依靠工资或薪金生活的，工资收入差不多就是他们的全部收入。在物价持续上涨的时期，工资劳动者的收入只有每隔一段时间才会作一定幅度的调整：使工资率的提高与物价上涨保持大体的同步，以保证实际收入水平得以维持，但这种通货膨胀条件下的定期工资调整，只有依靠强大的工会力量才能做到。否则工资的增长常会落后于物价上涨。货币工资的增长，相对于物价上涨的滞后，时间越长，遭受的通货膨胀损失相应也就越大。

此外，从利息和租金取得收入的人，在通货膨胀中受到的损害也会比较严重，但与此同时，只要存在着工资对于物价的调整滞后，企业的利润就会增加，那些从利润中分取收入的人都能得到好处。

三、资产结构调整效应

资产结构调整效应也称“财富分配效应”。一个家庭的财富或资产由两部分构成：实物资产和金融资产。许多家庭同时还有负债，如借有汽车抵押贷款、房屋抵押贷款和银行消费贷款等。因此，一个家庭的财产净值是它的资产价值与债务价值之差。

在通货膨胀环境下，实物资产的货币值大体随通货膨胀率的变动而相应升降。有的实物资产，其货币值增长的幅度高于通货膨胀率，有的则低于通货膨胀率；同一种实物资产，在不同条件下，其货币值的升降较通货膨胀率也有时高时低的情况。金融资产则比较复杂，在其中占相当大份额的股票。它的行市是可变的，在通货膨胀之下会呈上升趋势，但影响股市的因素极多，所以股票绝非通货膨胀中稳妥地保持资产形式，尽管有些股票在通货膨胀中使其持有者获得大大超出保值的收益。至于货币债权债务的各种金融资产，其共同特征是有确定的货币金额，这样的名义货币金额并不会随通货膨胀是否存在而变化。显然，物价上涨，实际的货币额减少；物价下跌，实际的货币额增多。在这一领域之中，防止通货膨胀损失的办法，通常是提高利息率或采用浮动利率。但在严重的通货膨胀条件下，这样的措施也难以弥补损失。

正是由于以上情况，每个家庭的财产净值在通货膨胀之下往往会发生很大变化。

设一个人有：

(1) 存款 10 000 元；

(2) 负债 30 000 元；

(3) 货币值可随物价变动而相应变动的资产有 12 000 元。

当不存在通货膨胀时，其资产净值之和为 –8000 元(负债为负值)。这时的资产净值既是名义值，也是实际值。

现在出现了通货膨胀，设通货膨胀率为 100%。为简化分析，不考虑利息因素，其名义值是：

(1) 存款仍是 10 000 元；

(2) 负债仍为 30 000 元；

(3) 货币值可变资产则变为 12 000 元 × (1 + 100%) = 24 000 元。

总名义资产净值为 4000 元，而实际值则为：

(1) 存款 10 000 元 ÷ (1 + 100%) = 5000 元；

(2) 负债 30 000 元 ÷ (1 + 100%) = 15 000 元；

(3) 货币值可变的资产其实际值仍为 12 000 元。

则实际资产净值为 2000 元。

一般地说，小额存款人和债券持有人易受通货膨胀的打击。至于大的债权人，不仅不必采取各种措施避免通货膨胀带来的损失，反而可以享有通货膨胀带来的巨大好处。

四、资源配置扭曲效应

通货膨胀在资源配置方面的效应通常是负面的，其主要原因是：

(1) 在通货膨胀中，各种生产要素、商品和劳务的相对价格会发生很大的变化和扭曲，引起资源配置的低效和浪费。某些价格上涨较快的商品和劳务往往会吸引过多的资金和生产要素投入，导致这类商品和劳务的过度供给及浪费。例如，在通货膨胀期间，房地产被认为最能有效地保值，其价格上涨率较高，从而吸引大量财力、人力和物力的投入，但结果往往是房地产的过度开发导致大量房屋土地的闲置浪费。

(2) 通货膨胀会助长投机并导致社会资源的浪费。通货膨胀期间，由于投机利润大于生产，利润投机活动大大增加；大量的资源被投机者用于囤积居奇和投机获利，减少了可用于发展生产和技术革新方面的社会资源。

(3) 在通货膨胀期间为避免金融资产价值的损失，人们会尽量降低持有货币和各种金融资产的比例并购入各种实物资产。由于实物资产在交易维护处理和管理上要花费更多的时间、人力和物力，因而造成了社会资源的浪费。

(4) 通货膨胀会造成市场供不应求的环境，使购买者盲目抢购不计质量。这种供求失衡的市场状况会掩盖产业结构、产品结构上的矛盾和问题，使企业失去提高产品质量的外在压力，结果使长线产品变得更长，短线产品变得更短，经济结构失衡更为严重。

(5) 通货膨胀会使实际利率下降，打击公众的储蓄意愿，使资本积累的速度降低。虽然金融机构会相应提高存贷款利率，但其调整幅度和速度往往赶不上通货膨胀率，因而会降低金融机构动员分配社会资源的效率。

(6) 在通货膨胀期间，中央银行基准利率的调整往往滞后，使金融机构的正常融资渠道受阻；而民间高利贷则得以盛行，因而会改变正常的利率结构，阻碍长期金融工具的发行，影响金融市场的健康发展及其配置社会资源的功能。

五、经济秩序与社会秩序紊乱效应

通货膨胀发展到比较严重的程度时，还会破坏社会秩序和经济秩序，不仅加大经济发展的不平衡和经济发展的成本，甚至会引发社会经济危机。这方面的效应主要表现为四个方面。

1. 加剧经济环境的不确定性

在通货膨胀持续发生的情况下，个人和企业的通货膨胀预期将变得难以琢磨，市场行情动荡不定，经济环境的不确定又会影响政府的经济政策目标和宏观调控能力，使政策操作变得无所适从，加大了失误的可能性。

2. 导致商品流通秩序的混乱

在通货膨胀期间，由于流通领域容易获取暴利，大量资金被吸引到流通领域中从事投机交易，使商品流通秩序极为混乱，产销脱节、商品倒流、囤积居奇、商品抢购等不正常的交易活动加剧了经济的不平衡。

3. 败坏社会风气，激化社会矛盾

在通货膨胀期间，劳动者的工资所得赶不上投机活动的利润所得，会挫伤劳动者的劳动积极性，助长投机钻营、不劳而获的恶习。而通货膨胀导致不公平的收入和财富再分配，更有可能激化社会矛盾，引起社会各阶层的经济对立。

4. 助长贪污腐败，损坏政府信誉

通货膨胀时期，国家公务人员工资奖金增长通常滞后，实际收入水平下降，因而可能导致一些国家公务员以权谋私、贪污受贿，破坏政府形象。通货膨胀严重时，政府会面临要求治理通货膨胀的压力，一旦政府不能有效控制通货膨胀，人们将对政府失去信心，有可能引发货币信用制度危机，甚至会导致政治危机和社会动乱。

六、经济增长效应

通货膨胀对于社会经济发展究竟起什么作用？会产生哪些效应？对此，经济学家有着不同的观点，总的来说可分为三派观点，即“有益论”“有害论”和“中性论”。

1. 有益论

“有益论”认为通货膨胀对经济增长具有积极的影响作用，其主要理由是：第一，资本主义经济长期处于有效需求不足、实际经济增长率低于潜在经济增长率的状态，因此，政府可通过实施通货膨胀政策增加赤字预算，扩大投资支出来刺激有效需求，推动经济增长；第二，通货膨胀有利于社会收入再分配向富裕阶层倾斜，而富裕阶层的边际储蓄倾向比较高，因此会提高储蓄率，进而促进经济增长；第三，通货膨胀出现后，公众预期的调整有一个时滞过程，在此期间，物价水平上涨而名义工资未发生变化，企业的利润率会相应提高，从而刺激私人投资的积极性，增加总供给，推动经济的增长。

“有益论”的观点在20世纪60年代凯恩斯主义理论流行时比较盛行，在我国和其他一些发展中国家也有一定的市场。但70年代以来，随着凯恩斯主义货币政策在西方国家的破产，人们已普遍认识到通货膨胀对经济的危害。目前，大多数经济学家都采取了“有害论”的观点，将通货膨胀视为阻碍经济发展的重要原因。

2. 有害论

“有害论”认为，虽然通货膨胀初始阶段对经济具有一定的刺激作用，但长期的通货膨胀会对经济带来严重的消极影响，降低经济体系的运行效率，阻碍经济的正常增长。其理由主要是：

(1) 通货膨胀会使纸币贬值，阻碍货币职能的正常发挥。由于货币的购买力下降，人们不愿储蓄或持有现金，影响了货币储藏手段职能的发挥和正常的资本积累。币制不稳还会影响货币价值尺度职能的发挥，加大经济核算的困难，引起市场价格信号紊乱，导致整个市场机制功能失调，严重时甚至会影响货币支付手段和流通手段职能的发挥，使商品交换倒退到物物交换的原始形态。

(2) 通货膨胀会降低借款利率，诱发过度的资金需求。而过度的资金需求不仅会导致经济虚假繁荣，经济泡沫胀大，还会迫使金融机构加强信贷配额管理，从而削弱金融体系的营运效率。

(3) 持续的通货膨胀会使企业的生产成本上升。这包括原材料价格、工资、奖金、利息乃至租税成本大幅度上升，企业和个人预期的利润率降低，不利于调动生产和投资者的积极性。而且企业先期积累的各种折旧准备金和公积金会因通货膨胀而贬值，从而使企业设备更新和技术改造能力下降，影响生产发展。

(4) 通货膨胀会破坏正常的信用关系，增加生产者投资的风险和经营成本，从而缩减银行信贷业务，使流向生产性部门的资金比重减少，流向非生产性部门的资金比重增加，导致产业结构和资源配置不合理，国民经济畸形发展。

(5) 通货膨胀会使国内商品价格上涨并相对高于国际市场价格，从而会阻碍本国商品的出口，导致国民收入减少。尤其是对出口依赖程度较大的国家，受通货膨胀的打击会更为严重。国内物价的上涨还会鼓励外国商品的进口，加剧国内市场的竞争压力，影响国内进口替代品生产企业的发展，并导致贸易收支逆差。

(6) 通货膨胀有加速发展的趋势时，为防止发生恶性通货膨胀，政府可能采取全面价格管制的办法，从而会削弱经济的活力。此外，通货膨胀还会打乱正常的商品流通渠道，加深供求矛盾，助长投机活动，引起资本大量外流和国际收支的恶化。

3. 中性论

少数经济学家采用通货膨胀“中性论”，认为通货膨胀对实际产出和经济增长既无正效应又无负效应。这种理论认为，由于公众预期，在一段时间内，他们会对物价上涨做出合理的行为调整，因此，通货膨胀各种效应的作用就会相互抵消。但是公众对通货膨胀的预期与通货膨胀实际发展的状况往往并不相符，而且每个人、每个企业的预期不同，其调整行为很难合理或相互抵消。所以，通货膨胀“中性论”难以自圆其说。

第三节　通货膨胀形成的原因及治理

一、通货膨胀的成因

通货膨胀的成因和机理比较复杂，对此，各国经济学家从不同的角度出发，作出了各种分析，提出了“需求拉动说”“成本推进说”“供求混合推进说”“部门结构说和预期说”

等不同的解释，并依其成因将通货膨胀分为需求拉动型、成本推进型、供求混合推进型、结构型和预期型等。本节择其要者予以介绍。

(一) 西方经济学家对通货膨胀成因的分析

1. 需求拉动说

需求拉动型通货膨胀(demand-pull inflation)是一种比较古老的思路，它是用经济体系存在对产品和服务的过度需求来解释通货膨胀形成的机理。关于这一思路，在前面有关章节实际上已经提到过，其基本要点是当总需求与总供给的对比处于供不应求状态时，过多的需求拉动价格水平上涨。由于在现实生活中，供给表现为市场上的商品和服务，而需求则体现在用于购买和支付的货币上，所以对这种通货膨胀有通俗的说法："过多的货币追求过少的商品。"

进一步分析可知，能对物价水平产生需求拉动型作用的有两个因素：实际因素和货币因素。对于实际因素，西方经济学主要分析其中的投资：如果利率投资效益的状况有利于扩大投资，则投资需求增加。由于投资需求增加，总供给与总需求的均衡被打破，物价水平上升。从货币因素考察，需求拉动型通货膨胀可能通过两个途径产生：一是经济体系对货币需求大大减少，即使在货币供给无增长的条件下，原有的货币存量也会相对过多；二是在货币需求量不变时，货币供给增加过快。大多数情况的货币供给增加过快、货币供给过多所造成的供不应求，与投资需求过多所造成的供不应求，其物价水平上涨效果是相同的。抽象分析，两者也有区别，如投资需求过旺必然导致利率上升，而货币供给过多则必然导致利率下降。不过这两者往往是结合在一起的：过旺的投资需求往往要求追加货币供给的支持；增加货币供给的政策也往往是为了刺激投资等。

上面的分析是以总供给给定为假定前提的。如果投资的增加引起总供给同等规模的增加，物价水平可以不动；如果总供给不能以同等规模增加，物价水平上升较缓，若丝毫引不起总供给增加，则需求的拉动将完全作用到物价上。需求拉动型通货膨胀可用图 11-1 加以说明。

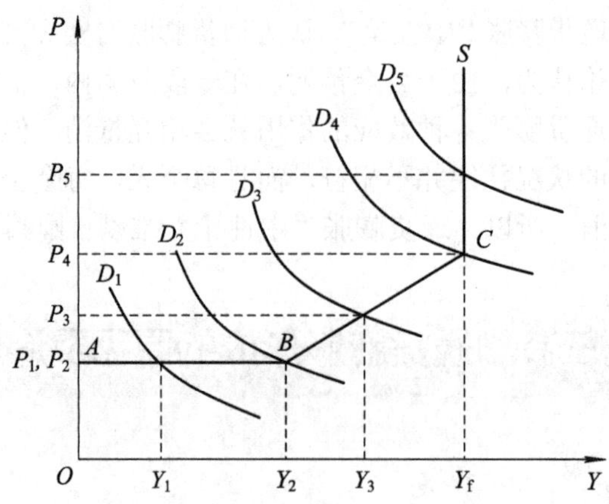

图 11-1 需求拉动型通货膨胀

在图中，横轴 Y 代表总产出，纵轴 P 代表物价水平。社会总供给曲线 AS 可按社会的就业状况而分为 AB、BC 与 CS 三个线段。

(1) *AB* 线段的总供给曲线呈水平状态。这意味着供给弹性无限大。这是因为此时社会上存在大量的闲置资源或失业人群。当总需求从 D_1 增至 D_2 时，总产出从 Y_1 增至 Y_2，而物价并不上涨。

(2) *BC* 线段的总供给曲线则表示社会逐渐接近充分就业。这意味着闲置资源已经很少，从而总供给的增加能力也相应较小。此时，在需求拉动之下的产出扩张将导致生产要素资源价格的上涨。因此，当总需求从 D_2 向 D_3、D_4 增长时，产出虽也增加，但增加幅度减缓，同时物价开始上涨。

(3) *CS* 线段的总供给曲线表示社会的生产资源已经达到充分利用的状态，即不存在任何闲置的资源，Y_f 就是充分就业条件下的产出。这时的总供给曲线就成为无弹性的曲线。在这种情况下，当总需求从 D_4 增加到 D_5 时，只会导致物价的上涨。

2．成本推动说

“成本推进说”主要从总供给或成本方面分析通货膨胀生成机理的假说。

成本推进型通货膨胀也称“成本推动型通货膨胀”(cost-push inflation)，其成因分析是指由供给因素变动形成的通货膨胀，可以归纳为两个原因：一是工会力量对于提高工作的要求，二是垄断行业中企业为追求利润指定的垄断价格。

1) 工资推进通货膨胀论

这种理论是以存在强大的工会组织、从而存在不完全竞争的劳动市场为假定前提的。在完全竞争的劳动市场条件下，工资率取决于劳动的供求，或当工资是由工会和雇主集体议定时，这种工资则会高于竞争的工资。此外，由于工资的增长率超过劳动生产率，企业就会因人力成本的加大而提高产品价格，以维持盈利水平。这就是从工资提高开始而引发的物价上涨。工资提高引起物价上涨，价格上涨又引起工资的提高，西方经济学将这一现象称为“工资价格螺旋上升”(wage-price spiral)。需要指出的是，尽管货币工资率的提高有可能成为物价水平上涨的原因，但绝不能由此以为，任何货币工资率的提高都是会导致工资推进型通货膨胀。如果货币工资率的增长没有超过边际劳动生产率的增长，那么，工资推进型通货膨胀就不会发生。而且，即使货币工资率的增长超过了劳动生产率的增长，如果这种结果并不是由于工会发挥作用，而是由于市场对劳动力的过度需求，那么，它也不是通货膨胀的推进原因，原因是需求的拉动。

2) 利润推进通货膨胀

成本推动型通货膨胀的另一个成因是利润的推进，其前提条件是存在着商品和服务销售的不完全竞争市场。在完全竞争市场上，商品价格由供求双方共同决定，没有哪一方任意操纵价格。但在垄断存在的条件下，卖主就有可能操纵价格，使价格上涨速度超过成本支出的增长速度，以赚取垄断利润。如果这种行为的作用大到一定程度，就会形成利润推进型通货膨胀。

无论是工资推进型通货膨胀，还是利润推进型通货膨胀，提出这类理论模型，目的都在于解释：不存在需求拉上的条件下也能产生物价上涨。所以，总需求给定是假设前提，既然存在这样的前提，当物价水平上涨时，以取得供求均衡的条件只能是实际产出的下降，相应的必然是就业率的降低。因此，这种条件下的均衡是非充分就业的均衡。成本推动型通货膨胀可用图 11-2 加以说明。

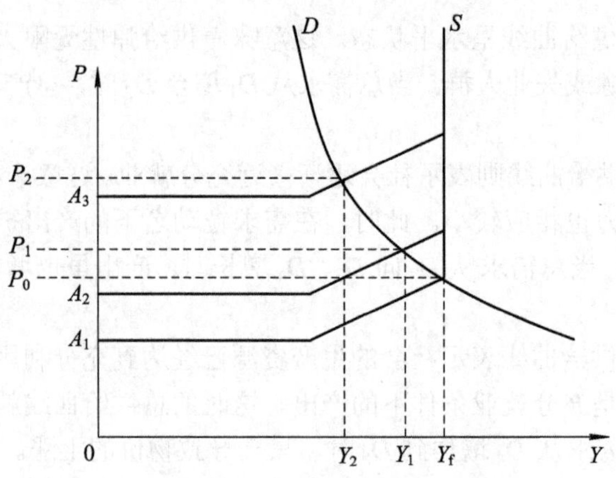

图 11-2　成本推动型通货膨胀

在图 11-2 中，初始的社会总供给曲线为 A_1S。在总需求不变的条件下，由于生产要素价格提高，生产成本上升，使总供给曲线从 A_1S 上移至 A_2S、A_3S。结果，由于生产成本提高，导致失业增加、实际产出缩减。在产出由 Y_f 下降到 Y_1、Y_2 的同时，物价水平却由 P_0 上升到 P_1、P_2。

成本推动型通货膨胀旨在说明在整个经济尚未达到充分就业条件下物价上涨的原因，这种理论也试图用来解释"滞胀"。

3. 供求混合推动说

"供求混合推动说"将供、求两个方面的因素综合起来，认为通货膨胀是由需求拉动和成本推动共同起作用而引发的。这种观点认为，在现实经济社会中，通货膨胀的原因究竟是需求拉动还是成本推动很难分清：既有来自需求方面的因素，也有来自供给方面的因素，即所谓"拉中有推，推中有拉"。例如，通货膨胀可能从过度需求开始，但由于需求过度所引起的物价上涨会促使工会要求提高工资，因而转化为成本(工资)推动的因素。此外，通货膨胀也可能从成本方面开始，如迫于工会的压力而提高工资等。但如果不存在需求和货币收入的增加，这种通货膨胀过程是不可能持续下去的。因为工资上升会使失业增加或产出减少，结果将会是"成本推动"的通货膨胀过程终止。可见，"成本推动"只有加上"需求拉动"才有可能产生一个持续性的通货膨胀。现实经济中，这样的论点也得到论证：当非充分就业的均衡存在时，就业的难题往往会引出政府的需求扩张政策，以期缓解矛盾。这样，成本推动与需求拉动并存的混合型通货膨胀就会成为经济生活的现实。当发生一次性成本推进型的物价上涨时，如果需求并不增加，通货膨胀则不会持久。但如果供给的减少导致政府为避免经济下降、失业增加而扩大需求，则必然发生持续性的通货膨胀。

4. 部门结构说

一些经济学家从经济部门的结构方面来分析通货膨胀的成因，发现即使整个经济中总供给和总需求处于均衡状态，由于经济部门结构方面的变动因素，也会发生一些物件水平的上涨，即所谓"结构型通货膨胀"。部门结构说的基本观点是，由于不同国家的经济部门结构的某些特点，当一些部门和产业在需求方面或成本方面发生变动时，往往会通过部门之间相互看齐的过程而影响其他部门，从而导致一般物价水平的上涨。这种结构性通货膨胀又可分为三种情况：

1) 需求转移型

由于经济各部门之间发展的不平衡，在总需求不变的情况下，一部分需求会转向其他部门，但劳动力和生产要素却不能及时转移，因此，需求增加的部门因供给不能满足需求而使工资和产品的价格上涨，如果需求减少的部门的产品价格和劳动力成本具有刚性特点未能相应下跌，则物价总水平就会上升。

2) 外部输入型

一国经济部门可分为开放性部门(与世界市场联系不密切的部门)和非开放性部门(与世界市场没有直接联系的部门)。对于小国经济(其经济对世界市场没有重要影响作用)而言，外部通货膨胀会通过进出口商品价格和汇率等一系列机制传递到其开放性部门，使其通货膨胀率向世界通货膨胀率看齐，而小国开放型部门的价格和工资上涨后，又会使其非开放性部门的价格和工资向开放性部门的价格和工资看齐，从而导致全面性通货膨胀。

3) 部门差异型

一国不同的经济部门如产业部门与服务部门、工业部门与农业部门之间劳动生产率的提高总是有差异的，而各部门之间货币工资的增长却存在互相看齐的倾向。当发展较快的经济部门因劳动生产率提高而增加货币工资时，其他部门由于向其看齐也会提高工资，从而引起工资成本推进的通货膨胀。尤其在一些发展中国家，传统农业部门和现代工业部门并存，在农业落后条件的制约下，政府为促进经济发展，往往不得不通过增加农业开支或提高农产品价格来促进农业的发展，从而引发价格总水平的上涨。

5．预期说

“预期说”主要通过对通货膨胀预期心理作用的分析来解释通货膨胀的发生。该理论认为，在完全竞争的市场条件下，如果人们普遍预期 1 年后的价格将高于现在的价格，就会在出售和购买商品时将预期价格上涨的因素考虑进去，从而引起现行价格水平的提高，直至其达到预期价格以上。这种在市场预期心理作用下发生的通货膨胀被称为“预期的通货膨胀”。

预期心理引致或加快通货膨胀的作用主要表现在三个方面：

(1) 加快货币流通速度。当人们产生对通货膨胀的预期后，会尽快地购买实物资产而不愿持有货币，因此货币流通速度加快，相当于增加了货币数量，从而引起通货膨胀。

(2) 提高名义利率。当储蓄者有了通货膨胀预期时，为了保证实际利息收入不变，会要求按照其预期通货膨胀的幅度提高名义利率，而商家和企业经营者则会提高商品价格，以转嫁由于名义利率提高而增大的生产成本或维持利润水平，从而导致通货膨胀。

(3) 提高对货币工资的要求。在通货膨胀预期心理的作用下，工人或企业经营者会要求提高工资和其他福利待遇，从而提高生产成本和产品价格。

对于通货膨胀预期是如何形成的，西方经济学家有两种不同的观点：一种观点认为，人们在形成预期时是向后看的，即主要依据以往的经验来形成对未来的预期，这种观点被称为“适应性预期假说”；另一种观点认为，人们在形成预期时是向前看的，即主要依据各方面的信息分析有关变量发展变化的可能，从而形成对未来的预期，这种观点被称为“合理预期假说”。实际上，人们在形成通货膨胀预期时常常是二者兼而有之的。

在物价持续上涨时期，一旦人们形成通货膨胀预期，就会在各种经济活动中将预期的通货膨胀考虑进去，政府也会根据预计的通货膨胀率制定财政、货币政策，从而使通货膨胀产生惯性。这种由于通货膨胀率而持续存在的通货膨胀被称为“惯性通货膨胀”。预期通货膨胀率会随着市场供求关系的变化和政府调控政策的实施而相应调整，其惯性力的大小主要取决于预期形成的方式。如果人们在形成预期时是向后看的，通常预期通货膨胀率的惯性就较大；如果人们在形成预期时是向前看的，则通货膨胀率的惯性较小。

(二) 中国改革开放以来对通货膨胀成因的解释

改革开放以后，我国物价水平进入持续上涨的阶段，有关通货膨胀的讨论一直很热烈。而自 1997 年下半年开始，物价水平持续疲软，直到 2003 年才走出低谷。在此期间，有关通货膨胀的讨论归于沉寂。2007 年 7 月，全国消费物价指数上涨 5.6%；紧接着，2008 年持续上涨 5.9%，创下了 1996 年 8 月以后的新高，全社会对通货膨胀的担心卷土而来，相关的讨论也再度活跃。所以，经济体制改革后至 1997 年下半年以及 2007 年以来物价持续上涨的事实，推动了中国通货膨胀形成原因的探讨，并提出了一些较有特色的学说。

1．中国的需求拉上说

在中国，比较传统的是从需求拉上的角度分析通货膨胀的成因。较有代表性的思路曾有两种。一种思路是把货币供给增长过快归因于财政赤字过大，财政赤字又由投资，特别是基本建设投资过大所引起。这种思路的形成是与改革开放前财政分配居于国民收入分配的核心地位相联系的。另一种是将通货膨胀直接归结于信用膨胀的结果。这种思路的形成是以改革开放后信贷分配货币资金的比重急剧增大为背景的。两种思路的共同点是重视货币因素在通货膨胀形成中的直接作用；不同点是一个强调财政，另一个强调信贷。但力求客观地分析财政与信贷各自引起的不同作用以及中国特定体制下两者的交错影响已是主流。比如，有这样一种典型的分析：财政对国有企业亏损应补未补而占压国有银行贷款的“信贷资金财政化”现象的大量存在，是直接导致信用膨胀产生、过多需求形成的重要原因之一。而近年由需求拉上导致的通货膨胀归因于外汇收支长期双顺差、外汇占款大幅增长，从而使货币供给增加过快引起“流动性过剩”。

2．中国的成本推动说

重视成本推动因素作用的，也有两种观点：一种观点强调工资因素的关键作用；另一种观点则强调应综合考虑原材料或资源类产品涨价对企业造成的成本超支压力和工资增长速度过快这两者的作用。

关于工资因素在物价上涨中的决定性作用，人们是这样分析的：商品的出厂价提高迫使零售价提高，而出厂价提高的主要原因是工资成本(包括奖金在内)加大；工资成本加大源于企业职工的个人收入最大化行为；企业职工追求个人收入最大化的愿望之所以变成现实，原因在于企业管理者与职工个人利益之间的同构性。该分析强调必须考虑原材料或资源类产品涨价因素的背景，是由于改革中为了改变原材料或资源类产品与制成品比价不合理的状况，而对前者的价格多次调高。近年来，资源类产品(如土地、原油等)价格的持续飙升最能说明通货膨胀的形成问题。

不论企业产品成本大幅度增加的原因为何，也不论其是否合理，对于企业来说，用提高出厂价的办法来消化最为简便。当然，有可能实现提出提高出厂价是以市场需求较旺为必要条件。

3. 结构说

中国的结构性通货膨胀基本论点是：在供给与需求总量平衡的前提下，如果某些关键产品的供求出现失衡，同样会引发通货膨胀。具体的分析是，初级产品的短线制约是结构性通货膨胀的主要促成因素。自从 1978 年价格计划管理逐步弱化以至基本开放以来，初级产品价格变动主要受供求影响，而相对短缺更使其不断上涨。初级产品价格上涨形成的成本推动，导致后续产品价格上涨。比如粮食、肉类产品的持续涨价，就会直接或间接引发全面的价格水平上扬。

还有一种论证意见是，国家为了改变不合理的经济结构，企图对资源进行重新配置。为此，采取减税和增加货币供给等措施对这些部门进行投资并造成货币供给过多、需求过大。这可以称为“结构性的需求拉上”。

4. 体制说

相当一部分人倾向于从体制上寻找中国通货膨胀的终极原因。他们认为，由于破产和兼并机制不健全、产权关系不明晰、在资金上吃国有银行“大锅饭”问题没有很好地解决等，使得投资效益很差甚至无效益，风险也由国家承担。同时，在企业半停产或停产时职工也照拿工资，或者即使企业产品无销路也能得到国家的贷款支持，这种国家与国有企业之间的关系必然导致有效供给的增加与有效需求的增加总是不成比例，而需求的过度累积最终必然推动物价上涨。这种论证实质实际上是剖析需求拉上之所以产生的原因。

5. 摩擦说

摩擦性的通货膨胀是指在现今特定的所有制关系和特定的经济运行机制下，计划者需要的经济结构与劳动者所需要的经济结构不相适应所引起的经济摩擦所造成的通货膨胀。具体地说，在公有制特别是国有制条件下所存在的积累与消费之间的矛盾，外在的表现为计划者追求高速度经济增长和劳动者追求高水平消费之间的矛盾。国家追求高速度经济增长往往引起货币超发，劳动者追求高消费，往往引起消费需求膨胀和消费品价格上涨，这是从体制的角度说明需求拉上的起因。

6. 混合类型说

有人还将中国的通货膨胀概括成混合型通货膨胀。他们认为，中国通货膨胀形成机理是十分复杂的，应该将导致通货膨胀的因素分成三类，即体制性因素、政策性因素和一般因素。体制性因素不仅包括企业制度因素，而且还包括价格双轨制、银行信贷管理体制以及体制改革进程中各种新体之间的配合难以马上磨合、衔接到位等因素。政策性因素是指宏观经济政策选择不当(如过松或过紧)对社会总供求均衡带来的不利影响。所谓“一般因素”，是指即使排除体制和政策选择不当等因素的影响，单纯由于经济成长和经济发展等过程也存在足以引发物价总水平持续上涨的中性原因。例如，中国人均可耕地面积很小，而人口众多且其增长率相当难控制。在土地的农产品产出率为一定的条件下，这就足以在一定时期后形成本国农副产品生产与需要之间的巨大差距。假若外向经济条件能力有限，那么这种既非体制又非宏观的政策因素就足以形成对农产品及消费品价格上涨的很大压力。

结合近年的情况，在论及混合型通货膨胀时，不少人还通过前述的“流动性过剩”现象，探究了我国不合理的经济增长方式这一深层次诱因，认为引发通货膨胀的“流动性过剩”这一直接原因背后，除了确有国际流动性过剩因素影响外，主要还是国内体制、政策方面的缺陷使然。正是诸如投资、消费、出口三者的合理协调发展被长期忽视，出口导向政策的过度运用以及围绕这种经济增长方式的利率、汇率、投资(包括利用外资)、外汇管理体制改革的滞后等，推动了外汇收支的巨额双顺差，从而导致外汇占款的大幅度增长和货币供给的过快增加。

既然体制因素、政策性因素及一般因素交互发生作用，那么把这种通货膨胀称为“混合型”较为恰当。

综上所述，中国学者关于通货膨胀形成机理的种种假设有一个共同点，就是紧密结合中国的实际，特别是1979年以来实行改革开放政策后的经济运行实际。另外，大多数假说注意到了体制这个大背景的变化对物价持续上涨的影响和作用。

在对通货膨胀的剖析中，有的着重于探索各方面的本质联系，即使情况已经变化，但其论断仍然有理论意义；有的由于情况变化，其论断已不适用于今天，但其揭示变化的思路和分析方法仍可给人以启发。当然，在有的论证中判定某些因素必然致通货膨胀，而其中的一些因素今天依然存在却并无通货膨胀伴随，但这对于全面认识通货膨胀问题是有帮助的。

二、通货膨胀的治理

由于通货膨胀对一国国民经济乃至社会、政治生活各个方面都产生了严重的影响，因此，各国政府和经济学家都将控制和治理通货膨胀作为宏观经济政策研究的重大课题加以探讨，并提出治理通货膨胀的种种对策措施。

(一) 宏观紧缩政策

宏观紧缩政策是各国对付通货膨胀的传统政策调节手段，也是迄今为止在抑制和治理通货膨胀中运用得最多最有效的政策措施。其主要内容包括紧缩性货币政策和紧缩性财政政策。

1. 紧缩性货币政策

紧缩性货币政策又称“抽紧银根”，即中央银行通过减少流通中货币量的办法提高货币的购买力，以减轻通货膨胀压力。具体政策工具和措施包括：一是通过公开市场业务出售政府债券，以相应的减少经济体中的货币存量；二是提高贴现率和再贴现率，以提高商业银行存贷款利率和金融市场利率水平，缩小信贷规模；三是提高商业银行的法定存款准备金，以缩小货币发行的扩张倍数，压缩商业银行放款，减少货币流通量。在政府直接控制市场利率的国家，中央银行可直接提高利率或减少信贷规模。

2. 紧缩性财政政策

紧缩型财政政策的基本内容是削减政府支出和增加税收。

(二) 收入紧缩政策

除了货币政策和财政政策外，也有不少国家将紧缩性的收入政策作为治理通货膨胀的重要手段之一。从一些国家的实践经验看，收入紧缩政策一般包括两个方面。

1．工资管制

工资管制是指政府以法令或政策形式，对社会各部门和企业工资的上涨采取强制性的限制措施。工资管制可阻止工人借助工会力量提出过高的工资要求，从而抑制产品成本和价格的提高。工资管制的办法包括：

(1) 道义的规劝和指导。即政府根据预计的全社会平均劳动生长率的增长趋势，估算出货币工资增长的最大限度即“工资—物价”指导线，以此作为一定年份的允许货币工资总额增长的目标数值线来控制各部门的工资增长率。但政府原则上只能规劝、建议和指导，不能直接干预，因而该办法的效果往往不是很理想。

(2) 协商解决。即在政府干预下使工会和企业就工资和价格问题达成协议，其效果取决于协议双方是否认可现有工资水平并愿意遵守协议规定。

(3) 冻结工资。即政府的法令或政策形式强制性地将全社会职工工资总额或增长率固定在一定的水平上。这种措施对经济影响较大，通常只用在通货膨胀严重恶化时期。

(4) 开征工资税，对增加工资过多的企业按工资增长超额比率征收特别税款。这一办法可使企业有所依靠，拒绝工会过高的工资要求，从而有可能与工会达成工资协议，降低工资增长率。

2．利润管制

利润管制是指政府以强制手段对可获得暴利的企业利润率或利润额实行限制措施。通过对企业利润进行管治，可限制大企业或垄断性企业任意抬高产品价格，从而抑制通货膨胀。利润管制的办法包括：

(1) 管制利润率。即政府对以成本加成方法定价的产品规定一个适当的利润率，或对商业企业规定其经营商品的进销差价。采用这种措施应注意使利润率反映出不同产业的风险差异，并使其建立在企业的合理成本基础上。

(2) 对超额利润征收较高的所得税。这种措施可将企业不合理的利润纳入国库，对企业追求超额利润起到限制作用。但如果企业超额利润的获得是通过提高效率或降低成本实现的，则可能打击企业的积极性。此外，一些国家还制定反托拉斯法，限制垄断高价，并对公用事业和国有企业的产品和劳务实行直接价格管制。

(三) 收入指数化政策

所谓“收入指数化政策”，又称“指数联动政策”，是指对货币性契约订立物价指数条款，使工资、利息、各种债券收益以及其他货币收入按照物价水平的变动进行调整。这种措施主要有三个作用：一是能借此剥夺政府从通货膨胀中获得的收益，杜绝其制造通货膨胀的动机；二是可以消除物价上涨对个人收入水平的影响，保持社会各阶层的原有生活水平，维持原有的国民收入再分配格局，从而有利于社会稳定；三是可稳定通货膨胀环境下微观主体的消费行为，避免出现抢购囤积商品、贮物保值等加剧通货膨胀的行为，维持正常的社会经济秩序，并可防止盲目的资源分配造成的资源浪费和低效配置；四是可割断通货膨胀与实际工资、收入的互动关系，稳定或降低通货膨胀预期，从而抑制通货膨胀率的持续上升。

收入指数化政策对面临世界性通货膨胀的开放性经济小国来说尤其具有重要积极意义，是这类国家对付收入型通货膨胀的有效手段。比利时、芬兰和巴西等国曾广为采用，就连美国也曾在20世纪60年代初期实施过这种措施。但由于全面实行收入指数化政策，在技术上有很大的难度，会增加一些金融机构经营上的困难，而且有可能造成“工资—物价”的螺旋上升，反而加剧成本推进型通货膨胀。因此，该政策通常仅被当做一种适应性的反通货膨胀措施，不能从根本上对通货膨胀起到抑制。

(四) 单一规则——货币主义学派的政策

货币主义学派认为，20世纪70年代资本主义国家经济滞胀的主要原因是政府不断采取扩张性的财政政策和货币政策，所以导致了通货膨胀预期提高。因此，对付滞胀的根本措施在于，政府必须首先停止扩张性的总体经济政策，将货币供给的增长速度控制在一个最恰当的增长率上，即采用所谓单一规则政策，以避免货币供给的波动对经济和预期的干扰。货币主义学派强调，在发生滞胀的情况下，只有严格控制货币供给量，才能使物价稳定，总体经济和社会恢复正常秩序。尽管货币供给量的降低在短期内会引起失业增加、经济衰退加重，但付出这一代价将换来通货膨胀预期的下降，并最终根除滞胀。

单一规则政策对付通货膨胀确实比较有效，这已为80年代中期美国和其他一些发达国家的实践所证明。但是对于一些以经济增长作为首要政策目标的国家来说，尤其对那些经济严重衰退、失业率居高不下的国家来说，这一政策有很大的局限性。这些国家不顾一切地推行这一政策，会加重经济衰退和失业，甚至会导致社会经济的动乱。

三、反通货膨胀是否是一个永恒的施政目标

第二次世界大战前，许多国家即已开始的通货膨胀在战时进一步加剧。战后能否摆脱通货膨胀，那时划分的两个世界阵营，其实践都做了否定的回答。以苏联为首的社会主义阵营曾宣传通货膨胀与社会主义不相容，但实际上一直存在着程度不同的隐蔽性通货膨胀。有的西方国家，如德国，在战后制止了恶性通货膨胀，但之后的成就也只是保持较低的通货膨胀率。大多数工业化强国均长期为通货膨胀所困扰，以至在20世纪80年代美国的里根总统和英国的首相撒切尔夫人，其竞选和施政纲领的核心就是反通货膨胀。至于一些发展中国家，特别是战后新独立的原殖民地和附属国家，严重的通货膨胀比比皆是，两位数乃至三位数的通货膨胀率并非罕见的假象。

中国的通货膨胀过程成为重大的经济社会问题，也是始于20世纪30年代，并一直持续到20世纪末。其间，只有几年曾有过相对稳定的物价，但就是在通货膨胀程度较弱甚至得到制止的期间，它的阴影也是极大的威胁，挥之不去。也正是在这种世界性的背景之下，通货膨胀理论成为经济理论中极为重要的内容，并发展出一系列理论，如“滞胀”理论等。可以说，任何学派都不能避开这一课题而构建自己的理论体系。

为什么通货膨胀成为普遍的不可克服的经济过程？这是一个并没有彻底得到解决的问题。就现在货币供给形成机制——一个可以无限供给而又成本极低的机制来说，通货膨胀与它是联系密切的：它可以说是通货膨胀得以实现的技术前提，但不能构成通货膨胀的成因。前面列举的成因，分析的层次有深有浅，但似乎都没有揭示出最为本质的、谁也难以

否认的联系。但是，不管对于成因的理论剖析深刻与否，由于通货膨胀本身的存在，在大半个世纪，几乎谁也不怀疑它将一直是现代经济生活难以摆脱的伴侣。在我国，则形成了这样根深蒂固的观念：通货膨胀是经济进程的痼疾，无法治愈。于是，反通货膨胀似乎成为一个永恒的施政纲领。

【案例】

2007 年上半年居民消费价格(CPI)涨幅达到了 3.2%。专家预测，中国下半年的物价将继续缓慢上升，上升幅度取决于以下几个因素：

首先，肉价尤其是猪肉价格的继续上升。从 2006 年年底，猪肉价格上涨以来，母猪存栏量已开始恢复，但受到时间制约，本轮肉价偏高和供应偏紧至少将持续至 2008 年 5 月。

其次，中国粮食价格上涨。中国今年不少地区遭受洪涝灾害，对夏粮作物生长产生一定影响，粮食价格出现上涨。受到粮价上涨因素影响，下半年秋粮耕种面积将有所增长，按此趋势，中国粮食价格上涨势头在 2007 年秋季便可稍获缓解，但由于从粮食价格上涨到肉蛋等食品价格上涨之间存在滞后期，中国 2007 年全年食品价格将保持较快上涨幅度。

再次，近年来持续上涨的房地产售价正逐渐向租赁价格传递。今年第一季，中国普通住宅租赁价格较去年同期上涨 2.3%，达到近年来的最高涨幅，由于房地产销售价格不直接计入消费价格，但租赁价格计入消费价格，租赁价格的上涨将会对消费价格产生一定的推动作用。

最后，价格预期的因素也将促使 CPI 维持上涨态势。根据中国央行所作的调查，44.3%的受访者认为中国物价会继续上行，较去年同期提高 15.6 个百分点，国内外理论和实践经验表明，在居民和企业对价格上涨预期心理未消除的情况下，价格上涨势头极可能再持续一段时间。

思考题：

1. 从物价上涨的因素来看，你认为我国经济领域的通货膨胀是何种类型的？为什么？
2. 通货膨胀和经济增长的关系如何？其关系由何种因素决定？
3. 防止通货膨胀可采取哪些经济手段？

案例分析：

通货膨胀一般是指商品和劳务价格水平的普遍、持续上升。目前，CPI 的涨幅已经达到了 3.2%，可以判定我国经济领域存在通货膨胀现象。从物价上涨的因素来看，目前的通货膨胀属于混合型通货膨胀，即由成本推动和需求拉动共同作用造成的通货膨胀。这是因为构成居民消费价格指数的肉价和粮食价格的上涨，势必引起以其作为原料的食品成本上升，而食品成本的上升又引起食品销售价格的全面上涨；同时，居民上涨的住房需求不断推动房地产租赁价格的升高；再加上消费者对价格上升的预期，又引起他们对现实消费的强烈需求。这样，成本推动和需求拉动的共同作用导致了通货膨胀的产生。从世界范围来看，通货膨胀和经济增长的关系有两种：正向关系和反向关系。当然，从经济发展角度分析，理想的状态是无通货膨胀的经济增长，但这一点是几乎不可能做到的。从资源配置的角度看，经济的持续增长取决于社会上是否有充足的资源可供配置，例如，原材料和能源等，如果资源出现短缺，产生供给不足，势必引起资源价格的上涨。那么，经济增长就会伴随着通货膨胀；反之亦然。防止通货膨胀可采取货币政策和财政政策手段，如果通货膨胀严重，可以双管齐下，政策的效果就更加及时和明显。

第四节 通货紧缩及其理论

一、通货紧缩的含义

通货紧缩是与通货膨胀相对立的一个概念，通常意义上是指一般物价水平的持续下跌。在西方经济学教科书中，通货紧缩被定义为一段时期内“价格总水平的下降”或“价格总水平的持续下降”。国际清算银行提出的标准是：一国消费品价格连续两年下降，可被视为通货紧缩。

关于通货紧缩的含义，与通货膨胀的含义一样，学术界也没有统一的定义。从目前讨论的情况来看，主要有三种说法：一是“单要素说”，认为通货紧缩就是物价总水平持续下降；二是“两要素说”，认为通货紧缩不仅是指物价总水平持续下降，而且是货币供给幅度下降，流通中的货币相对甚至绝对减少；三是“三要素说”，认为通货紧缩不仅是指物价总水平持续下降、货币供给幅度下降，而且伴随着经济衰退或增长缓慢，即“两个特征，一个伴随”。持“两要素说”观点的人强调通货紧缩是一种货币现象，因此应该从货币流通总量判断；持“三要素说”观点的人则强调通货紧缩是经济衰退的货币表现，与物价总水平持续下降相伴随的必然是有效需求不足、失业率提高和经济不景气。尽管在通货紧缩的定义上尚有争议，但对于物价总水平持续下降这一点，三种说法的观点是一致的。至于物价总水平持续下降的时限，有的国家定为1年，有的国家定为半年。我国的通货膨胀潜在压力较大，可以以1年为界。

在以物价总水平持续下降作为判断通货紧缩主要标准的同时，可以用货币供给量和经济增长率作为衡量通货紧缩严重程度的辅助指标。货币流通量的计算公式为

$$\text{通货存量}=\frac{\text{商品价格总数}}{\text{货币流通速度}}=\frac{\text{商品数量}\times\text{商品价格}}{\text{货币流通速度或商品价格}}=\frac{\text{通货存量}\times\text{货币流通速度}}{\text{商品数量}}$$

从上述公式来看，物价总水平下降必然表现为上述三个因素的相对变化：一是由于货币供给绝对或相对减少使流通中的货币存量将减少(相对于商品数)；二是其他因素如商品供求关系、居民的消费与储蓄结构及货币供给和流通渠道的变化等使货币流通速度放慢；三是经济增长使商品数量绝对或相对增加(相对于通过存量)。由此可见，在商品数量和货币流通速度不变的条件下，物价总水平的下降的确可由货币供给的减少而引起，因此可用通货存量作为参考指标。但在商品数量和货币流通速度发生变化的情况下，物价总水平的下跌也有可能与货币供给的适度增长并存。同样，在通货存量和流通速度不变的条件下，物价总水平下降与商品数量增加密切相关，因此经济增长率可作为参考；在通货存量和流通速度发生变化的情况下，物价水平的下跌也可能与商品数量的减少并存。

例如，英国1814—1849年、1873—1896年的通货紧缩，以及美国1814—1849年和

1866—1896年的通货紧缩都伴随着经济的较高或适度增长。1873—1896年，由于世界范围内黄金供给的增长低于商品交易的增长，英国价格水平的下降与经济增长率的减缓才同步发生。美国也只是在第一次世界大战后的1929—1933年，通货紧缩才伴随经济的负增长。从短期情况来看，两国也是既有伴随经济衰退的通货紧缩，也有伴随经济增长的通货紧缩。再如，我国1998—1999年物价总水平连续两年持续下降，而同期货币供给量增幅与前几年相比虽然减少，但与同期经济增长率(7.8%和7.1%)相比，增长幅度还是比较大的，狭义货币M_1和广义货币M_2的增长幅度1998年为14.84%和11.85%，1999年为14.74%和17.67%。

还有一种情况是，通货存量与商品数量变动程度相同或近似，物价总水平的下降主要是由货币流通速度的降低所引起的。但是，货币流通速度通常是用倒推法计算出来的，直接测量难以得出，且影响货币流通速度的因素既多又可变，不便用其作为衡量通货紧缩的指标。所以，通货供给量和经济增长率可以作为判断和衡量通货紧缩的辅助指标。但不能作为主要指标。主要的判断和衡量标准只有一个，即持续性的商品价格水平下跌，或者说一定时期内通货膨胀率持续为负数。至于度量通货紧缩的具体统计指标，与通货膨胀一样，目前各国主要采取三个指标，即消费物价指数、批发物价指数和国内生产总值平减指数。

二、通货紧缩的分类

(一) 按通货紧缩持续时间的长短分类

按通货紧缩持续时间长短可分为长期性通货紧缩、中长期通货紧缩与短期性通货紧缩。在历史上，一些国家曾经发生历时达几十年的长期性通货紧缩(尽管其中包含个别年份价格水平的上升)。例如，英、美两国1814—1849年长达35年的通货紧缩，美国1866—1896年长达30年的通货紧缩，英国1873—1896年长达23年的通货紧缩等，都属于长期性通货紧缩。一般10年以上的通货紧缩为长期性通货紧缩，5～10年为中长期通货紧缩，5年以下为短期通货紧缩。

(二) 按通货紧缩严重程度分类

按通货紧缩严重程度可分为轻度通货紧缩、中度通货紧缩和严重通货紧缩。如果通货膨胀率持续下降并转为物价指数负增长的时间不超过两年即出现转机，则可视为轻度通货紧缩；如果通货紧缩超过两年仍未见好转，但物价指数降幅在两位数以内，则可视为中度通货紧缩；如果通货紧缩超过两年并持续发展，且物价降幅超过两位数，或者伴随着比较严重的经济衰退，则应视为严重通货紧缩。例如，美国在第一次世界大战后经济衰退时期的物价下降幅度达15%以上，在20世纪30年代的大萧条时期，物价涨幅更是达到30%以上。

(三) 按通货紧缩伴随的经济增长状况分类

按通货紧缩伴随的经济增长状况可分为增长型通货紧缩与衰退型通货紧缩。如果与通货紧缩相伴随的是经济的持续增长，如英国1814—1849年、1873—1896年的通货紧缩以及美国1814—1849年、1866—1896年的通货紧缩，则属于增长型通货紧缩；如果与通货紧缩伴随的是经济的衰退，如美国1929—1933年的通货紧缩，则属于衰退型通货紧缩。

(四) 按通货紧缩的成因分类

按通货紧缩的成因分类，可分为政策紧缩型、产业周期型、需求拉下型、成本压低型、体制转轨型、外部冲击型和混合型。由这些原因形成的通货紧缩将在下一节中展开讨论。

三、通货紧缩的社会经济效应

一般来讲，通货紧缩和通货膨胀一样极具破坏力。物价的持续上涨对社会和经济产生什么影响，前面已作分析，而物价疲软趋势的存在将从五个方面影响实体经济。

1. 通货紧缩对投资的影响

通货紧缩对投资的影响主要是通过影响投资成本和投资收益发生作用，通货紧缩还通过资产价格变化对投资产生间接影响。

一方面，通货紧缩会使得实际利率有所提高，社会投资的实际成本随之增加，从而产生减少投资的影响。同时，在价格趋降的情况下，投资项目预期的未来重置成本会趋于下降，就会推迟当期的投资。这对许多新开工项目所产生的制约较大。另一方面，通货紧缩使投资的预期收益下降。在通货紧缩情况下，理性的投资者预期价格会进一步下降，公司的预期利润也随之下降，这就使投资倾向降低。

通货紧缩还经常伴随着证券市场的萎缩。公司利润的下降使股价趋于下探，而证券市场的萎缩又反过来加重了公司筹资的困难。

2. 通货紧缩对消费的影响

物价下跌对消费需求有两种效应：一是价格效应；二是收入效应。物价的下跌使消费者可以以更低的价格得到同样数量和质量的商品和服务，这是令消费者高兴的一面，但也会对消费者产生收入减少的效应。在通货紧缩情况下，就业预期和工资收入因经济增幅下降而趋于下降，收入的减少将使消费者缩减消费。而且，如果消费者预期未来价格还会下跌，他们将推迟消费。因此，在通货紧缩情况下，价格效应倾向于使消费者缩减消费，而收入效应则使他们缩减支出。

3. 通货紧缩对收入再分配的影响

通货紧缩时期的财富分配效应与通货膨胀时期正好相反。在通货紧缩情况下，普通商品的价格下跌，金融资产也常常面临价值缩水。虽然名义利率很低，但由于物价呈现负增长，实际利率会比通货膨胀时期高出许多。高的实际利率有利于债权人，不利于债务人。不过，如果通货紧缩持续时间很长，而且相当严重，导致债务人失去偿还能力，那么债权人也会受到损失。

4. 通货紧缩对工资的影响

在通货紧缩情况下，如果工人名义工资收入的下调滞后于物价下跌，那么实际工资并不会下降，如果出现严重的经济衰退，往往削弱企业的偿付能力，也会迫使企业下调工资。然而，经济学家倾向于认为工资具有刚性，在经济增长呈剧烈下降的情况下，工资的刚性有时还会阻止价格的进一步下降。

5. 通货紧缩与经济成长

大多数情况下，物价疲软、下跌与经济成长乏力或负增长是结合在一起的。以上几条的分析可以说明这种结合的原因。然而，也存在通货紧缩条件下的经济成长。前面提到，由于生产力的提高和技术的进步所产生的价格走低，并不会阻碍经济成长。这是由于生产力的提高所带来的好处冲销了价格下跌所带来的各种消极效应。

四、我国的通货紧缩和紧缩条件下的经济成长

我国 1997 年后所出现的物价水平下跌，实际上可以视为市场经济体制的改革已经推进到一定具有转折意义阶段的标志。因为物价水平的下跌意味着作为市场经济标志的买方市场的到来。但市场经济、买方市场并不等于持续的供过于求；典型市场经济和作为市场经济特征的买方市场，既可能存在经济的过热或过冷，也存在经济活跃和繁荣的较为正常的发展。

遗憾的是，我们一进入“买方市场”，瞬息之间经济从热转冷。如果说多年来我们一直是在需求持续旺盛的局面之中生活，那么仅仅经过 1997 年一年，却普遍感受到需求拉力不足的冲击力。与此同时，体制遗留下来的矛盾相继从隐蔽形态转为公开形态。市场经济国家中的典型问题，如破产问题、就业问题相继突显。处于这样的经济形势，援引经典理论做出悲观的经济成长判断是不足为奇的。但生活实践所展示的却是相当可观的经济增长率：从 1998 年到 2001 年的 4 年，GDP 的增长率分别为 7.8%、7.1%、8.0%、7.3%，4 年平均增长率为 7.55%，这较 90 年代前 8 年的平均增长率低了近 3 个百分点，然而，从世界范围来看，超过 7.5%的 GDP 平均增长率，还是相当高的。

为什么经济突然从热转冷，为什么转冷之后还有相当高的经济增长率，简单搬用上面列举的有关通货紧缩效应的论点和有关生产力出现突破性提高条件下通货紧缩特点的分析，是解释不清楚的。体制接轨、经济结构是中国学者进行解题的重要入手点。现在已有种种剖析、种种判断，多少年之后也会不断有人回过头来重新分析、重新论证。但无论如何，客观事实是改变不了的，那就是疲软的物价和可观的经济成长并存。破解其缘由，将会为发展通货紧缩理论作出贡献。

第五节　通货紧缩的成因和治理

一、通货紧缩的成因

尽管不同国家不同时期的通货紧缩有着不同的原因，但从国外经济学家们关于通货紧缩的理论分析中，仍可概括出导致通货紧缩发生的一般原因：

(1) 紧缩性的货币财政政策。一国货币管理当局采取紧缩性的货币政策或财政政策，大量减少货币发行或削减政府开支以减少赤字，会直接导致货币供给不足，或加剧商品和劳务市场的供求失衡，使“太多的商品追逐太少的货币”，从而引起物价下跌，出现政策紧缩型通货紧缩。

(2) 经济周期的变化。经济周期达到繁荣的高峰阶段，生产能力大量过剩，供大于求，可引起物价下跌，出现经济周期型通货紧缩。

(3) 生产力水平的提高和生产成本的降低。技术进步提高了生产力水平，放松管制和改进管理降低了生产成本，因而会导致产品价格下降，出现成本压低型通货紧缩。

(4) 投资和消费的有效需求不足。当预期实际利率进一步降低和经济走势不佳时，消费和投资会出现有效需求不足，导致物价下跌，形成需求拉下型通货紧缩。金融体系的效率降低或信贷扩张过快导致出现大量不良资产和坏账时，金融机构“惜贷”和“慎贷”引起信用紧缩，也会减少社会总需求，导致通货紧缩。

(5) 本币汇率高估和其他外部因素的冲击。一国实行钉住强币的汇率制度时，本币汇率高估，会减少出口，扩大进口，加剧国内企业经营困难，促使消费需求趋减，导致物价持续下跌，出现外部冲击性通货紧缩。国际市场的动荡也会引起国际收支逆差或资本外流，形成外部冲击型通货紧缩压力。

(6) 体制和制度因素。体制和制度方面的因素也会加剧通货紧缩，如企业制度由国有制向市场机制转轨时，精简下来的大量工人现期和预期收入减少，导致有效需求下降；住房、养老、医疗、保险、教育等方面的制度变迁和转型，都可能影响个人和家庭的收支及消费行为，引起有效需求不足，导致物价下降，形成体制转轨型通货紧缩。

(7) 供给结构不合理。由于前期经济中的盲目扩张和投资造成了不合理的供给结构及过多的无效供给，当积累到一定程度时必然加剧供求之间的矛盾：一方面，许多商品无法实现其价值，迫使价格下跌；另一方面，大量货币收入不能转变为消费和投资，减少了有效需求。这样，就会导致结构型通货紧缩。

二、通货紧缩的治理

深受过通货膨胀危害的人们几乎无不谈虎色变，但对通货紧缩有哪些危害，许多人却不甚了然。其实通货紧缩对经济的破坏程度与通货膨胀是一样的，甚至有过之而无不及。首先，通货紧缩会加速经济的衰退。由于物价的持续下跌，必然导致人们对经济前景的悲观预期，持币观望，使消费或投资进一步萎缩。其次，物价的下跌会提高实际利率，加重债务人的负担，即使名义利率下降，资金成本仍然会比较高，致使企业不敢贷款投资或难以偿债。银行则出现大量坏账，并难以找到盈利的项目提供贷款，经营效益不断滑坡，甚至因“金融恐慌”和存款人挤兑而被迫破产，使金融系统濒临崩溃。个人因担心银行倒闭更倾向于持有现金，从而导致“流动性陷阱”的产生，并造成经济持续衰退，失业率进一步提高，工人工资收入下降，陷入痛苦的困境。最后，由于需求的持续下降使进口萎缩而输出到国外，引起全球性的通货紧缩，反过来又会影响本国的出口，造成国际收支逆差扩大和资本外流，使国家外汇储备减少，偿债能力削弱，甚至发生债务危机。

例如，自 1997 年 10 月以来，在亚洲金融危机的冲击和全球金融范围出现一定程度通货紧缩的影响下，我国也出现了连续两年多物价总水平持续下降的趋势，改革开放以来首次遇上通货紧缩。2008 年由美国次贷危机引发的全球金融危机和经济危机，又将世界经济带入了新一轮通货紧缩的威胁下，也使我国的经济发展遇到了很大的阻力，不少企业经营陷入困境，劳动就业出现困难，许多个人和家庭实际收入下降，成为影响我国经济持续、快速、健康发展的重要因素。

可见，通货紧缩对经济的危害同样也是极大的。要保证经济的健康运行，不仅要抑制通货膨胀，也要防止通货紧缩。由于通货膨胀形成的原因比较复杂，往往并非由某一方面的原因所引起，而是由多方面的原因共同作用，并伴随着经济的衰退，因此治理的难度比通货膨胀甚至更大。必须根据不同国家不同时期的具体情况进行细致的分析，才能采取有针对性的措施加以治理。

从美国的情况看，1922—1933 年出现的经济大萧条也是一次严重的通货紧缩。为此，1933 年 3 月罗斯福就任总统后，采取了一系列“新政”措施，其中包括：政府发行巨额国债，大力兴办公共工程，刺激国内需求；由美联储购进银行持有的政府债券，扩大货币发行；控制过剩农产品的生产，增加农民收入；暂停实施反托拉斯法，避免市场萎缩中的恶性竞争；实行最低工资制和社会救济；运用税收手段调节居民收入差距；降低税率，鼓励出口等。罗斯福的“新政”取得了明显效果，国民收入从 1933 年 396 亿美元增加到 1937 年 736 亿美元，物价从 1934 年起止跌回升，失业率大幅下降。

从我国当时的通货紧缩情况来看，所采取的治理措施主要包括：第一，通过积极的财政政策和稳健的货币政策，扩大国内投资和消费需求；第二，改进汇率机制，真正实行以市场供求为基础的管理浮动汇率制度；第三，加强金融机构的监管，建立金融机构内部管理制度，完善金融风险防范措施；第四，调整信贷结构，扩大信贷范围，加大信贷资金的投入；第五，定期和及时地向社会披露财政货币政策信息，公布规范的金融统计数据，提高政策透明度，主动引导和影响公众对经济走势的预期；第六，继续深化改革，加快市场经济制度建设和国有企业制度改革与体制转轨，大力推进财政、金融、流通、科技、教育、住房、医疗、社会保障和收入分配制度等各项改革，为促进需求扩大和改善供给而清除制度障碍。这些措施取得了较好的效果，使我国经济从 2003 年起走出了通货紧缩的阴影，并取得了连续 5 年的经济稳定快速的增长。

【案例】

人们把价格称为调节经济的“看不见的手”，把政府对经济的调节称为“看得见的手”。政府对经济的调节包括微观经济政策和宏观经济政策。宏观经济政策以宏观经济理论为依据，通过对经济总量的调控来实现整体经济的稳定。尽管国家对经济的调控也常常出现一些问题，但从总体上看，国家对经济的调节仍然是利大于弊，而国家调节经济常常是“逆经济风向行事”。根据宏观调控理论分析，当总供给为既定，且实现了充分就业水平时，经济状况就取决于总需求。因此，需求管理就是通过对总需求的调节，实现总需求与总供给相等，从而达到充分就业与物价稳定。

1977 年 10 月份全国零售物价指数首次出现负增长(−0.4%)以后持续 6 个月保持这一趋势。从 1997 年下半年开始到 1999 年 7 月，我国物价已经连续 22 个月下降，物价不振，商品积压严重，而且到 2001 年初这种现象还没完全消失，这是在新中国成立以来的历史中也没有出现过的，按经济学的解释，这是典型的通货紧缩。

政府宏观经济调控的主要目的是烫平经济周期，实现物价稳定、充分就业以及经济增长。经济周期是经济中一种难以克服的必然现象，繁荣与衰退的交替不可避免。经济政策目标不是消灭这种周期波动，而是使周期波动的程度减小。这就是说，在经济繁荣时，政策应不时地使这种繁荣成为过热，以免引起通货膨胀加剧的压力；在经济衰退时，政策应尽快结束这种状况，以免使失业加剧。换言之，就是要减缓经济周期的波动幅度。

思考题：

1．如何治理通货紧缩？

2．我国目前物价走低是否是通货紧缩造成的？

案例分析：

大家都知道，所谓“通货紧缩”，是同通货膨胀相对应的概念，是减少货币发行量以提高购买力或减轻货币贬值，并引起物价普遍下降的过程。通货紧缩通常与经济周期的萧条阶段相关联，当经济进入萧条阶段时，银行收缩银根，减少信贷，这就引起了通货紧缩，进而引起物价普遍下跌和生产衰退。一般来说，通货紧缩有两个特征、一个伴随：一是货币供给量的减少；二是物价持续下跌；再就是它通常伴随着经济衰退的出现。

我国出现通货紧缩有多方面的原因。一是债务方面的原因。80年代中期“拨改贷”政策实行后，中国经济增长一直建立在企业对银行负债的基础上，当企业负债达到一定程度，面对“过剩”的市场形势，银行出于风险的意识，将自动收缩信贷。这时企业则因为盈利的大部分被银行利息所占有，利润率下降而出现预期投资意愿下降。二是投融资体制方面的原因。随着银行体制的改革，银行信贷越来越谨慎，出现了“惜贷”现象。同时，非国有银行并没有随着非国有经济的增长而同步增长，这使许多非国有经济得不到的贷款，投资乏力。三是社会缺乏资产重组机制。通货紧缩是同供给过剩直接相关的，供给过剩又是同重复建设密不可分的。重复建设形成的过剩生产能力，在完善的市场机制下本来可以通过企业关闭、资产重组及时加以解决，但在目前中国缺乏破产倒闭等“退出机制”的情形下，必然导致矛盾不断激化。

治理通货紧缩同治理通货膨胀相比更加困难。治理通货膨胀，只要把紧货币闸门，不怕物价降不下来；治理通货紧缩，在打开货币闸门后，并不会水到渠成，还需要改变经济主体的预期和行为，以及踏踏实实地对结构和制度进行痛苦的调整，这些恰恰都是宏观政策最头痛的事。

反通货紧缩的目的是促进经济增长。促进经济增长的手段则应根据一国出现通货紧缩的原因不同，采取相应的对策。可以通过“需求刺激”促进经济增长，也可以通过“供给管理”促进经济增长。前者的主要主张是通过运用财政赤字手段支撑国家投资，扩大国内需求。后者主要是通过启动消费和民间投资、改革金融体制、发展中小企业、加快小城镇建设，以及通过推进产业结构转换、地区结构转换来获得长远的发展空间，也就是主张从结构和制度入手，解决中国的经济紧缩问题。

通货紧缩是一个货币问题，而货币发行是由人们主观来决定的，那么在通货紧缩时靠增加货币发行不是就可以解决通货紧缩的问题了吗？

面对通货紧缩的情况，我国的宏观决策部门确实在货币供应方面增大了力度。中国人民银行7次降低利率，这是一种侧面增加货币供应的方式，同时，极力要求商业银行增加贷款。让社会中流通更多的货币，促进商品销售。但这一切增加货币供应的政策并没有起到什么作用。原因在哪里？

对于通货紧缩来说，重要的并不是货币发行或货币供应量增加不增加，而在于货币的流通量是不是真实的增加。发行和供应是一回事，真实流通多少货币量又是另外一回事。中国人民银行可以增加货币发行，但它能不能变化成为流通货币量，还取决于相当多的因素，主要是经济因素，如有没有好的货币资金使用项目等。人民银行是增加了货币发行，但由于市场的饱和程度较大，新的经济增长点没有形成，发行出来的货币到人们手中后，人们不去消费和投资，而是大量存入商业银行。货币发行是主观的，货币流通则是客观的。

重要概念与思考题

本章重要概念

通货膨胀	结构型通货膨胀	强制储蓄效应
需求拉动型通货膨胀	爬行式通货膨胀	收入分配效应
成本推进型通货膨胀	恶性通货膨胀	资产结构调整效应
紧缩性的货币政策	通货紧缩	经济增长效应

思考题

1. 什么是通货膨胀？为什么不能将它与货币发行过多、物价上涨、财政赤字画等号？
2. 试述通货膨胀的类型。
3. 如何度量通货膨胀？
4. 试述通货膨胀对国民经济的影响及对通货膨胀效应的不同评价。
5. 试述你对我国治理通货膨胀的认识。
6. 什么是通货紧缩？它如何分类？
7. 试述通货紧缩形成的原因。
8. 谈谈你对我国面临过的通货膨胀或通货紧缩形势的看法。

第十二章 货币政策

货币政策在国家宏观经济政策中居于十分重要的地位，同财政政策一起构成国家调节经济的两大宏观政策。货币政策，是指中央银行为实现特定的经济目标而采用的各种控制和调节货币、信用及利率等变量的方针和措施的总和。一个完整的货币政策体系包括货币政策目标、货币政策工具和政策传导机制三大部分。作为一国宏观经济政策体系的组成部分，货币政策是中央银行制度的产物，也是中央银行调控宏观经济的主要职能体现。

学习目标

1. 掌握货币政策的最终目标和中间目标，货币政策最终目标之间的关系；
2. 掌握货币政策一般性工具及其政策效果和局限性；
3. 掌握货币政策传导机制及相关理论；
4. 了解货币政策效果的影响因素。

第一节 货币政策目标

货币政策目标，是指中央银行采取调节货币和信用的措施所要达到的目的。按照中央银行对货币政策的影响力、影响速度及施加影响的方式，货币政策目标可以划分为两个层次：最终目标和中介目标。

一、货币政策最终目标

货币政策最终目标，是指货币政策在一段较长的时期内所要达到的目标。最终目标相对固定，基本上与一国的宏观经济目标一致。因此，最终目标也被称为“货币政策的战略目标”或“长期目标”。

（一）货币政策最终目标的内容

各国货币政策所追求的最终目标有四个：稳定物价、充分就业、经济增长和国际收支平衡。

1．稳定物价

稳定物价又称“稳定币值”，是指社会一般物价水平在一定时期内大体保持稳定，不发生明显的大幅度的波动，也就是既要防止物价上涨又要防止物价下跌。

由于在现代信用货币流通条件下，物价波动总体是呈上升趋势。因此，货币政策的首要目标就是将一般物价水平的上涨幅度控制在一定范围内，以防止通货膨胀。各国由于国情不同，对物价水平控制的范围各有差异，但从各国货币政策的实际操作来看，一般要求物价上涨率应该控制在5%以下，以2%～3%为宜。

关于物价水平对经济的影响，20世纪30年代以前的西方经济学家普遍持“货币中性论”，自由主义的古典经济学家还提出了“货币面纱论”。“货币面纱论”认为，货币对于实体经济过程来说，就像罩在人脸上的面纱，它的变动除了对价格产生影响外，并不会引起诸如储蓄、投资、经济增长等实体经济部门的变动。如果说在一定条件下，货币供给在短期内还具有增加实际产出的效应，从长时期考察，也只能增加名义产出量，而不能提高实际产出水平。因此，西方经济理论普遍认为，中央银行的基本职责就是保证流通的货币量适应商品流通的需要，以防止货币贬值和物价持续上涨。

2. 充分就业

充分就业是反映劳动力的就业程度。所谓“充分就业”，是指有劳动能力并愿意参加工作者，都能在较合理的条件下找到适当的工作，此时劳动力市场处于均衡状态，通常用失业率的高低来反映充分就业状况。一般来说，中央银行把充分就业目标定位于失业率不超过4%为宜。

需要明确的是，充分就业并不是所有的人都已经就业，因为充分就业时仍存在一部分人失业。失业可以分为由于需求不足造成的周期性失业和由于经济中某些难以克服的原因造成的自然失业。消灭了周期性失业的就业状态就是充分就业，充分就业与自然失业是并存的，二者并不矛盾。这是因为，经济中造成失业的有些原因是难以克服的，劳动力市场总是不完善的。经济学家把实现了充分就业时的失业率称为“自然失业率”，当失业率等于自然失业率时就实现了充分就业。

另外，充分就业时还存在两种失业情况：一种是摩擦性失业，即由短期内劳动力供求失调或季节性原因造成的失业；二是自愿失业，即劳动者不愿接受现行的工资水平或自愿放弃工作机会而不愿意寻找工作造成的失业。这两种失业的数量在全社会失业中所占的比例非常小。

20世纪30年代，世界经济大危机震撼了整个世界。在这场大危机中，美国的物价水平下跌22%，实际国民生产总值减少了31%，失业率高达25%。1936年，凯恩斯的《就业、利息和货币通论》出版，其系统地阐述了国家调节经济的理论，以解决失业问题。第二次世界大战结束后，美国国会于1946年通过就业法案，明确地将“充分就业”列入经济政策的目标。从此，充分就业就作为了货币政策最终目标之一。

3. 经济增长

经济增长是针对宏观经济发展状况这一宏观问题而设置的宏观经济目标，其含义是国民生产总值要求保持较高的增长速度，不能停滞，更不能出现负增长。世界各国由于发展阶段和发展条件不同，在增长率的追求上也往往存在差异。大多数发展中国家更偏好高的经济增长率，因此也对货币政策提出了相应的要求。通常认为GDP大于5%的经济增长率是可接受的。

经济增长作为货币政策的最终目标，起源于20世纪50年代。自20世纪50年代起，世界经济得到了迅速的恢复和发展。

4. 国际收支平衡

国际收支平衡，是指一国对其他国家的全部货币收入和货币支出持平，略有顺差或略有逆差。国际收支平衡又可分为静态平衡和动态平衡。静态平衡指1年内的国际收支数额持平为目标，而动态平衡是指一定周期内(如3年、5年)的国际收支数额持平。目前在国际收支管理中，动态平衡正受到越来越多的重视。在开放经济条件下，国际收支平衡与否会关系到一国国内的货币供给量，从而会影响一国价格水平。因此，国际收支平衡也成为一国货币政策目标之一。

国际收支平衡作为货币政策目标之一，确立于20世纪70年代。自20世纪60年代开始，美国国际收支出现逆差且不断扩大，并最终导致“布雷顿森林体系”的解体，美元大幅贬值。因此，美国在20世纪70年代初将国际收支平衡列为货币政策目标之一。随着浮动汇率制的合法化，各国的国际收支都出现了剧烈的动荡，并对国内经济产生了不利影响，这种状况促使其他国家也纷纷将“国家收支平衡”作为货币政策目标之一。

(二) 货币政策最终目标之间的相互关系

货币政策四个目标都具有十分重要的社会福利意义，但在实际的政策操作中，这几个目标并非总是协调一致，而是相互之间往往存在矛盾，尤其是短期内的矛盾更为突出，导致选择政策目标时不能兼顾而只能根据现实情况需要有所侧重。一般认为，除经济增长和充分就业之间存在稳定的正相关关系，具有较多的一致性之外，其他几个目标之间都存在相互矛盾。

1. 充分就业和稳定物价之间的关系

充分就业和稳定物价之间存在着冲突和矛盾，常常是失业率较高的物价稳定或通货膨胀率较高的充分就业。菲利普斯曲线就是对充分就业和稳定物价二者之间关系的最经典的描述，它是由新西兰经济学家威廉·菲利普斯(A.W.Phillips)于1958年在《1861—1957年英国失业和货币工资变动率之间的关系》一文中首次提出的，用来描述失业与通货膨胀之间替代关系的曲线。此后，很多经济学家对此进行了大量的理论解释，尤其是萨缪尔森(P.A.Samuelson)和索洛(R.M.Solow)将原来表示失业率与货币工资之间替代关系的菲利普斯曲线发展成为用来表示失业率与通货膨胀率之间替代关系的曲线，如图12-1所示。

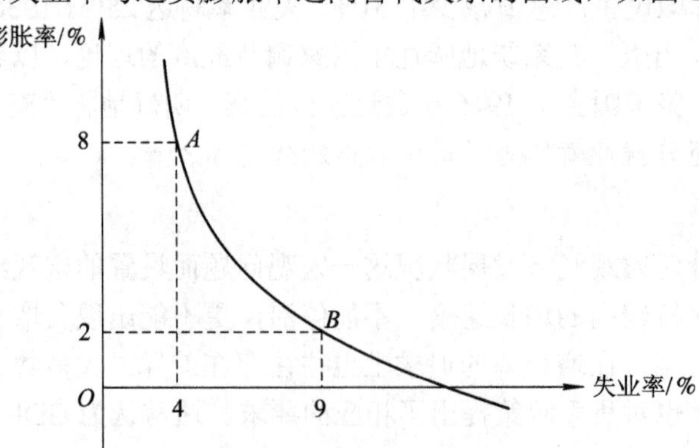

图12-1 失业率与通货膨胀率之间的矛盾

菲利普斯曲线表明：当失业率较低时，通货膨胀率较高；当失业率较高时，通货膨胀率较低。对于中央银行而言，可能的选择有三种：① 通货膨胀率较高的充分就业。如图12-1中的*A*点。② 失业率较高的物价稳定，如图12-1中的*B*点。③ 在物价上涨率高和失业率高两者之间进行相机组合，如图中*A*、*B*之间的区域。但是，菲利普斯曲线无法解释20世纪70年代以后西方国家出现的“滞胀”现象，即高失业率和严重通货膨胀并存。

2．物价稳定与经济增长之间的关系

稳定物价与经济增长之间也总会存在着矛盾与冲突：经济增长缓慢时物价比较稳定，经济繁荣时通货膨胀率又比较高。

对于物价稳定和经济增长之间的矛盾关系也存在不同的观点：一种观点认为，通货膨胀可作为经济增长的推动力；另一种观点认为，经济增长必然会导致通货膨胀。

对于物价稳定与经济增长之间存在矛盾与冲突观点，也有人持反对的观点和看法，认为除非保持物价稳定，否则不能实现经济增长。

总的来讲，物价稳定与经济增长是货币政策目标的核心内容，但在短期内这两个目标之间往往存在着冲突。比如，在经济增速放缓或衰退时期采取扩张性货币政策，以刺激需求来达到经济增长或经济增速和促进就业，这常常会造成流通中的货币数量大于与经济发展相适应的货币需求量，从而会导致物价上涨。相反，在经济扩张时期，为了抑制通货膨胀，保持物价稳定而采取紧缩性货币政策，中央银行减少货币供应量，这就会阻碍经济增长并使就业机会减少。可见，在短期内物价稳定与经济增长之间的确存在一定的矛盾和冲突，但是从长期看，物价稳定为经济增长和发展创造了良好的环境，而经济增长和发展又为物价稳定提供了物质基础，两者在根本上是统一的。因此，选择这两个目标的一个最优结合点，便成为货币政策选择的一个重要问题。

3．经济增长与国际收支平衡之间的关系

经济增长与国际收支平衡之间也存在一定的矛盾与冲突。一般地，国内经济的增长，一方面会导致贸易收支的逆差，因为经济增长会导致国民收入的增加和支付能力的增强，如果此时出口贸易的增长不足以抵消增长的进口需求，必然会导致贸易收支的逆差；另一方面也可能引起资本与金融账户的顺差，因为，经济增长需要大量的资金投入，在国内资金来源不足的情况下，必然要借助于外资的流入，这在一定程度上可以弥补由贸易逆差导致的国际收支赤字。但是，能否确保国际收支平衡依赖于二者、是否能相互持平。因为外资流入后还会有支付到期本息、分红、利润汇出、撤资等后续资金流出要求，所以，是否平衡最终还要取决于外资的实际利用效果。

4．稳定物价与国际收支之间的关系

稳定物价与国际收支之间的矛盾与冲突表现为：可能会出现本国通货膨胀(别国相对物价稳定)下的国际收支逆差或本国物价稳定(别国相对通货膨胀)下的国际收支顺差。对于开放经济条件下的宏观经济而言，中央银行稳定国内物价的努力往往会导致经常项目和资本与金融账户的顺差。例如，一国国内发生了严重的通货膨胀，货币当局为了抑制物价上涨，有可能提高利率以降低货币供应量。在资本自由流动的条件下，利率的提高会导致资本流入，资本项目出现顺差。同时由于国内物价上涨势头的减缓和总需求的减少，出口增加而进口减少，经常项目也可能出现顺差；反之亦然。由此可见，稳定物价与国际收支平衡并非总是协调一致的。

(三) 中国货币政策最终目标

长期以来，中国理论界对货币政策最终目标的理解与认识一直存在着分歧。比较有代表性的观点有两种：单一目标论和双重目标论。前者主张以稳定货币或者经济增长为货币政策目标；后者认为，货币政策目标不应是单一的，而应当同时兼顾发展经济和稳定物价两方面的要求。1994 年国务院《关于金融体制改革的决定》以及 1995 年通过的《中国人民银行法》中，中国货币政策目标被表述为“保持币值的稳定，并以此促进经济增长”。

二、货币政策中介目标

货币当局本身并不能直接控制和实现诸如物价稳定、经济增长这些货币政策最终目标，它只能借助于货币政策工具，并通过对中介目标的调节和影响实现最终目标。因此，中介目标是货币政策作用过程中一个十分重要的中间环节，也是判断货币政策力度和效果的重要指示变量，跟踪这些变量的变化，中央银行就可以较快地判断其政策是否处于准确的轨道上。

(一) 中介目标的含义及其选择标准

1. 中介目标的含义及意义

所谓“货币政策中介目标”，是指中央银行在货币政策实施过程中为更好地观测货币政策的效力并保证最终目标的实现，在货币政策工具和最终目标之间插入一些过渡性的指标。

货币政策中介指标，是中央银行为实现货币政策最终目标而选择作为调节对象的目标，是货币政策传导机制的主要内容之一。中介目标对于货币政策非常重要，这是因为：一是人们长久以来认识到货币政策作用机理具有滞后性和动态性，因而有必要借助于一些能够较为迅速地反映经济状况变化的金融或非金融指标，作为观察货币政策实施效果的信号；二是为避免货币政策制定者的机会主义行为，因此需要为货币当局设定一个名义锚，以便社会公众观察和判断货币当局的言行是否一致。

2. 中介目标选取的标准

货币政策中介目标的选择一般要符合三个标准：

(1) 可测性。可测性有两个方面的含义：一是中介目标应有比较明确的定义，以便于观察、分析和监测；二是中央银行能够迅速获取有关中介目标的准确数据。

(2) 可控性。可控性是指中央银行能够运用各种货币政策工具，对所选的金融变量进行有效的调节和控制，指标能够在足够短的时间内接受货币政策工具的影响，并且按照货币设定的方向和力度发生变化，且较少受经济运行本身的干扰。

(3) 相关性。相关性是指中介目标与货币政策最终目标之间必须存在密切的、稳定的和统计数量上的关系。只要中介目标能达到，中央银行在实现或接近实现货币政策最终目标方面不会遇到障碍和困难。

根据以上标准所确立的中介目标一般有四个：利率、货币供应量、超额准备金和基础货币。根据这些指标对货币政策工具反映的先后和作用于最终目标的过程，又可以分为两类：一类是近期中介目标，另一类是远期中介目标。

(二) 近期中介目标

近期中介目标，也称“操作指标”，是指中央银行对它的控制力较强，但与货币政策最终目标相距较远的中介目标，如超额准备金和基础货币。近期中介目标主要有三种。

1. 同业拆借利息

同业拆借利息被选作操作指标的短期货币市场利率。中央银行可以通过调控银行同业拆借利率就可以影响货币供应量，以影响长期利率，从而有较强的相关性。

2. 银行准备金

准备金按性质可分为法定准备金和超额准备金。准备金是中央银行通过各种货币政策工具影响远期中介目标的主要操作目标。中央银行通过变动法定准备金率引起银行法定准备金的变动，再引起远期中介目标的变动。因此，银行准备金就成为央行货币政策的主要操作目标之一。

3. 基础货币

基础货币由流通中的通货和银行准备金组成，是存款货币创造的基础。一般认为，基础货币是比较理想的操作指标，其具有以下特点：

(1) 可测性强。基础货币直接表现为中央银行的负债，其数额随时反映在中央银行的资产负债表上，很容易为中央所掌握。

(2) 可控性强。通货可以由中央银行直接控制，中央银行可以通过公开市场操作随意控制银行准备金中的非借入准备金，借入准备金虽不能完全控制，但可以通过贴现窗口进行目标设定，并进行预测。

(3) 相关性强。货币供应量等于基础货币与货币乘数之积。只要中央银行能够控制基础货币的投放，也就等于间接地控制了货币供应量，从而就能进一步影响利率、价格及国民收入，实现最终目标。

(三) 远期中介目标

远期中介目标，有时简称“中介目标”，是指中央银行对它的控制力较近期中介目标弱，但与货币政策最终目标较近，又称“中间目标”。货币政策的远期中介目标主要有货币供应量和长期利率两种。

1. 货币供应量

把货币供应量作为中介目标的理由是：① 可测性强。M_0、M_1、M_2 等指标都有很明确的定义，分别反映在中央银行、商业银行及其他金融机构的资产负债表内，可以很方便地进行测算和分析。② 可控性强。现金是由中央银行直接发行然后进入流通的；中央银行通过控制银行准备金从而控制基础货币，进而能够有效地控制 M_1 和 M_2。③ 相关性强。货币供应量体现了一定时期的总需求，对实现经济增长和充分就业等最终目标有着直接影响。

2. 长期利率

长期利率作为政策远期中介目标是因为它对投资的影响非常显著，对机械设备及不动产投资的影响尤为显著。它的优点是：① 可测性强。中央银行随时都能观察到市场利率的水平和机构及利率的变动趋势。② 可控性强。中央银行一方面可以通过再贷款直接控制对金融机构融资的利率；另一方面可以通过公开市场业务或再贴现政策调节市场利率的走向。③ 相关性强。中央银行可以通过利率影响投资和消费支出，从而调节总需求。

(四) 货币政策目标体系

至此，我们对货币政策目标体系进行了分析。货币政策目标体系由最终目标、近期中介目标(操作指标)、远期中介目标(简称“中介目标”)构成。图 12-2 是对货币政策目标体系的描述，从图中不难看出，货币政策工具是由操作目标、中介目标到最终目标依次传递的过程，对中央银行而言，这些中介目标的可控性依次减弱，相关性则渐强。

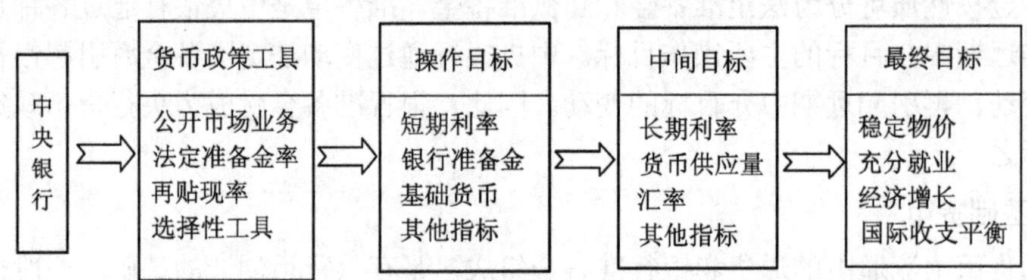

图 12-2 货币政策目标体系

第二节 货币政策工具

货币政策工具是中央银行为达到货币政策目标而采取的手段。货币政策要达到其最终目标需要一个传导过程，一般是：中央银行运用货币政策工具—操作目标(近期中介目标)—远期中介目标—最终目标。也就是说，中央银行通过运用货币政策工具，首先会影响商业银行等金融机构的业务活动，进而影响货币供应量，最终影响国民经济宏观经济指标。根据货币政策工具的调节职能和效果来划分，货币政策工具可分为一般性货币政策工具、选择性货币政策工具和其他补充性货币政策工具。

一、一般性货币政策工具

一般性货币政策工具，或称“常规性货币政策工具”，是中央银行所采用的、对整个金融系统的信用和货币供给总量的扩张与紧缩产生一般性影响的手段，是最主要的货币政策工具。包括存款准备金制度、再贴现政策和公开市场业务，也被称为中央银行的“三大法宝”。

(一) 存款准备金制度

存款准备金制度，也就是法定存款准备金制度，是指在国家法律所给予的权利范围内，通过规定和调整商业银行交存中央银行的存款准备金率，控制商业银行的信用创造能力，间接地调节社会货币供应量的政策工具。

1．法定存款准备金制度的作用机理

中央银行变动法定存款准备金率将通过以下主要途径发挥作用：

(1) 通过影响商业银行的超额准备金余额从而调控其信用规模。如中央银行提高法定存款准备金率，商业银行交存中央银行的法定准备金就会增加，在其他条件一定的情况下，用于发放贷款的超额准备金就会减少，促使商业银行收缩信贷规模，使货币供应量少，利率上升。

(2) 通过影响存款乘数从而影响商业银行的信用创造能力。由于法定存款准备金率与商业银行的存款乘数成反比，因此，当中央银行提高法定准备金率时，将会引起货币乘数的下降，从而大大降低商业银行存款货币创造的能力，进而引起货币供应量成倍的收缩；反之，降低法定准备金率，将会引起货币供应量成倍的扩张。

2．法定存款准备金制度的政策效果和局限性

法定存款准备金制度，被认为是货币政策中最猛烈的工具之一，其政策效果表现在：第一，法定准备金率是通过货币乘数来影响货币供给量的，因此，即使法定准备率调整幅度很小，也会引起货币供应量的巨大变化；第二，即使法定准备金率不变，它也在很大程度上限制了存款机构创造派生存款的能力；第三，即使商业银行等存款机构由于种种原因持有超额准备金，法定准备金率的调整也会产生效果，如提高法定准备金率将冻结一部分超额准备金。

但法定存款准备金制度也存在着局限性：第一，由于效果过于强烈，不宜作为中央银行日常调控货币供给的工具；第二，由于同样的原因，它的调整对整个经济和社会心理预期都会产生显著的影响，以致使它有了固定化的倾向；第三，存款准备金对各类银行的影响不同，因而货币政策实现的效果可能因为这些复杂情况的存在而不易把握。因此，一般对法定存款准备金率的调整都持谨慎态度。

3．法定存款准备金制度在各国的实践及发展趋势

将存款准备金集中于中央银行的做法始于英国，但以法律的形式规定商业银行必须向中央银行交存存款准备金则始于 1913 年美国的联邦储备法。该法案硬性地规定了法定存款准备金率，即中央银行要求的存款准备金占金融机构存款总额的比例，目的是确保银行体系不因过度放款而发生清偿危机。法定准备金率作为中央银行调节货币供给的政策工具，普遍始于 20 世纪 30 年代经济大危机以后。就目前而言，凡是实行中央银行制度的国家，一般都实行法定存款准备金制度。

在实行存款准备金制度的早期，许多国家都对不同期限的存款规定不同的准备金率。一般地，存款期限越短，其流动性越强，规定的准备金率就越高。20 世纪 50 年代以后建立存款准备金制度的国家，大多采用单一的存款准备金率，即对所有存款均按同一比例计提准备金。

存款准备金制度自产生以来经历了历史性的演变过程，从最初的保持银行的清偿能力，到成为调节货币供应量的有效手段，无论是准备金制度本身，还是它的作用，都发生了很大的变化。20 世纪 90 年代以来，为了减轻金融机构的负担，主要工业国家和新兴市场经济国家的中央银行陆续降低法定存款准备率，总体而言，新兴市场经济国家的法定存款准备率普遍高于发达国家。

虽然大多数新兴市场经济国家的法定存款准备金率也经历了一个不断下降的过程，但改革的力度与发达国家相比还有一定的差距。一些国家大幅度降低法定存款准备金率，甚至完全取消了存款准备金要求。例如，英国、加拿大、澳大利亚、丹麦、瑞典等国家就已经完全取消了存款准备金要求，这些取消存款准备金制度的国家大部分已实行通货膨胀目标制。在这些国家，大多数商业银行的准备金水平降低到了只与其日常清算需要相应的水平。与此同时，这些国家采取了各自不同的措施协助银行在无指令性存款准备金要求情况下有效地管理准备金和进行公开市场操作。

然而，同样的背景下，在一些发展中国家频繁调整法定准备金率的同时，西方国家却很少使用法定准备金率这一政策工具。从西方国家的货币政策实践情况看，法定存款准备金率在 20 世纪 90 年代以前一直作为信贷总量调节工具；而 20 世纪 90 年代以后，存款准备金在西方国家的信用调节功能日益减弱。目前，主要发达国家的存款准备金水平已基本降为 0%，大部分发达国家纷纷开始放弃使用法定存款准备金率作为货币政策工具。

4. 我国的存款准备金制度

我国的存款准备金制度开始于 1984 年。1984 年，中国人民银行按存款种类规定了存款准备金率，企业存款为 20%，农村存款为 25%，储蓄存款为 40%。过高的法定存款准备率使当时的专业银行资金严重不足，人民银行不得不通过再贷款(即中央银行对专业银行贷款)的形式将资金返还给专业银行。为克服法定存款准备金率过高带来的不利影响，中国人民银行从 1985 年开始将法定存款准备金率统一调整为 10%。1987 年和 1988 年，中国人民银行为适当集中资金，支持重点产业和项目的资金需求，也为了紧缩银根，抑制通货膨胀，两次上调了法定准备金率。1987 年从 10%上调为 12%，1988 年 9 月进一步上调为 13%。这一比例一直保持到 1998 年 3 月 20 日。

我国的法定准备金存款不能用于支付和清算，金融机构按规定在中国人民银行开设一般存款账户，统称“备付金存款账户”，用于资金收付。中国人民银行从 1998 年 3 月 21 日起，对存款准备金制度进行了改革，主要内容是：将原来各金融机构在中国人民银行的准备金存款和备付金存款两个账户合并，称为“准备金存款账户”；法定存款准备率从 13%下调到 8%，超额准备金及超额准备金率由各金融机构自行决定。1999 年 11 月 18 日，中国人民银行决定：从 11 月 21 日起下调金融机构法定存款准备金率，由 8%下调到 6%。从 2003 年 9 月 21 日起，中国人民银行提高存款准备金率 1 个百分点，即存款准备金率由 6%调高至 7%。从 2004 年 4 月 25 日起，中国人民银行实行差别存款准备金率制度，即对不同类型的金融机构收取不同比例的法定准备金。总的情况是我国法定存款准备金率的调整过于频繁，调整幅度过大，对货币流通量的调控作用有限。

(二) 再贴现政策

再贴现政策是指中央银行通过制定或调整再贴现利率和条件来干预和影响市场利率及货币供应量，从而调节宏观经济的一种政策工具。

1. 再贴现政策的内容

商业银行等金融机构将通过贴现业务获得的票据再向中央银行进行贴现的行为，称为“再贴现”。中央银行在确定其票据合格的前提下，根据当时的再贴现率，从票据金额中扣除再贴现利息后，将余额付给商业银行等金融机构。在这里，使用“再贴现”这一名词以区别于初始的贴现。

一般来说，再贴现政策包括两方面的内容：一是再贴现率的调整；二是规定向中央银行申请再贴现的资格。前者着眼于短期，主要影响商业银行的准备金和社会的资金供求，后者则着眼于长期，主要是影响商业银行及全社会的资金投向。

2．再贴现政策的作用机理

中央银行调整再贴现率将主要通过影响商业银行的融资成本来发挥作用。

再贴现政策的作用，在于影响商业银行融资成本，从而影响商业银行的准备金，以达到松紧银根的目的。例如，当中央银行降低再贴现率，使其低于市场一般利率水平时，商业银行通过再贴现获得资金的成本会下降，促使其增加向中央银行借款或贴现，导致商业银行超额准备金增加，相应地扩大对社会大众的贷款，从而引起货币供给量的增加和市场利率的降低，刺激有效需求的扩大，达到经济增长和充分就业的目的。反之，可采用提高再贴现率的办法来促使物价稳定目标的实现。

此外，再贴现政策还可以进行结构调整。方式主要有两种：一是中央银行可以规定并及时调整可用于再贴现的票据种类，从而影响商业银行的资金投向；二是对再贴现的票据进行分类，实行差别再贴现率，从而使货币供给结构与中央银行的意图相符合。

3．再贴现政策的特点

再贴现政策的优点主要体现在：

(1) 作用较为温和。再贴现政策是通过影响金融机构的借贷成本间接地调节货币供应量，其作用过程是渐进的，不像法定存款准备金政策那样猛烈。

(2) 对市场利率有强烈的告示作用。再贴现率的变动向社会明确告示了中央银行的政策意图。如再贴现率的升高，表明政府判断市场存在过热现象，因此有紧缩意图；反之，则有扩张意向，这对短期市场利率非常有导向作用。

(3) 具有结构调节效应。中央银行通过规定再贴现票据的种类和审查再贴现申请时的一些限制条件，可以设定资金流向，对不同用途的信贷加以支持或限制，从而使得货币的供给结构与国家的经济政策导向相符合，达到调整国家产业结构的目的。

再贴现政策的局限性在于：

(1) 缺乏主动性。商业银行是否愿意到中央银行申请再贴现，或再贴现多少，取决于商业银行。如果商业银行可以通过其他渠道融资而不依赖于中央银行，则再贴现政策的效果势必大打折扣。

(2) 利率高低有限度。如在经济调整增长时期，由于再贴现率有最高限度，所以很难抑制商业银行向中央银行再贴现或借款；反之，在经济调整回落期，由于再贴现率有最低限度，往往不能刺激商业银行向中央银行再贴现或借款。

(3) 再贴现率是市场利率的重要参照，再贴现率的频繁调整会导致市场利率的经常性波动，使企业和银行无所适从。因此，在货币政策工具中，再贴现政策不处于主要地位。

(三) 公开市场业务

公开市场业务是指中央银行在金融市场上公开买卖有价证券(主要是政府债券)用以调

控货币供应量的一种政策工具。

1．公开市场业务的作用机理

目前，各国中央银行从事公开市场业务主要是买卖政府债券。一般情况下，当经济停滞或衰退时，中央银行就在公开市场上买进有价证券，从而向社会投放一笔基础货币。无论基础货币是流入社会大众手中，还是流入商业银行，都必将使银行系统的存款准备金增加，银行通过对准备金的运用，扩大了信贷规模，增加了货币供应量。反之，当利率、物价不断上升时，中央银行则在公开市场上卖出有价证券，回笼货币，收缩信贷规模，减少货币供应量。公开市场操作是 20 世纪 20 年代美国联邦储备系统为解决自身收入问题买卖收益债券时意外发现的，从此它成为联邦储备系统最重要的政策工具，并在其他国家货币政策工具中占据了越来越重要的地位。

2．公开市场业务的特点

与前两种货币政策工具相比，公开市场业务的优越性是显而易见的，主要有四个方面：

(1) 传递过程的直接性。中央银行通过公开市场业务可以直接调控银行系统的准备金总量，进而直接影响货币供应量。

(2) 主动性。通过公开市场业务，中央银行可以“主动出击”，避免了贴现政策的“被动等待”。

(3) 可以进行微调。由于公开市场操作的规模和方向可以灵活安排，中央银行有可能对货币供应量进行微调。

(4) 可进行频繁操作。中央银行可以在公开市场上进行连续性、经常性及试探性操作，也可以进行逆向操作，以灵活调节货币供应量。

然而，公开市场业务也有一定的局限性，要有效地发挥作用，必须具备一定的条件：第一，中央银行必须具有强大的、足以干预和控制整个金融市场的资金实力。第二，中央银行对公开市场业务的操作必须具有弹性操纵权，可以根据经济需要和货币政策目标自行决定买卖证券的种类和质量。第三，首先，金融市场必须具有相对的广度和深度，这样，中央银行的公开市场操作才能顺利地进行。其次，操作效果会被其他因素所抵消，比如资本的流动、国际收支不平衡、商业银行通过其他方式弥补准备金不足或者在准备金增加时并不马上扩张信用等因素，会部分抵消央行买卖有价证券的效果。最后，公开市场业务易受经济周期影响，例如，当经济萧条时，尽管中央银行可以买进证券，扩张信用，促使利率下降，但生产者仍有可能不愿借款，信用需求不随利率下降而增加；反之则反。

二、选择性货币政策工具

选择性政策工具，是指中央银行针对某些特殊的信贷或某些特殊的经济领域而采用的工具，是针对某些个别部门、个别企业或某些特定用途的信贷所采用的货币政策工具。与一般性货币政策工具不同，选择性的货币政策工具对货币政策与国家经济运行的影响不是全局性的，而是局部性的，但也可以作用于货币政策的总体目标，是一般性货币政策工具的必要补充。选择性政策工具主要有消费者信用控制、证券市场信用控制、不动产信用控制、优惠利率等。

(一) 消费者信用控制

消费者信用控制是指中央银行对不动产以外的各种耐用消费品的销售融资予以控制。控制的主要内容有：第一，规定以分期付款方式购买各种耐用消费品时第一次付款的最低金额。第二，规定分期付款的最长期限。第三，规定可用消费信贷购买的耐用消费品的种类，并就不同的耐用消费品规定相应的信贷条件，等等。

(二) 证券市场信用控制

证券市场信用控制是指中央银行对有关证券交易的各种贷款进行限制，以抑制过度的投机，其中较为常用的是对证券信用交易的保证金比率做出规定。所谓“证券信用交易的保证金比率”，是指证券购买人首次支付占证券交易价款的最低比率，也即通常所说的保证金比率。中央银行根据金融市场状况选择调高或调低保证金比率，就可以间接控制证券市场的信贷资金流入量，从而控制最高放款额度。

(三) 不动产信用控制

不动产信用控制是指中央银行对商业银行及其他金融机构的房地产贷款所采取的限制措施，以抑制房地产的过度投机。如对金融机构的房地产贷款规定最高限额、最长期限以及首次付款和分摊还款的最低金额等。

(四) 优惠利率

优惠利率是中央银行对国家重点发展的经济部门或产业，如出口工业、农业等所采取的鼓励措施。优惠利率不仅在发展中国家多有采用，在发达国家也十分常见。

(五) 预缴进口保证金

预缴进口保证金是中央银行要求进口商向指定银行预缴相当于进口商品总值一定比例的存款，目的在于抑制进口的过快增长。这种做法在国际收支长期为赤字的国家较为常见。

三、直接信用控制

直接信用控制是指中央银行依法对商业银行创造信用的业务进行直接干预而采取的各种措施。主要有利率最高限额、信用配额、规定流动性比率和直接干预等。

(一) 利率最高限额

利率最高限额，即规定商业银行对定期及储蓄存款所能支付的最高利率，如在1980年以前，美国有Q条例，该条例规定：活期存款不准付息；定期存款和储蓄存款利率不得超过上限。这些规定的目的在于防止银行用抬高利率的办法竞相吸收存款，以及为了取得高回报在资产运用方面承担过高的风险。

(二) 信用配额

信用配额是指中央银行根据金融市场状况及客观经济需要，分别对各商业银行的信用规模加以分配，限制其最高数量。这是一个颇为古老的做法，目前在许多发展中国家，由于资金供给相对于资金需求严重不足，这种做法被广泛采用。

(三) 规定商业银行的流动性比率

流动性比率是指流动性资产对存款的比重。一般来说，流动性比率与收益率成反比。为保持中央银行规定的流动性比率，商业银行必须缩减长期贷款、扩大短期贷款及增加易于变现的资产等。

(四) 直接干预

直接干预是指中央银行直接对商业银行的信贷业务、房贷范围等加以干预，如直接限制放款额度，直接干预商业银行对存款的吸收，对业务经营不当的商业银行拒绝再贴现或采取高于一般利率的惩罚性利率等。

四、间接信用指导

间接信用指导是指中央银行凭借其在金融体系中的特殊地位，通过与金融机构之间的磋商、宣传等，指导其信用活动，以控制信用的措施。其方式主要有窗口指导、道义劝告。

(一) 窗口指导

1.“窗口指导”的含义及产生背景

所谓“窗口指导”，是指中央银行根据产业行情、物价走势和金融市场动向，规定商业银行每季度的贷款增减额，并要求其执行，属于温和的、非强制性的货币政策工具。如果商业银行不按规定的增减额对产业部门贷款，中央银行可削减对该银行贷款的额度，甚至采取停滞信用等制裁措施。

窗口指导产生于20世纪50年代的日本，这是由当时特殊的条件所决定的：其一，日本政府对经济的干预程度比一些西方国家高，因而日本银行更注重对信贷量的控制；其二，由于历史和传统的原因，日本政府和金融当局更倾向于用行政和法律手段对经济活动进行干预和控制；其三，日本的金融市场尤其是资本市场在战后较长时期不甚发达，利率的杠杆作用受到抑制，银行信贷是占主导地位的融资方式，因此，英、美等国家中央银行传统的三大货币政策工具在日本缺乏有效的市场运行基础。

2.“窗口指导”的特点

实行窗口指导的直接目的是通过调控贷款资金的供求以影响银行同业拆放市场利率；间接目的是通过银行同业拆放市场的利率功能，使信贷总量的增长和经济增长相吻合。日本银行利用其在金融体系中所处的中央银行地位和日本民间金融机构对其较大的依赖关系，劝告它们自动遵守日本银行提出的要求，从而达到控制信贷总量的目的。有时，窗口指导也提出民间金融机构的贷款投向，以保证日本经济中重点倾斜部门的资金需要，达到调整产业结构的目的。

(二) 道义劝告

1. 道义劝告的概念

所谓“道义劝告”，是指中央银行利用其声望和地位，对商业银行和其他金融机构经常发出通告、指示或与各金融机构负责人进行面谈，劝告其遵守政府政策并自动采取贯彻政策的措施。

2. 道义劝告的作用

道义劝告既能控制信用的总量，也能调整信用的构成，在质和量的方面均起作用。中央银行的道义劝告不具有强制性，而是将货币政策的意向与金融状况向商业银行和其他金融机构提出，使其能自动地根据中央银行的政策意向采取相应措施。

在我国，自 1987 年开始，中央银行与商业银行就建立了比较稳定的行长、部主任碰头会制度。一方面，商业银行报告即期的信贷业务进展情况，中央银行则向商业银行说明对经济金融形势的看法，通报货币政策意向，提出商行改进信贷管理建议。

3. 道义劝告的优、缺点

道义劝导的优点是较为灵活，无须劳民伤财花费行政费用；其缺点是没有法律的约束力，所以其效果视各金融机构是否按照中央银行的劝告行事而定。

第三节 货币政策的传导机制

中央银行制定货币政策后，从政策的实施到政策发挥作用必须经历一系列传导过程，货币政策传导机制就是描述货币政策影响经济变量的这一过程。具体就是指中央银行根据货币政策目标，运用货币政策工具，通过金融机构的经营活动和金融市场传导至企业、居民，对其生产、投资和消费等行为产生影响的过程。本节就凯恩斯学派的传导机制、现代货币学派的传导机制、资产价格渠道机制和金融中介学派的传导机制分别进行详细介绍。

一、凯恩斯学派的货币政策传导机制

凯恩斯学派自诞生以来，一直占据着经济学的中心地位。在货币政策传导机制的问题上，凯恩斯学派认为货币政策工具必须影响到利率才能发挥作用，这就是其经典的“利率传导机制理论”。

(一) 利率传递渠道的局部均衡分析

利率在凯恩斯主义的货币政策传导机制中占有重要的位置。在简单的凯恩斯模型中存在两个部门：公共部门和私人部门；有两类资产：货币和政府债券。金融市场上唯一存在的是债券利率。这种货币政策传导机制可简单描述为：通过货币供给 M_S 的增减影响利率

r(主要是债券利率)，利率的变化则通过资本边际效益的影响使投资 I 以乘数方式增减，进而影响社会总支出 E 和总收入 Y。以扩张性货币政策为例，用符号表示为：

$$M_S\uparrow\rightarrow r\downarrow\rightarrow I\uparrow\rightarrow E\uparrow\rightarrow Y\uparrow$$

在这个传导机制中，发挥关键作用的是利率：货币供应量的调整首先影响利率的升降，然后才使投资乃至总支出发生变化。

在一个标准的IS-LM模型中，凯恩斯的利率传导效应也是十分明显的，如图12-3所示。

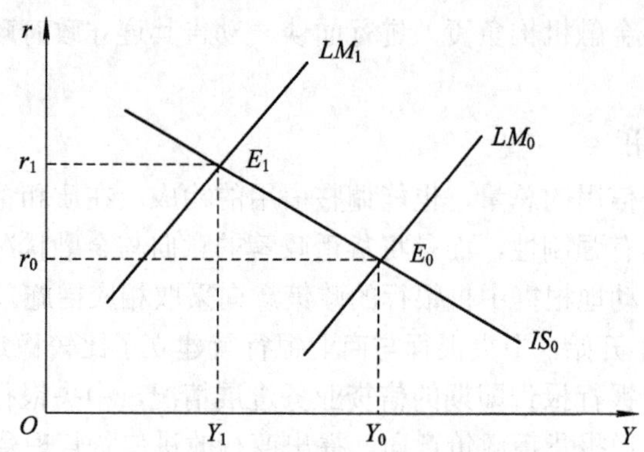

图12-3　货币政策的利率传导机制

IS-LM模型对于货币政策的传导作用可简述如下：在货币供给 M 一定的情况下，货币市场均衡线 LM_0 曲线与商品市场均衡线 IS_0 的交点 E_0 就是经济的均衡点。当货币当局实行紧缩性货币政策时，会使 LM_0 曲线向左移动，譬如从 LM_0 移至 LM_1，利率会相应地由 r_0 上升为 r_1；利率的上升会抑制投资，这将导致均衡产出从 Y_0 下降到 Y_1。而当货币当局实行扩张的货币政策时，会产生相反的效果：LM曲线会向右移动，利率会下降，而由于利率的下降会刺激投资，投资上升，均衡产出相应增加。

上述分析从局部均衡的角度，揭示了货币市场对商品市场的初始影响。但是没有考察商品市场对货币市场的影响，没有反映出两个市场之间的相互作用过程。因此，这也是一种局部分析方法。

(二) 利率传递渠道的一般均衡分析

考虑到货币市场与商品市场的相互作用，凯恩斯学派做了进一步的分析，称为“一般均衡分析”。其传递过程如下：

第一，假定货币供给增加，当产出水平不变，利率会相应下降；下降的利率会刺激投资，并引起总支出增加，总需求的增加又推动产出上升。这是货币市场对商品市场的作用。

第二，产出和收入的增加，必将引起货币需求的增加，这时如果没有增加新的货币供给，则货币供给的对比会导致下降的利率回升。这是商品市场对货币市场的作用。

第三，利率的回升，又会使总需求减少，产量下降；而产量下降又会导致货币需求下降，利率又会回落。这是货币市场和商品市场往复不断的相互作用过程。

第四，上述过程最终会逼近一个均衡点，这个点同时满足货币市场和商品市场两方面的供求均衡要求。在这个点上，可能利率较原来的均衡水平低，而产出量则较原来的均衡水平高。

凯恩斯学派的利率传导渠道较为间接，传导效果如何，取决于三个参数的影响：一是货币需求对利率的敏感性，它决定了货币供给的变动能在多大程度上影响利率；二是私人投资对利率的敏感性，它决定了利率的变动对私人投资的影响；三是投资乘数，它决定了私人投资的变动能够在多大程度上影响国民收入。按照凯恩斯学派的观点，货币需求对利率十分敏感，存在着"流动性陷阱"，所以，任何货币供给的增加都会被公众所持有，而不会引起利率的变化。而且，凯恩斯认为私人投资对利率是不敏感的，决定私人投资的因素是投资者对投资前景的预期。因此，凯恩斯认为，虽然存在着这样的货币传导机制，但其实施效果却很不理想，据此，凯恩斯认为，货币是无关紧要的。

二、现代货币学派的货币政策传导机制

以弗里德曼为代表的现代货币学派认为，利率在货币政策传导机制中不起主导作用，而更强调货币供应量在整个传导机制中的直接效果。他们认为，货币政策的传导机制主要不是通过利率间接地影响投资和收入，而是通过货币供应量的变动直接影响支出和收入，用符号表示为

$$M \rightarrow E \rightarrow I \rightarrow Y$$

(一) 货币供应量的变动直接影响支出水平

$M \rightarrow E$，表示货币供应量的变动直接影响支出，其原理是：第一，货币需求有其内在的稳定性。第二，弗里德曼货币需求函数中不包括任何货币供给的因素，因而货币供给的变化不会直接引起货币需求的变化；至于货币供给，现代货币主义学派将其视为外生变量。第三，当作为外生变量的货币供给改变，比如增大时，由于货币需求并不改变，公众手持货币量会超过其愿意持有的货币量，从而必然增加支出。

(二) 支出作用于投资

$E \rightarrow I$，表示变化了的支出作用于投资的过程，货币主义者认为这将是资产结构调整的过程。其原理是：第一，超过愿意持有的货币或用于购买金融资产，或用于购买非金融资产，甚至还可以对人力资本进行投资。第二，不同取向的投资会相应引起不同资产相对收益率的变化，如投资金融资产偏多，金融资产市值会上涨，收益率会相应下降，从而刺激非金融资产投资，如产业投资；产业投资增加，既可能促使产出增加，也会促使资本品的价格上涨。第三，这就引起资产结构的调整，在这一调整过程中，不同资产收益率的比值重新趋于相对稳定的状态。

(三) 投资影响名义收入

$I \rightarrow Y$，表示变动了的投资影响名义收入的过程。Y 是价格和实际产出的乘积，由于 M 作用于支出，导致资产结构调整，由此带动投资的变化，并最终导致 Y 的变化，这一变化究竟能在多大程度上反映实际产出的变化，又有多大比例反映在价格水平上，货币主义认为，货币供给的变化短期内对两方面均有影响，但就长期而言，则只会影响价格。

三、资产价格渠道传导机制

凯恩斯学派关于货币政策对经济影响的分析受到了货币学派的批评，主要批评点是凯恩斯学派过分关注一种资产价格形式——利率，而忽视了其他资产价格形式。

自詹姆斯·托宾(James Tobin)的投资 q 理论以及莫迪利亚尼(Modigliani)的生命周期理论诞生后，资产价格也成为货币政策传导机制中一个备受关注的渠道。主要的资产价格传递机制如下。

(一) 托宾 q 理论

耶鲁大学的詹姆斯·托宾认为，凯恩斯所分析的投资传导机制只是一种局部均衡分析，而一般均衡分析还需考虑商品市场和货币市场的相互关系。因此，托宾等沿着一般均衡分析的思路扩展了凯恩斯的模型，提出了一种关于货币政策变化通过影响股票价格而影响投资支出的理论，该理论被称为“q 理论”。该理论强调了资产结构调整在货币传导过程中的作用。

所谓的 q，是指一个比值，它等于企业的市场价值与企业重置成本之比，用公式表示为

$$q=\frac{\text{企业市值}}{\text{企业重置成本}}=\frac{V}{P_{\mathrm{k}}K}$$

式中，V 为企业的市场价值，即企业的股票总市值；P_{k} 为每单位实物资本的价格；K 为企业的实物资本总数，二者相乘即为企业的资本重置成本。

托宾认为，q 和投资支出之间是正相关关系。q 的高低反映了企业的投资愿望，企业的投资决策取决于 q 值是否大于 1。如果 q 值大于 1，意味着企业的市值高于其资本重置成本，相对于企业的市值而言，新的厂房和设备的投资比较便宜，因而企业可通过发行股票获得价格相对低廉的投资品，从而增加投资和总需求；反之，如果 q 值小于 1 时，则企业的市值低于其资本的重置成本，企业就不会购买新的资本品，如果在此时企业仍希望获得资本品，它们可以以较低的价格购买其他企业来获得这些企业已有的资本品，投资支出即新资本品的购买就会减少。因此，q 值是决定新投资的主要因素。

那么，货币供给的变动又会对 q 产生什么影响呢？托宾强调了资产结构调整在货币传导过程中的作用。假如货币政策变动导致货币供应量增加，公众发现手中货币多了，因此增加了支出，从而增加了对股票的需求，引起股票价格的上涨，q 值相应上升，企业投资支出增加，从而刺激生产增长。这一过程用符号描述为

$$M\uparrow\rightarrow r\downarrow\rightarrow P_{\mathrm{e}}\uparrow\rightarrow q\uparrow\rightarrow I\uparrow\rightarrow Y\uparrow$$

因此，一个扩张性的货币政策会使得股票价格上升，降低资本成本，从而增加了投资和产出。

(二) 财富效应渠道

尽管经济学家大多较为关心投资的波动，但消费的影响也是不容忽视的。因为，消费支出是国民收入中最重要的部分(它一般占国民收入的 2/3 以上)。因而消费也可能在货币传导机制中发挥着重要的作用。

莫迪利亚尼引入了“生命周期理论”，补充了货币供给量的变化对私人消费的影响，提出了货币政策的财富效应渠道。货币政策的财富效应渠道是指货币政策通过货币供给的增减影响股票价格，使公众持有的以股票市值计算的个人财富发生变动，从而影响其消费支出进而影响国民收入的传导效应。

莫迪利亚尼所指的消费，是指用在非耐用消费品和服务上的开支，它取决于消费者毕生的财富，而不是取决于消费者的当期收入。他认为，消费者所获得的毕生财富包括人力资本、实物资本和金融财富，这决定了他的支出水平。

消费者毕生财富的一个重要组成部分是金融资产，而股票又往往是金融资产的主要组成部分。因此，当实施扩张性的货币政策时货币供应量增加，使普通股的价格上升，金融资产的市场价值上升；资产的市场价值上升时，消费者的毕生财富(用 W 表示)也增加，进而消费增加(用 C 表示)，引起产出也增加。财富效应的货币政策传导机制用符号表示为：

$$M\uparrow \to P_e\uparrow \to W\uparrow \to C\uparrow \to Y\uparrow$$

在 20 世纪 90 年代中后期，美国股市持续走高，美国公众持有的金融资产的市场价值上升，这对同期消费支出增加和经济稳定增长都具有重要推动作用。需要说明的是，财富效应中影响消费支出的是其“毕生财富”，所以，只有股市持续较长时间的上涨才会增加消费者整体的“毕生财富”，这时才具有财富效应，而股市短时间的暴涨暴跌是不具有财富效应的。

(三) 汇率渠道

汇率渠道，也称“净出口传导渠道”。在国际交往越来越频繁，世界经济一体化程度越来越高的情况下，如果一国的经济对外开放并实行了浮动汇率制以后，还需要将国际的因素也考虑进来，此时货币政策的传导机制主要表现在汇率的变动对净出口的影响上，它是对利率渠道的补充，或者说是一种延伸。

假定本国货币供给增加，从而使本国的利率下降，那么投资者持有本国银行存款的利息收益就下降，因而他们将渴望把本国的货币兑换成外国的外币，以获得外国较高的利息收入。当许多投资者都在外汇市场抛出本国货币、买进外国货币时，本币将贬值，而本币的贬值将有利于扩大本国的出口，减少本国的进口，从而净出口增加。因此，货币供给的增加可以通过净出口的增加而使总需求增加，进而引起总收入的增加。这一传导机制可表述如下：

$$M\uparrow \to r\downarrow \to e\uparrow \to NX\uparrow \to Y\uparrow$$

式中，e 代表直接标价法下本币的汇率，NX 代表净出口。

当然，这种传导效应也具备以下前提条件：第一，外币可以自由流入；第二，本币可以自由兑换；第三，实行浮动汇率制。缺乏这三个条件，汇率渠道就不会产生作用了。

四、信用渠道传导机制

由于认识到了传统的利率传导机制和货币主义的不足，经济学家提出了基于金融市场信息不对称问题的解释，这种观点被称为“信用渠道”。它主要提出两种类型与信贷市场间题的传导机制：一种是通过信息问题对银行贷款的影响发挥作用；另一种则是通过影响企业和消费者的资产负债状况发挥作用。

“信用渠道”的理论基础是“均衡信贷配给理论”。

斯蒂格利茨(Stiglits)等人于1981年提出了“均衡信贷配给理论”(equilibrium rationing theory)，也被称为“信贷可得性理论”，该理论认为，以往货币理论家在分析经由利率的货币政策传导机制时，往往只认定利率对储蓄者和借款者的影响，而忽视了利率对贷款者的影响。因而，他们在发现借款者对利率的变动并不敏感时，就怀疑经由利率传导的货币政策的有效性。然而，事实上，贷款人对利率的变动十分敏感，并且他们的行为会独立地影响社会经济活动。

1．银行贷款利率相对于市场利率具有黏性

均衡信贷配给理论是建立在信息经济学的基础上的。信息经济学认为，信贷市场和货币市场存在差异，信贷市场具有其特殊性。在信息不对称条件下，由于逆向选择、道德风险或监督成本的存在，使得银行贷款利率相对于市场利率具有黏性，即银行贷款利率不会随货币供给的增减而做相应变动的现象。结果，信贷市场的利率并不是一个使信贷市场供求相等的均衡利率，而是一个比均衡利率更低的利率。

为什么会存在“贷款利率黏性”现象呢？在某些情况下，政府对贷款利率的限制可能是一个原因，比如在发展中国家就是如此。但是，为什么在许多不存在利率管制的国家，也存在“贷款利率黏性”呢？这是由“信息不对称”导致的。假定银行采取提高利率的办法，则可能对银行收益产生两方面的负面影响。

(1) 逆向选择增强。利率提高后，那些收益率较低而安全性较高的项目将会因为投资收益无法弥补借款成本而退出借款申请者的行列；而剩下的愿意支付高利率的借款人往往是高风险的，他们之所以愿意接受高利率，是因为他们自己知道其归还贷款的可能性很小。

(2) 道德风险提高。高利率使得一些低收益的项目变得无利可图，在贷款利率一定的条件下，那些获得贷款的人将倾向于投资高风险高收益的项目，从而使得道德风险变得更加严重。

因此对于银行来说，利率并不是越高越好，而是有一个限度，超过了这一限度，由于贷款风险增加，银行预期收益反而减少。

2．信贷市场存在“信贷配给”现象

所谓“信贷配给”，是指在固定利率条件下，面对超额的资金需求，银行因无法或不愿提高利率而采取一些非利率的贷款条件，使部分资金需求者退出银行借贷市场，以消除超额需求而达到平衡。

斯蒂格利茨和韦斯(Weiss)在《美国经济评论》上发表的文章《不完全信息市场中的信贷配给》，全面系统地从信息结构角度对信贷配给现象进行了分析，对不完全信息下逆向选择能导致作为长期均衡现象存在的信贷配给做了经典性的证明。本斯特(Bester)和赫尔维格(Hellwing)在斯蒂格利茨和韦斯分析的基础上，对事后借款者的道德风险行为造成的信贷配给现象作了补充。他们认为，在信贷市场上存在着信息不对称，这种不对称表现在信贷市场上借款者拥有自己用贷风险程度和能否按期还贷的私人信息，借款者如果不对银行如实报告其贷款投资的情况，银行在面对众多借款者时，难以从借款者过去的违约情况、资产状况和贷款用途的资料中事先就确定借款者的违约风险。贷款放出以后，银行无法完全控制借款者的用贷和还贷行为，借款者有可能采取风险行动，银行面临着违约的贷款风险。因此，银行的预期利润率不仅取决于贷款利率，而且取决于贷款风险的大小。如果贷款风险独立于利率，在贷款需求大于贷款供给时，银行高利率可以增加利润，信贷配给不会出现。但是当银行不能观察到借款者的投资行为时，提高利率反而会使低风险者退出信贷市场(逆向选择行为)，或者诱使借款者选择风险更高的项目进行投资(道德风险行为)，从而使银行贷款的平均风险上升，预期收益降低。这里的原因是：那些愿意支付较高利息的借款者正是那些预期还款可能性低的借款者，结果，贷款利率的升高可能而不是增加银行的预期收益，银行会在较高的利率水平上拒绝一部分贷款，从而不愿意选择在高利率水平上满足所有借款者的贷款申请。

第四节　货币政策效果的影响因素

如前所述，货币政策从政策工具选择到最终目标的实现，有一个较长的过程，且传导机制也较为复杂。因此，货币政策最终目标能否实现和在多大程度上实现，即货币政策效果如何，成为货币政策制定者和理论界共同关注的问题。本节重点介绍影响货币政策效果的因素。

在货币政策传导过程中，有很多因素影响货币政策效果，主要有三方面因素。

一、货币政策时滞

(一) 货币政策时滞的含义

任何政策从制定到获得主要或全部效果，都必须经过一段时间，这段时间即称为“时滞”(time lag)。所谓“货币政策时滞”，是指货币政策从制定到最终目标的实现所必须经过的一段时间。货币政策时滞由两大部分组成：内部时滞和外部时滞，内部时滞又分为认知时滞和决策时滞。

内部时滞是指从需要采取政策行动的情况出现，直至货币当局采取该行动之间的一段时间。内部时滞的长短取决于货币当局对经济形势的把握程度、推行货币政策的主动程度，以及它的信息和决策系统运行效率的高低。内部时滞从表面看起来是比较短的，但实际上却往往很长。

外部时滞是指从货币当局采取政策行动到国民收入发生变动的时滞分布。它指的并不是一个特定的时间间隔，而是指货币政策渐次发挥效力的一个时间分布序列。因此，对于某一项货币政策行动的外部时滞，一般是应说该政策行动在(比如) 4 个月后产生了 30% 的效应，12 个月后产生了 60%的效应，18 个月后则全部产生效应。

(二) 时滞对宏观调控的干扰

尽管人们还难以准确把握时滞，但作为一种客观存在，它不仅左右着货币政策产生效力的时间及程度，而且在很大程度上决定着货币政策对宏观经济运行的影响是否有利。如果为遏制某一经济现象发展而采取的货币政策能够在较短时间内生效，那么，该货币政策对宏观经济的运行是有利的。但是，如果货币政策需要较长时间方能生效，而在这段期间内国民经济的运行又受其他因素的影响，出现了与制定该货币政策时完全不同的形势，那么，该货币政策便可能对宏观经济的运行产生不利影响，如图 12-4 所示。

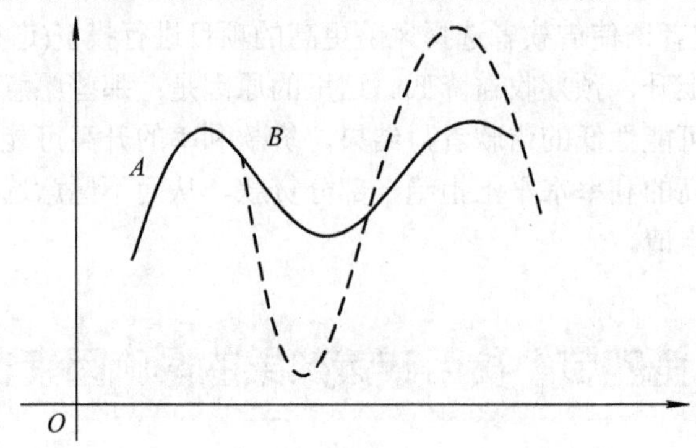

图 12-4　时滞对货币政策效果的影响

图中假定货币当局在经济繁荣时期制定并推行了一项政策(*A* 点所示)，旨在抑制经济的过热势头，如果该政策在 1 年半后方能发挥其主要的效力(*B* 点所示)，那么，这项政策便会使正常的经济周期(实线所示)的波动幅度(虚线所示)增大。这显然是货币当局不愿看到的结果。

正是看到了有产生上述结果的可能，货币主义者坚决反对凯恩斯主义者所倡导的反周期货币政策。弗里德曼认为，依据现在掌握的技术知识手段，人们很难准确估算出货币政策的时滞，因而也很难理智地选择货币政策的施行时机。在这种情况下，如果仅仅依据反经济周期的规则行事，便极有可能事与愿违。货币当局的明智之举是根据经济长期增长的需要，确定一个稳定的货币增长率，并不受任何干扰地实施。货币学派的这一政策主张也被称为单一规则。

二、微观主体预期的对消作用

(一) 理性预期理论

理性预期学派出现于 20 世纪 70 年代，当时，美国经济出现“滞胀”，凯恩斯主义的积极干预政策受到质疑，理性预期学派应时而生。美国经济学家约翰·穆思(John F.Muth)首先提出了“理性预期”的思想，他认为“理性预期”是指经济活动当事者的预期由于相同的信息背景，趋向于一致的预期结果。随后萨金特、华莱士、巴罗等人也相继发表论文，系统阐述理性预期问题。而 1995 年诺贝尔经济学奖获得者芝加哥大学经济学家罗伯特·卢卡斯(R.E.Lucas Jr.)无疑是该学派的核心，他在 1970 年发表了名为《预期与货币中性》的文章。由于卢卡斯的杰出贡献，理性预期学派最终自成一家并产生了巨大影响。理性预期学派认为，由于人是理性的人，为了避免损失和谋取最大利益，会设法利用一切可以取得的信息，对所关心的经济变量在未来的变动状况作出尽可能准确的估计，并会对政策形成合理的预期，从而采取相应的对策和措施来抵消这种政策的影响。理性预期学派与新古典经济学有一个共同的重要假定，即人都是理性的人，他们能够在充分信息的基础上对经济变动作出明智的反应，不致发生系列性的错误。

理性预期理论提出了“政策无效论”，认为政府的干预在短期内也是无效的。无论是短期还是长期，都不能实行干预的措施。此外，理性预期理论提倡“中性货币”，认为联邦储备当局的货币行为不能控制实际利率，也不能从根本上影响实际的经济变量。一旦人们意识到利率下降是政府增加货币供给的结果，就会在货币增加之初要求增加工资，这样一来，生产要素的价格上涨不会滞后，甚至与生产成品的价格同步。由于人们对央行的货币政策有充分的理性预期，央行的收缩或者扩张性货币政策将趋于无效，货币中性是最佳选择。

(二) 理性预期影响下的货币政策效应

鉴于经济行为者的理性预期，似乎只有在货币政策的取向和力度没有或没有全部为公众知晓的情况下，才能生效或达到预期效果。但是，货币当局不可能长期不让社会公众知道他要采取的政策，这是否意味着货币政策无效呢？

结论是否定的。货币政策在经济行为者的理性预期下仍然是有效的，只是公众的预期行为会使其效果大打折扣。理由是：

(1) 理性的预期难以形成。因为理性预期学派的假设和推论与现实经济情况不符，例如，人们在预期的形成过程中会受到社会阶层、知识水平、认识水平的局限，所获得的信息也必然是不全面、不真实的，因而理性的预期是很难形成的。这种情况下，货币政策是有一定效力的。

(2) 金融市场不是强式有效的。现实中不存在完全有效的金融市场，人们获取真实有效信息还是有一定困难的，这样公众就很难做出充分理性的预期行为，因此货币政策依然有效。

(3) 价格调整需要一个时间过程。理性预期学派假定市场机制能够充分发挥作用，价格水平会根据其变动做出调整。但事实上，实际经济生活中工资和物价都存在黏性，长期性的劳资合同会使得工资和价格不能充分响应预期的价格水平变动。只有等到合同期满后，才有可能把预期通货膨胀纳入新的协定。

(4) 劳动力市场是不完善的。尤其是寻找工作和变换工作不是很容易或成本较高的时候，劳动者会基于除工资外多方面的理性考虑，也会接受既定的工资水平。因此，无论是预期到的宏观政策，还是没有预期到的宏观政策，都能够在一定程度上影响实际产出水平和就业水平，货币政策仍然是有一定效果的。

三、其他因素

除时滞和微观主体预期因素外，货币政策效果也受到其他外来或体制因素的影响。

1. 政治因素

任何一项货币政策方案的实施，都可能给不同阶层、集团、部门或地方的利益带来一定的影响。这些主体如果在自己利益受到损失时做出较强烈的反应，就会形成一定的政治压力，当这些压力足够大时，就可能会迫使货币政策调整。

2. 经济条件因素

一项既定货币政策出台后总要持续一段时间，在这段时间内，如果客观经济条件发生变化，而货币政策又难以及时做出相应的调整，就可能出现货币政策效果下降甚至失效的情况。比如，实施紧缩性货币政策以期改善市场供求状况，但实施过程中出现了开工率低、经济效益指标下滑过快等情况，这就是说，紧缩需求的同时，供给也减少了，改善供求的目标也不能实现。又如，在实施扩张性货币政策中，生产领域出现了生产要素的结构性短缺，这时纵然货币、资金的供给很充足，由于瓶颈部门的制约，实际的生产也难以扩大，扩张性的目标就无法实现。

重要概念与思考题

本章重要概念

货币政策　稳定币值　再贴现政策
货币政策工具　通货膨胀　存款准备金制度
货币政策目标　经济增长　法定存款准备金率
货币政策传导机制　国际收支平衡　利率
中间目标　时滞　再贴现率
最终目标　理性预期
充分就业　公开市场业务

思考题

1. 解释下列名词：货币政策、菲利普斯曲线、法定存款准备金率。
2. 简述货币政策目标与目标之间的冲突。
3. 简述货币政策中介目标选择的标准。
4. 简述一般性货币政策工具体系的主要内容。
5. 简述凯恩斯关于货币政策传导机制的主要内容。
6. 简述现代货币主义关于货币政策传导机制的理论。
7. 银行借贷渠道的基本内容是什么？
8. 如何理解微观主体预期对货币政策的抵消作用？

第十三章　互联网金融

互联网金融的诞生离不开互联网的发展，互联网所带来的巨大推动力，早已深刻影响到社会各个方面的发展。在互联网的带动下，人类的生活以及赖以生存的社会面临着巨大的变革。

学习目标

1. 了解互联网金融的产生、发展以及业态；
2. 掌握第三方支付、P2P网络借贷、众筹的典型模式；
3. 掌握互联网金融发展过程中产生的风险及防范措施。

第一节　互联网金融概述

一、互联网的诞生与普及

互联网(Internet)从一定意义上讲，是美苏冷战的产物。20世纪60年代，美国国防部为防止唯一的军事指挥中心被苏联攻击，开始建立分散的指挥系统，分散的指挥点之间通过某种通信网联系。

最早产生的对互联网的需求是在军事中用于联系分散的指挥点。1967年，美国科学家拉里·罗伯茨(Larry Roberts)和鲍勃·泰勒(Bob Taylor)第一次提出了"ARPAnet"，即"阿帕网"，ARPAnet是全球互联网的始祖。1968年，罗伯茨在提交的研究报告中着力阐述了将分散的电脑互相连接的新技术，也正是这篇报告，使得拉里·罗伯茨成为"阿帕网之父"。

在ARPAnet之后，又出现了大量的新的网络，如供计算机研究人员互传信息的CSNET，或蔓延于大学校园的BITNET等。1986年，美国国家科学基金会(National Science Foundation，NSF)为满足各大学与机构用于研究的目的，在美国的6个超级计算机中心的基础上建立了NSFnet广域网，实现了更广域的资源共享与互联。NSFnet所覆盖的范围逐渐扩大到全美的大学和科研机构，如此一来，NSFnet逐渐替代了慢速的ARPAnet，并于1990年彻底取代了ARPAnet，成为互联网的主干网络之一。与此同时，在其他国家和地区，与NSFnet类似的网络也在发展壮大，这些网络逐渐互联，从而形成了今天的互联网。

"过去6年，阿里巴巴巨大的战略投资就是放在云计算和大数据服务上。我们相信，人类已经从 IT 时代步入 DT 时代。”马云曾在《2015 年致投资者公开信》中表示，将在数据技术上不惜一切地投入和发展，努力让数据和计算能力成为普惠经济的基础。有“当今中国云计算的领航人”之称的阿里巴巴集团技术委员会主席王坚曾表示“互联网是基础设施，数据成为生产资料，变计算为公共服务。”

大数据是新的时代、一种思想或体系，它包含了多种最为先进的互联网、通信以及智能处理理论及技术。正是大数据的出现，才促使这个时代中人们对智慧金融产品或服务的渴望，才使智慧金融发展具备了必然条件，其中金融对大数据的整合和挖掘、金融物联网和金融云等核心体系和技术的发展，是智慧金融成功实施的基础。

二、互联网金融简介

互联网金融是当下金融行业的热点问题，互联网金融的各种形式也都受到了不同程度的关注。在互联网金融刚兴起阶段，相关人员对互联网金融都有各自的理解。阿里巴巴董事长马云认为，互联网金融并不单纯指金融行业利用互联网手段实现业务，而是两种行业的结合，同时，互联网的融入也给金融行业带来了巨大的变革力量。北京市软件和信息服务交易所出版的《互联网金融》一书中指出：“互联网金融是利用互联网技术和移动通信技术等一系列现代信息科学技术实现资金融通的一种新型金融模式。”该书认为，互联网金融与传统金融并列都可视为金融行业的不同服务形式。另外，在 2012 年 8 月，中国投资有限责任公司副总经理谢平在“互联网金融模式研究”课题中首次提到“互联网金融”的概念。他提到：“在互联网金融模式下，支付便捷；市场信息不对称程度非常低；资金供需双方在资金期限匹配、风险分担等方面的成本非常低，可以直接交易；金融中介都不起作用，贷款、股票、债券等的发行和交易以及券款支付直接在网上进行；市场充分有效，大幅减少交易成本。”

随着互联网的不断发展，互联网与商业、金融等领域紧密融合，以 P2P 网贷、众筹、第三方支付等为代表的新型金融运行模式在市场上大量出现。这种互联网与金融相结合的运营模式在近几年得到了迅猛的发展，“互联网金融”这一概念也被越来越多的人所耳闻和熟悉。

2015 年，人民银行等十部委发布的《关于促进互联网金融健康发展的指导意见》对互联网金融做了如下定义：互联网金融是传统金融机构与互联网企业利用互联网技术和信息通信技术实现资金融通、支付、投资和信息中介服务的新型金融业务模式。互联网金融的主要业态包括互联网支付、网络借贷、股权众筹融资、互联网基金销售、互联网保险、互联网信托和互联网消费金融等。随着互联网技术的快速发展，互联网企业不仅没有将发展的目光停留在自身业务上，而且没有仅仅停滞在为金融机构输送技术支持和提供技术服务的层面上，而是对长期累积下来的数据信息进行总结分析，应用在金融业务中，创新出互联网金融模式，这也成为互联网技术与金融资本相结合的一个全新领域。

互联网金融包括两个维度：一是金融产品维度，即资金融通服务过程中产生的各种金融产品，包括网络借贷、众筹、第三方支付等。如何对这些金融产品加以创新或改造，使其更具效率、更适应网络时代的实体经济需要，是互联网金融首先需要面对的问题。二是技术维度，即网络技术、移动通信技术、云存储技术、大数据分析和应用技术等。如何在合法、合规的基础上与金融产品结合，从而降低金融产品的交易成本，实现金融普惠，是互联网金融需要面对的第二个问题。

三、互联网金融的意义、优势和风险

(一) 互联网金融的意义

1. 优化资源配置的功能

金融承担的重要功能就是进行资金资源的配置，具体表现为融资模式。金融的融资模式主要分为两类：直接融资和间接融资。直接融资也称“直接金融”，是指没有金融中介机构介入的资金融通方式。在这种融资方式下，在一定时期内，资金盈余方通过直接与资金需求方协议，或在金融市场上购买资金需求方所发行的有价证券，将货币资金提供给需求单位使用。直接融资是以股票、债券等为主要金融工具的一种融资方式。而间接融资则是指保有暂时闲置资金的单位以存款的形式，或者购买银行、信托、保险等金融机构发行的有价证券，将其暂时闲置的资金先行提供给这些金融中介机构，然后再由这些金融机构以贷款、贴现等形式，或通过购买需要资金的单位发行的有价证券，把资金提供给这些单位使用，从而实现资金融通的过程。

传统的融资方式都是以间接融资为主，即银行、担保公司等传统金融机构为中介实现融资。然而传统金融机构出于对成本、风险等的考虑，多进行大额资金的流转，这使得对资金需求更为迫切的个人和小微企业反而更难获得资金。而互联网金融则提供了新的直接融资方式，个人或企业在融资时不再需要通过中介机构获得所需资金，而是利用互联网技术在互联网上发布资金需求，吸引投资者实现资金的直接流通。这种新型的融资模式同时能够通过互联网累积借贷人的行为表现信息，并且在一定程度上更为准确地体现出其信用程度，这也有助于减轻在传统信用评估中的信息不对称现象。

互联网金融在融资方式上的创新，实际上部分取代了商业银行的信用中介职能，大幅降低了借贷双方的信息不对称及交易成本，并帮助没有或缺乏足够的融资能力的个人或中小微企业通过互联网获得所需资金，加快了资金流动。所以说，以互联网为平台的金融可以在很大程度上优化金融的资源配置功能。

2. 改善支付清算的功能

互联网金融对以银行为主体的支付系统也起到了改善作用，并为用户提供了更加便捷的支付清算服务，大幅度地提高了金融支付清算效率。这主要是因为：一是互联网金融平台成本低，而用户资金来源广泛，这可以在很大程度上弥补传统金融机构，尤其是银行在零售支付服务方面的不足之处；二是由于以支付宝为代表的第三方支付机构担任起了支付中介，为买卖双方的交易做担保，这不仅提高了网络交易中买卖双方的信任度，同时也降低了交易过程中买卖双方的风险；三是互联网金融在一定程度上分担了传统金融机构的部分支付风险，如第三方支付机构通过与产业链合作，利用先进的互联网安全技术与金融机构等共同分担现行支付系统的支付风险。

此外，由于银行机构系统庞大，并且存在着机构壁垒和利益约束等，这使得支付清算资金在一定程度上存在着“存量化”的现象。也就是说，资金在不同机构中的流动性较差，这便使得资金的效率将降低。而互联网金融通过互联网克服了时空约束，加快了资金的流动速度，克服了支付清算资金的“存量化”，并且最大限度地保证了买卖双方特别是资金接收方的利益。所以，互联网金融这一便捷、及时的支付清算体系，既是现有银行支付清算体系的竞争者，又是对社会总支付清算体系的完善。

3．提高财富管理功能与价格信息功能

互联网金融对于金融业财富管理功能的拓展具有推动作用，其主要贡献表现在两个方面：一是向下延长客户群链条。由于产品更加丰富，在很大程度上满足了客户的个性化需求，同时也有相当多的为小客户提供的金融产品，这使得财富管理需求者的规模迅速扩大。二是提供成本低廉、快捷便利的营销网络。金融产品需求方和提供方之间互相促进，共同促进金融业财富管理功能的不断扩大和完善。

互联网金融还对金融提供价格信息功能的改善起到了推动作用，使得金融产品的价格信息更为丰富、及时和准确。一般来说，金融提供的价格信息包括两类：一是资金价格即利率，这主要是由货币市场和银行来提供；二是资产价格，通常由股票价格指数来表示，由资本市场动态发布。而互联网技术加快了资金的流动速度，这将使得资金价格能够更及时、准确地反映资金供求关系，进而引导资金的合理流转。在资本市场中，由于交易系统和实时报价系统中都采用了现金的计算机技术和信息技术，股票价格指数已经可以充分体现动态及时的特点，这是与互联网技术一脉相承的。

（二）互联网金融的优势

1．服务具有经济高效快捷性

互联网金融建立在大数据、云计算的基础之上，通过数据的支持和精密的计算，互联网金融服务将更有针对性，互联网金融产品的定价将更能与实际需求相匹配，人们使用互联网进行交易而产生的一系列交易成本将大幅下降，更好地满足了部分消费群体的金融服务需求。

互联网金融最主要的特征是具有服务的高效性和操作的便捷性。利用平台化优势，为广大客户群体尤其是年轻化和高学历群体提供了更便捷的服务方式。客户进行交易和转账不再高度依赖于实体的营业网点，甚至可以完全不需要实体网点，仅仅通过一部智能手机终端或者计算机设备，就可以随时随地完成资金的划转和信用借贷，这就大大节省了排队等待的时间，让生活更加方便。

2．覆盖范围广，服务成本低

在互联网金融模式下，客户能够突破时间和地域的约束，在互联网上寻找需要的金融资源，金融服务更加直接，客户基础更加广泛。此外，互联网金融的客户以小微企业为主，覆盖了部分传统金融业的金融服务盲区，有利于提升资源配置效率，促进实体经济的发展。

在互联网金融模式下，低成本体现在多个方面：首先，在交易成本上，资金供求双方可以通过网络平台自行完成信息甄别、匹配、定价和交易，无传统中介，无垄断利润；其次，在运营成本上，金融机构可以避免开设营业网点的资金投入和运营成本；最后，第三方支付带来了结算成本的大大降低，众筹模式开拓了低成本的新融资渠道，互联网金融门户使得客户能够以更低的成本搜索更多优质的金融服务产品。

（三）发展初始阶段与发展中的机遇和问题

1．发展初期监管政策宽松，但经营风险高

在互联网金融刚刚兴起时，市场上对互联网金融的监管尚不明确，给予了互联网金融极大的自由和发展空间，宽松的管理政策促进了行业创新，但也滋生了游走在法律边缘的业务出现。2015 年 7 月 18 日出台的《关于促进互联网金融健康发展的指导意见》(以下简称《指导意见》)，被视为互联网金融的顶层设计。《指导意见》进一步明确了互联网金融主要业态的监管职责分工，落实了监管责任，划定了业务边界。对于互联网新金融的监管，一行三会将遵循“依法管理、适度监管、分类监管、协同监管、创新监管”的原则，同时强调互联网金融行业的自律。但由于各类细则还未出台，互联网金融无准入门槛、无行业规范的现状仍将持续，风险隐患依旧较大。

另外，在互联网借贷融资服务中，由于在网络平台中投融资双方很少或者没有面对面交流的机会，加之互联网本身具有匿名性和跨空间的特点，最终的交易又是基于网络平台实现的，而网络平台无力承担尽职调查的责任，投资者所承担的风险加大，不利于互联网金融稳定健康发展。

2．扩张具有盲目性，产品同质化严重

互联网金融的进入门槛较低，并且其高速发展使得创业者看到了潜在的广大市场空间。于是大家纷纷效仿，渴望抓住机遇参与到互联网金融大军当中。但是由于缺乏客户积累，没有特殊优势，产品同质化现象十分严重。创业者参与竞争的主要手段就是打价格战，对自身产品进行过度宣传，强调高收益、低风险，这很容易给客户造成产品预期收益率就是实际收益率、低风险就是零风险的错觉。但事实上，无论哪种投资组合产品，收益率都不可能是确定的，会随着行情而经常波动，也会因波动而面临巨大风险。

第二节　第三方支付

一、第三方支付概况

近几年来，随着互联网基础及相关基础建设的快速发展，电子商务行业迅速崛起，并始终以较快的速度发展，逐渐与我国实体经济深度融合，改变了人们的生产生活方式。作为电子商务中不可或缺的关键环节，支付越来越受到大家的重视，而传统金融行业在支付方式上远不能满足电子商务的要求。由于具有灵活性、创新性等特点，并在相关信息需求技术不断升级和演进的支持下，第三方支付行业弥补了日益增长的电子商务支付需求，并获得了蓬勃的发展。我国第三方支付市场经过 10 余年的发展，现已成为我国金融支付体系中的重要组成部分。

所谓“第三方支付”，就是通过与产品所在国家以及国外各大银行签约、由具备一定实力和信誉保障的第三方独立机构提供的交易支持平台。在通过第三方支付的交易中，买方选购商品后，使用第三方支付平台提供的账户进行货款支付，由第三方通知卖家货款到达、进行发货；买方检验物品后，就可以通知付款给卖家，第三方再将款项转至卖家账户。在这个过程中，第三方支付建立起了买卖双方以及银行之间的联系。在传统的交易方式中，当买卖双方银行卡所属银行机构不同时，不得不办理多张银行卡以实现整个交易过程，而第三方支付平台出现之后，用户仅需要在第三方支付平台上注册账号，并实现对银行账户的绑定。在整个交易过程中，买卖双方不再需要考虑是否属于同一开户行等问题，即可通过第三方支付平台实现高效率、安全、低成本的交易。

二、第三方支付产生的背景

第三方支付市场的产生来源于多方面的推动力，第三方支付是一种支付结算的方式，结算属于贸易的范畴，因此，它的产生离不开商品贸易对于支付结算方式的要求。在实际的社会经济活动中，贸易的核心是服务商品和款项的交换。交换的方式可以分为同步交换和异步交换。同步交换也就是交货与付或互为条件，即我们所说的“一手交钱，一手交货”。与此相对应，结算方式采用一步支付的方式，包括现金结算、票据结算(如支票、银行汇票等)、汇转结算(如电汇、网上支付)等，许多传统的贸易活动都属于一步支付方式的服务范畴。

三、第三方支付的特点

(1) 支付中介。第三方支付通过提供一系列应用接口程序，将多个银行的支付功能进行整合，使得电子商务业务中买卖双方不再需要在不同银行开设不同账户。这不仅使得电子商务业务变得更加便捷，降低了买卖双方的交易成本，同时也帮助银行节省了网关开发的相关费用，为银行带来了潜在的利润。

(2) 技术中介。与传统的 SSL(安全套接层)、SET(安全电子交易)等支付协议相比，第三方支付更为简单。在目前应用较为广泛的安全协议 SSL 中，只需要验证商家身份，而 SET 协议是基于信用卡支付系统发展较成熟的技术。但是这两种安全协议程序复杂，速度较慢并且实现成本较高。第三方支付帮助买卖双方进行交涉，使得在线交易变得更加简单。

(3) 信用保证。第三方支付平台自身是依附于大型门户网站的，并且其合作银行都具有较高的可信度，因此第三方支付能较好地解决在线交易中的信用问题，进而推动电子商务的进一步发展。

(4) 个性化与增值服务。第三方支付根据被服务企业的商业模式等特征，为企业提供个性化的支付结算服务，满足不同服务企业的需要。

四、第三方支付的分类

1．按支付功能分类

按照第三方支付的功能，可以将第三方支付分为两类：一类是传统的第三方支付，仅有支付的功能，比如银联电子支付、NPS(Network Payment System)网上支付等；另外一类第三方支付除了支付功能，还具有电子钱包、电子现金存取、消费账单管理等相关应用，比如支付宝等。这两种支付方式最终都必须通过银行的在线系统来完成。

2．按独立性分类

按照第三方支付系统的独立性，可以将第三方支付分成两类：一类是独立第三方支付，这种方式不直接参与产品或服务的交易，仅作为第三方进行监管并维护买卖双方的利益。如银联电子支付、易宝支付等；另一类是非独立性第三方支付，这种方式依托电子商务平台，如同属于阿里巴巴旗下的支付宝和淘宝，以及腾讯公司的财付通等，这类第三方支付平台只是作为一种附属品存在于其门户网站下。

3. 按支付模式分类

按照支付模式可以将第三方支付分成两类：一类是平台账户类型的第三方支付，这种类型的第三方支付又可以按照是否对支付账号进行监管分为两类：监管型账户支付类型和非监管型账户支付类型的第三方支付，二者的主要区别在于第三方支付平台是否暂时保存货款，充当信用中介，其基本的业务流程如图 13-1 所示。在图 13-1 中，买卖双方交易后可登录交易平台账户，查询各自的订单在交易市场上的订单状态；交易市场接收到查询命令后，将客户需要查询的支付信息实时传递给第三方支付平台；第三方支付平台接收到交易市场传递来的支付信息后又实时传递给银行，此时，交易市场会将交易页面导向第三方支付平台，买卖双方需要授权登录第三方支付平台，银行会将交易结果反馈在经买卖双方授权后所跳转到的第三方支付平台页面，同时，该结果通知也会实时反馈给交易市场；待买方确认收到卖方的货物或服务后，交易平台会将结算通知反馈到第三方支付平台，此时第三方支付平台才会将替买方客户暂存的货款资金划拨到卖方账户所绑定的银行。

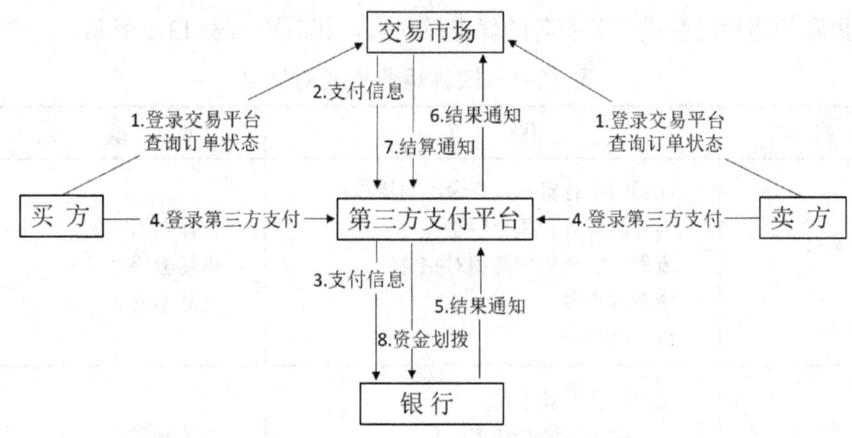

图 13-1　监管型账户支付类型第三方支付的基本业务流程

“支付宝”是典型的监管型账户支付类型的第三方支付平台，而“快钱”则是典型的非监管型账户支付类型的第三方支付平台。另一类是支付网关类型的第三方支付，也被称为“简单的支付通道”类型。这种类型的第三方支付与银行等金融机构进行密切的合作，仅充当买卖双方的第三方银行支付网关，买家通过第三方把货款付给卖家，如“首信易支付”等。

五、第三方支付的模式

1. 第三方支付机构模式

1) 金融机构独立运营模式

这种模式是由我国具有较大影响力的独立金融机构所成立的第三方支付平台，如中国银联的银联支付等。在这种模式中，独立的金融机构通过自身的资源等优势，有能力将各个商业银行联合起来，建立起商户与用户之间的通道。

2) 通信运营商独立运营模式

第三方支付的发展，尤其是在移动支付领域的发展以及传统通信业务的逐渐衰落，使得通信运营商纷纷将目光转向第三方支付行业，如中国移动成立的中移电子商务有限公司，中国电信公司成立的天翼电子商务有限公司以及中国联通成立的联通沃易付网络技术有限公司等。

3) 通信运营商与金融机构合资运营模式

在第三方支付发展初期，由于我国第三方支付行业的监管及相关政策的原因，通信运营商以及银联等机构无法在该领域开展相关业务。因此，双方通过联合各自的优势，联合出资成立第三方支付公司并开展支付业务。

4) 第三方公司独立运营模式

在这种运营模式中，第三方支付公司没有通信运营商以及银行背景，通过建立独立的支付平台，打通银行的支付环节、商户应用、用户消费、运营商的信息通道等。这种运营模式是目前我国国内最为普遍的易普及的一种，其中的典型代表包括支付宝、易宝支付、财付通等。

上述提到的四种运营模式各有各的优点及缺点，其对比如表 13-1 所示。

表 13-1　四种运营模式对比

运营模式	优　点	缺　点
金融机构独立运营模式	优越的银行资源，资金实力雄厚 丰富的清算和风控经验 流程、安全机制等相对完善 潜在客户多 可信度高	受体制影响大 市场敏感度低 产品不灵活
通信运营商独立运营模式	平台运营经验丰富 丰富的上下游企业资源 用户群体众多 资金实力雄厚 用户识别度高 营销推广力度大	受体制影响大 缺乏支付行业的运营经验 市场敏感度低 产品不灵活
通信运营商与金融机构合资运营模式	具有双方的优势资源以及 IT 技术优势 丰富的上下游合作伙伴 平台运营经验丰富	股东政策性影响大 市场拓展能力低 业务依赖性强
第三方公司独立运营模式	运营经验丰富 市场敏感度、产品灵活性、市场适应能力强 丰富的上下游合作企业	与银行以及通信运营商的议价能力弱 没有实体渠道优势

2. 第三方支付业务模式

根据中国人民银行发行的《非金融机构支付服务管理办法》，第三方支付业务的主要业务可以分为四种模式：预付卡支付、银行卡收单、网络支付，以及中国人民银行确定的其他支付服务。

1) 预付卡支付

预付卡支付是指用磁条、芯片等技术，以卡片、密码等形式的电子支付卡为介质，以实现在发行机构指定范围内购买产品或服务的预付价值兑现。预付卡包括礼品卡、福利卡、会员卡、公交卡等。

2) 银行卡收单

银行卡收单是指以 POS 机为介质，实现银行向商户提供的本外币资金结算服务。持卡人在商户刷卡消费时，先由银行结算给第三方支付服务机构，最终支付给商户。

3) 网络支付

网络支付是指依托于公共网络或专用网络，在收付人之间转移货币资金的行为，其中包括货币汇兑、互联网支付、移动支付、固定电话支付、数字电视支付。目前在第三方支付领域中，应用最为广泛的是互联网支付和移动支付。本章讨论的第三方支付范畴，主要针对的是网络支付的互联网支付和移动支付两种支付业务模式。

4) 移动支付模式

移动支付也称为“移动电话支付”，是指用户通过手机等智能终端通过 SMS(Short Messaging Service)、WAP(Wireless Application Protocol)、USSD(Unstructed Supplementary Service Data)、KJava、蓝牙、NFC(近场通信)、RFID(射频识别)、客户端软件等技术，对其消费、购买的商品或服务进行账务支付的一种服务方式。SMS 技术即短信服务，是最早的短信息业务，通过这种技术，移动电话之间可以互相收发短信。WAP 技术即无线应用协议，是一种向移动终端提供互联网内容和先进增值服务的全球统一的开放式协议标准，这种标准是用户可以借助手机、Pad 等移动设备获取互联网中的信息。USSD 技术即非结构化补充数据业务，用户通过手机短信发送一个服务请求至 USSD 服务器获得所需的业务，如天气预报、新闻等。KJava 即 J2ME(Java 2 Micro Edition)，这种技术专门用于嵌入式设备的 Java 软件，是除了 WAP 协议之外的又一手机与互联网之间的桥梁，主要用于移动商务、办公及手机上网等。

目前，移动支付主要包括远程支付和近场支付两种。

(1) 远程支付。远程支付指用户通过手机等移动智能终端通过 SMS、语音、WAP、USSD 等方式发送支付指令而完成支付的方式。比如支付宝推出的手机客户端就可以实现查询、缴费、转账以及其他相关支付服务。

(2) 近场支付。近场支付也称“现场支付”，是指消费者在购买商品或服务时，即时通过手机等移动通信终端向商家进行支付，支付的处理是在现场进行，主要方式是通过射频(RFID)、红外、蓝牙等通道，实现与自动售货机、POS 机等终端设备之间的本地通信。用户使用近场支付这种支付方式的时候，只需要把手机等通信终端放在 POS 机上，通过射频感应即可完成支付，如谷歌钱包(Google Wallet)、Square、钱袋宝、中国移动公司推出的“手机钱包”等。

而近几年来兴起的二维码支付也是一种近场支付方式，它是一种基于账户体系搭建起来的新一代的无线支付方式。商家将账号、商品价格等交易信息汇编成一个二维码，而用户通过手机等移动通信终端扫描二维码，便可实现与商家通过第三方支付账户等平台完成支付结算。二维码支付技术早在 20 世纪 90 年代就已经形成了，韩国和日本等国是最早使用这种技术的一批国家。

【案例】

2014 年 3 月 33 日，央行下发紧急文件《中国人民银行支付结算司关于暂停支付宝线下条码二维码支付等业务意见的函》，央行暂停了支付宝、腾讯的虚拟信用卡业务，此外还暂停了条码(二维码)支付等近场支付服务，二维码支付的安全性问题引起了社会的极大关注。

随着央行叫停二维码支付后，银联与上海地铁中国移动以及浦发银行推出了 NFC(移动支付的一种技术标准)手机支付服务，这是典型的通信运营商和金融机构合资运营模式。运营规模世界第一的上海地铁，实现了全网支持 NFC 支付。超过 600 台改造后的闸机上，都写着“中移动浦发手机支付通道”的字样。只要刷一下 NFC 手机，便可打开地铁闸机，所用时间不会超过 0.4 秒。2014 年 4 月 10 日，中国银联宣布在全国范围内铺设并改造了 300 万台可以支持 NFC 手机和金融 IC 卡支付的“闪付”终端。4 月 22 日，中国移动表示其已经发文将给予每台 NFC 手机 30 元的补贴，同时还要求 NFC 手机默认绑定 4G 版 NFC-SIM 卡。中国移动的这一举措使得 NFC 有望像蓝牙一样成为手机的标配。以银联为首的企业对二维码支付开始了真正的反攻。

——资料来源：http://finance.people.com.cn/money/n/2014/0314/c218900-24640031.html

六、第三方支付的风险及其防范

近 10 年来，随着互联网的发展和创新，网络交易逐渐凭借它方便与快捷的优势为大众所接受，但相较于传统交易，网络交易的双方存在时空的差异，线上的虚拟交互环境也会使交易双方都存在天然的戒备心理。出于网络交易的风险管控与安全保证，第三方支付的出现架起了买卖双方之间的安全桥梁。根据第三方支付的定义，我们可以了解到，第三方支付的产生本身就是一种对互联网金融时代网络交易的信用风险控制。作为建立在虚拟网络上的交易的风险控制，第三方支付自身的风险控制更应做到严格合理，才能得到广大用户的认可。

1. 第三方支付机构与其他主体间存在的风险

第三方支付在针对网络交易时与传统的金融机构有较大的差异，在风险管控方面，第三方支付也具有其独特的特点。在分析第三方支付所面临的风险时，首先我们应认清第三方支付的业务流程涉及的几个相关主体。

第三方支付的意义在于充当网络交易中的信息中介，保证消费者与商家之间物品与资金交易的安全。以下将以中国最大的互联网第三方支付平台支付宝的业务流程为例，说明参与主体之间的关系以及可能的风险。支付宝的出现保证了上游商家送出但未到消费者手中或消费者还未获得服务的时间延迟内，资金掌握在中立的支付宝手中。在交易流程中，消费者首先需要将资金划拨支付宝的支付平台账户，支付宝给予商家一个信号，表示资金已到账，商家将物品或服务交付消费者，消费者收到物品或服务后给予支付宝反馈，对应资金再由支付宝划拨入商家的账户中。这才算完成了一次安全的网络交易，也保障了各方的权益。在这个过程中，支付宝直接与消费者、商家接触，同时，交易中各方资金账户的资金划拨最终是由支付宝与银行进行对接的。所以，在整个过程中，共有四个主体参与，分别是支付宝代表的第三方支付机构、消费者、商家以及银行。

1) 与消费者之间的问题

第三方支付机构在消费者方面培养信任度的关键莫过于建立全面的资金安全保障机制。在消费者准备进行的每一笔交易前后，第三方支付的风控系统都会进行严密的监控，以保证支付以及用户的资金安全。比如，当消费者遇到钓鱼网站(指利用技术手段，在消费者准备付款时替换掉真实付款页面，以达成非法占有资金的目的的网站，或仿冒真实网站的网络地址与页面内容，骗取消费者资金的网站)时，第三方支付机构就有责任在对交易的监控中识别出风险，并且拒绝交易。

第三方支付的业务流程中也存在风险。第三方支付机构一方面应尽量满足消费者在支付速度上的需求，另一方面又需要通过复杂的流程以确定操作者就是交易账号对应的消费者本人，防止其他人盗取账号中的资金。在消费者对网络支付安全性的信心越来越足的今天，众多第三方支付机构都在用简便的支付流程、快捷的支付速度打动消费者。但方便的操作很容易带来业务流程上的风险。误操作、假支付命令、非本人盗刷等可避免的损失都有可能因简便的操作而加大发生概率。因此，第三方支付机构应在快捷方面与支付安全之间寻求一个平衡点，在确认操作人身份的前提下提高支付效率。

2) 第三方支付与商家之间的问题

起初第三方支付的出现，是为了在网络交易中建立商家与消费者之间的信任桥梁，充当信用中介。对于第三方支付机构来说，商家也是第三方支付的用户。如何在交易中保证消费者的资产安全同时满足商家的基本权益，第三方支付机构需要从中选取一个平衡点。接下来我们通过对比最大的两家第三方支付机构——中国的支付宝与美国的 Paypal——对于网络交易的不同流程来分析第三方支付与商家之间可能存在的风险。Paypal 允许用户使用电子邮件作为身份标识，进行用户之间的资金转移，方便用户在电子商务网站上的交易。在购物流程上，Paypal 要求消费者直接将资金转账到商家的 Paypal 账户，而商家将在收到汇款后的 1 周内发货。Paypal 的职责是监管双方之间的交易，为双方提供交易的信用担保。

在购物流程上，使用支付宝进行交易的商家需要先发货物，经过一定的时间延迟等消费者确认货物货品收到后，才可以收到所售出的商品货款。虽然这样减轻了消费者的风险，但对于商家而言，若遇上交易量扩大或交易成本提高等特殊情况，商家就会面临资金流动性不足的风险，从而影响接下来的经营，极端情况下还可能导致商家出现债务危机。对比支付宝，Paypal 等商家可以在收到货款后立即变现，虽说大范围的快速变现也有可能造成 Paypal 账户的冻结，影响商户信誉，但会降低可能面临的资金流动性风险。

3) 第三方支付与银行之间的问题

由于其资金的真正落地是在商业银行，所以第三方支付机构与银行之间资金往来的对账和风险处理的交流显得尤为重要。目前，银行与支付机构兼有多种措施，以减少双方间资金纠纷发生的可能性，在纠纷发生后，双方各自保留的交易凭证也保证了纠纷的顺利解决。从第三方支付的角度来看，即便某交易订单由于银行方出错导致资金到账的延迟或失败，一旦第三方支付机构向用户通知交易成功，支付机构就有责任保证用户的权益，所以第三方支付机构就应保存好相关的交易凭证，以便后期与银行进行对接，降低自身的交易风险。

4) 第三方支付自身面临的风险

(1) 技术风险。中国人民银行在下发的《非金融机构支付服务管理办法》中明确指出，所有的互联网支付机构在申报支付许可证的过程中，均需向央行提交技术安全检测认证证明。由此可见央行对于第三方支付机构的系统安全的高标准和高要求。

第三方支付机构自身面临的风险，有一部分来自应用系统设计层次的风险，从计算机到网络，任何一个小漏洞都可能造成第三方支付机构或者使用第三方支付的消费者的巨大损失。另外，第三方支付机构有义务与责任保护消费者的信息，任何因系统的漏洞导致的信息泄露，都会给消费者带来不便。因此，保障第三方支付系统的运行安全，是第三方支付风险防范环节中最重要的部分之一。

(2) 沉淀资金风险。广义的沉淀资金是指放置在社会上，未被聚集起来加以利用的闲散资金。由于第三方支付的业务特性，第三方支付机构可以吸储并形成大量沉淀资金。第三方支付机构的沉淀资金主要包括两部分：交易过程中的在途资金和用户为方便而存储在第三方的暂存资金。在途资金是指在交易过程中从消费者付款到商家收款期间，在第三方支付机构暂留的商品资金。在途资金加上用户暂存在第三方支付账户内的资金，会在第三方支付机构累积大量的沉淀资金。从第三方支付机构的角度来说，数额巨大的沉淀资金一方面可为其带来可观的利息收入，继而对利息的分配也会引起支付风险与道德风险；另一方面，沉淀资金也可部分用于风险投资等，然而一旦投资失败，将会给第三方支付的用户带来难以估计的损失。

(3) 套现风险。套现一般是指用违法或虚假的手段交换取得现金利益，多发生于信用卡套现、公积金套现、证券套现等。与第三方支付有关的套现风险通常发生在C2C(Customer to Customer，即消费者对消费者)的交易中。由于网络交易的监管漏洞，常常会有不法分子利用电子商务平台进行“自买自卖”的交易，然后用信用卡进行支付，将卖家的收益提现，却又不用支付买家的信用卡提现费用。第三方支付机构因其特殊的业务流程，只能尽力保证网络交易的安全性，因而忽略了网络交易的真实性，从而很可能成为不法分子制造虚假交易，完成零成本非法转移套取现金的工具。

(4) 洗钱风险。洗钱是指将违法所得及其产生的收益，通过各种手段掩饰、隐瞒其来源和性质，使其在形式上合法化的行为。第三方支付是为方便与保障网络交易而产生的，也是为广大用户提供的快捷的支付平台。然而如若监管力度不够，便会轻易成为不法分子洗钱的工具。一些不法分子利用虚拟交易，将非法获得的资金洗白为出售物品所获得的合法资金，从而达到资金转移等的目的。也有不法分子利用监管漏洞，通过网络交易售卖违禁物品等。犯罪分子利用第三方支付帮助其达到一些非法目的，手段隐秘，难以察觉，为公安部门打击非法犯罪带来了巨大难题。

2. 风险的防范建议

1) 外部监管

为促进第三方支付，更好地保障网络交易的安全与高效，并加强对利用第三方支付进行不法活动的监管，政府应出面充当监管者，扶持行业的良性发展。2010 年 6 月，中国人民银行发布了《非金融机构支付服务管理办法》，2015 年 7 月 18 日，央行等十部委联合印发了《关于促进互联网金融健康发展的指导意见》。值得注意的是，该指导意见中提到：互联网支付应始终坚持服务电子商务发展可为社会提供小额、快捷、便民小微支付服务的宗旨。7 月 31 日，为细致规范第三方支付行业，央行继续发布了《非银行支付机构网络支付业务管理办法(征求意见稿)》，该管理办法对第三方账户开立、转账等都作出了严格的限制。各种规定的相继出台也引发了人们对第三方支付行业未来发展潜力的讨论。有学者认为，新规的出台极大地打击了第三方支付行业乃至互联网金融行业的创新动力，也有学者认为从长远角度看，新规有利于第三方支付行业和互联网金融企业朝着规范和健康的方向发展。从目前看，政府对第三方支付进行风险防范的措施和存在的问题包括如下几个方面：

(1) 定义行业范围与业务。在缺乏监管的时代，第三方支付机构为吸引用户、提高影响力，积极扩展各类金融业务。但无序的创新和盲目的发展带来的是业务的杂乱无章，以及对风险控制的忽视，从而导致潜在的风险积聚。积极的外部控制应明确行业可涉及的业务范围，引导各个行业在各自领域内深入发展，完善业务流程，加强安全保障。

(2) 备付金设立。备付金是指专业银行和其他金融机构存入中央银行的存款准备金。机构按规定比例缴存在中央银行的存款准备金，除了在客户存款下降时可以调解退回之外，是不能支取或动用的，不可充当机构的支付准备。为保证第三方支付机构的资金流动性与其用户的资产安全，《非金融机构支付服务管理办法》规定，支付机构接受的客户备付金不属于支付机构的自有资产，支付机构应在商业银行建立备付金专用存款账户存放用户的备付金，并且备付金存款银行应当对备付金的使用情况进行监督。该规定虽然极大地提高了用户资金的安全，但仍未明确在网络交易中交付延迟造成的在途资金的管理办法，目前该缺陷仍会对用户的财产安全威胁留下不必要的隐患。

(3) 套现与洗钱等不法行为。反套现与反洗钱是第三方支付机构的弱点。虽然在《支付机构互联网支付业务风险防范指引》《支付机构反洗钱和反恐怖融资管理办法》和一系列实施细则中规定了第三方支付机构的相关业务与责任，但实际措施方法太过笼统，有待进一步细化。对于此种犯罪的防范不仅仅是政府监管与企业防范的事情，而应由政府出面，充分调动各方力量联动，共同打击犯罪。

(4) 把握适当监控力度。政府的外部监管将保证市场的平稳运作和行业的健康发展，但在加强监管力度的同时，应注意到，目前我国的第三方支付正处于快速发展的阶段，政府插手进行监管，应保持谨慎的态度，避免因过度干预而束缚行业的发展。适当的监控力度，即引导市场在规范与创新间寻求一个综合平衡点，推动第三方支付行业和互联网金融产业向着健康、有序的方向发展。

2) 内部把控

除了来自政府行业的政策监管，第三方支付机构内部也应有一些应对风险的内部把控措施，主要包括事前控制和事后控制两个方面。事前控制从加强安全技术控制和建立信用体系与欺诈检测的两个方面加强安全技术控制。第三方支付机构想要在金融市场中开展业务，首先应保证资金的安全性。由于依赖电子设备与互联网的特殊性，第三方支付需要有成熟的信息安全技术作为支撑。以支付宝为首的第三方支付机构仍应继续加强自身的软硬件技术能力，持续研发更高层次的信息安全技术，配合合理的业务流程，确保用户信息的安全性与交易处理的稳定性，最大可能地避免信息技术带来的风险，建立信用体系与欺诈检测。第三方支付机构包括含有大量用户的个人信息以及交易信息，可充分利用的大量数据，挖掘数据中的关系，建立用户的信用体系。合理的信用体系，不仅可以加强买卖双方的诚信意识，也可提高双方的信任程度，还有利于提升第三方支付的企业信誉。同时，针对用户不同的信用表现给予适当奖励与惩罚，可激励用户的守信表现，有利于整个行业的健康发展。另外，构建内部反欺诈机制，对于信用水平不足的个体进行交易监控，防范欺诈交易的发生，做好风险防范与风险监测，在事故或损失发生前控制风险。

事后补救风险的发生向来是尽力防范而不可能完全避免。作为网络交易买卖双方之间的信用担保方，第三方支付机构应在交易纠纷或业务事故发生后及时启动风险处理流程。首先应对风险发生的情况进行调查，在交易纠纷中收集双方证据并调查双方责任，在业务事故中尽早排查事故原因，明确事故影响范围，做好数据恢复的准备。在确认了纠纷或事故的原因后，应迅速启动赔付或修复机制，承担相应的责任。只有这样，在风险发生后用完善的流程和成熟的机制，才能够最快地控制风险，最大化地降低损失，从而不断提升第三方支付机构的信誉度。

七、第三方支付的发展趋势

随着互联网金融的发展，各类互联网金融平台和各种产品、服务的交易都需要第三方支付的支撑。到今天为止，第三方支付发展较为成熟，但仍存在巨大的成长前景，将继续在互联网金融生态圈占据不可小觑的地位。

1．移动支付成为主力

从目前第三方支付市场结构来看，互联网支付的行业竞争格局已基本确定，但移动支付行业正处于发展的初期，成长速度惊人，业务占比在第三方支付的大行业中也呈现激烈扩张的趋势。首先，庞大的移动互联网用户规模是移动支付行业发展的重要基础。随着智能手机 3G、4G 网络的广泛普及，移动互联网用户还有进一步扩张的空间。其次，电子商务行业服务、产品的广泛覆盖也激励着人们随时随地购物，并极大地促进用户将手机支付转变为更习惯的支付方式。另外，随着电商平台越来越多地参与到线下商家企业合作，移动支付也成为线下商务与互联网结合的重要环节。未来第三方支付的蓝海仍然在于移动支付领域，其前景十分广阔。

2．产品与服务类别扩展

随着进入第三方支付行业的相关机构越来越多，各方之间的竞争也越来越激烈。各方机构间高密度的服务重合度与产品的同质化，引发机构纷纷打价格战来吸引用户，引起恶性竞争。实际上，第三方支付完全可以在原有支付业务的基础上，继续扩展业务范围，提供更多增值服务，谋求转型。以快钱、易宝支付等代表的第三方支付机构，就是通过运用信息技术与颠覆式的创新思维，在第三方支付的行业中站稳脚跟的。快钱的创始人关国光曾说过，在中国第三方支付行业发展的这十几年中，支付已经不再是简单的收付款功能，而应该将支付与营销管理、金融服务、理财服务等各类应用场景进行叠加。第三方支付机构应该有能力结合信息技术与创新思维，通过积极推进各类创新型金融服务的发展和应用，带领加快资金流转速度，提高金融服务效率。

3. 与征信行业相结合

未来的互联网金融行业离不开对企业或个人的信用评估，第三方支付与征信结合是大势所趋。与传统竞争行业相区别，与第三方支付机构合作的征信将收集到更多、更广泛的数据，不仅可以挖掘传统金融数据与信用表现之间强相关的影响，也可以利用大数据分析技术，发掘涵盖网购、转账、公共事业缴费、社交行为习惯等各类金融和非金融数据与信用水平之间的弱关系影响。对于第三方支付机构来说，与征信业的合作也有利于其在业务上的拓展，可在支付结算业务的基础上发展小额信贷、信用支付的资产负债业务。

专栏 13-1

第三方支付牌照

2016 年 8 月，央行正式表态“一段时期内原则上不再批设新机构”，明确鼓励对现有牌照进行并购。一夜之间，市场上的支付牌照便成了稀缺资源，成为众多企业争相追逐的对象，价格也不断刷出新高。

第三方支付相关政策文件

时间	文件名称
2010	非金融机构支付服务管理办法（中国人民银行令〔2010〕第 2 号）
2012	支付机构预付卡业务管理办法（中国人民银行公告〔2012〕第 12 号）
2013	支付机构客户备付金存管办法（中国人民银行公告〔2013〕第 6 号）
2013	银行卡收单业务管理办法（中国人民银行〔2013〕第 9 号）
2015	支付机构跨境外汇支付业务试点指导意见（国家外汇管理局汇发〔2015〕第 7 号）
2016	非银行支付机构网络支付业务管理办法
2017	关于实施支付机构客户备付金集中存管有关事项的通知（中国人民银行令〔2017〕第 10 号）

2016 以来支付牌照收购案频发

时　间	收购方	被收购方	对　价
2016.2	小米科技	捷付睿通 65%股价	6 亿左右
2016.5	新大陆	国通星驿	6.8 亿元
2016.8	美的集团	神州通付 50%股权	3 亿左右
2016.8	恒大集团	广西集付通	5.7 亿
2016.9	唯品会	浙江贝付	4 亿左右
2016.10	键桥通讯	上海即富 45%股权	9.45 亿
2017.3	滴滴	一九付	4.3 亿元

所谓“支付牌照”，指的是第三方支付平台的支付业务许可证。作为传统支付汇兑体系的补充，第三方支付平台最大的特点是可直接在银行开立账户，绕过银联等清算机构。而对于致力于建立自身“生态系统”的大企业来说，它作用的不仅仅是转账支付、信用卡还款等基础业务，还在于借支付牌照来发展自己的综合金融渠道业务。而由于支付关系到企业与客户之间的资金流与信息流，从某种程度上说，拥有支付牌照才算是真正拥有大数据。

数据显示，2016 年四季度，国内第三方互联网支付交易规模为 6.1 万亿元，同比增长 71.2%，环比增速 16.2%。相比之下，2016 年各季度的交易规模较 2015 年的同比增幅均超过了 50%，显示了行业整体增长的强劲势头。而在第三方支付的细分行业中，以互联网金融（理财销售、网络借贷等）和个人业务（转账业务、还款业务等）占据了主要份额，分别为占比 32.3%和 31.7%。在这其中，个人业务的流量基本已经被支付宝和财付通两大巨头瓜分，目前来看，线上部分留给其他支付公司的机会主要还是互联网金融领域，其中消费金融应该是未来各家争夺的主要战场。

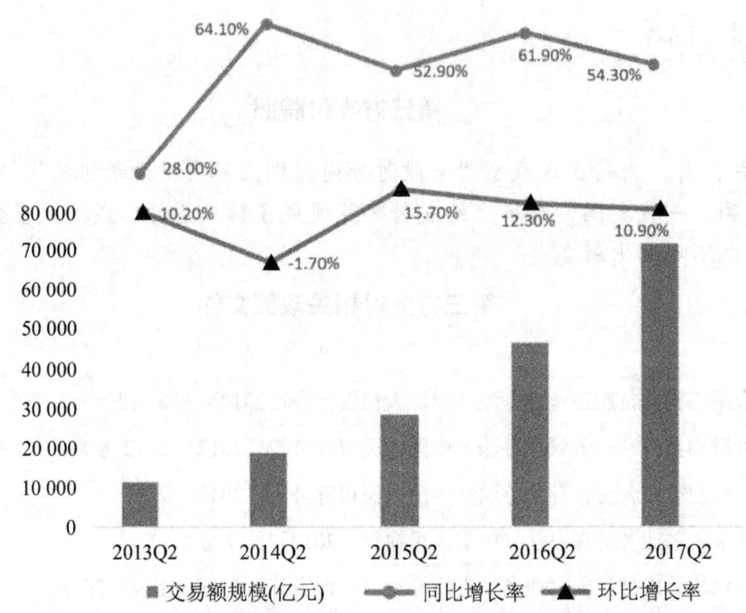

2013Q2-2014Q2 中国第三方互联网支付交易规模

另一方面，在二维码支付受到了官方认可、各大银行纷纷布局移动支付的大背景下，移动支付继续一路高歌猛进。2016 年四季度，中国第三方移动支付交易规模达到 18.5 万亿元，同比增长 297.4%，环比增速 17.1%。而在支付宝和财付通覆盖了移动支付近 90%的用户的环境下，预计 2017 年线下支付的争夺将更为激烈，在并购活跃的催动下，预计三方移动支付也将保持高速增长。

相比之下，政策变化是未来第三方支付行业所要面对的最大不确定性。目前的第三方支付牌照有效期为 5 年。2016 年 8 月，首批 27 家续牌企业虽然全部得以过关，但至少有 9 家机构被调减了业务范围。央行相关负责人表示，将坚持“总量控制、结构优化、提高质量、有序发展”的原则，同时对长期未实质开展支付业务的支付机构，将依法采取取消相关业务种类、注销《支付业务许可证》等监管措施。因此，对于大部分前期通过“跑马圈地”入局中小持牌企业来说，如何保住自己的牌照资源，将成为近一两年内的首要任务。此外，尽管此次监管机构并没有采取直接吊销牌照的激进手段，但随着 2017 年 6 月第四批支付牌照续展时间节点的到来，届时央行的动作将在很大程度上决定众多第三方支付企业未来的价值和命运。

——资料来源：《2017 互联网金融行业发展白皮书》http://www.sohu.com/a/136096090_408395

第三节　P2P 网络借贷

一、P2P 网络借贷产生的背景

2015 年 6 月 30 日，中国第一家网络信贷企业拍拍贷，在企业成立八周年之际发布了《2007—2014 年中国 P2P 个人无抵押小额信贷发展报告》，这是行业首份对 P2P 个人无抵押小额信贷市场发展现状进行全面梳理与分析的报告。报告显示，在 2011 年至 2014 年互联网金融高速发展的 4 年间，P2P 个人无抵押小额信贷市场借款需求出现了近 20 倍的增长，投资需求累计增长超过 15 倍。报告中的另一个亮点是以个人消费为目的的借贷在各项借贷需求中居首位，占业务总份额的 63.72%，且正在呈现持续飞速增长的趋势。同时，P2P 个人无抵押小额信贷为劳动密集型行业从业者提供的借款，最多覆盖了物流贸易餐饮服务的劳动密集型行业的中低收入人群，报告也分析了 90’ 后群体的 P2P 借贷投资行为特征。在互联网时代 90’ 后因超前消费意识，对新兴互联网金融的快速接纳，成为需求增速最快的群体。以 2014 年为例，90’ 后群体的借款需求出现同比 768%的高速增长，为中国 P2P 个人无抵押信贷业务发展提供了持续的发展动力。

网络借贷，包括个体网络借贷(即 P2P 网络借贷)和网络小额贷款。个体网络借贷是指个体和个体之间通过互联网平台实现的直接借贷，即 P2P 网络借贷。网络小额贷款是指互联网企业通过其控制的小额贷款公司，利用互联网向客户提供的小额贷款。这两种借贷形式中，P2P 网络借贷发展的时间较长，覆盖的范围较广，且发展比较成熟。所以，在本节中，我们将重点介绍 P2P 网络借贷，对网络小额贷款则进行简要分析。

P2P 网络借贷指的是借贷过程中，资料与资金、合同、手续等全部通过网络实现。它是随着互联网的发展和民间借贷的兴起而发展起来的一种新的金融模式。P2P 网络借贷主要是利用 P2P 网络借贷平台进行的。所谓“P2P 网络借贷平台”，是指 P2P 借贷与网络借贷相适应的金融服务平台，与基于银行的间接融资模式不同的是，P2P 网贷是一种直接融资的方式，类似于古老的资金融通，是在主体之间直接发生的债权债务关系，借贷行为是点对点的，不经过任何第三方机构(如银行)，并在此基础上融入了互联网的连接功能，使众多借款人(在 P2P 网络借贷平台上进行资金借入活动的用户)和出借人(即在平台上进行资金出借活动的用户，也称“投资人”或“理财人”)能够跨地域地建立借贷关系，从而极大地扩展了资金融通的范围和速度。

P2P 网贷诞生在英国，发展在美国，繁荣在中国。2005 年 3 月，英国人理查德·杜瓦等几位年轻人共同创办了全球第一家 P2P 网络平台 Zopa，并在伦敦上线运行运营。随后，

2006 年克里斯·拉尔森联合他人，在美国加州旧金山上市创立 Prosper，成为美国金融史上第一个 P2P 网贷平台。2007 年 5 月，宜信公司在我国成立，将 P2P 网贷概念引入中国。2007 年 5 月，美国 Lending Club 在社交网站 Facebook 上推出 P2P 网贷应用。同年 8 月，我国第一家基于互联网的纯信用无担保 P2P 网贷平台拍拍贷成立。

二、P2P 网络借贷的特点

相比于传统借贷，P2P 网贷具有四个特点：

1．加入门槛低

P2P 网贷去中心化(点对点)的交易结构，在一定程度上缓解了用户数量的限制，降低了融资金额期限错配的压力，使得信用交易可以很便捷地进行。相比银行和专业的理财机构，P2P 网贷针对的客户主要是普通大众，所以每个人都能很容易地参与进来。

2．融资成本低

P2P 网贷平台借助互联网思维模式，利用平台和其他社区网络及在线社区，将出借人和借款人集合聚合，网罗有关贷款人的个人信息，从而减少信息收集成本。同时，P2P 网贷平台与工商、税务和金融监管机构的各种信息交流都通过互联网完成，有效地提高了信息的传播速度，降低了信息传递成本。另外，P2P 借贷将间接融资转换为直接融资，省去了中间步骤，提高了资金利用率和融资效率，节约了交易成本。

3．直接透明

借贷双方直接签署个人对个人的借贷合同，一对一地互相了解对方的身份信息、信用信息，借贷双方的信息基本对等，尤其是投资人大致能了解借款人的还款进度和资产变化情况等，在一定程度上消除了信息的不对称。

4．融入互联网技术

P2P 网贷平台一方面消除了时空限制，为扩大用户数量、直接匹配用户需求奠定了基础；另一方面，平台通过采用自动化的模型与算法，能够批量处理这款申请的审核与定价问题，提高了平台的运营效率，降低了平台的边际成本。

三、P2P 网络借贷模式

P2P 网贷运营模式分析，在行业中被广泛采用的业务模式主要包括纯线上模式、债券转让模式、线上+线下(O2O)模式、担保模式和混合模式。

(一) 纯线上模式

在纯线上的操作运作模式中，P2P 网贷平台本身不参与借款，借款人和投资人均从网络、电话等非地面渠道获取对方信息，对借款人的信用评估、审核也通过线上进行 P2P 网贷，平台只是提供信息匹配、工具支持和服务等功能，平台承担的风险较小，对现代技术的要求较高。这是 P2P 网络借贷平台最原始的运作模式，也是我国 P2P 网贷的雏形。这一模式的“鼻祖”是美国的 Lending Club，国内采用纯线上模式的最典型平台是老牌平台拍拍贷。Lending Club 负责用户身份认证、银行账户认证、信用检查、信用报告以及资金的转移与收回。通过 Lending Club，借款人可以向一个或多个贷款人申请 1000 到 25 000 美元的个人贷款。基于亲和力准则，Lending Club 开发了一套搜索和识别贷款机会的 Lending Match 系统。该系统能够帮助用户迅速发现之前不知道的关系，使他们从有信任基础的人群中借贷资金。用户通过设定的标准(比如区域、工作地点、教育情况、专业背景、社会关系等)识别贷款，进而构建一个符合个人风险偏好的分散化的贷款组合(包括 10～30 个借款人)。

(二) 债权转让模式

债权转让模式多见于线下 P2P 平台，因此也成为纯线下模式的代名词。但这种模式经常因其体量大、信息不够透明而招致非议。典型的债权转让模式平台是美国的 Prosper 和中国的宜信。

(三) O2O 模式

O2O 即 Online to Offline 的缩写，这种“线上+线下”的模式，是指 P2P 网络借贷公司在线下寻找借款人，P2P 网络平台自身或者联合合作机构(如小贷公司)审核借款人的资信、还款能力，通过审核的借款人的借款需求将会被发布到线上，同时 P2P 网贷平台在线上公开借款人的信息以及相关的法律服务流程，用于吸引投资人。目前，越来越多的 P2P 网贷公司在线上完成筹资部分，在线下设立门店、与小贷公司合作或成立营销团队，寻找需要借款的用户并进行实地考察，这样一方面能够面对面审核借款人的信用水平，另一方面也能够有效地开发借款人。但是这种模式容易割裂完整的风险控制流程，导致合作双方的道德风险。

(四) 担保模式

在该模式下，需要在这款关系中引入担保，以规避投资者风险。但由于引入了担保环节，借贷业务办理的流程较长，速度容易受到影响。目前担保模式有五种：第三方担保公司担保、风险准备金担保、抵押担保、保险公司担保和混合模式。

1. 第三方担保公司担保

担保公司负责审核借款人的资信状况、为其提供担保，在借款人无法按时偿还借款时，向投资者提供担保代偿。

2. 风险准备金担保

风险准备金模式是目前行业内主流的一种模式。风险准备金是指为维护企业业务正常运转，在风险发生时可用于财务担保和弥补风险带来的损失的提前准备好的资金。P2P 网贷平台将风险准备金交由银行等第三方托管。一些 P2P 网贷平台将风险准备金模式作为主推的安全保障模式。当借贷人发生还款逾期或违约时，P2P 网贷平台需从事前事先建立的风险准备金账户中提取资金，归还给投资人，用于最大限度的保障投资人的利益。但是这种模式的问题在于，一些 P2P 网贷平台的资金与风险准备金没有实现根本上的分离，风险准备金极有可能被挪用，而在关键时刻无法起到担保的作用，风险准备金形同虚设。

3．抵押担保

抵押担保模式指的是借款人以房产、汽车等固定资产作为抵押来借款，一旦面临还款逾期或违约而转变为坏账时，P2P 网贷平台和投资者有权处理抵押物来收回资金。从坏账数据来看，抵押担保模式在 P2P 网贷行业的坏账率是最低的。

4．保险公司担保

随着相关部门严禁 P2P 行业自行提供产品担保，越来越多的 P2P 机构除了引入第三方担保公司外，还开始探索引保险公司入伙的新模式。在引入保险公司的模式中，保险公司提供的不仅仅是保障风险的作用，同时也发挥了担保作用。但是这种模式目前尚未得到普及，P2P 平台的规模和用户量大多还不能达到保险公司对于降低风险评估的要求，限制了保险公司在 P2P 网贷过程中的巨大作用。但在可预见的未来，保险公司担保的形式将成为 P2P 担保的主要形式之一。

5．混合模式

很多 P2P 网贷平台的模式划分并不明显，其通常分别在客户端、产品端和投资端选择多种模式进行有效组合，如表 13-2 所示。例如：有的平台在客户端会按照借款金额要求采用不同的担保方式；有的平台虽然从线上开发，但借款人也会从线下寻找借款人，典型代表为人人贷。

表 13-2　P2P 网贷平台运营模式对比

商业模式	参与机构	平台性质	业务模式	典型代表
线上模式	P2P 平台	中介机构	线上	Lending Club、“拍拍贷”
债权转让模式	P2P 平台 + 专业放贷人	中介机构+放贷人	线下为主	Prosper、“宜信”
O2O 模式	P2P 平台、小额信贷公司	中介机构	线上线下相结合	“有利网”
担保模式	P2P 平台、担保机构	中介机构+担保机构	线上线下相结合	“积木盒子”
混合模式	P2P 平台、小额信贷公司、担保机构	中介机构+放贷人+担保机构	线上线下相结合	“人人贷”

四、P2P 网络借贷风险及其防范

(一) P2P 网贷的风险

P2P 网贷平台面临着诸多风险，在此，为方便讨论，将风险按影响因素划分为五类。

1．流动性风险

流动性主要是指 P2P 网贷平台承诺为出借人垫付逾期借款的情况下，平台履行出借人兑现要求的能力。而流动性风险是指因为市场成交量不足或缺乏意愿交易的对手，导致未能在理想的时间里完成交易的风险。当 P2P 网贷平台的流动性不足的时候，他就无法以合理的成本迅速减少负债或变现资产获取足够的资金，从而影响盈利水平。当平台随时持有的用于支付需求的流动资产只占负债总额的很小一部分时，网络借贷的大量债权人同时要求兑现债权(如挤兑行为)，网贷平台就面临流动性危机。

2．信用风险

信用风险主要来自两方面：一是借款人到期没有偿还资金的风险；二是P2P网贷平台虚构债权吸收投资人投资金的风险。

首先，P2P网贷平台对于借款人的信用评估不够专业全面。一方面，P2P网贷行业门槛较低，部分P2P网贷机构缺少对同借款人进行信用风险评估的专业人员，造成P2P网贷机构风险管理能力不过关，增加了易违约借款人的比率，造成大量的坏账；另一方面，我国征信体系不完善、不开放，多个P2P网贷平台之间并未实现信息共享，难以对借款人信用状况有全面深入的了解。

其次，P2P网贷平台的经营者可能通过虚假增信和虚假债权等手段，吸引投资人的资金，将其用于其他用途。虚假的借款需求很可能是P2P网贷平台为补救前期的坏账而产生的，即网贷平台为弥补旧的资金缺口而挖掘了新的更大的资金缺口。如此这般"拆东墙补西墙"的行为最终只会演变成"庞氏骗局"，受损的还是广大投资者的利益。还有一些平台为了制造交易量或提高知名度，利用高收益吸引投资者，在极短的时间内便将本金加利息返还给投资者。这并不是一个健康的借贷交易，也并不存在正常的借贷需求，而仅仅是网贷平台花钱买名气的一个虚假手段。

3．操作风险

操作风险是指由于不完善或有问题的内部操作过程、人员、系统或外部事件而导致的直接或间接损失的风险。在P2P网贷中，借贷双方的资金需要通过中间账户进行操作，以处理出借人和借款人之间大量的资金往来，但中间账户的资金和流动性情况处于监管真空状态。P2P网贷公司一般都没有严格的资金收集、管理和使用程序，没有妥善保管资金安全的相应制度规范，导致P2P网贷公司的业务人员或者P2P网贷公司本身能够轻易地挪用平台用户充值的资金，存在较高的风险。

4．法律风险

就法律风险而言，当前国内对P2P网贷平台尚无明确的政策法规框架，仅出台了《关于促进互联网金融健康发展的指导意见》，没有对网络借贷提出具体的监管措施和法律法规。对于所有P2P网贷平台而言，未出台的监管政策都是不确定的因素。采用何种方式监管、监管的细则是什么，目前都无从得知，对于P2P网贷平台造成的影响，都还属于未知风险。

(二) P2P网贷风险防范措施

防范P2P网贷风险，需要做到：完善体系建设、行业自律、落实监管政策、发展征信系统。在整个社会信用体系不健全的环境下，评估风险本身的数据都有可能是虚假的，类似这种系统性风险是难以避免的。为了防范P2P网贷风险，首先应该从政策上对P2P网贷予以立法规范，加强P2P网贷法律建设，构建P2P网贷的相关法律体系。P2P网贷从本质上讲属于民间借贷的范畴，但与传统金融机构并不存在尖锐的对立矛盾，都是自己作为媒介来满足借贷双方对于资金的需求，只是实现方式从低效率高成本的传统方式转变为高效率低成本的方式。

第四节 众 筹

一、众筹的概况

1713 年，英国诗人亚历山大·蒲柏着手将 15 693 行的古希腊诗歌翻译成英语，他花费近 5 年的时间完成了注释版的《伊利亚特》，该译本被第一部现代英语词典的编纂者塞缪尔·约翰逊博士称为“世界前所未见的高贵诗译作”。这部作品在启动翻译计划之前，蒲柏就承诺在完成翻译后向每位订阅者提供一本 6 卷 4 开本的早期英文版的《伊利亚特》，这一创造性的承诺带来了 575 位订阅者的支持，总共筹集超过 4000 几尼(旧时英国的黄金货币)，帮助他完成翻译工作，这些支持者(订阅者)的名字也被列在了早期翻译版《伊利亚特》。

众筹在西方的悠久传统，说明了传统众筹的一些典型特点，例如：主要集中于文学、艺术等创意类领域；项目发起人具有较高的声誉或拥有较强的信息传播途径，投资兼具商业与慈善目的，具有预付消费性质，又长带有资助和赞助性质。互联网为众筹的发展提供了新的平台。2001 年互联网众筹诞生，美国的 ArtistShare 众筹网站成立。随后，2005 年，美国众筹网站 Kickstarter 成立，它也是当今影响力最大的众筹网站。

“众筹”这个概念的历史要早于互联网。众筹模式最早的产生可追溯至 18 世纪的新兴文艺作品“订购”模式。著名音乐家莫扎特、贝多芬采用这种方式寻找订购者为其创作提供资金。众筹最初是艰难奋斗的艺术家们为创作筹集资金的一个手段，现已演变成初创企业和个人为自己的项目争取资金的一个渠道。

众筹，翻译自外语“crowdfunding”一词。至于大众筹资，指大众以互联网为载体，汇集资金用来支持某个特定项目或组织。众筹的参与要素有三个：项目发起人、出资人和众筹网络融资平台。

二、众筹的特点

1. 更为开放的融资模式

相对于传统的融资方式，众筹更为开放，其特点是草根化、平民化，发起与资助都与年龄、身份、职业等无关，也不再把项目的商业价值作为能否获得资金的唯一标准。企业在平台网站上展示项目，让更多的媒体、消费者和投资人获取项目信息，只要是网友喜欢的项目，都可以通过众筹方式获得项目启动的第一笔资金，为更多小本经营者或创作者提供了无限可能。

2. 创业门槛较低

现在许多众筹网站主打的卖点都是帮助创业者“实现创业梦想”，这句话的潜台词是“之前创业门槛高，众筹帮你降低这个障碍”。众筹平台确实帮助许多草根创业者融到资金，并推出了既定的产品，而按照传统的融资模式，创业者可能面临创意不被看好、没有实际产品、难以得到认可的问题。

3．降低风险

众筹模式的一个隐性价值在于：先让消费者掏腰包，再去制造产品。消费者对产品的认可与评价在很大程度上反映了产品的市场需求。如果项目融资成功，并且实现研发与生产过程一切顺利，就能实现目标，这相当于在很大程度上降低了创业成本与风险。

4．获得宣传效果

众筹宣传作用体现在两个方面：一方面，项目融资成功意味着一次成功的广告，吸引了众人对产品的关注并且拓展了潜在客户群；另一方面，无论是否融资成功，你的项目都获得了展示，吸引潜在长期支持者。最早对项目提供支持的人都是潜在的铁杆粉丝，这些人甚至有望在日后成为项目的成员。在一个众筹项目中，可以把每个参与者都当做项目提供人脉网络的机会。众筹涉及的领域非常广泛，包括设计、科技、音乐、影视、书籍、游戏、摄影、食品等，并且逐渐向“三农”、土地、房地产、酒店、饭店、医疗等产业渗透。

三、众筹的运营模式

1．捐赠式

捐赠式众筹，是指出资者以捐赠或公益的形式，不求任何实质回报地为项目或者企业提供资金。捐赠式众筹的重要特征是出资者几乎不会在意自己的出资最终能得到多少回报，带有明显的捐赠和公益性质。

2．奖励式

奖励式众筹是众筹者从出资者处获得资金，等项目成功后以实物、服务或者媒体回报等非金融形式支付给出资者作为回报。这种奖励与筹资者的项目产品为主要形式，项目产品可以是实物，也可以是非实物，如电影的首映体验等。奖励式众筹很重要的地方在于预售“商品”，出资者提供资金给筹资者生产新产品，是对该商品有兴趣的前提下的“订购”。

3．股权式

股权式众筹主要是指通过互联网形式进行公开小额股权融资的活动。股权众筹融资必须通过股权众筹融资中介机构平台(互联网网站或其他类似电子媒介)进行。股权众筹中介机构可以在符合法律法规规定的前提下，对业务模式进行创新探索，发挥股权众筹作为多层次资本市场有机组成部分的作用，更好地服务于创新创业企业。股权众筹融资方应为小微企业，应通过股权众筹融资中介机构向投资人如实披露企业的商业模式、经营管理、财务、资金使用等关键信息，不得误导或欺诈投资者。投资者应当充分了解股权众筹融资活动的风险，具备相应的风险承受能力，进行小额投资。股权众筹融资业务由证监会负责监管。

四、众筹风险及其防范

众筹面临的信用风险主要来自虚假信息风险和资金托管风险两方面。虚假信息风险主要是指众筹平台对项目发起者的资格审核不够，出现项目发起者在资金募集成功之后不能兑现其承诺的状况，其产生的根源在于我国缺乏健全的信用体系。资金募集与托管风险主要来自于资金募集与融资方获得资金存在时间差，再加上不够完善的监管制度，整个资金流转过程中没有资金托管部门监督，如果众筹平台出现信用危机，投资者的损失将难以追回。

众筹模式风险防范投资者的风险防范需要从两方面入手：一方面，投资人本身要提高众筹投资的风险意识，在对投资风险有一定认识的基础上，合理选择投资项目；另一方面，众筹平台应采取一定的措施来保护投资者利益。投资人风险意识和投资水平的提高，只需要投资人本身学习知识和积累经验，也需要众筹平台对这项工作的重视。众筹平台可以采取很多有效措施来保护投资者利益：一是坚持正确的舆论导向；二是突出众筹平台的宣教功能；三是强制执行投资下单前的警示语、下单后的冷却操作流程；四是规范投资的准入门槛，根据经济实力、投资经理设定差异化的投资规模；五是规范众筹平台管理制度。首先，从防控非法集资行为的角度，必须首先完善信息披露制度。发起人须主动披露公司的基本信息、财务数据、经营情况、商业计划以及募集资金的用途和投向。其次，从控制平台资金流动的角度，众筹平台发挥的是中介的作用，以撮合投融资交易的实现为目的。一旦众筹平台在中介过程中能够控制资金的利用与流动，则平台就会有挪用投资人资金的激励，当平台资金发生流动性风险时，投资者和筹资人的利益将受到损失，所以，出于对资金安全性的考虑，应将平台资金交由第三方托管机构或银行，并支付一定的托管费用。另外，应严格控制众筹平台，不得从事与其业务无关的筹资融资活动。第三，从完善信用审核环节的角度，应尽快建立健全以央行为中心的我国个人机构的信用体系，并以适当的授权方式授予众筹平台查询权，对于保障出资人利益和促使我国众筹行业的长远健康发展具有重大的建设性意义。

相对于网贷、支付、Fintech 等领域的轮番大热，这几年以来众筹行业一直不瘟不火，即使在 2016 年网贷市场的监管力度趋严、网络众筹作为有别于 P2P 的互联网金融模式被寄厚望的背景下，全年表现都较为一般。

数据显示，进入 2016 年，众筹行业的发展节奏明显放缓。据不完全统计，相比 2015 年，2016 年中国众筹平台净增量约 120 家，不过在整个 2016 年，有超过 100 家的众筹平台跑路、转型或者停止运营，其中很多平台运营时间甚至不足 1 年。截至 2016 年年底，全国众筹平台数量共计 511 家，其中正常运营的平台数量为 415 家，平台下线或众筹业务下架的 89 家，转型 7 家，如表 13-3 所示和图 13-2 所示。

表 13-2 截止 2016 年年底全国各类众筹平台数量

平台类型	平台总数	正常平台数	下线平台数	转型平台数
回报众筹	241	206	31	4
互联网非公开股权融资平台	145	118	26	1
综合众筹	103	72	29	2
物权众筹	17	15	2	0
公益众筹	5	4	1	0
共 计	511	415	89	7

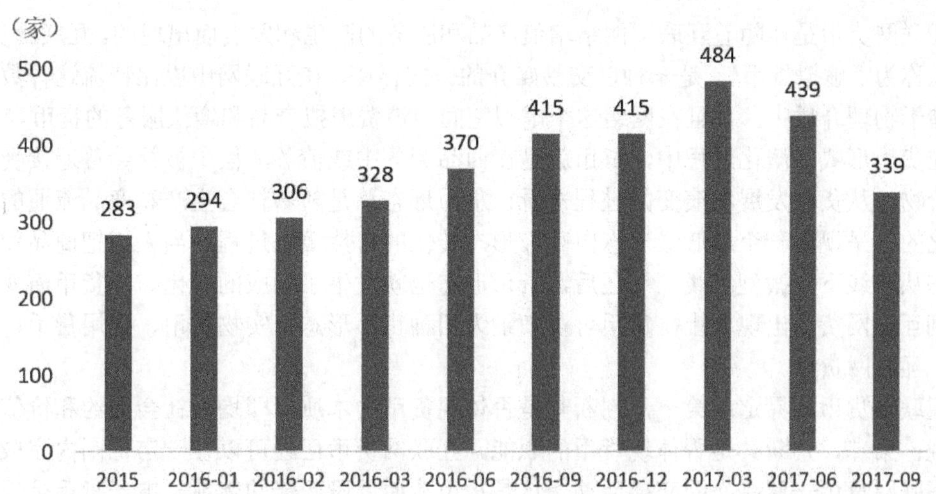

图 13-2　2015—2017 年 9 月全国正常运营众筹平台数量统计

——资料来源：http://tech.163.com/17/0110/15/CAE7CHM500094PQJ.html

从平台融资项目情况来看，2016 年，众筹全平台新增项目成功融资额共计为 52.98 亿元，同比增长 2.1%，但与前面提到的消费金融、移动支付相比，无论从体量还是增速上都几乎无法相提并论。其中，互联网非公开股权融资平台新增项目数量为 3268 个，同比下降了 56.6%，降幅明显。

这一方面或许源于政策调整的影响：2016 年初，随着一二线城市房价快速上涨，深圳、广州、上海等地先后叫停了房产众筹业务，标志着 2015 年以来快速发展的房产众筹行业进入了持续低迷期；而在接下来的 8 月份，《网络借贷信息中介机构业务活动管理暂行办法》正式发布，办法规定网络借贷信息中介机构不得从事或接受委托从事股权众筹业务，这意味着 P2P 平台也集体退出了股权众筹行业；2016 年 10 月，《股权众筹风险专项整治工作实施方案》发布，对以“股权众筹”等名义从事股权融资业务、以“股权众筹”名义募集私募股权投资基金、平台融资者未经批准擅自公开或者变相公开发行股票，以及通过虚构或夸大平台实力、融资项目信息和回报等虚假宣传误导投资者等八种行为开始进行重点整治，叠加之前发布的“股权众筹平台不能兜底、不能刚性兑付、不能进行公开宣传、项目不能超过 200 人”的三大禁令，使得互联网众筹行业提前进入整合期，不少平台在监管压力下面临被强制整改、关闭或主动停运的可能。

第五节　互联网货币

互联网货币支付方式信息处理和资源配置是互联网金融的三大支柱，其中支付方式是互联网金融的基础设施。2012 年以来，支付服务已经成为金融领域创新最重要的部分之一，而互联网货币是其中最为凸显的分支之一，互联网金融的支付方式革命也大量地体现在互联网货币方面。

互联网货币是伴随着互联网网络增值产品和服务的产生和发展而出现的。互联网货币，又可以称为“虚拟货币”，是一种以交易媒介的方式存在，在互联网中以比特流这种数字形式存储于物理介质中，并且在网络这个虚拟空间中消费虚拟产品和增值服务的货币。

在货币形式的演化过程中，货币就是在商品劳务中或债务清偿中被社会普遍接受的一般等价物。从货币发展和演变的过程来看，货币形态总是随着社会生产和商品流通的变化而变化的，呈现出一个由低级形态向高级形态转化的自然演进过程。当人们把商品和劳务的形态从“线下”搬到“线上”之后，货币形态也就发生了相应的变化。从货币演变史来看，到互联网货币出现为止，货币可以归纳为四种货币形态：实物货币、代用货币、信用货币、互联网货币。

互联网货币的界定：第一，判断其是否体现货币的本质，即均为社会契约和价值共识的体现；第二，判断其是否体现货币的职能。互联网货币已经可以在一定范围内完成“商品—互联网货币—商品”的交换活动，这是货币流通手段职能的体现。电子货币是银行等金融机构发行的具有法定货币功能的电子数据，它与互联网货币都是基于互联网技术的、以电子信息为载体的数字货币，但是在货币性质、接受程度、发行主体、法律地位等方面有着很大不同，必须加以区分。

互联网货币的典型代表是“比特币”。比特币的概念最初由一个自称“中本聪”的人于2008 年提出，他在一个密码学网站的邮件组列表中发表了一篇题为《Bit Coin: a Peer-to-Peer Electronic Cash System》的开创性论文，时值次贷危机蔓延，政府的不良政策也令金融体系更加混乱，招致民众不满。中本聪认为现行的货币体系中存在内生性受制于基于信用的模式的弱点，于是“去中心化”的思想应运而生。

第六节　互联网背景下的传统业务

一、互联网下的传统金融概述

(一) 互联网下的银行

1. 传统网上银行业务

1) 网上银行的含义

传统网上银行业务是传统金融业互联网化的主要业态之一，网上银行包括两层含义：一是机构概念，指通过信息网络开办业务的银行；二是业务概念，指银行通过信息网络提供的金融服务，包括传统银行业务和因信息技术应用带来的新兴业务。

2) 网上银行的分类

(1) 按服务对象的不同可分为个人网上银行和企业网上银行。个人网上银行主要适用于个人与家庭消费的支付与转账。客户可以通过个人网上银行来完成实时查询、转账、网络支付和汇款功能。而企业网上银行主要针对企业与政府部门等企事业组织客户。企事业组织可以通过企业网上银行服务实时了解企业财务运作情况，及时在组织内部调配资金，轻松处理大批量的网上支付和工资发放业务，并可处理信用证相关业务。

(2) 按经营组织形式分可分为纯网上银行和分支型网上银行。纯网上银行又称“虚拟银行”，是专门提供在线银行服务而成立的独立银行，是没有实际的物理柜台作为支撑的网上银行。分支型网上银行是指现有的传统银行将互联网作为新的服务手段，建立银行站点，提供在线服务而设立的网上银行。国内现在的网上银行基本属于分支型网上银行，网上银行是业务上的概念。

3) 网上银行的特点

(1) 全面电子化交易。网上银行突破时空限制，运营成本低廉，服务更标准化多样化和个性化。

(2) 真正实现了“AAA 式”服务。网上银行在任何时间(Anytime)、任何地点(Anywhere)、任何方式(Anyway)为用户提供服务，使用户享受到方便、快捷、高效和可靠的全方位服务。

(3) 以虚拟的电子服务方式代替了面对面服务方式。网上银行通过互联网技术取消了物理网点、降低了人力资源等成本，从而大大节省了运营费用。

(4) 服务更加优化。与传统银行不同，网上银行以客户体验为中心，将互联网精神融入到金融行业中，提供更加标准多样个性化的服务，更准确、更规范地避免了在传统银行营业店因个人素质和情绪状态不同而带来的服务满意程度的差异。

2．互联网新兴银行业务

与传统电商平台仅提供电商交易服务不同，互联网新兴银行业务更面向广大企业和个人，更立足金融服务。除去已经发展得较为成熟的电脑网上银行客户端，互联网新兴银行业务领域也扩展到了移动互联网领域，手机银行、微信银行等都属于互联网新兴银行业务的典型例子。

(二) 互联网下的证券

互联网证券业务，即“网上证券业务”，并不是简单地将线下业务向线上业务进行平行迁移，也不是对现有平台和信息技术模块做简单整合，而是在“电子化—互联网化—移动化”的趋势下，在执行层面通过互联网技术对公司传统业务从销售渠道、业务功能、客户管理到平台升级的架构及流程优化的过程。而传统证券网上业务主要是指那些只是单纯地将线下业务搬至网上，也即传统证券公司业务的网络化，网络化后的业务使得客户可以不用去实体营业厅，在网上即可完成相关的业务操作，与网上证券相比，这种模式并没有对传统的证券业务进行较大规模的创新、改造。

1．传统证券网上业务

传统证券网上业务是证券行业以互联网为媒介，向客户提供全新的商业服务。其所能提供的投资理财服务包括：有偿证券投资资讯(国内外经济信息、政府政策、证券行情)，网上证券投资顾问，以及股票网上发行、买卖、推广等。

2．新兴互联网证券业务

互联网证券业务是指在“电子化—互联网化—移动化”的趋势下，在执行层面对公司传统业务实施从销售渠道、业务功能、客户管理到平台升级的架构重塑及流程优化，架构符合互联网商业惯例和用户体验的综合金融服务体系。一方面，互联网金融为混业经营的发展提供了支持，尤其近年证券市场提出推出的股指期货、融资融券、量化对冲形成的交易成为证券公司经纪业务的核心；另一方面，非现场开户政策的推出使证券公司经纪业务结合互联网开展业务成为可能。

(三) 互联网下的保险

互联网下的保险不同于互联网下的银行和证券。互联网下的保险发展最为完善，传统保险机构和互联网公司开展的保险业务可以共同划分到互联网保险这个定义之下。

互联网保险业务是指保险机构依托互联网和移动通信技术，通过自营网络平台、第三方网络平台订立保险合同，提供保险服务业务。其中，保险机构是指经保险监督管理机构批准设立并依法登记注册的保险公司和保险专业中介机构。保险专业中介机构是指经营区域不限于注册地所在省、自治区、直辖市的保险专业代理公司、保险经纪公司和保险公估机构。

(四)互联网下的其他传统金融业务

1. 互联网下的基金

互联网下的基金即通过互联网渠道实现销售的证券投资基金。狭义的互联网基金是指通过互联网等电子工具，实现基金的申购、赎回、营销、服务、信息安全等基金所需的常规业务活动。广义的互联网基金是指基金公司通过互联网手段完成的一切商业活动。互联网下的大数据基金是对互联网下的基金业务的另一种创新形式。大数据基金就是基金管理人通过构建量化分析模型，从互联网公司提供的海量信息数据中提炼出与投资行为相关的有效信息，并以此作为基金投资决策的重要依据。

2. 互联网下的信托

互联网信托实际上是指委托双方通过信托公司或其他信托机构提供的线上平台，在网上签订信托合同，转让信托产品，查询信托财产以及有关交易情况的信托业务的运作模式。互联网信托由银监会负责监管。传统信托公司主要有两种：一种是以股票债券为经营对象；另一种是以投资者身份直接参与企业投资。而互联网信托则迎来了一个全新的模式，即P2B(Person to Business)金融行业投融资模式与 O2O(Online to Offline)线上线下电子商务模式结合，通过互联网实现个人和企业之间的投融资。

3. 互联网下的消费金融

2014 年出台的《消费金融公司试点管理办法》中规定，互联网消费金融是指经银监会批准，在中华人民共和国境内设立不吸收公众存款，以小额分散为原则，为中国境内居民个人提供以消费为目的的贷款的非银行金融机构所提供的金融服务，包括个人耐用消费品的贷款及一般用途个人消费贷款等。根据消费者购买行为的不同，消费金融分为：住房消费金融、汽车消费金融、信用卡以及其他消费品消费金融。根据贷款的期限不同分为：短期消费金融以及中长期消费贷款等形式。按接受贷款对象的不同，消费信贷分为：买方信贷和卖方信贷。互联网消费金融的类别，依照平台不同可分为四种，分别是以银行、消费金融公司、电商、分期购物平台为依托的消费金融。由于互联网消费金融处于发展初期，其运营模式的发展创新也仍在探索阶段，但可以肯定的是以存款贷款为主要经营资源，以利差为主的传统盈利模式正在发生变化，而建立在大数据核心技术基础之上的支付方式、数据管理、财富管理业务正在形成新运营模式。

二、互联网金融的法律、政策监管

近年来，随着互联网“跨界革命”的风潮席卷各大传统领域，金融业也不可避免地被卷入了变革的大潮之中，各类金融科技创新公司加速诞生，为中国互联网金融业迎来了巨大的发展机遇。2011 年到 2015 年，我国互联网金融交易规模增长迅猛，增速在 2013 年达到了峰值 223%。截至 2015 年底，中国互联网金融总交易规模超过 12 万亿，接近 GDP 总量的 20%，互联网金融用户人数超过 5 亿，为世界第一。高增速和庞大的人口基数，使得中国互联网金融产业深受资本市场的青睐，相关企业的估值远超其他行业。数据显示，在全球 27 家估值不低于 10 亿美元的金融科技独角兽中，中国企业占据了 8 家，融资额达 94 亿美元。在这一背景下，国内金融科技创业公司、创新业务模式与解决方案不断涌现，依托“互联网+”风潮呈燎原之势，不断重构着每个人的生活。

然而“野蛮生长”同样也是一把双刃剑，市场火爆的代价是互联网金融业背后的乱象丛生，监管缺位下的违规企业比比皆是；“e 租宝”“招财宝”“快鹿案”“校园裸条”等风险事件频发，直接导致了 2016 年下半年国家在政策层面上的收紧：10 月 13 日，国务院办公厅颁布了《互联网金融风险专项整治工作实施方案》，与之一起的还有央行、银监会、证监会、保监会等相关机构分别印发的《非银行支付机构风险专项整治工作实施方案》《P2P 网络借贷风险专项整治工作实施方案》《股权众筹风险专项整治工作实施方案》等针对不同方向业务整改的公文，再加上 8 月份推出的《网络借贷信息中介机构业务活动暂行管理办法》，互联网金融行业普遍遭遇了困难时期，如表 13-4 所示。

表 13-4　互联网金融行业政策收紧动态

时　间	发布机构	相关文件	内容及影响
2016.8.24	银监会等 4 部门	《网络借贷信息中介机构业务活动管理暂行办法》	明确自融、拆标、资产证券化等 13 条监管红线，全面收紧网贷业务
2016.10.13	央行等 17 部门	《通过互联网开展资产管理及跨界从事金融业务风险专项整治工作实施方案》	结合从业机构的持牌状况和主营业务特征，明确整治工作的职责分工
2016.10.13	国务院办公厅	《互联网金融风险专项整治工作实施方案》	重点整治 P2P 网络借贷和股权众筹业务，通过互联网开展资产管理及跨界从事金融业务、第三方支付业务，以及互联网金融领域广告等行为。
2016.10.28	互联网金融协会	《中国互联网金融协会信息披露自律管理规范》	含总则、信息披露管理与责任、信息披露方式和要求、奖惩、附则等五部分内容，对经发现确认为违规的信息披露行为将依据相关条例实施自律惩戒
2017.3.24	银监会	《网络借贷资金存管业务指引》	明确了网贷资金存管业务应遵循的基本规则和实施标准，商业银行和网贷机构施行分账管理，并进行每日账务核对，明确只有商业银行才能成为存管人

——资料来源：http://www.sohu.com/a/136096090_408395

重要概念与思考题

本章重要概念

互联网金融　沉淀资金　去中心化
第三方支付　互联网银行　纯网上银行
P2P 网络借贷　互联网货币　互联网消费金融
众筹　互联网保险　互联网证券
大数据金融

思考题

1. 互联网金融的定义有哪些？你熟知的互联网金融服务有哪些？

2. 第三方支付在促进电子商务的发展中起到了什么样的作用？第三方支付自身面对的风险有哪些？该如何防范这些风险？

3. P2P 网络借贷产生的背景是怎样的？它属于哪一种融资形式，是直接融资还是间接融资？试列举 P2P 网络借贷的特点。

4. 为什么众筹发展的过程中欺诈现象频发？为了降低投资者的风险，捐赠模式的众筹平台采取了什么措施？这样的措施使得众筹交易发生了什么变化？

5. 互联网货币相较于传统货币的优势和劣势分别是什么？互联网货币的出现对商业银行的业务会产生怎样的影响？

6. 互联网金融与传统金融有哪些区别？互联网银行与传统银行的关系是怎么样的？互联网银行对传统银行产生了哪些影响？

第十四章　金融风险与监管

金融业在发展的过程中的疯狂扩张，会带来一系列的问题，在我国，近几年政府和监管机构已经将金融安全以及金融监管列为金融工作的重中之重，金融监管协调机制进一步升级，金融安全、反风险的重要性也在逐步提升，尤其是对以商业银行为代表的传统金融机构的监管，以及近年来的新兴行业互联网金融业的监管，已经成为金融体系中不可忽视的一部分。

学习目标

1. 理解金融风险与监管的概念;
2. 掌握金融监管的要素及范围;
3. 了解金融监管体制及其类型;
4. 掌握我国金融监管体制的组成;
5. 了解银行监管的国际合作;
6. 了解互联网金融风险与监管。

第一节　金融监管及其范围

一、金融监管概述

(一) 金融监管的含义

金融监管是金融监督管理的简称，一般是指国家授权的监管当局为了维护金融秩序、保护投资者、投保者以及储户的利益，促使金融机构、金融市场、金融业务依法稳健运行而对其进行监督、管制、约束的监督管理行为。通常来说，金融监管一般涉及银行业、证券业、保险业、信托业等，其实质就是一种管理与约束行为，这种对金融市场的管制是一种征服与规范。

(二) 金融监管的原则

由于经济、法律、历史、传统乃至体制的不同，各国在金融监管的诸多具体方面存在着不少差异，但有些一般性的基本原则却贯穿于各国金融监管的各个环节与整个过程:

第一，依法管理原则。

第二，合理、适度竞争原则。监管重心应放在保护、维持、培育、创造一个公平、高效、适度、有序的竞争环境上。

第三，自我约束和外部强制相结合的原则。

第四，安全稳定与经济效益相结合的原则。

此外，金融监管应该顺应变化了的市场环境，对过时的监管内容、方式、手段等应及时进行调整。

(三) 金融监管理论

1. 社会利益论

金融监管的基本出发点就是要维护社会公众的利益，而社会公众利益的高度分散化，决定了只能由国家授权的机构来履行这一职责。历史经验表明，在其他条件不变的情况下，一家银行可以通过其资产负债的扩大以及资产对资本比例的扩大来增加盈利能力，这必然伴随着风险的增大。但由于全部的风险成本并不是完全由该银行自身，而是由整个金融体系乃至整个社会经济体系来承担，这就会使该银行具有足够的动力通过增加风险来提高其盈利水平。如果不对其实施监管和必要的限制，社会公众的利益就有很大可能受到损害。因此，可以这样概括：市场缺陷的存在，有必要让代表公众利益的政府在一定程度上介入经济生活，通过管制来纠正或消除市场缺陷，以达到提高社会资源配置效率、降低社会福利损失的目的。

2. 金融风险论

金融风险的特性决定了必须对其实施监管，以确保整个金融体系的安全与稳定。

首先，银行业的资本只占很小的比例，大量的资产业务都要由负债来支撑。在其经营过程中，利率、汇率、负债结构、借款人偿债能力等因素的变化，使得银行业时刻面临着种种风险，成为风险集聚的中心。而且，金融机构可能存在的为获取更高收益而盲目扩张资产的冲动，更加剧了金融业的高风险和内在的不稳定性。当社会公众对其失去信任而挤提存款时，银行就会发生支付危机甚至破产。

其次，金融业具有发生支付危机的连锁效应。在市场经济条件下，社会各阶层以及国民经济的各个部门，都通过债权债务关系紧密联系在一起。因此，作为企融体系的任一环节出问题，都极易造成连锁反应，进而引发普遍的金融危机。更进一步，一国的金融危机还会影响到其他国家，并可能引发区域性甚至世界性的金融动荡。

最后，金融体系的风险，直接影响着货币制度和宏观经济的稳定。

3. 投资者利益保护论

在设定的完全竞争的市场中，价格可以反映所有的信息，但在现实中，大量存在着信息不对称的情况。在信息不对称或信息不完全的情况下，拥有信息优势的一方可能利用这一优势来损害信息劣势方的利益。于是，就提出了这样的监管要求，即有必要对信息优势方(主要是金融机构)的行为加以规范和约束，以便为投资者创造公平、公正的投资环境。

二、金融监管的要素及范围

(一) 金融监管的要素

金融监管的范围涉及金融监管的五大要素(5W)，即金融监管必须解决五个问题：第一，谁来进行金融监管，即监管的主体是谁(who)；第二，谁是金融监管的对象，即监管的客体是谁(whom)；第三，为什么要进行金融监管(why)；第四，监管什么，即监管的内容(what)；第五，通过什么手段来进行金融监管(how)。5W 为金融监管的要素，也是金融监管的范围。

1. 金融监管的主体

金融监管的主体主要是政府及其授予权力的公共机构，有时还包括行业内普遍认可的非官方民间机构。

2. 金融监管的对象

金融监管的对象一般分为银行机构(主要是商业银行)、非银行金融机构、金融市场三类。早期的金融监管对象主要是商业银行，但随着非银行金融机构的发展以及金融业务的多样化，金融监管的对象也逐渐增多。尤其是在金融衍生品日益增多的金融环境下，保护投资者利益使得金融监管的任务变得更加艰巨。

3. 金融监管的目的

金融监管主要有三大目的：第一，克服市场失灵，确保公平的市场环境，以保护投资者的利益；第二，防范系统性风险，维护金融体系安全；第三，规范与促进金融创新，提高金融运行效率。

4. 金融监管的内容

从监管对象看，对商业银行的监管内容主要包括市场准入监管、资本充足率监管、流动性监管、信贷风险监管、存款保险制度以及监管评价体系等；对证券的监管内容主要包括证券的发行与上市监管、证券交易监管以及对证券经营机构的监管；对保险业的监管内容主要包括市场准入与退出监管、保险经营机构、保险偿付能力监管、保险中介人监管等。

5. 金融监管的手段

金融监管的手段包括法律手段、行政手段、经济手段、技术手段、自律手段等。现代的信息技术手段也已经开始应用于金融监管之中，用以提高金融监管的有效性。

(二) 金融监管的内容及范围

1. 市场准入的监管

市场准入是中央银行对新设机构进行的限制性管理，是金融监管的第一个环节。它是指通过对银行机构进入市场、经营金融产品、提供金融服务依法进行审查和批准，将那些有可能对存款人利益或银行业健康运转造成危害的金融机构拒之门外，以保证银行业的安全稳健运行。市场准入监管的目的在于防止过度竞争，维护银行特许权价值；抑制逆向选择，防止投机冒险者进入银行市场；同时促使银行审慎经营，防止银行过度冒险行为。

例如，世界各国都遵循市场准入原则，对商业银行的设立规定种种限制条件，并有专门机构负责审批。换言之，商业银行的设立实行审批制，而不是登记制。市场准入的监管内容主要包括：

1) 金融机构设立的程序

设立商业银行，应当经国务院银行业监督管理机构审查批准。未经国务院银行业监督管理机构批准，任何单位和个人不得从事吸收公众存款等商业银行业务，任何单位不得在名称中使用“银行”字样。

2) 金融机构设立的组织形式

按照有关法律规定，我国商业银行应采取有限责任公司或股份有限公司的形式设立，城市和农村信用社及其联社均采取合作制。

3) 金融机构的章程

募股结束并由国务院银行业监督管理机构检查通过后，发起人要召开全体股东大会，拟定章程并通过。章程内容包括机构名称、营业地址、经营宗旨、注册资本金、业务范围、机构组织形式、经营管理形式、机构终止和清算等事项。章程以该金融机构被国务院银行业监督管理机构批准设立时的文本为最后文本并得以生效。

4) 资本金要求

设立各类金融机构，都必须符合规定的最低资本金要求。各国金融主管当局在审批时往往要求有比最低标准更高的实收资本。各国的资本金标准一般都在相关的法律中予以规定，如美国要求国民银行最低注册资本金为 500 万美元，我国商业银行法要求设立全国性商业银行的注册资本最低限额为 10 亿元人民币。注册资本应当是实缴资本。

5) 经营方针和营业场所

银行的经营方针是在有关法律的规范下，将社会责任、经济效益和社会效益并举，因而其营业计划应体现这一经营方针。营业场所主要是指其营业场地的面积、安全防范及有关现代化通信是否与该场地相适应。

6) 法定代表人及主要负责人任职资格的审查

金融机构的法定代表人及主要负责人是指董事长、副董事长、行长(总经理)和副行长(副总经理)。对这些高级管理人员，各国都有具体的任职资格规定。国务院银行业监督管理机构在审批时，按照相关法律和《金融机构高级管理人员任职资格管理暂行规定》等进行审查和批准。

7) 申请设立金融机构的可行性报告

报告能够证明新设立的金融机构是全国或区域经济和金融发展所必需的，管理者有能力在公平竞争的条件下带来自身的盈利和为经济发展作出贡献等。

8) 许可证制度

由于我国金融机构的设立采用特许制度，所以许可证是十分重要的。经批准设立的金融机构，由国务院银行业监督管理机构颁发经营许可证，并凭该许可证向工商行政管理部门办理登记，领取营业执照。

2. 市场运作过程的监管

金融机构经批准开业后，金融监管当局还要对金融机构的运作过程进行有效监管，以便更好地实现监控目标的要求。各国对金融机构市场运作过程监管的具体内容不完全相同，但一般都将监管的重点放在七个方面。

1) 资本充足性监管

对于商业银行的资本金，除注册时要求的最低标准外，一般还要求银行自有资本与资产总额、存款总额、负债总额以及风险投资之间保持适当的比例。银行在开展业务时要受自有资本的制约，不能脱离自有资本而任意扩大业务。在这方面，1988 年《巴塞尔协议》关于核心资本和附属资本与风险资产的4%和8%的比率规定，已经被世界各国普遍接受，作为银行监管中资本充足率的最重要、最基本的标准。2004 年，《新巴塞尔协议》对原协议又进行了修改，完善了资本充足率监管的新框架。

2) 流动性监管

为保障商业银行的支付能力，降低风险程度，中央银行除规定法定存款准备金比例以外，还要求商业银行的资产必须保持一定程度的流动性，即规定全部资产中流动性资产的最低比例。

我国《商业银行法》对我国商业银行流动性监管作出了详尽规定，包括流动性资产负债比例指标、备付金比例指标、拆借资金比例指标、存贷款比例指标等。

3) 业务范围的监管

对业务范围的监管是中央银行根据各类金融机构的性质分别核定其业务范围或限制其进入某种业务领域。例如，20 世纪 30 年代至 90 年代，美国禁止商业银行从事投资银行业务，瑞典规定商业银行不得介入不动产投资、保险和金融租赁业务。

从世界各国来看，金融业的经营模式主要有分业经营和合业经营。分业经营是指金融业中传统商业银行业务与证券业务、保险业务等金融业务分别由不同的机构来经营，国家一般通过法律明确界定不同机构的业务范围；合业经营(又称“混业经营”或“全能经营”)是指管理当局允许商业银行开展多种业务，既能经营传统商业银行业务，又能经营证券、投资保险和其他金融业务，实现银行业与证券业、保险业等的相互渗透与一体化经营。虽然合业经营是金融业经营模式的发展趋势，但它会使监管和风险控制的难度加大。

4) 信贷风险的控制

追求最大限度的利润是商业银行经营的直接目的，商业银行把吸收的资金尽可能地集中投向盈利高的方面。由于获利越多的资产风险相对就越大，因而，大多数国家的中央银行都尽可能限制贷款投向的过度集中，通常限制一家银行对单个借款者提供过多的贷款，以分散风险。分散风险既是银行的经营战略，也是金融监管的重要内容。限制商业银行信贷集中，是基于分散风险的需要。美国明确规定了对单个借款人的贷款最高限额一般不得超过银行资本的 15%；如果有流动性强的足额抵押品作担保，这一指标可放宽至 25%。我国对贷款集中度的监管体现在两个方面：对单一客户的贷款比例和对最大 10 家客户的贷款比例。前者规定不超过银行资本总额的 10%，后者规定不超过银行资本总额的 50%。

5) 汇风险管理

在外汇风险领域里，大多数国家对银行的国际收支的趋向很重视，并制定适当的国内管理制度，但各自的管理制度有着显著的差别。美国、法国、加拿大等国对外汇的管制较松，而英国、日本、荷兰、瑞士等国对外汇的管制较严。如英格兰银行对所有在英国营业的银行的外汇头寸进行监控，要求任何币种的交易头寸净缺口数均不得超过资本基础的10%，各币种的净空头数之和不得超过资本基础的15%。对于外国银行分支机构，英格兰银行要求其总部及母国监管当局对其外汇交易活动进行有效的控制。

6) 备金管理

银行的资本充足性与其准备金政策之间有着内在的联系，因此，对资本充足性的监管必须考虑准备金因素。监管当局的主要任务是确保银行的准备金是在充分考虑谨慎经营和真实评价业务质量的基础上提取的。各国金融监管当局已经普遍认识到准备金政策和方法的统一是增强国际金融体系稳健性的一个重要因素，也有助于银行业在国际范围内的公平竞争。因此，监管当局之间的协商与合作将会推动在准备金问题上达成共识。

7) 款保险管理

当银行面临破产时，必然出现如何保护存款人利益问题。为了防止挤兑现象，许多国家建立了存款保险制度。在金融体制中设立负责存款保险的机构，规定本国金融机构按吸收存款的一定比率向专门保险机构缴纳保险金，当金融机构出现信用危机时，由存款保险机构向金融机构提供财务支援，或由存款保险机构直接向存款者支付部分或全部存款，以维护正常的金融秩序。从国际金融业的实践来看，存款保险制度对促进金融业稳定发展的作用是明显的。运作历史最长、影响最大的是1934年1月1日正式实施的美国联邦存款保险制度。美国的联邦存款保险公司为商业银行提供存款保险，当银行倒闭时，存款人每个账户可以得到不超过10万美元的保险赔偿。目前，美国96%的商业银行向联邦存款保险公司投保。

存款保险制度的组织形式可以多种多样，一些国家是官办的，一些国家是银行同业公会办的，还有政府与银行同业公会合办的。另有一些国家并无形式上的存款保险机构，一旦商业银行出现危机，政府通过中央银行、财政部等机构干预以保护存款人利益，这可以看做是一种隐性的存款保险制度。我国长期以来实施的就是这种隐性的存款保险制度。2004年以来，中国人民银行牵头制定了《存款保险条例》，标志着我国真正的存款保险制度建设正式启动。2014年11月30日，我国发布《存款保险条例(征求意见稿)》，其中规定，存款保险实行限额偿付，最高偿付限额为人民币50万元。2015年1月，《存款保险条例》向社会公开征求意见工作已圆满完成，制度出台前的各项准备工作已经就绪，在按照规定履行相关审批程序之后，存款保险制度可能会付诸实施。

3. 市场退出的监管

金融机构市场退出的原因和方式可以分为两类：主动退出与被动退出。主动退出是指金融机构因分立、合并或者出现公司章程规定的事由需要解散而退出市场，其主要特点是自行要求解散。被动退出是指由于法定的理由，如由法院宣布破产或严重违规、资不抵债等，金融监管当局将金融机构依法关闭，取消其经营金融业务的资格，金融机构因此而退出市场。

各国对金融机构市场退出的监管都通过法律予以明确，并且有很细致的技术性规定。我国对金融机构市场退出的监管也是由法律予以规定的，一般有接管、解散、撤销和破产等几种形式。

第二节　金融监管体制

一、金融监管体制及其类型

(一) 金融监管体制的含义

金融监管体制是指金融监管的制度安排，它包括金融监管当局对金融机构和金融市场施加影响的机制以及监管体系的组织结构。从广义上讲，金融监管体制包括监管目标、监管范围、监管理论和监管方式、监管主体的确立及权限划分等。从狭义上讲，金融监管体制主要是指监管主体的确立及其职责、权限划分。如果从组织体系、运行机制等方面来认识，金融监管体制则是指为了实现特定的社会经济目标而对金融活动施加影响的一整套机制和组织结构的综合。

(二) 金融监管体制类型

由于各国历史文化传统、法律、政治体制、经济发展水平等方面的差异，金融监管机构的设置颇不相同。金融监管体制与一国政治、社会经济制度、文化等密切相关。从各国金融监管的实践来看，金融监管体制一般可分为“一元多头式”“二元多头式”和“集中单一式”三种，也可以分为多头监管体制和单一监管体制两类。

1.“一元多头式”金融监管体制

“一元多头式”金融监管体制也称“单元多头式”或“集权多头式”，指全国的金融监管权集中于中央，地方没有独立权力，在中央一级由两家或两家以上监管机构共同负责的监管体制。一元多头式金融监管体制以德国、法国和日本(1998 年以前)为代表。

2.“二元多头式”金融监管体制

“二元多头式”金融监管体制也称“双元多头式”“双线多头式”或“分权多头式”，指中央和地方都对金融机构或金融业务拥有监管权，且不同的金融机构或金融业务由不同的监管机关实施监管。二元多头式金融监管体制以美国、加拿大等联邦制国家为代表。

3.“集中单一式”金融监管体制

“集中单一式”金融监管体制也称“集权式”或“一元集中式”，指由中央的一家监管机构集中行使金融监管权。其代表性国家有英国(1997 年后)、日本(1998 年以后)。以英国为例，英国 1979 年的银行法正式赋予英格兰银行金融监管的职权。1997 年 10 月 28 日，英国成立了金融服务局(FSA)，实施对银行业、证券业和投资基金业等金融机构的监管，英格兰银行的监管职责结束。

(三) 部分发达国家的金融监管体制

1. 美国的金融监管体制

金融监管制度最早产生于美国。以 1864 年国民银行制度确立为标志，美国建立了财政部货币监理局，设立了存款准备金制度，结束了以州为单位的单线监管状态，开始了联邦和州的二元监管历史。1913 年，威尔逊总统签署《联邦储备银行法》，建立了联邦储备体系，成为世界近代金融监管工作的开端。1929—1933 年的经济危机催生了美国《1933 年银行法》，该法的基调是禁止金融业混业经营，使得美国的金融业进入了分业经营时期。相应地，金融监管也采取了多头分业监管的体制。

20 世纪 70 年代末，美国开始进行金融监管改革，一度放松了金融管制。1991 年底，美国国会通过《1991 年联邦存款保险公司改进法》，据此强化了金融监管。1999 年，美国通过《金融服务现代化法案》，确立了美国金融业混业经营的制度框架。美国金融监管机构也进行了相应的调整：由美联储(FRB)作为混业监管的上级机构，对混业经营的主要组织机构金融持股公司实行统一监管；货币监理署(OCC)等监管机构对商业银行、证券公司和保险公司进行专业化监管。这样，美国形成了美联储综合监管和其他监管机构专业监管相结合的新体制。2009 年 6 月 17 日，美国政府正式公布全面金融监管改革方案，从金融机构监管、金融市场监管、消费者权益保护、危机处理和国际合作等方面构筑安全防线，期望以此恢复对美国金融体系的信心。2010 年 7 月 21 日，美国总统奥巴马签署《金融监管改革法案》，标志着美国金融监管改革立法完成，拉开了 20 世纪 30 年代大萧条以来美国最大规模金融监管改革的序幕，华尔街正式进入新金融时代。

2．德国的金融监管体制

德国金融监管框架源于 1961 年通过的《银行法案》。该法授权成立联邦银行监督局，并规定由该局在德意志联邦银行配合下对银行业进行统一监管。由于德国银行业可以同时经营证券业务和保险业务，银监局事实上是一个综合金融监管机构。联邦银行监督局制定和颁布联邦政府有关金融监管的规章制度，监督重大股权的交易，防止滥用内部信息等。德意志联邦银行负责对金融机构的各种报告进行分析，并负责日常的监管活动。联邦银行监督局并无分支机构，必须依靠德意志联邦银行的分支机构和网点，这使得德意志联邦银行的监管地位也较为突出。

除此之外，德国的金融监管机构还有负责对证券机构和证券业务监管的联邦证券委员会、负责对保险机构与保险业务监管的联邦保险监督局。

3．日本的金融监管体制

传统的日本金融监管方式被形象地称为“护卫舰式”。“护卫舰式”金融监管就像是行进中的船队，在大藏省的护卫下，以航速最慢的船只即效率最差的金融机构为标准，制定各种管制措施，维持银行不破产神话，进而达到从金融层面支持日本经济复兴、增长以及稳定金融秩序的目的。大藏省和日本银行长期共同行使金融监管权。1978 年日本开始金融自由化改革，但直到 1998 年 4 月，日本的金融改革一直以渐进式为主，由政府主导，并主要集中在利率市场化及放松金融管制方面。1998 年 4 月 1 日生效的新的《日本银行法》，是金融改革重心转向监管体制的重要标志。

1998 年 6 月 22 日，日本成立了单一的金融监管机构日本金融监督厅，原由大藏省行使的民间金融机构监督与检查职能、证券交易监督职能移交金融监督厅。2000 年 7 月，日本在金融监督厅的基础上成立金融厅；2001 年 1 月，进一步将金融厅升格为内阁府的外设局，全面负责金融监管工作。财务府仅保留与金融厅一起对存款保险机构的协同监管权，以及参与金融机构破产处置和危机处理的制度性决策。日本的中央银行日本银行根据《日本银行法》的规定，拥有对所有在日本银行开设账户、与日本银行存在交易的金融机构进行检查的权力。

二、中国的金融监管体制

我国当前的金融监管体制属于集权多头式。在2003年十届全国人民代表大会第一次会议之前，是由中国人民银行、中国证券监督管理委员会（以下简称“中国证监会”)、中国保险监督管理委员会(以下简称“中国保监会”)三方共同承担着对我国金融业的监管职责。具体来说，中国人民银行主要负责银行、信托业的监管；中国证监会主要负责证券市场、证券业和投资基金的监管，中国保监会主要负责保险市场和保险业的监管。

(一) 我国金融监管体制的历史阶段

从新中国成立以来到1984年，中国实行的是大一统的人民银行体制，当时没有监管部门，也没有监管的法律法规，因此没有现代意义上的银行监管。从1984年开始，中国人民银行专司中央银行职能，我国有了真正意义上的金融监管。大体上讲，我国的金融监管体制的历史可以分为三个阶段。

1. 统一监管阶段(1984—1992年)

1984年，中国人民银行成为专职的中央银行，行使中央银行职能，履行对银行业、证券业、保险业、信托业的综合监管。这一时期的银行监管主要围绕市场准入进行，重点是审批银行新的业务机构，监管的主要依据是1986年1月7日国务院颁布的《中华人民共和国银行管理暂行条例》，这是我国第一部有关金融监管的行政法规。这一阶段，中国人民银行作为全能的金融监管机构，对金融业采取统一监管的模式。

2.“一行两会阶段”(1992—2003年)

1992年，国务院决定成立中国证券监督管理委员会，将证券业的监管职能从中国人民银行分离出去，中国人民银行主要负责对银行、保险、信托业的监管，这是我国分业监管的起点。

1995年，《中国人民银行法》和《商业银行法》颁布，从法律上确立了中国人民银行对银行、保险、信托业的监管地位；随后，中国人民银行颁布《贷款通则》，召开银行业经营管理工作会议，把工作重心转移到以银行风险监管为核心的系统性监管和依法监管上来，并首次提出降低国有独资商业银行不良贷款的要求。

1998年，国务院撤销了中国人民银行31个省级分行，成立了9家跨省区分行和2家总行营业管理部；国家发行2700亿元特别国债，补充国有独资商业银行资本金。

1998年11月，国务院决定成立保险监督管理委员会，专司对我国保险业的监管，将原来由中国人民银行履行的对保险业的监管职能分离出来，中国人民银行主要负责对全国的商业银行、信用社、信托业、财务公司等实施监管。在“一行两会”体制下，中国人民银行主要负责对银行、信托业的监管。

3．“一行三会阶段”(2003 年至今)

2003 年 3 月，全国十届人大一次会议决定成立中国银行业监督管理委员会(以下简称“中国银监会”)，依法对银行、金融资产管理公司、信托公司以及其他存款类机构实施监督管理，建立了银监会、证监会和保监会分工明确、互相协调的金融分工监管体制。至此，由中国人民银行、中国银监会、中国证监会、中国保监会组成的“一行三会”分业监管格局正式形成。

(二) 我国金融监管体制的组成

1．中国人民银行

在现行的“一行三会”分业金融监管体制下，中国人民银行处于比较超脱的地位。一方面，中国人民银行作为我国的中央银行，是国务院的正式组成成员，比“三会”拥有更高的政治地位；另一方面，中国人民银行职能发生了转换，由过去主要通过对银行业金融机构的设立审批、业务审批和高级管理人员任职资格审查和日常监督管理等直接监管的职能转换为履行对金融业宏观调控和防范与化解系统性风险的职能，即维护金融稳定职能。在金融监管方面，目前的中国人民银行被国务院赋予了金融稳定、反洗钱和征信管理等和监管有关的重要职能。

2．中国银监会

2003 年 4 月 28 日，中国银监会正式挂牌。中国银监会是国务院直属事业单位，在全国 31 个省和深圳等 5 个计划单列市设立了 36 个银行监管局。中国银监会承担着我国银行业监管的重要职责，主要包括：依照法律、行政法规制定并发布对银行业金融机构及其业务活动监督管理的规章、规则；依照法律、行政法规规定的条件和程序，审查批准银行业金融机构的设立、变更、终止以及业务范围；对银行业金融机构的董事和高级管理人员实行任职资格管理；依照法律、行政法规制定银行业金融机构的审慎经营规则；对银行业金融机构的业务活动及其风险状况进行非现场监管，建立银行业金融机构监督管理信息系统，分析、评价银行业金融机构的风险状况；对银行业金融机构的业务活动及其风险状况进行现场检查，制定现场检查程序，规范现场检查行为；对银行业金融机构实行并表监督管理；会同有关部门建立银行业突发事件处置制度，制定银行业突发事件处置预案，明确处置机构和人员及其职责、处置措施和处置程序，及时、有效地处置银行业突发事件；负责统一编制全国银行业金融机构的统计数据、报表，并按照国家有关规定予以公布；对银行业自律组织的活动进行指导和监督；开展与银行业监督管理有关的国际交流、合作活动；对已经或者可能发生信用危机、严重影响存款人和其他客户合法权益的银行业金融机构实行接管或者促成机构重组；对有违法经营、经营管理不善等情形的银行业金融机构予以撤销；对涉嫌金融违法的银行业金融机构及其工作人员以及关联行为人的账户予以查询；对涉嫌转移或者隐匿违法资金的，申请司法机关予以冻结；对擅自设立银行业金融机构或非法从事银行业金融机构业务活动的予以取缔；负责国有重点银行业金融机构监事会的日常管理工作；承办国务院交办的其他事项。

3．中国证监会

1992 年 10 月，国务院证券委员会(简称“国务院证券委”)和中国证监会宣告成立，标志着中国证券市场统一监管体制开始形成。国务院证券委是国家对证券市场进行统一宏观管理的主管机构。中国证监会是国务院证券委的监管执行机构，依照法律法规对证券市场进行监管。1998 年 4 月，根据国务院机构改革方案，决定将国务院证券委与中国证监会合并组成国务院直属正部级事业单位。经过这些改革，中国证监会职能明显加强，集中统一的全国证券监管体制基本形成。

中国证监会的基本职能包括：建立统一的证券期货监管体系，按规定对证券期货监管机构实行垂直管理；加强对证券期货业的监管，强化对证券期货交易所、上市公司、证券期货经营机构、证券投资基金管理公司、证券期货投资咨询机构和从事证券期货中介业务的其他机构的监管，提高信息披露质量；加强对证券期货市场金融风险的防范和化解工作；负责组织拟订有关证券市场的法律、法规草案，研究制定有关证券市场的方针、政策和规章；制定证券市场发展规划和年度计划；指导、协调、监督和检查各地区、各有关部门与证券市场有关的事项；对期货市场试点工作进行指导、规划和协调；统一监管证券业。

4. 中国保监会

中国保监会成立于 1998 年 11 月 18 日，是中国商业保险的主管机关，也是国务院直属事业单位。其基本宗旨是深化金融体制改革，进一步防范和化解金融风险，根据国务院授权履行行政管理职能，依照法律、法规统一监督和管理保险市场，维护保险业的合法、稳健运行。

中国保监会统一监管全国的保险业，其重要职能有：审批保险公司及其分支机构、保险集团公司、保险控股公司的设立、合并、分立、变更、解散、参与、组织保险公司的破产、清算；拟订有关商业保险的政策法规和行业规则；依法对保险企业的经营活动进行监督管理和业务指导，依法查处保险企业违法违规行为，保护被保险人的利益；维护保险市场秩序，培育和发展保险市场，完善保险市场体系，推进保险改革，促进保险企业公平竞争；建立保险业风险的评价与预警系统，防范和化解保险业风险，促进保险企业稳健经营与业务的健康发展。

第三节　银行监管的国际合作

一、银行监管国际合作的背景

第二次世界大战后，尤其是进入 20 世纪 60 年代和 70 年代，金融业国际化有了飞速发展。银行机构的国际化和网络化在金融国际化的过程中居于核心地位。

银行机构的国际化面临的风险日趋多样化和复杂化，如徒然增添了外汇风险和国家风险，从而加大了经营的不确定性，也使风险越来越不可能限制在一国的地理区域之内。即使是没有实力在国外设立分支机构的地方性小银行也难以摆脱，因为它们或多或少要通过一些代理行开展海外业务。

同时，银行同业支付清算体系把所有银行联系在一起，造成了相互交织的债权债务网。基于营业日结束时多边差额支付的清算体系，使得任何微小的支付困难都可能酿成全面的流动性危机。1974年德国赫斯塔特银行的倒闭，就曾引起票据交换和银行间支付系统的大振荡，尤其是导致日本和意大利银行一时陷入困境。

在金融风险国际化的情况下，任何一国的监管机构都无法对银行机构所面临的风险进行全面的监管。

首先，在金融活动和金融机构国际化的进程中，金融监管还是单个国家政府的事情，即还被限制在国家主权地理区域之内。这就意味着无法对银行的国际金融活动进行有效的监管，从而面临监管真空的危险。

其次，金融国际化加大了监管者和被监管机构之间的信息差异。本来，监管者和被监管者之间就存在着信息不对称。在金融国际化的过程中，大银行的组织结构和业务结构日趋复杂，国际经营和交易业务大量以表外业务的形式开展，监管机构根本无法及时完整地获得信息，这就使得监管者实施有效监管的难度越来越大。

最后，国际金融业务的创新不断突破现有的金融监管框架，使得监管机构面临崭新的监管对象。表外业务大量增加，金融衍生工具大量涌现等，都导致监管部门无法进行及时有效的监管。

如此等等，在金融监管方面就迫切需要各国之间的协调和合作。

二、银行监管的国际合作

无论是跨国银行的活动还是资本的国际流动，各国金融监管当局大多有一些监管措施。至于对国际金融舞台，单单依推各国管理当局的分别监管则难以进行规范。因此，客观上也要求推动金融监管，尤其是银行监管的国际合作。

在这方面，首先推动的是对跨国银行的国际监管。在银行国际监管标准的建立中，以《巴塞尔协议》规定的银行资本标准最为成功。

(一)《巴塞尔协议》

1987年12月，国际清算银行召开中央银行行长会议，通过“巴塞尔提议”。在“提议”的基础上，于1988年7月由巴塞尔银行监管委员会通过了《关于统一国际银行的资本计算和资本标准的协议》，即著名的《巴塞尔协议》。

《巴塞尔协议》的目的在于：第一，通过制定银行的资本与其资产间的比例，定出计算方法和标准，以加强国际银行体系的健康发展；第二，制定统一的标准，以消除国际金融市场上各国银行之间的不平等竞争。

该协议的主要内容有：

(1) 关于资本的组成。把银行资本划分为核心资本和附属资本两档：第一档核心资本包括股本和公开准备金，这部分至少占全部资本的50%；第二档附属资本包括未公开的准备金、资产重估准备金、普通准备金或呆账准备金。

(2) 关于风险加权的计算。协议定出对资产负债表上各种资产和各项表外科目的风险度量标准，并将资本与加权计算出来的风险挂钩，以评估银行资本所应具有的适当规模。

(3) 关于标准比率的目标。协议要求银行经过 5 年过渡期，逐步建立和调整所需的资本基础。到1992年底，银行的资本对风险加权化资产的标准比率为8%，其中，核心资本至少为4%。

《巴塞尔协议》的影响广泛而深远，自协议面世以来，不仅跨国银行的资本金监管需视协议规定的标准进行，就是各国国内，其货币当局也要求银行遵循这一准则，甚至以立法的形式明确下来。自1988年以来，《巴基尔协议》不仅在成员国的银行获得实施，而且在成员国之外也获得逐步实施，逐渐发展为国际社会所认可的银行监管标准。中国的商业银行法规定，商业银行的资本充足率不得低于8%。

进入20世纪90年代，特别是90年代中期以来，许多国家银行系统的巨额坏账、造成银行损失的违规操作、倒闭乃至连锁的破坏性反应等，严重威胁到各国和全世界的金融稳定。严格银行监管，强化各国金融体系，成为国际上高度关注的焦点。

正是在这一背景下，1997年9月，巴塞尔银行监管委员会正式通过了《有效银行监管的核心原则》(以下简称《核心原则》)，为规范银行监管提出国际统一的准则。2006年10月，经修订并重新发布的《核心原则》包括25项原则，可归为7个方面：

(1) 目标、独立性、权力、透明度和合作。

(2) 许可的业务范围。

(3) 审慎监管规章制度。

(4) 持续监管的各种方法。

(5) 会计处理与信息披露。

(6) 监管当局的纠正及整改权力。

(7) 并表及跨境监管。

概括而言，《核心原则》的主要内容包括：

(1) 必须具备适当的银行监管法律、法规，监管机构要有明确的责任、目标和自主权等。

(2) 必须明确界定金融机构的业务范围，严格银行审批程序；对银行股权转让、重大收购及投资等，监管者有权审查、拒绝及订立相关标准。

(3) 重申《巴塞尔协议》关于资本充足率的规定，强调监管者应建立起对银行各种风险进行独立评估、监测、管理等一系列政策和程序，并要求银行必须建立起风险防范及全面风险管理体系和程序，以及要求银行规范内部控制等。

(4) 必须确立和完善持续监控手段，监管者有权在银行未能满足审慎要求或存款人安全受到威胁时采取及时的纠正措施，直至撤销银行执照。

对跨国银行业的监管，母国监管当局与东道国监管当局必须建立联系、交换信息、密切配合；东道国监管者应确保外国银行按其国内机构所同样遵循的高标准从事当地业务。

巴塞尔委员会认为，达到《核心原则》的各项要求将是改善一国及国际金融稳定的一个重要步骤，但各国实现这一目标的时间不尽相同。另外，《核心原则》只是最低要求，各国需要针对其金融体系的具体情况与风险加以强化或补充。

(二)《新巴塞尔协议》

2001年1月16日，巴塞尔委员会公布了新资本协议草案第二稿，并再次在全球范围内征求银行界和监管部门的意见。这年年中决定于2002年定稿、2005年实施，并全面取代1988年的《巴塞尔协议》，成为新的国际金融环境下各国银行进行风险管理的最新法则。

1.《新巴塞尔协议》出台的背景

自20世纪90年代以来，国际银行业的运行环境和监管环境发生了很大变化，主要表现在三个方面：

(1)《巴塞尔协议》中风险权重的确定方法遇到了新的挑战。这表现为在信用风险(credit risk)依然存在的情况下，市场风险(market risk)和操作风险(operational risk)等对银行业的破坏力日趋显现。在银行资本与风险资产比率基本正常的情况下，以金融衍生商品交易为主的市场风险频频发生，诱发了国际银行业中多起重大银行倒闭和巨额亏损事件。而《巴基尔协议》主要考虑的是信用风险，对市场风险和操作风险的考虑不足。

(2) 危机的警示。亚洲金融危机的爆发和危机蔓延所引发的金融动荡，使得金融监管当局和国际银行业迫切感到重新修订现行的国际金融监管标准已刻不容缓。一方面，要尽快改进以往对资本充足率的要求；另一方面，需要加强金融监管的国际合作，以维护国际金融体系的稳定。

(3) 技术可行性。学术界以及银行业自身都在银行业风险的衡量和定价方面做了大量细致的探索工作，建立了一些较为科学可行的数学模型。现代风险量化模型的出现，在技术上为巴塞尔委员会重新制定新资本框架提供了可能性。

新协议较1988年的《巴塞尔协议》复杂得多，但也较为全面。它把对资本充足率的评估和银行面临的风险进一步地紧密结合在一起，使其能够更好地反映银行的真实风险状况。新协议不便强调资本充足率标准的重要性，还通过互为补充的“三大支柱”，以期有效地提高金融体系的安全和稳定。

2.《新巴塞尔协议》的三大支柱

《新巴塞尔协议》包括互为补充的三大支柱：

(1) 第一大支柱——最低资本要求(minimum capital requirements)。最低资本要求亦即资本充足率，由三个基本要素构成，即受规章限制的资本的定义、风险加权资产以及资本对风险加权资产的最小比率。其中，有关资本的定义和8%的最低资本比率没有发生变化，但对风险加权资产的计算问题，新协议在原来只考虑信用风险的基础上，进一步考虑了市场风险和操作风险。

(2) 第二大支柱——监管当局的监管(supervisory review process)。这是为了确保各银行建立起合理有效的内部评估程序，用于判断其面临的风险状况，并以此为基础对其资本是否充足做出评估。监管当局要对银行的风险管理和化解状况、不同风险间相互关系的处理情况、所处市场的性质、收益的有效性和可靠性等因素进行监督检查，以全面判断该银行的资本是否充足。

(3) 第三大支柱——市场纪律(market discipline)。市场纪律的核心是信息披露，市场约束的有效性直按取决于信息披露制度的健全程度。只有建立健全的银行业信息披露制度，各市场参与者才可能估计银行的风险管理状况和清偿能力。为了提高市场纪律的有效性，巴塞尔委员会致力于推出标准统一的信息披露框架。

对于新协议框架，人们普遍支持、赞同采用风险敏感度较高的资本管理制度，同时也普遍认为新协议太复杂，难以立即统一实施。实际上，各国的实施时间各有差异。

(三)《巴塞尔协议Ⅲ》

鉴于 2007 年以来国际金融危机所暴露的全球金融体系和金融监管过程的重大制度性缺陷，2010 年 12 月 16 日，巴塞尔委员会正式发布了《第三版巴塞尔协议：更具稳健性的银行和银行体系的全球监管框架》，简称《巴塞尔协议III》(Basel III)，标志着国际金融监管改革进入一个新阶段。以《巴塞尔协议III》为核心的国际银行监管改革既延续了 1988 年以来《巴塞尔协议》以风险为本的监管理念，又超越了传统的资本监管框架，从更为宽广的视角理解银行风险，在监管制度层面确立了微观审慎与宏观审慎相结合的监管模式。

相较于以往的《巴基尔协议》,《巴塞尔协议III》调整了关注点：一是从单家银行的资产方扩展到资产负债表的所有要素；二是从单家银行的稳健性扩展到整个金融体系的稳定性；三是从金融体系的稳健性扩展到金融体系与实体经济之间的内在关联，将逆周期因素引入资本和流动性监管框架。

《巴塞尔协议III》对此前《巴塞尔协议》的缺陷进行了全面修订：一是更加强调资本吸收损失的能力，大幅提高了对高质量的核心一级资本的最低要求；同时要求银行在达到最低核心资本 4.5%的基础上，需进一步分别满足 2.5%的储备资本和 0～2.5%的逆周期资本要求。二是引入杠杆率监管要求，采用简单的表内外资产加总之和替代风险加权资产衡量资本充足程度，防范风险加权资产计算过程的模型风险。三是构建宏观审慎监管框架，加强对系统重要性金融机构的监管，防范“大而不能倒”导致的道德风险和系统性风险。四是引入新的流动性监管标准，更加关注压力情形下的流动性管理，防范流动性危机。

《巴塞尔协议III》规定了在 2019 年 1 月 1 日全面实施新标准的过渡期安排。比如规定各成员国应于 2013 年 1 月 1 日开始实施新标准，此前各国应按照新标准制定相应的国内监管法规。2013 年 1 月 1 日起，核心一级资本的最低要求将从目前的 2%上升至 3.15%，一级资本最低要求由 4%上升至 4.5%。2014 年 1 月 1 日起，银行核心一级资本充足率和一级资本充足率分别达到 4%和 5.5%。2015 年 1 月 1 日起，银行应满足 4.5%的最低核心一级资本充足率和 6%的最低一级资本充足率要求。

(四) 中国版《巴塞尔协议Ⅲ》

为推动中国银行业实施国际新监管标准，增强银行体系稳健性和国内银行的国际竞争力，2011 年 4 月 27 日，中国银行业监督管理委员会制定发布了《关于中国银行业实施新监管标准的指导意见》，提出实施新监管标准的目标、原则和核心要求。

2011 年 8 月，中国银行业监督管理委员会公布《商业银行资本管理办法(征求意见稿)》，进一步明确了相关监管指标的监管标准。2012 年 6 月 7 日正式发布《商业银行资本管理办法(试行)》，定于 2013 年 1 月 1 日起实施，标志着中国版《巴塞尔协议III》正式落地。

中国版《巴塞尔协议III》充分借鉴国际金融危机的教训和国际金融监管改革的成果，并认真汲取我国银行业改革与监管的实践经验，既保持与国际标准的基本一致性(比如，除核心一组资本充足率高 0.5 个百分点外，其余监管要求与《巴塞尔协议III》基本一致)，又充分考虑中国银行业的特殊性(比如，对国内银行已发行的不合格资本工具给予 10 年过渡期，并允许银行将超额贷款损失准备计入银行资本计算；下调小微企业贷款、个人贷款以及公共部门实体债权的风险权重，同时适度上调商业银行同业债权的风险权重等)，将国际标准同中国实际相结合，实现了国际准则的中国化。

第四节 互联网金融风险与监管

随着互联网技术的不断进步和金融业的创新发展，互联网与金融业相结合的新型产物互联网金融应运而生。互联网金融的英文为 Internet Finance，是指资金融通和其他金融服务依托互联网来实现的方式和方法。从实际应用和操作上细化描述，互联网金融是互联网技术与金融功能的结合，依托大数据和云计算，在互联网平台上形成的开放式、功能化金融业态及其服务体系，包括但不限于基于网络平台的金融组织体系、金融市场体系、金融产品和服务体系、金融消费者群体及互联网金融监管框架等。其内容包括银行业、证券、期货及保险等传统金融业务的网上操作，以及以第三方支付为主的网络支付、网上结算、网络借贷等新兴金融业务。

当前互联网金融逐渐成为金融行业的重要组成部分，与传统金融相比，互联网技术的使用不仅使得金融信息及业务的处理方式更为便捷，而且给客户带来了全新的自主金融体验。不过，目前国内互联网金融改革更新迅速，而对其配套的监管措施却没有及时跟进，传统的金融监管体制已经不能完全适应互联网金融的发展需要，因而需要加强金融监管体系创新，以促进互联网金融健康有序地发展。

一、互联网金融的发展历程及现状

(一) 国际发展历程及现状

伴随着互联网技术的出现及蓬勃发展，国外互联网金融应运而生，自 20 世纪 90 年代开始，发达国家的网络金融发展迅速。

1．网络银行

1995 年 10 月 18 日，美国诞生了全球第一家纯网络银行安全第一网络银行(Seurity First Bank，SFB)，标志着网络金融的崛起。发达国家 90%的银行已经开始网络金融服务业务，如花旗、汇丰、樱花等全球大银行都成立了网络金融部门，从 2010 年后，通过网上银行进行交易的用户比例急剧增加了六七成。

2．从事金融业务的互联网公司

除传统金融机构推出的网上银行业务外，美国还出现了专门从事金融业务的互联网公司，如 SFB、Telebanc、Net.B@nk 等。

3．网络证券

美林证券成立了网上投资银行，以大大低于传统经纪公司的价格推出网上股票交易服务；新加坡与澳大利亚证券交易所通过联网，实现了上市股票相互交易；而香港股票交易所、澳大利亚、加拿大、墨西哥以及欧洲一些交易所也借助网络实现一天 24 小时的证券交易。

4．网络保险

最先出现网络保险的国家是美国和英国。现在，美国已有超过 50%的网络用户通过互联网查询保险费率。英国于 2000 年建立了“屏幕交易”网，提供本地汽车和旅游保险业务，用户数量以年均 7%的速度增长。

5．第三方支付

第三方支付以英国西斯敏银行 1995 年推出的智能卡“MODEEX 电子货币系统”为代表，目前著名的有类似 Amazon Payments、PayPal、World Pay、Pay Direct 等第三方支付结算平台。日本樱花银行与 24 小时连锁方便店 Am-Pm 在日本联合率先推出了“方便店银行”。日本兴业银行、富士银行和第一劝业银行联合组建了“瑞穗金融集团”，联合电通公司等 61 家企业，共同构建一种名为 Em-Town 的联合网上商店，向顾客提供存款和购物贷款结算等银行业务。

6．P2P 市场

美国的 P2P 市场主要由 Lending Club 和 Propser 垄断，占据 80%的市场规模，其中，Lending Club 的累计交易额近 18 亿美金。2013 年 12 月初，Lending Club 的贷款达到 30 亿美元，并不断推出如“Lending Robot”的新服务，表现出稳健的发展趋势。2010 年创立的英国 Funding Circle 公司为小企业提供 1～3 年期的授信服务，并将企业融资项目打包在网上承销，邀请投资者认购。

7．互联网支付

随着移动通信设备渗透率超过正规金融机构的网点或自助设备，以及移动通信、互联网和金融的结合，全球移动支付交易总金额 2011 年为 1059 亿美元，预计未来 5 年将以年均 42%的速度增长，2016 年将达到 6169 亿美元。

（二）国内发展历程及现状

2012 年被称为“中国互联网金融元年”，2013 年互联网金融持续升温，互联网巨头、传统金融行业不断加入互联网金融。2 月 19 日，苏宁电器更名“苏宁云商”；3 月 7 日，阿里宣布将成立小微金融集团；6 月下旬，中国农业银行成立“互联网金融技术创新实验室”；7 月 1 日余额宝上线；7 月 6 日，新浪获得第三方支付牌照；7 月 29 日，京东宣布进军互联网金融；8 月 29 日，民生电子商务有限责任公司在深圳成立；11 月 6 日，众安在线财产保险(放心保)有限公司正式开业。《2013 中国电子银行调查报告》数据显示，在企业网银方面，2013 年企业网银用户比例为 63.7%，较去年增长 10 个百分点；平均每家企业网银活动用户使用网上银行替代了 63%的柜台业务，而在 2009 年，这一比例为 50.7%。据“中国 P2P 网贷指数”统计，2013 年末全国有 523 家 P2P 网贷平台，成交额 874.19 亿元，月复合增长率 10.3%，年增长率超过 300%。

二、互联网金融的模式

互联网金融模式可分为第三方支付、大数据金融、P2P 网贷、信息化金融机构、众筹、互联网金融门户等六种模式。

（一）第三方支付

第三方支付(Third-Party Payment)狭义上是指具备一定实力和信誉保障的非银行机构，

借助通信、计算机和信息安全技术，采用与各大银行签约的方式，在用户与银行支付结算系统间建立连接的电子支付模式。根据央行 2010 年在《非金融机构支付服务管理办法》中给出的非金融机构支付服务的定义，从广义上讲，第三方支付是指非金融机构作为收、付款人的支付中介所提供的网络支付、预付卡、银行卡收单以及中国人民银行确定的其他支付服务。第三方支付已不仅仅局限于最初的互联网支付，而是成为线上线下全面覆盖，应用场景更为丰富的综合支付工具。

（二）大数据金融

大数据金融是指集合海量非结构化数据，通过对其进行实时分析，可以为互联网金融机构提供客户全方位信息，通过分析和挖掘客户的交易和消费信息掌握客户的消费习惯，并准确预测客户行为，使金融机构和金融服务平台在营销和风险控制方面有的放矢。基于大数据的金融服务平台主要指拥有海量数据的电子商务企业开展的金融服务。大数据的关键是从大量数据中快速获取有用信息的能力，或者是从大数据资产中快速变现的能力。因此，大数据的信息处理往往以云计算为基础。目前，大数据服务平台的运营模式可以分为以阿里小额信贷为代表的平台模式和以京东、苏宁为代表的供应链金融模式。

（三）P2P 网贷

P2P(Peer-to-Peer lending)即点对点信贷。P2P 网贷是指通过第三方互联网平台进行资金借、贷双方的匹配，需要借贷的人群可以通过网站平台寻找到有出借能力并且愿意基于一定条件出借的人群，帮助贷款人通过和其他贷款人一起分担一笔借款额度来分散风险，也帮助借款人在充分比较的信息中选择有吸引力的利率条件。目前，出现了几种运营模式。一是纯线上模式，此类模式典型的平台有“拍拍贷”“合力贷”“人人贷”(部分业务)等，其特点是资金借贷活动都通过线上进行，不结合线下的审核。通常这些企业采取的审核借款人资质的措施有通过视频认证、查看银行流水账单、身份认证等。第二种是线上线下结合的模式，此类模式以“翼龙贷”为代表。借款人在线上提交借款申请后，平台通过所在城市的代理商采取入户调查的方式审核借款人的资信、还款能力等情况。

（四）信息化金融机构

所谓“信息化金融机构”，是指通过采用信息技术，对传统运营流程进行改造或重构，实现经营、管理全面电子化的银行、证券和保险等金融机构。从金融整个行业来看，银行的信息化建设一直处于业内领先水平，不仅具有国际领先的金融信息技术平台，建成了由自助银行、电话银行、手机银行和网上银行构成的电子银行立体服务体系，其除了基于互联网的创新金融服务之外，还形成了“门户”和“网银、金融产品超市、电商”的一拖三的金融电商创新服务模式。

（五）众筹

众筹大意为“大众筹资”或“群众筹资”，是指用团购预购的形式向网友募集项目资金。众筹平台的运作模式大同小异——需要资金的个人或团队将项目策划交给众筹平台，经过相关审核后，便可以在平台的网站上建立属于自己的页面，用来向公众介绍项目情况。不断有人预测众筹模式将成为企业融资的另一种渠道，对于国内目前IPO(首次公开募股，Initial Public Offerings)闸门紧闭，企业上市融资之路愈走愈难的现状会提供另一种解决方案，即通过众筹的模式进行筹资。但从目前国内实际众筹平台来看，因为股东人数限制及公开募资的规定，尽管目前已经有“天使汇”“创投圈”“大家投”等股权众筹平台，但是国内更多的是以“点名时间”“众筹网”为代表的创新产品的预售及市场宣传平台，还有以“淘梦网”“追梦网”等为代表的人文、影视、音乐和出版等创造性项目的梦想实现平台，以及一些微公益募资平台。

(六) 互联网金融门户

互联网金融门户是指利用互联网进行金融产品的销售以及为金融产品销售提供第三方服务的平台。它的核心就是“搜索比价”的模式，采用金融产品垂直比价的方式，将各家金融机构的产品放在平台上，用户通过对比挑选合适的金融产品。互联网金融门户多元化创新发展，形成了提供高端理财投资服务和理财产品的第三方理财机构，提供保险产品咨询、比价、购买服务的保险门户网站等。这种模式不存在太多政策风险，因为其平台既不负责金融产品的实际销售，也不承担任何不良的风险，同时资金也完全不通过中间平台。目前，在互联网金融门户领域针对信贷、理财、保险、P2P等细分行业分布有“融360”“91金融超市”“好贷网”“软交所科技金融超市”“银率网”“格上理财”“大童网”“网贷之家”等。

三、互联网金融风险的定义及内容

互联网金融风险是指金融和互联网结合形成的行业取得资本和收益产生负面影响的预期或不可预期的潜在可能，互联网金融风险可包括法律与制度风险、模式风险、安全风险、市场风险、操作风险、声誉风险、政策风险、新型犯罪风险八大类。

(一) 法律与制度风险

法律与制度风险主要体现为互联网金融法律性文件无法覆盖整个行业运行，具体识别方法为：与互联网金融相关内容和制度的法律地位是否得到确立；法律法规是否涵盖互联网金融的各个方面，是否贴合互联网金融的特性，是否会造成法律冲突，是否出现规制空白点或盲区；制度是否存在监管漏洞等。

(二) 模式风险

模式风险主要体现为模式创新和模式扭曲两大风险。模式创新风险的基本识别方法是：互联网金融中前所未见的发展模式是否过度创新抑或创新不到位；是否产生背离社会经济实际情况；是否有清晰的盈利模式；是否符合客户需求。模式扭曲风险的基本识别方法是：运作模式是否以规避监管为主要目的；是否脱离互联网金融的本质内涵和实践基础；是否衍生出变体产品而突破金融安全边界等。

(三) 安全风险

安全风险主要体现为信息化技术安全和数据安全两大方面的风险。技术安全风险的基本识别方法是：互联网金融信息化操作是否出现计算机病毒通过网络快速扩散和传播，计算机系统密钥管理是否完善；互联网金融机构是否因技术兼容产生差异使信息传输不匹配而导致经济损失等；互联网金融平台是否因技术缺陷导致无法及时应对特殊时间内突发大规模交易并产生不良后果；是否在大数据和云计算系统上出现大规模资金测算误差等。数据安全风险的基本识别方法是：数据处理过程中是否因安全管理不当出现信息泄露、丢失或损坏，金融数据传输是否得到足够保障；互联网金融机构对大数据挖掘与分析是否完善；金融数据的网络传播是否危害到国家安全等。

(四) 市场风险

互联网金融的市场风险与传统金融体系的风险极为相似，主要体现在利率风险、流动性风险、信用风险三大方面。利率风险的基本识别方法是：互联网金融产品定价是否背离市场利率水平；是否因收益剧烈波动而使互联网金融客户蒙受经济损失等。流动性风险的基本识别方法是：互联网金融机构是否出现无足够的资金量来满足客户提现的需求，是否存在沉淀资金；是否在第三方中介滞留；期限是否超时等。信用风险的基本识别方法是：互联网金融交易者在合约期限内是否存在未完全履行合约义务的情况，第三方对资金需求方信用状况的评估是否准确等。

(五) 操作风险

操作风险主要体现为支撑互联网金融的计算机网络系统可靠性、稳定性和安全性存在缺陷，导致引起经济损失或故意违法违规操作的潜在可能性，较多源自于人为的操作失当或失误。操作风险的基本识别方法是：在计算机网络系统正常运行的基本前提和条件下是否存在因互联网金融系统员工操作问题而出现的支付结算异常、资金损失、交易中断等破坏常规金融运作等情况。

(六) 声誉风险

声誉风险主要体现为负面的大众舆论环境使得互联网金融机构声誉受损，从而造成其收益和资本损失。声誉风险的基本识别方法是：传播领域是否出现未经核实的互联网金融机构负面报道；互联网金融机构是否受到舆论负面影响而引起大量客户流失；互联网金融机构声誉损失是否被极度放大；互联网金融机构是否在声誉受损的影响下出现运行异常甚至经营瘫痪等问题。

(七) 政策风险

政策风险主要体现为因国家宏观经济政策、行业政策以及监管政策、税收政策等政策环境的波动而给互联网金融带来负面冲击。政策风险的基本识别方法是：互联网金融运行是否在各类政策的影响下出现经营状况剧烈波动，是否因此引起其他行业产生“共振效应”等。

(八) 新型犯罪风险

新型犯罪风险主要体现为利用计算机及互联网软硬件技术从事金融业经济犯罪。基本识别方法是：电商企业是否利用互联网平台进行非法博彩、进行洗钱等违法犯罪活动，互联网金融客户资料或资金是否被非法盗取，电子商务平台是否采用虚假信息骗取资金等。

四、我国互联网金融风险的监管现状

互联网金融在中国起步并快速发展，有效促进了国内传统金融行业的变革。然而，互联网金融所蕴含的风险及可能产生的问题比传统金融更多更复杂。因此，对其开展监管的难度和要求也相应更高；与此同时，国内《中国人民银行法》《商业银行法》《证券法》和《保险法》等几部涉及金融领域的法律几乎未提及互联网金融的相关内容。就监管职能分布上看，互联网金融监管涉及面广、监管主体多，传统的金融监管部门中国人民银行、银监会、证监会、保监会等负有主要监管职能，而工信部门和公安部门等对涉及信息技术方面有协助监管的职能。除以下从我国互联网金融监管主体的视角上调查得出的三个层面的监管现状，我国对于网上理财、金融搜索等平台仍未出台具体监管措施，现行监管政策仍处于空白阶段。

（一）传统金融业务网上操作监管现状

我国的银行、证券及保险业务最早完成从手工传递操作方式到计算机网络操作方式的转变，作为传统业务，其电子化起步相对于其他业务早，配套监管政策相对完善，相关的监管基础框架已然建立。就银行业务网上操作而言，中国银监会于 2006 年 3 月起面向国内银行业金融机构开始实施《电子银行业务管理办法》，从细则上明确规范银行业务在网络上操作的申请与变更、风险管理、数据交换与转移管理、业务外包管理、跨境业务活动管理、监督管理以及法律责任。与此同时，银监会还颁布施行《电子银行安全评估指引》，以推动电子银行系统的安全建设。

（二）网络支付监管现状

中国人民银行在规范电子支付业务、防范支付风险、保证资金安全、维护金融机构及其客户电子支付活动的合法权益、促进电子支付业务健康发展等网络支付行为中担负了主导性的监管职责。早在 2005 年下半年，中国人民银行便出台了《电子支付指引(第一号)》，明确将电子支付业务纳入监管范畴。历经 5 年，央行原有的法规指引现状已不适应互联网金融覆盖的机构范围，于是在 2010 年，中国人民银行又相继出台《非金融机构支付服务管理办法》以及《非金融机构支付服务管理办法实施细则》，依据办法和细则向符合条件的非金融机构发放《支付业务许可证》，对其互联网经营行为和内控管理实施监管。中国人民银行制定的《支付机构反洗钱和反恐怖融资管理办法》和《支付机构预付卡业务管理办法》于 2012 年第一季度和第四季度相继实施，2013 年 6 月又实施《支付机构客户备付金存管暂行办法》，另于 2013 年 3 月发布《支付机构互联网支付业务管理指引》，形成应对网络支付风险主要监管管理办法，网络支付监管体系逐步完善。除监管机构开展监管外，行业自律组织相继出台以公约为主的管理措施，以此协助网络支付监管有效开展。中国支付清算协会于 2011 年年中成立，并已陆续推出《网络支付行业自律公约》《预付卡行业自律公约》《移动支付行业自律公约》《支付机构互联网支付业务风险防范指引》等涉及网络支付或资金清算的一系列规范性文件，对互联网支付清算服务行业约定开展自律管理，在一定程度上维护网络支付清算服务市场良性有序竞争，在行业自律层面上对网络支付清算服务潜在的风险进行有效防范。

（三）网络借贷监管现状

当前我国尚未出台民间借贷相关法律法规，如微信平台所谓的基金理财投资，资金流向是否用于借贷尚难以判断。因此，网络借贷依然难以明确适用哪部法律、由哪个机构开展监管。中国银监会于 2011 年发布的《关于人人贷有关风险提示的通知》，可以说是目前为止唯一国内网络借贷类似风险监管文本，但却不是一种有强制力的法律法规，通知仅仅是警示银行业金融机构要与给类网络借贷平台企业之间建立“防火墙”，有效防范民间借贷风险转嫁于银行体系。在全国性监管政策之外，2014 年 3 月正式实施的《温州民间融资管理条例》是国内第一部民间借贷的地方性法规，是民间借贷规范化、阳光化、法制化的重大突破，其中也涉及网络借贷的监管，条例对于民间融资关于互联网方式的机构及市场准入和业务模式做出了详细的规定，其中还包括资金出入双方的条款约定、特殊规制等。

显然，我国互联网金融风险监管体系是在实际国情的基础上建立的，目前尚不完善，仍存在不少需要解决的问题。要做好互联网金融风险监管工作，除了依靠国内政府及监管部门和学术界共同研究之外，同时也要更多借鉴国际互联网金融风险监管的经验。

【案例 1】

经济危机下的金融监管

金融监管缺失被普遍认为是导致 2008 年金融危机的重要原因，加强金融监管已成为全球共识。2009 年 9 月 24 日至 25 日举行的 20 国集团(G20)匹兹堡金融峰会被视为国际社会联手加强金融监管的重要契机。美国总统奥巴马称，本次 G20 峰会上试图制定一些保障全球金融系统和查找监管缺漏之处的措施，以实现保护消费者、维护金融稳定和防止类似危机再度发生的多重目标，因为“正是这些缺漏使得那些导致危机的各种各样的冒险和不负责任行为出现”。

1. 欧盟：泛欧金融监管将是大势所趋

欧盟成员国领导人 6 月 19 日推出了一份雄心勃勃的金融监管改革计划，旨在打破成员国在金融监管领域各自为政的现有格局，实现欧盟层面上的统一监管，以顺应金融活动日益超越国界的需要。该改革计划最核心的内容就是新设立两套机构，分别加强宏观和微观层面上的金融监管。在宏观层面上，主要由成员国中央银行行长组成的欧洲系统性风险管理委员会，负责监测整个欧盟金融市场上可能出现的系统性风险，及时发出预警并在必要情况下提出建议，这开创了欧盟宏观金融监管的先河。在微观层面上，主要由成员国对应监管部门代表组成的 3 个监管局将分别负责欧盟银行业、保险业和证券业的监管协调，确保成员国执行统一的监管规则，并加强对跨国金融机构的监管。欧盟委员会计划在 2009 年秋季出台相关立法建议，启动立法程序，新的泛欧金融监管体系有望于 2010 年诞生。

但有分析人士指出，鉴于欧盟本质上仍是一个主权国家联合体，不同于联邦制的美国，想让成员国一下让出过多金融监管权力绝非易事。与此同时，在微观金融监管方面，迫于英国的反对，欧盟领导人还对3个监管局的权力施加了限制，即它们的任何决定都不得损害成员国政府的财政权，如监管局不得强迫一国政府出资救助本国金融机构以避免殃及其他国家。

在推出此项改革计划之前，欧盟已陆续出台了多项立法或立法建议，将标准普尔等信用评级机构和对冲基金首次纳入严格的监管之下，要求它们在欧盟市场开展业务必须先登记注册。5月初，欧洲议会又通过了修订后的资本充足指令，要求从事资产证券化业务的金融机构至少保留5%的证券化资产，以增强金融机构的审慎义务，保护投资者利益。

2. 美国：金融监管改革阻力重重

美国是此次金融危机的发源地，因此，要求美国加强金融监管的呼声从未停止过。为了防止类似的金融危机再次爆发，2009年6月17日，奥巴马政府宣布了全面金融监管改革方案。这是大萧条以来美国政府对金融监管体系进行的力度最大的一次改革。综观改革措施，最核心部分为两项：一是将美联储打造成“超级监管者”，全面加强对大金融机构的监管；二是设立新的消费者金融保护署，赋予其超越目前监管机构的权力。

目前，这份美国20世纪30年代大萧条以来最大规模的金融体系改革蓝图正等待国会表决。美国总统奥巴马日前重申金融监管改革的三项原则，即保护消费者、堵住金融系统和监管系统的漏洞、强化国际合作，并呼吁国会在年内批准其金融监管改革计划。

虽然奥巴马希望这一雄心勃勃的金融监管改革方案2009年年底前在国会得到通过，但有分析人士指出，由于方案具体内容备受质疑，要真正形成法律并开始执行，依然还有很长的路要走。国会两党的分歧、监管部门的权力之争、利益集团的抵制和美国医疗改革争议都可能影响金融改革进程。

例如，围绕着是否应创建新的消费者金融保护署，美联储主席伯南克就公开说“不”，因为此举剥夺了美联储的相关职权；而在将美联储打造成“超级监管者”问题上，其他监管机构，如美国证券交易委员会、美国联邦储蓄保险公司等，都愤愤不平，认为这影响了它们的监管职权。德新社甚至悲观地预计，由于阻力过大，奥巴马政府可能不得不做出妥协，金融改革方案或许最终难逃“注水”的命运。

另外，华尔街私募基金经理金松认为，虽然美国政府正在努力强化对华尔街的监管，但实际操作起来很难，其中最主要问题就是监管机构缺乏人才。华尔街每年都在吸引世界上最聪明的人，因为能够得到的薪水非常高。一个刚毕业的哈佛大学MBA去高盛公司，起初的年薪可达15万美元；如果他在美国政府找一份工作，年薪七八万美元就算很好了。所以说政府很难找到很有经验的人才为政府工作。如果监管部门的人没有华尔街人士聪明的话，那么他们很难理解一些金融产品的危害，从而制定相应的政策。

——资料来源：广西新闻网，2009年9月23日

思考题：

你认为各国应如何吸取此次金融危机的教训，加强金融监管？

【案例2】

互联网金融监管：在创新和安全中找准平衡点

1. 强调监管，是为了实现更好的发展？

对于最近“大热”的互联网金融监管问题，2014年3月24日，央行首次正面回应。

央行有关负责人在接受媒体采访时表示，央行鼓励互联网金融创新的政策不会改变，但也要予以适度监管。“互联网金融因为具有金融因子，因而必须加强风险管理，这是因为金融业是承担并管理风险的行业，倘若因管控不了风险而引发系统风险，乃至引发金融危机，后果将不堪设想。管控风险是金融业永恒的主题。”

“互联网金融归根到底是‘互联网+金融’，不能因为触网而放松对金融安全的监管要求。”

就央行有关负责人回应当前互联网金融监管中的表态，不少业内人士在接受采访中均表示出了对相关政策考量的理解。“网络支付的安全性和便捷性往往很难兼顾，要在便捷和安全之间找到平衡点，这也是加强互联网金融风险管理的主要原因。”中国社科院金融所研究员杨涛此前在接受本报记者采访时表示。

“值得注意的是，央行此次在明确监管理念的同时，也再度重申‘鼓励互联网金融发展创新的理念不变’，并明确‘对一些新的业务要留有观察期，冷静地分析总结，一切有利于服务实体经济和促进创业增长的金融创新均应受到尊重和鼓励’。”来自工商银行的有关人士表示，“同时，央行还为未来互联网金融监管定下了‘推动创新、规范服务’的基调，这意味着管理层将在创新与安全之间找平衡点。”

2. 安全支付尚存隐忧

近年来，随着互联网支付、移动支付的普及和支付产业链的扩张，交易过程中潜在的风险也随之增加，支付安全问题随之产生。“2013年，大量重度混淆、加密的恶意软件涌现，且越来越多的恶意软件或广告平台开始采用加载、延迟发作等方式试图规避安全软件的检测和查杀；另外，恶意软件的传播手段也在不断变化，内嵌子包或联网下载恶意软件等情况已相当常见，如何保证在这样的恶意软件下用户支付的安全已成为支付领域迫切需要解决的困扰。”上海坤士合生信息科技有限公司总经理程明强在接受本报记者采访时表示。他认为，今后支付系统的发展，要解决几方面的问题：一是如何有效识别风险；二是如何加强信用卡风险的管理；三是支付产业链越来越长，任何一个环节都需要一定的风险控制，也就是支付的安全和风险需要从整个金融产业链条上进行防控。

3. 互联网金融不得触碰红线

“由于互联网金融企业没有建立风险准备制度，也没有类似‘最后贷款人’的保障机制，一旦出现危机，将会快速波及普通大众、金融机构、支付机构，并通过互联网形成连锁效应，对金融体系安全、社会稳定产生重大冲击。”相关业内人士指出。

就此，央行方面也明确表示，“互联网金融创新应服从宏观调控和金融稳定的总体要求。”央行有关负责人表示，“包括互联网金融在内的一切金融创新，均应有利于提高资源配置效率，有利于维护金融稳定，有利于稳步推进利率市场化改革，有利于央行对流动性的调控，避免因某种金融业务创新导致金融市场价格剧烈波动，增加实体经济融资成本，也不能因此影响银行体系流动性转化，进而降低银行体系对实体经济的信贷支持能力。”

近年来，在互联网金融业务快速发展的同时，一些问题和风险隐患也在不断暴露。比如，泄露客户证件号码、手机号码、银行卡等敏感信息的情况大量存在，在第三方支付机构开通快捷支付的客户频繁出现资金被盗案件，挪用客户预存资金从事高风险投资。更有甚者，一些互联网金融企业成为洗钱等非法活动的中转平台。对此，管理层明确要求，“互联网金融不得触碰红线”：必须坚守互联网金融不得非法吸纳公众存款、不得非法集资等两条红线，牢牢守住不发生系统性金融风险的底线，严禁利用互联网金融平台从事套现洗钱等违法犯罪活动，严防由个别流动性风险可能诱发的系统性金融风险。

4. 做好消费者权益保护

互联网金融需加以监管，还基于消费者权益保护的考量。

“信息安全和使用安全如果出了问题，都会严重威胁消费者的权益。”程明强表示，“从信息安全上看，存在信息泄露隐患，如证件遗失、快递单信息泄露、消费凭证、个人信息被倒卖或恶意窃取以及存储有个人信息的设备遗失等风险隐患。从使用安全上看，含有敏感信息的账号随意给他人使用，证件或账号遗失后不及时挂失和报告，盲目相信伪基站信息，这些都可能导致信息外泄。”

此外，互联网金融由于产品营销渠道的扁平化和受众覆盖面日益扩大，往往涉及更多的客户群体。

对此，此次央行也明确表示，“互联网金融企业开办各项业务，应有充分的信息披露和风险揭示，任何机构不得以直接或间接的方式承诺收益，误导消费者。开办任何业务，均应对消费者权益保护作出详细的制度安排”，旨在切实维护消费者的合法权益。

对于管理层采取的这些安全保障措施，有关专家认为，这是监管部门保障用户资金安全及整个金融体系运营秩序的必要之举，最终目的是确保线上线下的各项金融业务更为规范健康地发展，同时确保广大金融消费者的权益，维护社会安全和稳定。

——资料来源：《金融时报》，2014年4月1日，牛娟娟报道

重要概念与思考题

本章重要概念

金融监管	法律与制度风险	操作风险
流动性监管	模式风险	声誉风险
金融监管体制	安全风险	政策风险
巴塞尔协议	市场风险	新型犯罪风险

思考题

1. 为什么要进行金融监管？试述金融监管的内容。
2. 简述美国、德国、日本的金融监管体制。
3. 简述我国现行的金融监管体制的主要组成部分。
4. 我国的金融监管体制与历史文化传统、政治体制、经济发展水平和法制建设等方面存在怎样的联系？
5. 从《巴塞尔协议》到《新巴塞尔协议》，再到《巴基尔协议III》，在国际金融监管中发生了哪些变化？这些变化产生的背景是什么？
6. 论证在金融国际化的背景下，金融监管国际协调的必要性。
7. 你是否知道我国参与国际金融监管协调的情况？
8. 简述我国互联网金融监管的策略。

第十五章 金融全球化

金融全球化是经济全球化的内在要求，金融全球化从整体上有力地推动了世界经济和国际金融的发展并带来了众多的利益。本章重点介绍了经济全球化的含义、成因以及它的特征和表现，金融全球化的含义、进程及其影响因素，金融全球化的表现与金融全球化的积极效应和负面影响，以及在金融全球化中我们面临的挑战。

学习目标

1. 了解经济全球化的含义;
2. 了解金融全球化的含义、特点和表现;
3. 掌握金融全球化的影响;
4. 掌握中国金融业全球化面临的挑战。

第一节 经济全球化

一、经济全球化的含义

经济全球化是指世界经济活动超越国界，通过对外贸易、资本活动、技术转移、提供服务、相互依存、相互联系而形成的全球范围的有机经济整体的过程。是商品、技术、信息、服务、货币、人员等生产要素跨国跨地区的流动。

经济全球化是当代世界经济的重要特征之一，也是世界经济发展的重要趋势。

二、经济全球化的成因

(一) 世界各国经济体制的趋同

世界各国经济体制的趋同为经济全球化发展扫清了体制上的障碍。在当今世界上，已经有越来越多的国家认识到，只有选择市场经济体制，才能加快本国经济发展的速度，提高本国经济运转效率和国际竞争力。封闭经济由于缺少外部资源、信息与竞争，而呈现出经济发展的静止状态。计划经济体制则由于存在信息不完全、不充分、不对称和激励不足问题，导致了资源配置与使用率的低效率。所以，不管是传统的封闭经济，还是起源于前苏联的计划经济，都不约而同地走上了向市场经济转型的道路，由此而造成的各国在经济体制上的趋同，消除了商品、生产要素、资本以及技术在国家与国家之间进行流动的体制障碍，促成了经济全球化的发展。

(二) 微观经济主体的趋利动机

微观经济主体的趋利动机是经济全球化发展的基本动因。众所周知，商品与要素的价格在世界的不同地区是不可能完全相等的，这种地区性差异的存在被人们称为“区位优势”。而区位优势则为企业提供了进行全球化套利的空间，于是便产生了对外投资、技术转让，以及企业生产过程的分解与全球配置。正是企业出于套利动机的这种全球性扩张，推动了经济的全球化。

(三) 信息技术的进步

信息技术的进步为经济全球化的发展创造了物质基础。信息技术的进步降低了企业远距离控制成本，对于一个现代化的企业来说，其经济的活跃程度表现为企业的经济活动半径，是与其所有权控制的成本呈负相关关系的，远距离控制成本，主要是信息成本，由于多媒体技术的发展与因特网的诞生，这种成本大幅度降低以至于从理论上来讲，对于任何有能力进行全球扩张的企业，它的活动范围都可以达到全球各地。

(四) 世界范围内商法体系的趋同

世界范围内商法体系的趋同，为经济全球化的发展提供了相对统一的法律制度环境。众所周知，主导世界的两大法系是英美法系和大陆法系，近年来，两大法系发展的一个重要特征就是相互融合与趋同发展；另外，随着贸易一体化、投资一体化的发展，国际经济组织的统一立法活动深入开展，这为经济全球化的发展创造了统一的法制环境。

三、经济全球化的特征和表现

(一) 生产全球化

生产全球化是指世界各国和地区的生产过程日益形成环环相扣的不可分割的链条。生产全球化基于以下方面：

1. 国际分工的细化和深化

从19世纪资本主义市场诞生和统一的经济体系出现之后，资本主义世界内部就形成了凭借实力大小主宰国际分工的惯例。现在是美国、欧盟、日本三分天下，商品的全球化正在逐步转变为资本的全球化。第二次世界大战之后，各国垄断资本和跨国公司的兴起进一步扩大了国际交往，深化了国际分工，广大发展中国家亦参与到全球化发展过程之中，在科技革命极大地促进了生产力发展的同时，全球联系越发频繁，协作的程度越发提高。

由同一产业部门不同行业内部不同产品之间的国际分工与国际交换，到同一行业内部不同产品之间的国际分工与国际交换，再到同一生产过程内部各种零部件之间的国际分工与国际交换，国际分工呈现出分工领域拓宽和深化，层次性十分突出。处于不同分工层次的国家被有机地组成国际生产体系中不可或缺的部分。

2. 跨国公司的全球化经营成为推动生产活动全球化的主体力量

进入 20 世纪 90 年代以来，跨国公司得到了迅猛发展。跨国公司成为“巨无霸”的原因在于获取规模经济，即企业资产扩张引起销售收入和利润更大规模的扩张。目前，近 7 万家跨国公司的产值已经达到世界总产值的 40%，贸易额约占世界贸易总额的 60%，对外投资约占全球直接投资的 90%。由于跨国公司通过市场内部化进行全球性生产经营活动，因而使“经济无国界”，从而将全球的生产连为一体，并且形成“生产—研发—销售”全球一体化。

3. 覆盖全球的计算机网络

现代的通信工具以及现代化的运输工具为生产活动的全球化提供了先进的技术支持，从而使跨国公司可以控制遍布世界的生产经营活动。

(二) 金融全球化

金融全球化是指全球范围内的金融自由化，其实质是要求各国放松金融管制，形成金融统一的金融市场和运行机制，保证金融资源在全球范围内自由流动和合理配置。金融全球化的核心是取消利率限制，使利率完全自由化；取消外汇管制，使汇率浮动完全自由化；放松对各类金融机构业务经营范围的限制，使金融业务经营自由化；放松对资本流动的限制，允许外国资本和金融机构更方便、更自由地进入当地市场；同时也放宽本国资本和金融机构进入外国市场的限制，实行资本流动自由化，放松和改善金融市场的管理，实现市场运作自由化。

(三) 科技全球化

科学技术本身就是无国界之分的，科技的飞速发展成为经济全球化的原动力。其表现在：科技知识迅猛增长；科学技术发展面向未来；科技发展综合化；科学技术与人文科学相结合。

(四) 国际投资自由化

国际投资自由化，是指消除对资本流出及流入国境的限制和歧视，实现对外国投资和投资者的公平待遇和消除扭曲。

世界贸易组织的建立，三大协议的签署，不仅标志着一个规范化、法制化的世界市场的形成，也标志着世界贸易投资自由化进程的加快，贸易投资自由化达到了一个新的发展阶段。

(五) 贸易全球化

贸易全球化是通过贸易总量和贸易金额增长、贸易种类增加和贸易范围扩大以及贸易自由化进程的加快表现出来的。

(六) 产业结构调整与变动

产业结构调整与变动是经济全球化的经济结构基础。经济全球化是建立在产业结构发展进入重化工业为主并开始转向服务产业的过程之中的。产业结构的升级发展是新的国际分工的体现，同时又是经济全球化深化发展的基础。

第二节 金融全球化

一、金融全球化的含义

金融全球化是指世界各国(地区)放松金融管制、开放金融业务、放开资本项目管制，使资本在全球各个国家(地区)的金融市场自由流动，最终形成全球统一的金融市场的趋势。金融全球化是经济全球化的高级阶段，是贸易一体化和生产一体化的必然结果。

在金融全球化之下，金融业跨国发展，金融活动按全球同一规则运行。同质的金融资本价格趋于等同，巨额国际资本通过金融中心在全球范围内迅速运转。

当代世界金融发展呈现三大趋势：一是金融国际合作的趋势；二是融资证券化趋势；三是金融合作利益增加的趋势。

二、金融全球化的特点

金融全球化是经济全球化的内在要求，同时又是经济全球化的重要动力，将经济全球化推向前所未有的广度和深度。金融全球化从整体上有力地推动了世界经济和国际金融的发展，带来了众多的利益。金融全球化之所以成为 20 世纪 90 年代以来使用频率很高的一个名词，最重要的原因就在于，现代国际金融危机的爆发和传导与金融全球化的背景有着极为密切的关系。在金融全球化的发展过程中，与其相伴的蔓延效应使金融危机迅速扩散，从而产生巨大的波及和放大效应。国际金融动荡已成为一种常态，金融全球化是一把“双刃剑”，它对世界各国利弊兼而有之，相遇与风险相伴。随着我国全面融入金融全球化的进程，深入认识金融全球化，把握金融全球化带来的机遇，应对金融全球化的新挑战已成为我们无法回避的一项十分重要而紧迫的任务。

金融全球化有以下几个特点：

(1) 发达国家及跨国金融机构在金融全球化进程中处于主导地位。这主要表现在发达国家金融资本雄厚，金融体系成熟；调控手段完备，基础服务设施完善；以发达国家为基地的跨国金融机构规模庞大，金融创新层出不穷；与之对应，全球金融规则也主要来自发达国家，这些规则总体上有利于其金融资本在全球范围内实现利益最大化。

(2) 信息技术的发展，为金融全球化提供了技术通道。当代发达的电子计算机技术为全球性金融活动提供了前所未有的便利，特别是随着互联网技术的日益成熟，电子货币的普及，网络银行和网上交易将突破国界在全球展开，全球金融市场越来越被连接成为一个整体，金融市场的同质性进一步提高。

(3) 金融资本规模不断扩大，短期游资与长期资本并存。在金融全球化进程中，随着参与全球化的金融主体越来越多，全球金融资本不断扩大。其中，既有长期投资的资本，也有短期投机的资本。一般而言，长期资本的投入有利于一国经济的稳定和发展，而短期游资的逐利和投机，则易引发一国的金融动荡。

三、金融全球化的表现

(一) 金融机构全球化

金融机构全球化包括本国金融机构的准出和外国金融机构的准入两个方面。20 世纪 70 年代以来，由于国内金融业经营竞争加剧和金融管制的放松，发达国家金融机构的全球化步伐加快，世界上出现了一大批跨国银行和跨国金融公司。

发达国家金融机构的全球化途径主要有：第一，在境外设立分支机构；第二，通过间接投资，将当地机构变成自己的附属机构；第三，参股控制当地原有的银行或金融公司，使其成为总行的分支机构；第四，设立代表处；第五，入股参加多国金融机构联合体等。

发达国家金融机构通过这些途径在国外发展分支机构，大力拓展境外业务。跨国金融机构不仅开辟发达国家的金融市场，而且还拓展发展中国家的市场。发展中国家出于吸引发达国家资金以及发展本国金融市场的需要，开始逐步放宽了对外资金金融机构的限制，扩大其业务经营范围，改善经营环境；同时采取各种措施鼓励本国金融机构积极开展国际业务，设立国外分支机构，从而推动了跨国金融机构的蓬勃发展，形成全球范围的经营网络。

(二) 金融业务全球化

金融机构的全球化必然带来金融业务的全球化，金融业务的全球化主要体现为金融机构在全球范围内调度资金，经营各种业务，不受国界的限制，金融业务全球化的程度一般用国际性金融业务量占总业务量的比重来衡量。

20 世纪 70 年代中期开始，世界各国不断放松对资本流动和外汇的管制，取消了非居民购买本国国债和货币市场票据的限制，开放了银团贷款，银行业、证券业、信托业、保险业都大力开拓国际业务，特别是银行业，为了适应国际性融资的需要，业务发展不仅由传统的存、贷款及结算业务逐步向多样化、综合化方向发展，而且越出国界开展业务，大幅度增加国际性存、贷、汇业务的比重，同时还拓展了一些新的国际业务，如购买他国工商企业股票、充当国际性大公司财务顾问，经营国际信托、国际租赁业务等。20 世纪 80 年代以后，层出不穷的金融创新活动更是加快了金融业务全球化的进程，如期权、货币互换、利率互换和票据发行便利等金融衍生工具从一开始就是全球性的，在全球范围内开展交易。

(三) 金融资本全球化

随着投资行为和融资行为的全球化，资本流动也全球化了。金融资本全球化是国际资本流动发展的重要阶段，是资本实现全球范围重新配置的过程。金融资本全球化过程表现为货币资本的国际转移及实物形态生产资金的国际转移两种形式。

世界生产力的发展和国际分工的深化促使资本流动由生产资本和商品资本形式为主转

向以货币资本形成为主的国际化过程，并导致全球金融市场的一体化。资本流动的全球化不是一帆风顺的，20 世纪初，资本流动一度达到很高的全球化程度，1929—1933 年金融危机引发的全球性大萧条和世界范围的战争与动荡使这个进程戛然而止，第二次世界大战结束后，资本流动重新走上了全球化道路，经历了欧洲资本时期、石油资本时期、债务危机时期等阶段，最终进入资本的全球化流动时期，全球资本流动规模持续扩张，资本跨国流动的影响范围不断扩大。

20 世纪 80 年代以来，国际资本流动呈现不断加速和扩大的趋势，特别是 20 世纪 90 年代以来国际资本以前所未有的数量、惊人的速度和日新月异的形式使全球资本急剧膨胀。从国际债券市场的融资规模来看，包括银行贷款、票据融资和债券发行三项业务的融资额逐年呈增长态势。

(四) 金融市场全球化

随着生产和资本全球化的发展，西方发达国家的国内金融市场逐步向外延伸，并从纯粹办理国内居民金融业务发展到经营范围所在国与非居民之间的国际金融业务，形成国际金融市场，甚至出现了以经营非居民之间的业务为主的欧洲货币市场这一新型的国际金融市场。金融市场全球化主要表现在三个方面。

1. 全球性金融市场网络的形成

第二次世界大战结束后，离岸金融市场的发展带动了资本在全球的高速流动。由于发达国家金融管制的放松和发展中国家的对外开放战略，大批新兴的金融市场在适合的环境下迅速发展，成为重要的国际性金融市场，如香港、新加坡、巴林等目前已成为世界上重要的离岸金融市场，它们与发达国家原有的国际金融市场相互贯通，构成了全球性的金融市场网络，并打破了不同市场时差的限制，形成 24 小时不间断地连续运行，带动了资本在全球的高速流动。

2. 交易主体和交易工具日趋全球化

20 世纪 70 年代以后，发达国家放松了资本流动限制和外汇管制，允许非居民参与本国金融市场交易，这一方面吸引了大量的外国企业在本国发行股票和债券，另一方面也导致本国大量的金融资产为外国投资者所持有。20 世纪 80 年代以后，发展中国家也逐步开放本国金融市场，吸引境外投资者。各国传统金融市场的开放使投资者和筹资者可以在国际范围内选择市场和投资对象，各国金融市场交易主体中非居民所占的比重上升。而作为当今国际金融市场核心的离岸金融市场则是以非居民之间的境外金融交易为主，从而使交易主体的全球化得到了充分体现。交易主体的全球化特别是筹资者身份的全球化带来了金融市场交通工具的日趋全球化。主要发达国家(地区)的股票市场上都有大量的外国公司股票上市，如近年来，中国内地就有许多公司纷纷到香港、纽约、新加坡和伦敦等地的证券交易所上市。

3. 主要金融资产的价格和收益率差距缩小

随着金融管制的放松，资本的逐利性使之不断流向收益最高的地方。资本的这种大规模套利活动的开展使同种金融产品在不同国家(地区)金融市场上的价格和收益率趋于接近。从目前的情况看，外汇市场和证券市场在这方面的表现最为明显，金融全球化促进了外汇市场上主要货币汇率水平的趋同和全球股权市场的一体化。

(五) 金融监管全球化

金融机构、业务和市场的全球化，对于推动国际资本流动、促进国际贸易和经济的发展产生了巨大的影响。国际性金融机构尤其是国际性商业银行也因此获得了巨大的收益，同时也面临着更大的风险。

单靠一国金融监管当局的力量已经无法适应这种迅速发展的全球化要求。金融全球化条件下的金融监管和协调更多地依靠各国政府的合作，依靠国际性金融组织的作用，以及依靠国际性行业组织的规则。

目前，国际银行业和国际证券业的监管正在向全球统一化方向发展，以保证统一标准，堵塞漏洞，维护国际金融活动的安全。例如，国际货币基金组织就是典型的国际金融协调机构，它负责调节成员国的国际收支差额，维持汇率的稳定。国际清算银行作为“各国中央银行的中央银行”也是如此，由国际清算银行发起拟订的新、老《巴塞尔协议》及《有效银行监管的核心原则》等文件为越来越多的国家(地区)所接受，标志着全球统一的金融监管标准趋于形成。

四、金融全球化的影响

(一) 金融全球化的正面影响

1．促进国际贸易和国际投资的发展

贸易一体化的发展对金融全球化提出了需求、金融全球化反过来又有力地促进了国际贸易的发展。金融机构的全球化使国际结算更加快捷、便利，从而推动国际贸易地域范围的扩展和国际贸易活动规模的扩大；国际信贷规模的扩大为国际贸易提供了有力的资金支持；国际衍生金融产品市场的迅速发展为国际贸易与各方提供了大量防范风险的工具等。

在全球化金融活动中，国际范围内有形资本形成的增加、人力资源的开发、技术支持的转移、生产能力的利用、市场的开拓和对外贸易的扩大，有力地促进了国际贸易的发展，推动了世界经济的增长。同时，金融全球化强化了金融资本的流动性，推动了国际投资的发展，国际投资活动遍布全球。资本等生产要素的大规模流动对世界经济的发展具有全方位的促进作用。首先，单个国家的经济发展不再受制于国内储蓄和资金积累的限制，特别是国际直接投资所带来的技术扩展效应、示范效应和学习效应等极大地促进了东道国经济的发展。其次，金融全化可以使资本等生产要素在全球范围内优化配置，提高了资源的配置和利用效率，推动世界经济的发展。

2．促进全球金融业自身效率的提高

首先，降低交易费用。金融全球化促进了金融机构之间的竞争，从而降低了交易费用。

其次，提高金融资本的配置和运行效率。金融全球化使国内资本市场于国际资本市场衔接，使融资者可以在世界范围内选择成本最低的资本，投资者选择利润最丰厚的项目，从而可以实现全球范围内的最佳投资组合。

最后，增了金融机构的竞争能力和金融发展能力，金融机构可以在全球范围内经营业务开展竞争，金融创新的成果可以在全球范围内普及推广，有利于提高全球金融业的服务质量和管理水平，推动各国金融体制的改革和金融结构的合理调整。

3. 促进金融监管的国际协调与合作

金融全球化使各国经济利益休戚相关，各国都认识到合作产生双赢而对抗导致双输，因此加强国际协作是金融全球化的必然趋势。同时，资本的自由流动、汇率和利率的市场化对世界各国金融管理体制提出了更高的要求，如国际游资的数量已经超过了世界各国的外汇储备之和，单靠一国政府当局的力量实现经济调控目标的难度较大，这势必将促进世界各国金融监管领域的深入合作。

西方七国每年都要举行一次财长会议，就各国的货币政策进行磋商和协调。老《巴塞尔协议》对全球性的银行监管制定了严格的达标要求，开创了全球金融机构统一资本充足率管理标准的先河，未来的全球金融管理体制将在多边和双边机制的基础上发展起来。

(二) 金融全球化的负面影响

1. 增加金融风险

首先，金融机构的全球化使得经营风险大大增加。在当代各国和国际复杂动荡的政治、经济、军事和社会环境下，跨国经营的金融机构置身于一个高风险的经营环境中，要承担来自于外部环境动荡造成的经营风险。同时内部经营管理的难度和风险都在加大，任何一个国外分支机构出问题，都会累及母行和其他分支机构。

其次，金融业务的全球化进程加大了原有的利率风险、市场风险、信用风险、流动性风险和经营风险。金融业务全球化还会形成新的国际电子风险和连带风险，在新型的国际电子支付清算网络运行中，各国系统间的关联性日益紧密，各种国际性的电子病毒、故障或黑客都会危及本国金融网络的安全，在金融业务全球化进程中还伴随着风险的国际转移和国际性金融犯罪，这些新型的国际风险随着金融业务全球化进程有增无减。

最后，在金融市场全球化进程中，原有的市场风险随着市场的扩大而增加，特别是由于存在信息不对称和道德风险，金融市场上的风险随市场的全球化扩展而增大。

2. 削弱国家宏观经济政策的有效性

随着金融全球化的发展，一国经济金融受外部因素的影响越来越大。因此，国家制定的经济政策尤其是货币政策在执行中出现有效性降低的情况。例如，当一国国内为抑制通货膨胀而采取紧缩货币政策，国内利率提高时，国内的银行和企业可方便地从国际货币市场获得低成本的资金，同时，国际游资也会因一国利率提高而大量涌进该国，从而使该国紧缩通货政策的效率受到削弱。

3. 加速金融危机在全球范国内的传递

金融全球化使各国的经济联系不断加强，各国经济相互融合，形成了一个有机整体。这不仅使金融的时空界限被打破，也加速了金融风险在全球的传播，金融局部失衡范围在扩大，程度在加深，增加了国际金融体系的脆弱性，单个国家的金融危机可以迅速演化为地区甚至是世界性的金融危机。

五、中国金融业全球化面临的挑战

（一）中国金融业竞争力面临的挑战

与改革开放之时相比，银行、证券、保险三大金融行业不仅在资金实力上日益强大，而且在资本充足率、行业体系、所有制结构、服务领域和水平等方面也有了质的飞跃，显示了很强的竞争力。然而，在看到我国金融业的发展成绩的同时，我们还应当清醒地认识到，我国金融业的发展还远远不能适应未来激烈的市场竞争的需要，尤其是在我国金融业全面对外开放的情况下，我国金融业竞争力将面临诸多挑战。

1．金融人才竞争加剧

人才竞争是金融业国际竞争的关键。从已进入我国的外资银行、保险公司等金融机构来看，除少数高级管理人员和专业人员外，一般都要采取本土化政策，中资银行、保险公司等金融机构面临着优秀专业人才流失的压力。受体制等因素的制约，中资银行、保险公司等金融机构尤其是国有控股银行、保险公司的员工综合福利待遇不如外资银行、保险公司等金融机构具有竞争力，在外资银行、保险公司高薪、高职、良好的培训体系、灵活的迁升机制以及先进的人才管理方式的吸引下，中资银行、保险公司人才流失问题会日益突出。在对外开放过程中，中资银行、保险公司如果不能尽快完成人才培养、使用和激励机制，优秀人才的外流将会直接削弱其市场竞争力，进而影响到我国金融业对外开放的效果。

2．金融企业文化缺乏

先进的企业文化，是金融企业长期在经营发展过程中不断创造并积累的软竞争力，是一家金融企业的“精、气、神”，也是一家金融企业生存和发展的“根”和“魂”。制度可以借鉴，科技可以引进，但文化是独有的，渗透和内化在全体员工中的价值观念是难以复制的。事实上，在最成功的企业里，位居第一位的往往不是企业的利润指标，不是规章制度，也不是管理工具、管理方法和手段，甚至也可以说不是科学技术，而是企业或公司的文化。要特别重视先进的、优秀的企业文化建设，以文化建设来凝聚人，来陶冶人，培养企业的优秀团队。企业文化的核心，集中体现在企业发展的价值取向和对共同目标的认同和遵循。我国金融企业通常缺乏自己的文化，激励、约束机制都是以经济为导向，事实证明，这样的价值导向长期来说是无益的，金融企业的稳定发展是不可持续的。

3．金融企业公司治理不完善

科学健全的公司治理是提升金融业竞争力的关键。完善的公司治理，不仅仅是公司决策、实施监督的机制和程序安排，而是要在实践中严格遵循和执行，要真正发挥董事会的战略决策作用，使其承担起金融机构经营和财务稳健性的最终责任，要通过完善董事、监事和高管人员选任、考核和退出机制，建立高素质、专业化、国际化的董事会和高管层，上下联动，避免由于机构层级过多、管理链条过长而导致的执行力低甚至上下脱节的情况发生，真正建立起统一、执行有力的内控体制，并按照现代金融企业标准，提高金融企业内部审计的独立性和有效性，实行审慎的会计制度和严格的信息披露制度，形成独立内审和市场外部监督相互促进的约束机制，完善金融机构的激励约束机制。目前，我国大多数金融机构都没有按照现代企业制度，建立健全企业的公司治理，即使是已经改制上市的金融机构，在企业治理方面更多地也只是结构上的“形似”而非“神似”，表现为金融机构内控机制不健全，金融机构大案要案频发，不仅加大了金融机构的经营风险，而且削弱了金融机构的竞争能力。

4. 金融创新能力不强

创新是企业竞争力尤其是金融企业竞争力形成的重要源泉，因为现代金融业具有知识密集、技术密集和资本密集的特点，金融业务、金融管理、金融机构以及金融制度的创新成为提高金融效绩的必经途径，现实中富有竞争力的国际金融集团如花旗、汇丰，都能通过金融产品提供一站式服务以求获得利益增长。中资金融机构由于体制、技术和观念上的制约，使其金融自主创新意识不强和创新能力不足，而外资金融机构由于熟悉国际金融领域，长期分析国际金融形势，注重市场开发，早已经历市场磨炼形成创新制胜的观念并具备很强的技术和金融产品创新能力。基于此，外资金融机构可迅速确定在新型金融业务方面的优势，建立业务竞争优势壁垒，争夺优质客户、高端业务，压缩中资金融机构的经营空间，加大中资金融机构业务竞争能力提升的时间成本。

5. 风险管理水平不高

风险管理能力是提升金融业务竞争力的重要保证。金融风险的防范和化解，以及对风险的管理，包括识别、交易和转移，始终是金融业永恒的话题。从当前国际金融市场的发展来看，金融风险的管理和控制仍然是全球金融业面临的重大问题，金融全球化给全世界经济发展带来了极大的商业机会，提供了更多的金融融资渠道，但由于金融生态环境的风险，最终会影响到经济的持续发展，并形成金融行业的风险。面对成因复杂的金融风险，外资金融机构一般都已推行全面风险管理制度，建立涵盖信用风险、市场风险、操作风险在内的全面风险管理体系，并拥有先进的风险管理技术和手段。近年来，尽管中资金融机构风险管理水平已有所提高，风险管理能力有所增强，但在风险管理的理念、风险识别的技术和风险处置的方法等方面，与外资金融机构相比仍有一定的差距，这样势必就会影响到中资金融机构竞争力的提升。

（二）中国金融安全需要考虑的问题

金融全球化的影响具有两重性，金融全球化在大大提高国际金融市场效率、有效配置资源、促进世界经济发展的同时，也带来了众多负面影响，突出表现为加大金融风险和引发金融危机。亚洲金融危机的爆发为人们重视安全问题不断地敲响了警钟，也为人们在金融化潮流中维护金融安全提供了极其重要的经验教训。正因为此，从金融的实质角度界定金融安全概念时，特别强调一国对外金融的安全，认为一国国际收支和资本流动的各个方面，无论是对外贸易，还是利用外商直接投资、借用外债等，都属于金融安全问题的范畴，其不意味着忽略内部金融的安全，对目前的开放经济体而言，内外部经济往往是交织和融合在一起的，过分强调外部均衡的能力和状态而忽略内部均衡的状态来谈金融安全可能有失偏颇。其实，这种对金融安全概念的界定中本身就已包含了内外部金融安全，因为货币资金融通既可能在国内金融市场进行，也可能是在国际金融市场进行。

金融全球化的加速发展和国际金融危机的频繁发生，对我国金融业的发展造成了深刻的影响，对我国金融安全的维护提出了严峻的挑战，既然金融全球化已成为不可逆转与抗拒的历史潮流，中国的金融业又不可能背离一个全球化的国际环境而孤立运行，因此，我们应该权衡利弊，加强管理，趋利避害，顺应这一潮流，积极主动迎接挑战。通常，一国维护其金融安全的能力要受制于一国内在因素和外在因素的影响，内在因素是指经济体系本身的原因引起的金融形势恶化，包括实体经济和金融体系的完善程度；外在因素包括一国在国际金融体系中的地位和国际游资的冲击。鉴于中国的具体国情，在金融安全方面应考虑：提升国家的经济实力。国际经验表明，如果一国发生金融危机，当局通常是通过动用各种资源来控制局势、摆脱危机。可动用的资源有行政资源和经济资源。行政资源如动员社会力量、争取国际社会的支持等。更重要的是经济资源，而且要动用大量的经济资源来进行救助。显然，救助能否顺利实施、信心缺失能否得以弥补，都将取决于国家的经济实力。提高国家经济质量，增强国家经济实力，是我国参与金融全球化、防范和化解金融风险的基础。具体可从以下三方面入手。

1. 增强金融业国际竞争力

积极深化金融体制改革，大力推进金融创新，防范和化解金融风险，是增强我国金融业在国际金融市场上竞争力的制胜法宝。发展各类金融市场，形成多种所有制和多种经营形式，建立结构合理、功能完善、高效安全的现代金融体系，是我国金融业建设和发展的方向和目标。今后我国金融业应逐步建立与社会主义市场经济发展相适应的金融机构体系、金融市场体系和金融调控监管体系，通过多种形式造就一大批懂国际金融管理决策、熟悉国际经济和国际金融动态，精通外语与计算机操作，能够得心应手地研究国际金融现象、走势及金融理论的高层次国际金融人才，努力提高金融业务经营管理水平，增强金融业自我约束和自我发展能力，提高我国银行业、证券业、保险业国际竞争力，消除金融隐患。

2. 提高金融监管能力

在金融全球化过程下，我国应根据国情和国际监管趋势，健全覆盖面广、操作性强、鼓励金融创新的金融监管法律框架，加强金融风险趋势，建立健全金融监管机构之间以及同央行、财政部等宏观调控部门的协调机制，理顺银行、证券、基金、信托、保险等各类金融业务的法律边界，强化按照金融产品及业务属性实施的功能监管，完善金融监管体制，健全存款人、证券投资者和被保险人保护制度，规范金融企业市场推出机制，严格按照市场化原则依法处理有问题的金融机构，加强金融监管国际合作，不断提高金融监管水平和能力，有效地防范来自我国经济外部的冲击，特别是国际游资的冲击，维护我国金融稳定和安全。

3. 积极稳妥地推进金融业的对内和对外开放

金融业对外开放应采取积极、慎重的方针。金融业对外开放的程度取决于众多的因素，包括经济发展速度、金融体制改革的进程、国内金融机构的竞争力、金融法规的完善程度、金融监督管理水平及国际金融市场的变化。因此，我国金融业对外开放应采取积极稳妥、循序渐进的方式，坚持主动性、可控性和渐进性原则，逐步构建符合国家安全发展战略要求的、有管理的金融开放格局。我国金融业在对外开放的同时，还应搞好金融业对内开放，引入庞大的民间资本这一“生力军”，填补金融市场空白，压缩外资金融机构在我国金融市场战略布局的空间，提高其竞争成本，从而削弱其对国家金融安全的威胁。

重要概念与思考题

本章重要概念

经济全球化	金融管制	国际投资
金融全球化	金融监管	

思考题

1. 经济全球化的成因是什么？
2. 简述经济全球化的特征和表现。
3. 简述金融全球化的含义及特点。
4. 金融全球化的表现是什么？
5. 金融全球化的影响有哪些？
6. 简述经济全球化与金融全球化的关系。

参 考 文 献

[1] 白金枝. 互联网发展及其对我国商业银行的影响研究[D]. 成都：西南财经政法大学，2014.
[2] 彼得 • S. 罗斯. 商业银行业务管理[M]. 北京：机械工业出版社，2013.
[3] 曹龙骐. 金融学[M]. 5 版. 北京：高等教育出版社，2016.
[4] 蔡鸣龙. 商业银行业务经营与管理[M]. 2 版. 厦门：厦门大学出版社，2012.
[5] 蔡则祥，王艳君. 商业银行中间业务[M]. 北京：中国金融出版社，2011.
[6] 何铁林. 商业银行业务经营与管理[M]. 北京：中国金融出版社，2013.
[7] 黄达. 金融学[M]. 3 版. 北京：中国人民大学出版社，2015.
[8] 蒋先玲. 货币银行学[M]. 北京：中国金融出版社，2010.
[9] 李成. 金融学[M]. 3 版. 北京：科学出版社，2014.
[10] 林丹，张睦晗. 简析第三方支付企业的商业模式、营销模式和运营模式的分析[J]. 商业文化月刊，2011(4): 130.
[11] 梁剑. 互联网金融教程[M]. 成都：四川大学出版社，2015.
[12] 刘金波，张涛. 商业银行风险管理[M]. 北京：中国金融出版社，2010.
[13] 满玉华. 商业银行经营与管理[M]. 2 版. 大连：大连出版社，2011.
[14] 彭建刚. 现代商业银行资产负债管理研究[M]. 北京：中国金融出版社，2001.
[15] 邵兴忠，金广荣. 商业银行中间业务[M]. 杭州：浙江大学出版社，2005.
[16] 苏华忠. 我国第三方制度业务兴起背景初探[J]. 时代金融旬刊，2013(12): 332.
[17] 王军. 互联网金融对商业银行的影响及对策研究[D]. 北京：首都经济贸易大学，2014.
[18] 王兆星. 商业银行中间业务风险监管[M]. 北京：中国金融出版社，2005.
[19] 王志武，徐艳. 商业银行业务经营管理学[M]. 北京：中国金融出版社，2009.
[20] 谢平，邹传伟. 互联网金融模式研究[J]. 金融研究，2012(12): 11-22.
[21] 许伟. 互联网金融概论[M]. 北京：中国人民出版社，2016.
[22] 易刚，海闻. 货币银行学[M]. 上海：上海人民出版社，1999.
[23] 郑鸣. 商业银行管理学[M]. 北京：中国人民大学出版社，2005.
[24] 庄毓敏. 商业银行经营与管理[M]. 3 版. 北京：中国人民大学出版社，2012.
[25] 周骏，王学青. 货币银行学原理[M]. 北京：中国金融出版社，1996.
[26] Mishkin F. S. . The Economics of Money,Banking,and Financial Markets[M]. 6th ed. New York: Pearson Education North Asia Limited, 2006.